RAELIANA

Warum sie die Verlobte des Dukes wurde

5

Whale

Original Story: Milcha

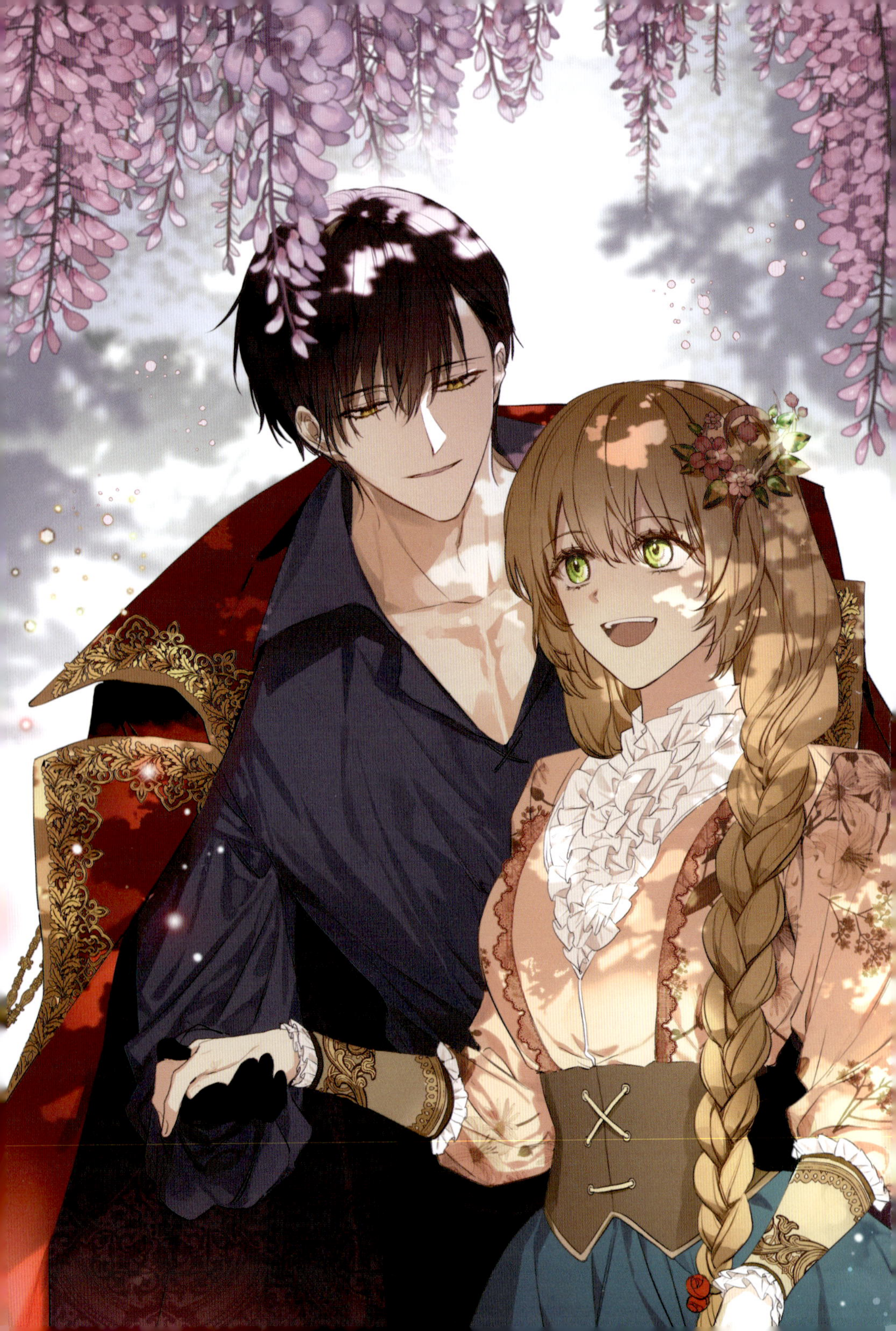

Whale
Original Story: Milcha

RAELIANA
Warum sie die Verlobte des Dukes wurde

5

Der Verbleib ihrer Erinnerungen

»Ein Zuhause … Nicht das der
Raeliana McMillan der Vergangenheit,
sondern von mir.«

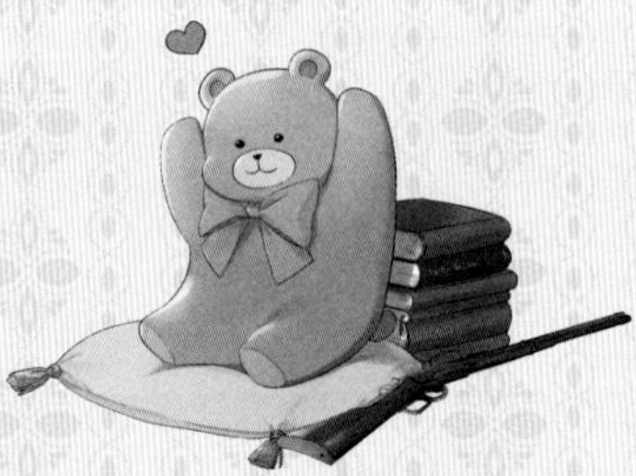

*** Dieser Sammelband enthält die Kapitel 68 bis 86 des Webtoons *Raeliana – Warum sie die Verlobte des Dukes wurde*.**

Inhalt

Kapitel 12
Der Nachtmarkt

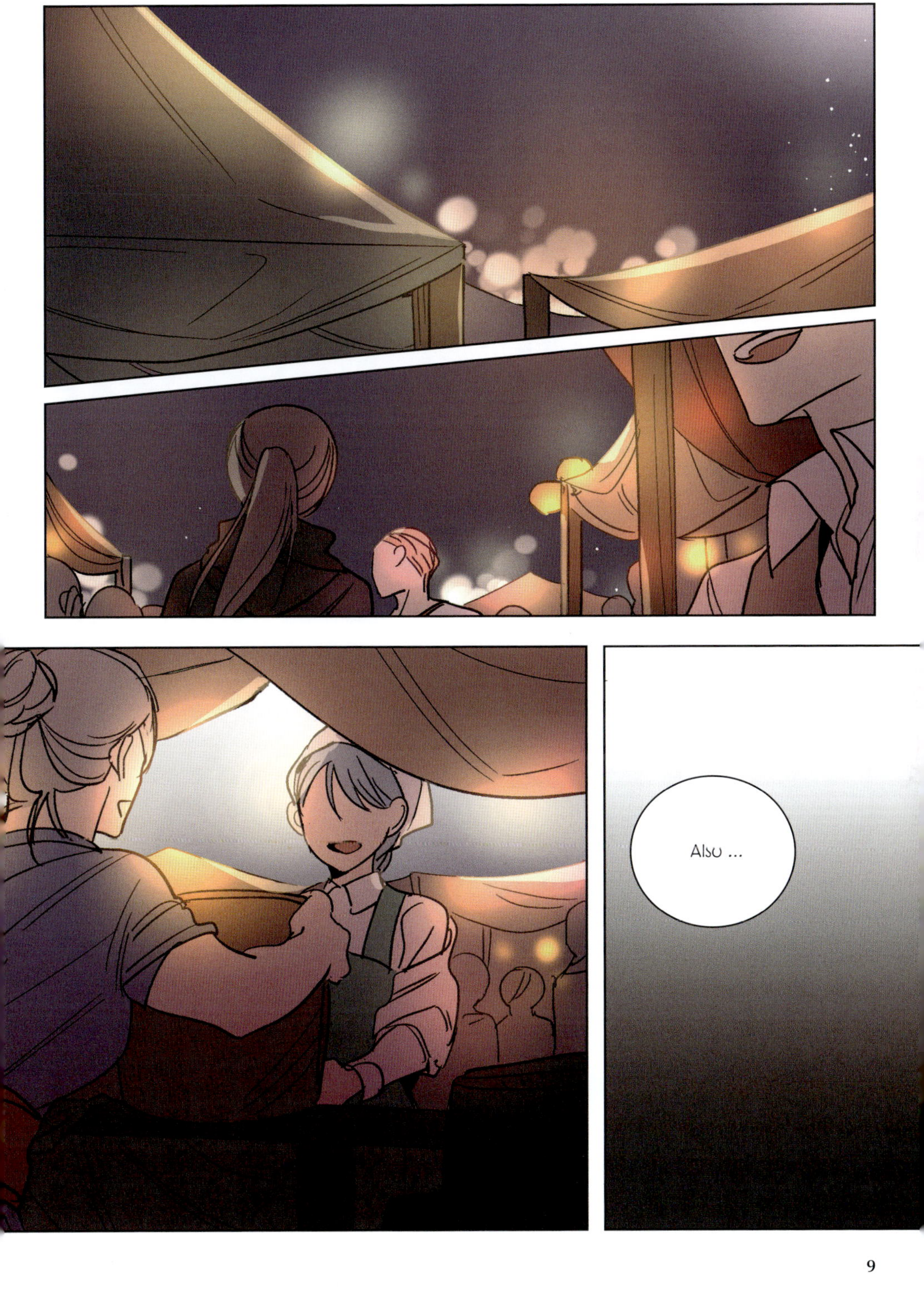
Also ...

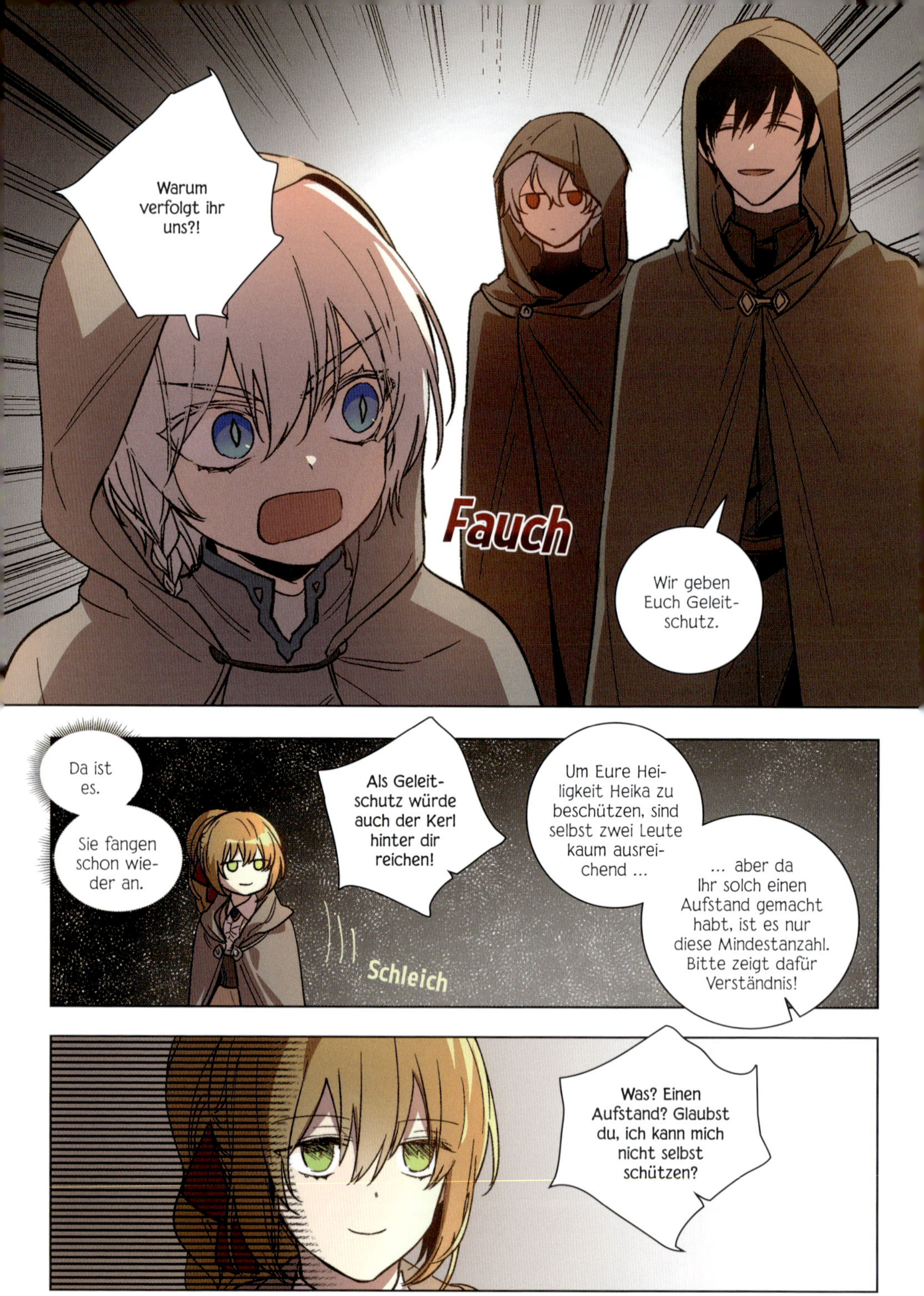
Warum verfolgt ihr uns?!
Fauch
Wir geben Euch Geleit-schutz.
Da ist es.
Sie fangen schon wie-der an.
Als Geleit-schutz würde auch der Kerl hinter dir reichen!
Schleich
Um Eure Hei-ligkeit Heika zu beschützen, sind selbst zwei Leute kaum ausrei-chend ...
... aber da Ihr solch einen Aufstand gemacht habt, ist es nur diese Mindestanzahl. Bitte zeigt dafür Verständnis!
Was? Einen Aufstand? Glaubst du, ich kann mich nicht selbst schützen?

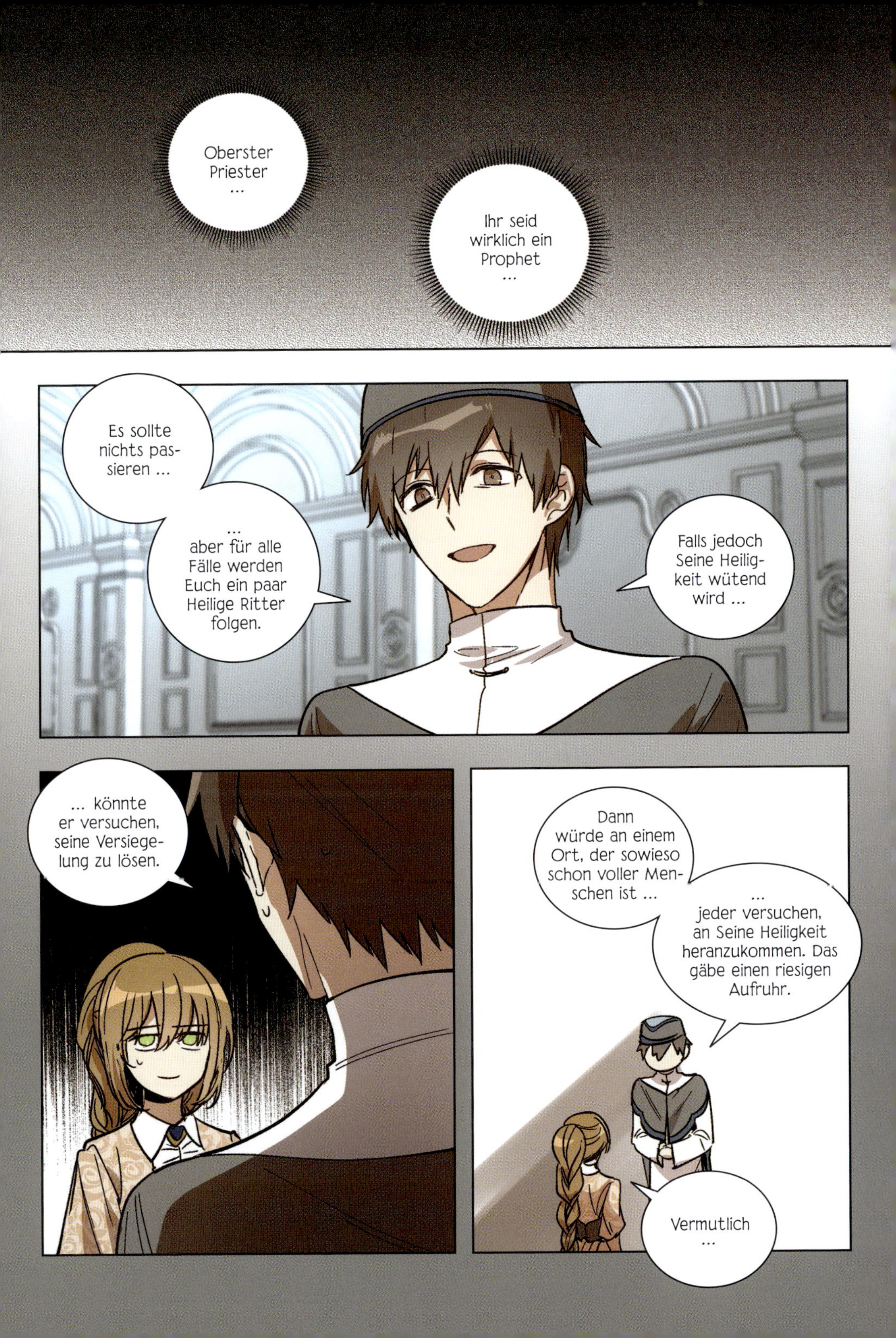
Oberster Priester ...
Ihr seid wirklich ein Prophet ...
Es sollte nichts passieren ...
... aber für alle Fälle werden Euch ein paar Heilige Ritter folgen.
Falls jedoch Seine Heiligkeit wütend wird ...
... könnte er versuchen, seine Versiegelung zu lösen.
Dann würde an einem Ort, der sowieso schon voller Menschen ist ...
... jeder versuchen, an Seine Heiligkeit heranzukommen. Das gäbe einen riesigen Aufruhr.
Vermutlich ...

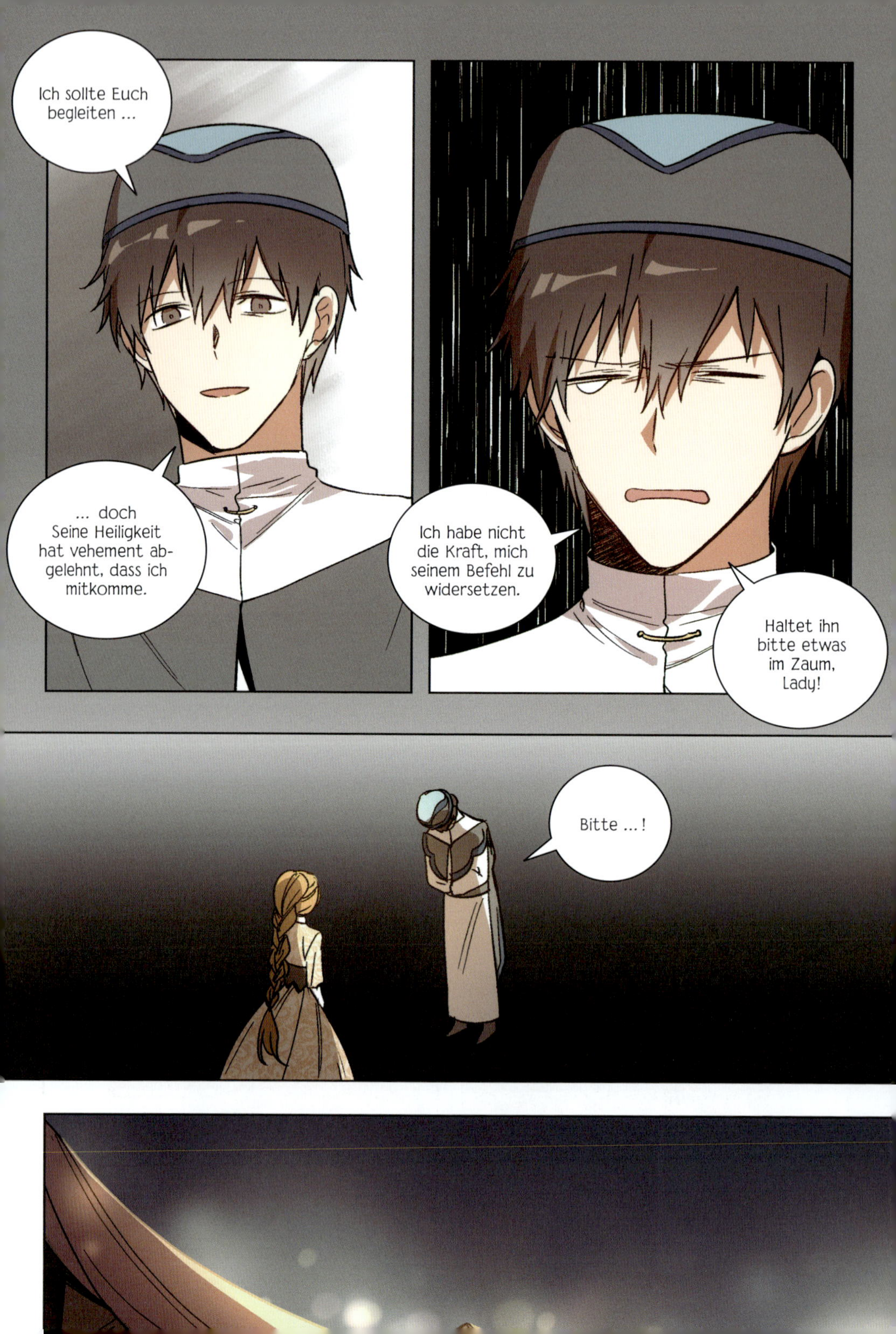
Ich sollte Euch begleiten ...
... doch Seine Heiligkeit hat vehement abgelehnt, dass ich mitkomme.
Ich habe nicht die Kraft, mich seinem Befehl zu widersetzen.
Haltet ihn bitte etwas im Zaum, Lady!
Bitte ... !

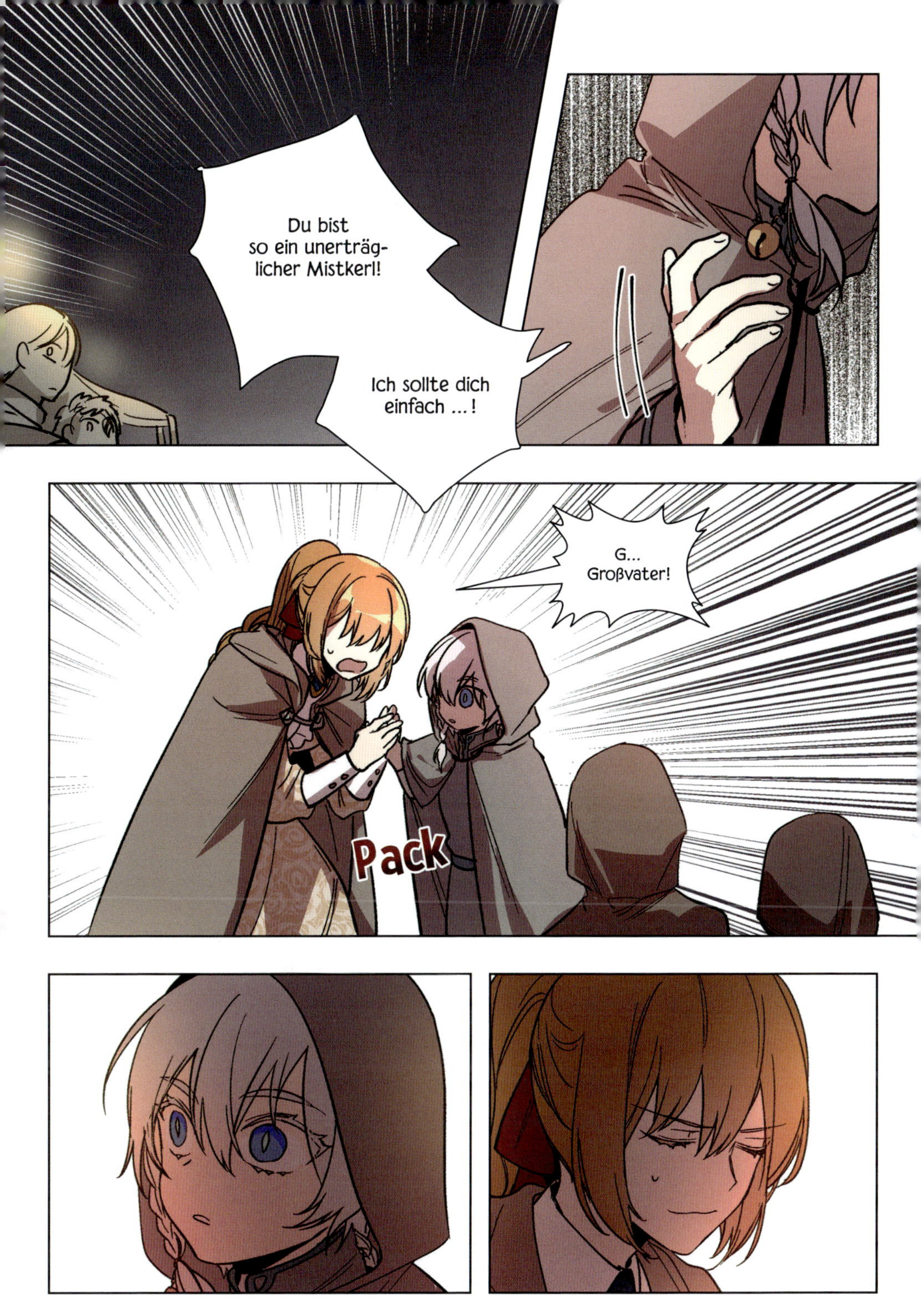
Du bist so ein unerträg-licher Mistkerl!
Ich sollte dich einfach ... !
G... Großvater!
Pack

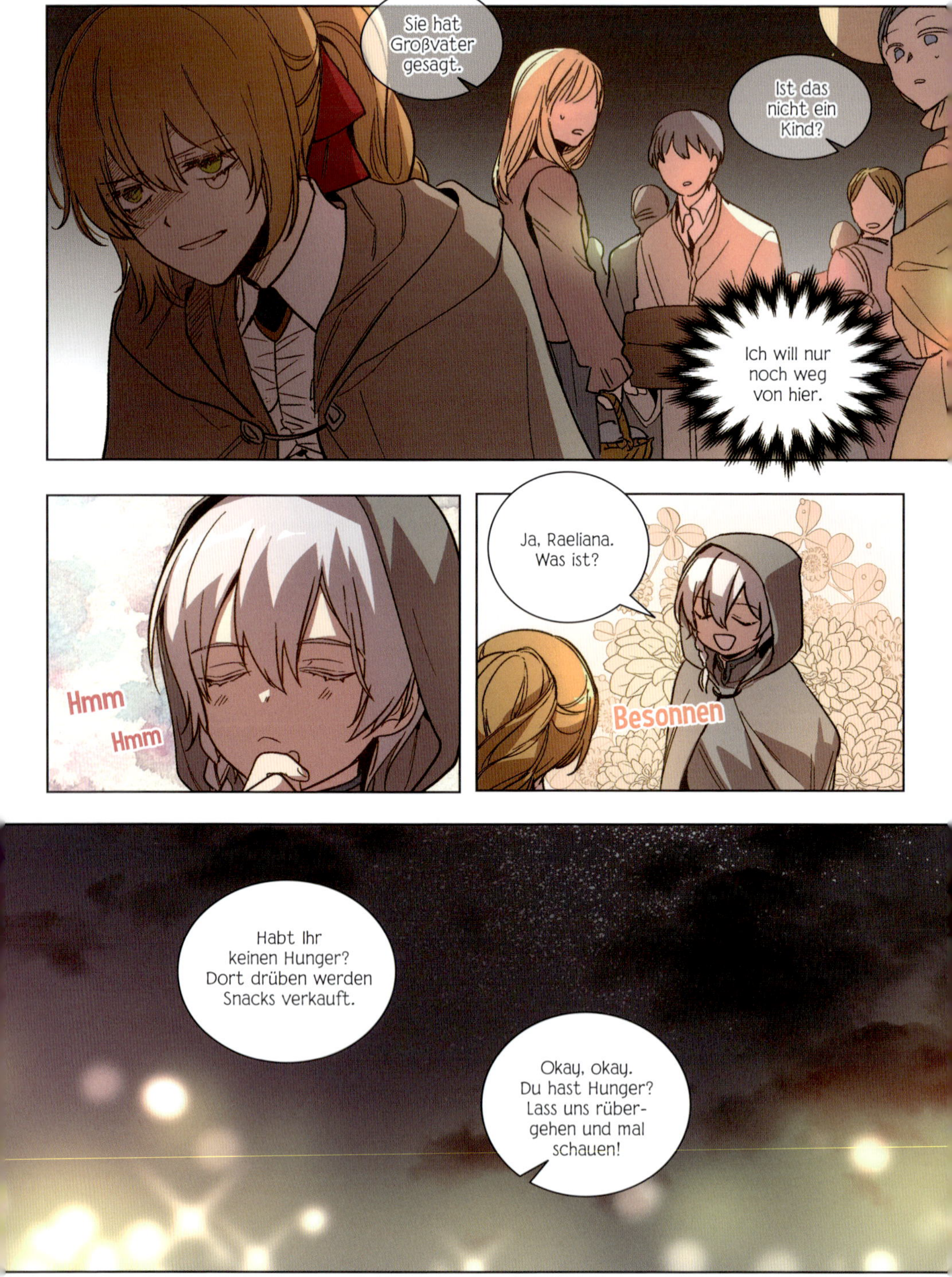
Sie hat Großvater gesagt.
Ist das nicht ein Kind?
Ich will nur noch weg von hier.
Hmm
Hmm
Ja, Raeliana. Was ist?
Besonnen
Habt Ihr keinen Hunger? Dort drüben werden Snacks verkauft.
Okay, okay. Du hast Hunger? Lass uns rüber-gehen und mal schauen!

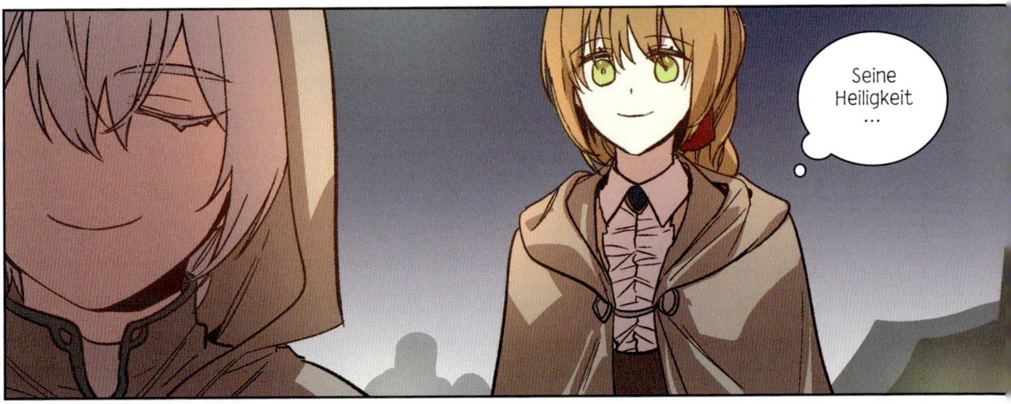
Seine Heiligkeit ...

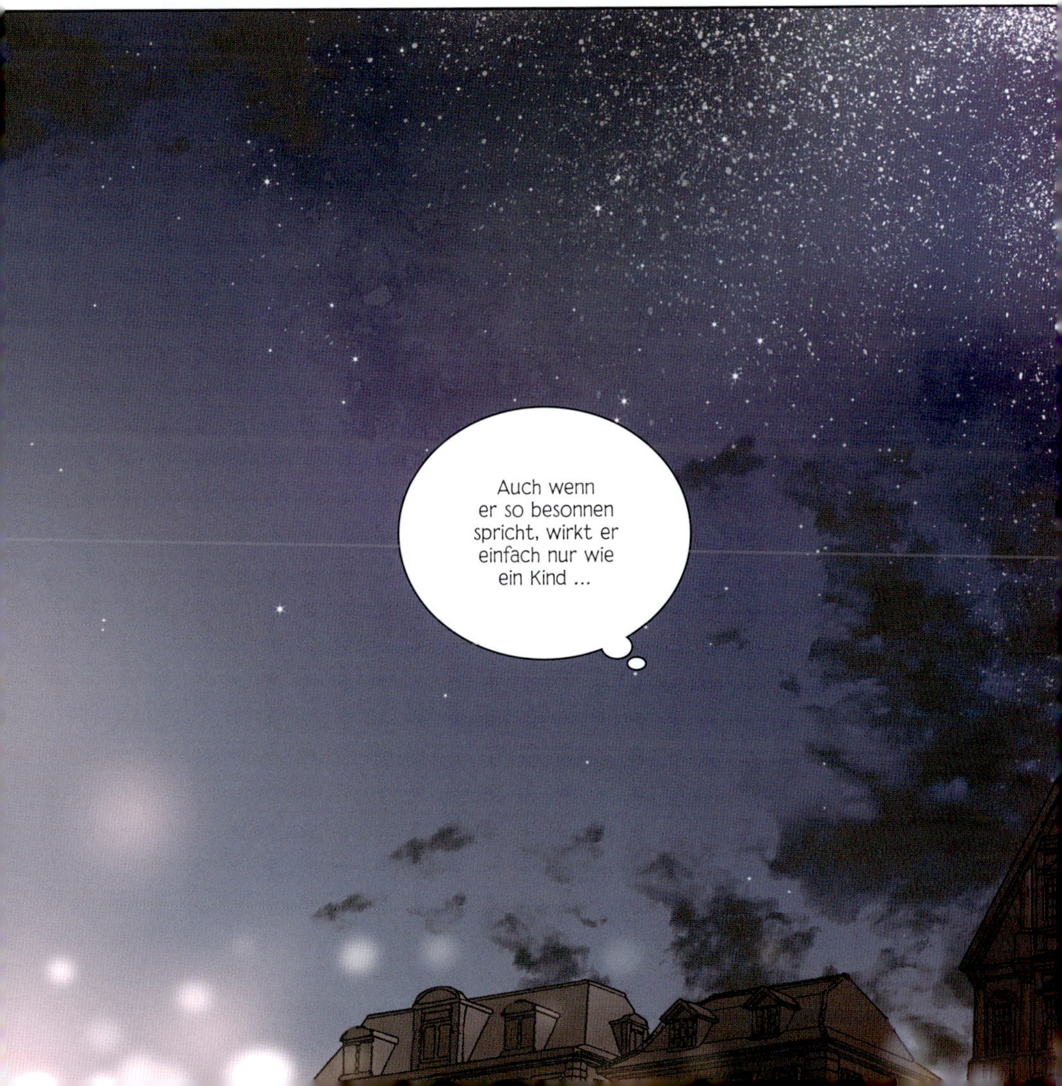
Auch wenn er so besonnen spricht, wirkt er einfach nur wie ein Kind ...

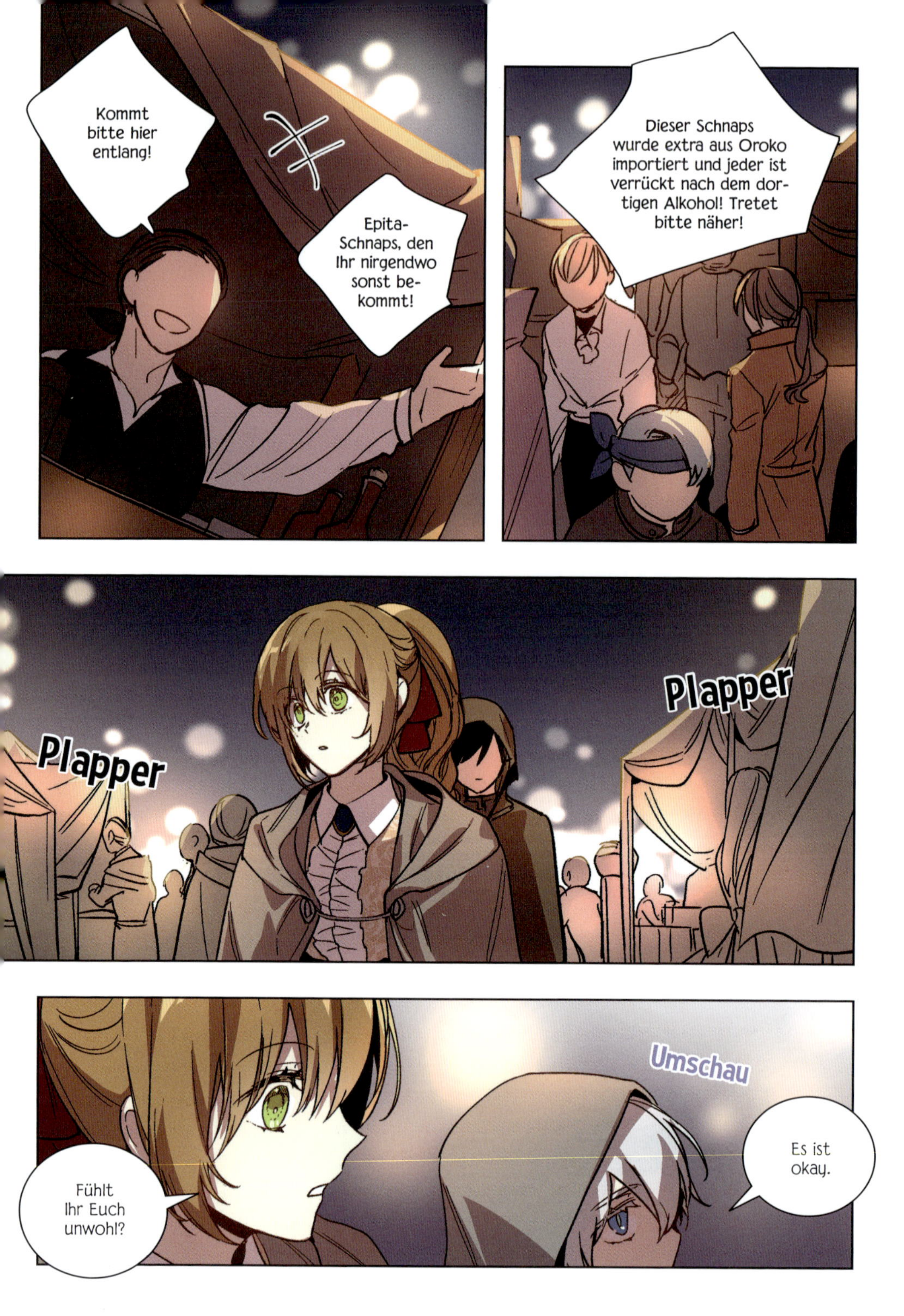
Kommt bitte hier entlang!
Epita-Schnaps, den Ihr nirgendwo sonst bekommt!
Dieser Schnaps wurde extra aus Oroko importiert und jeder ist verrückt nach dem dortigen Alkohol! Tretet bitte näher!
Plapper
Plapper
Umschau
Es ist okay.
Fühlt Ihr Euch unwohl!?

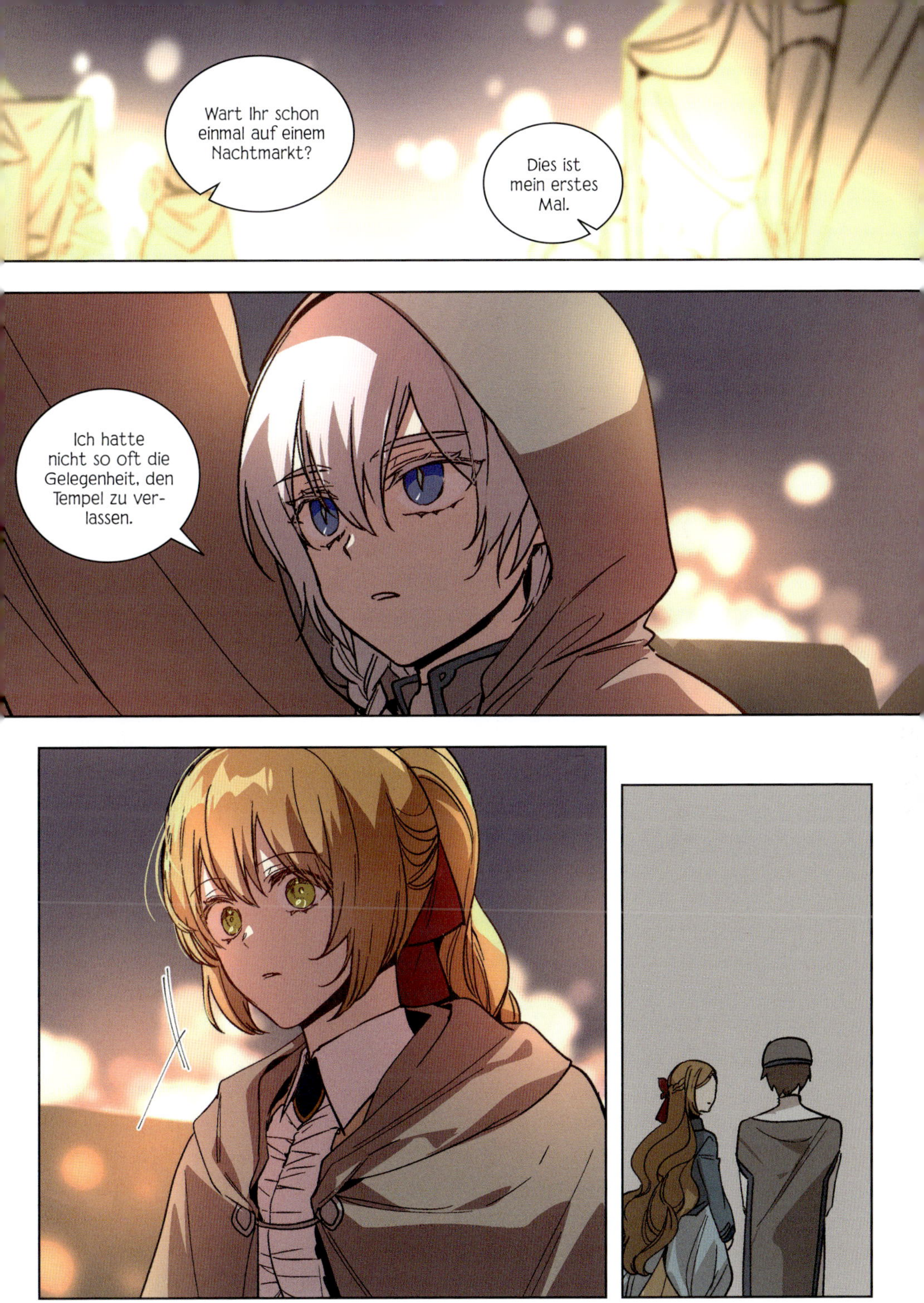
Wart Ihr schon einmal auf einem Nachtmarkt?
Dies ist mein erstes Mal.
Ich hatte nicht so oft die Gelegenheit, den Tempel zu ver- lassen.

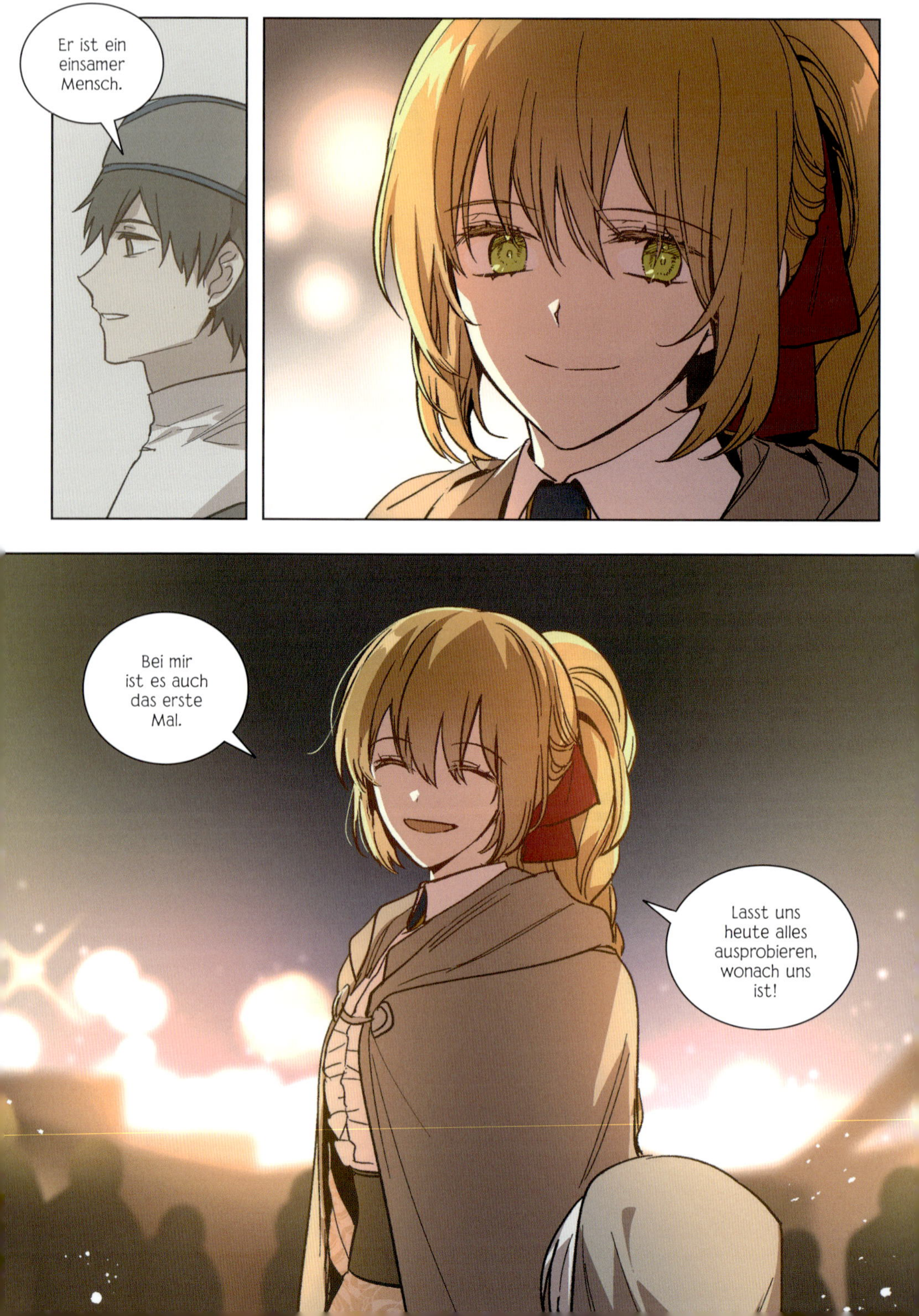
Er ist ein einsamer Mensch.
Bei mir ist es auch das erste Mal.
Lasst uns heute alles ausprobieren, wonach uns ist!

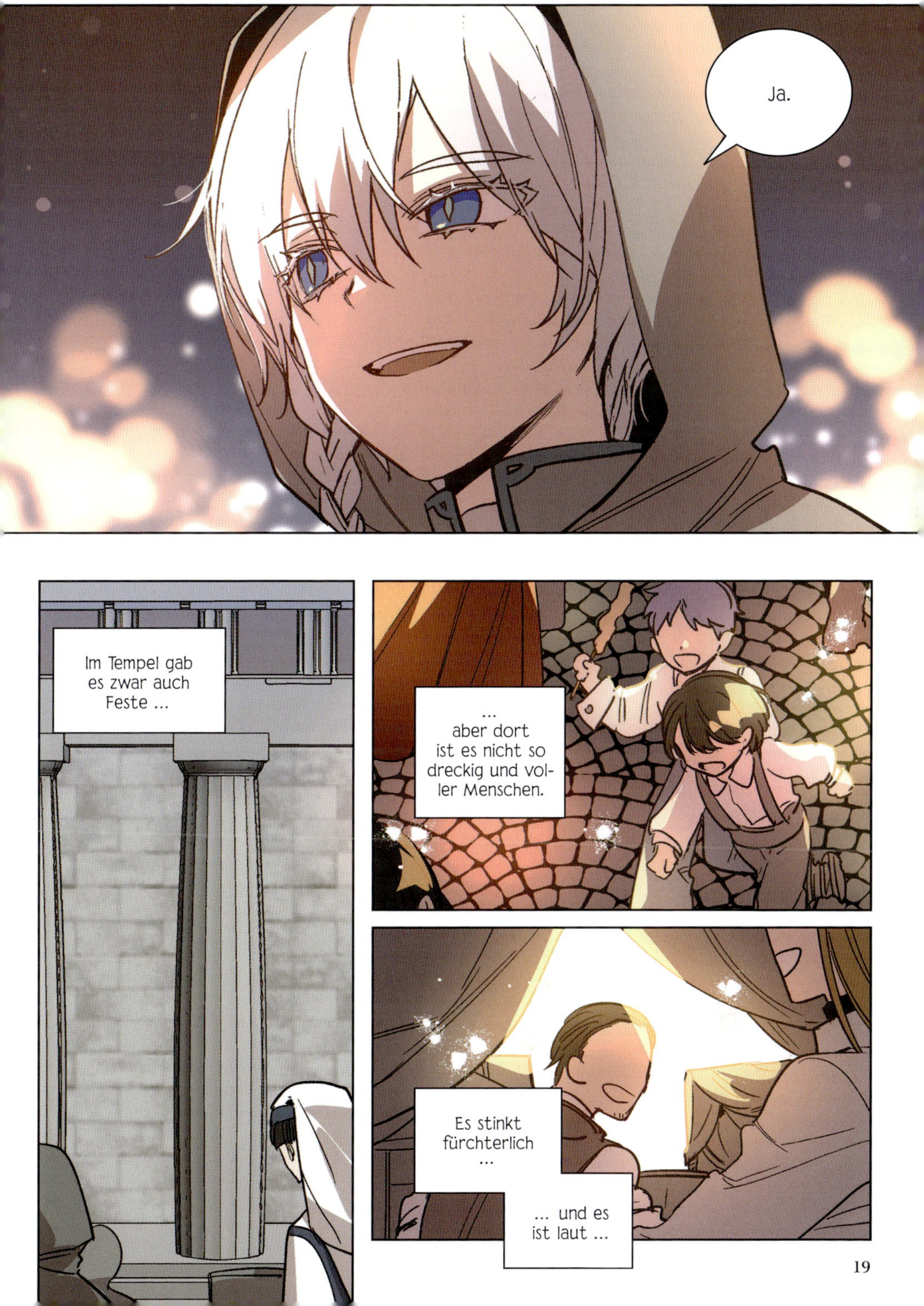
Ja.
Im Tempel gab es zwar auch Feste ...
... aber dort ist es nicht so dreckig und voller Menschen.
Es stinkt fürchterlich ...
... und es ist laut ...

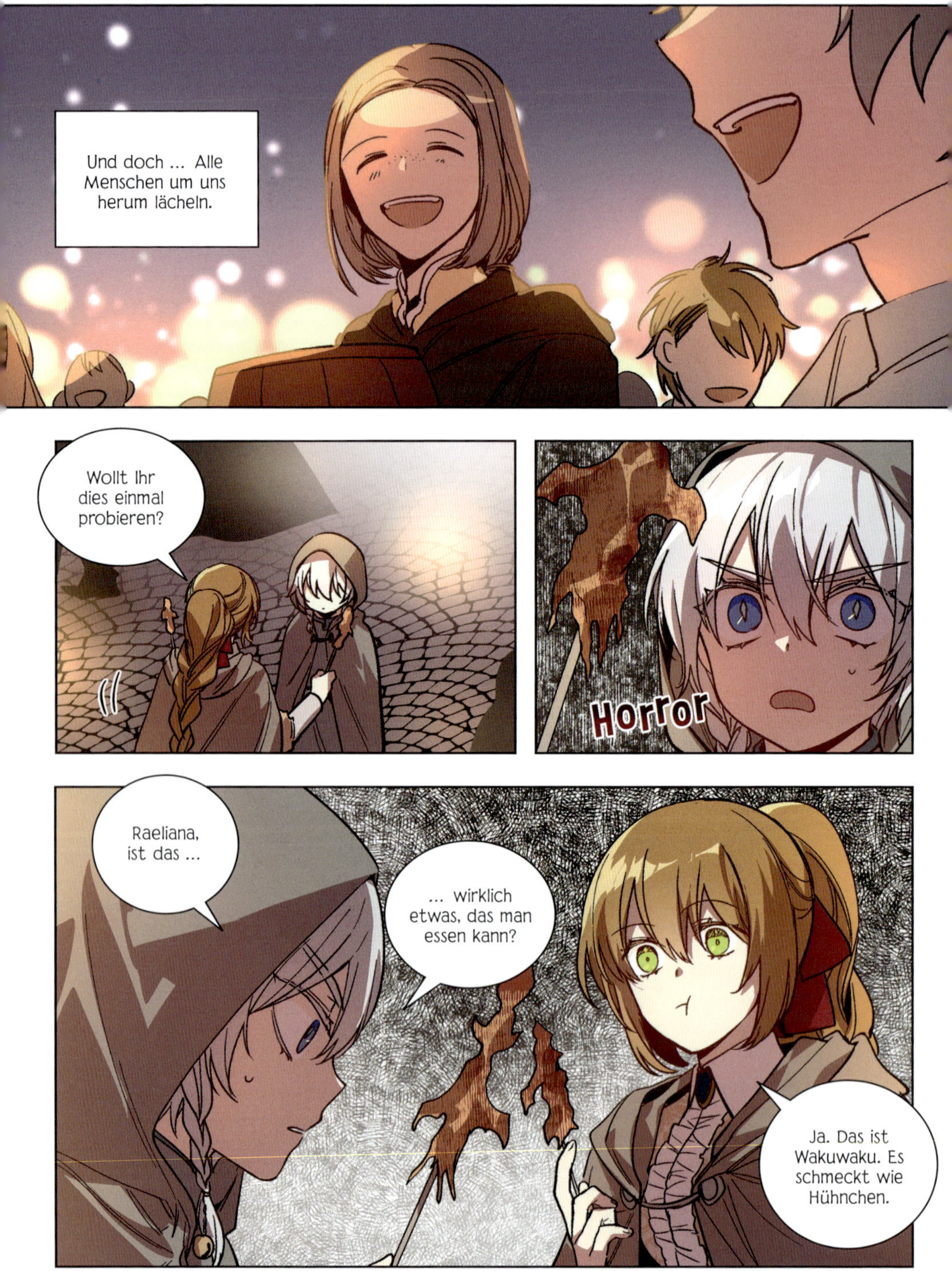

Und doch ... Alle Menschen um uns herum lächeln.
Wollt Ihr dies einmal probieren?
Horror
Raeliana, ist das ...
... wirklich etwas, das man essen kann?
Ja. Das ist Wakuwaku. Es schmeckt wie Hühnchen.

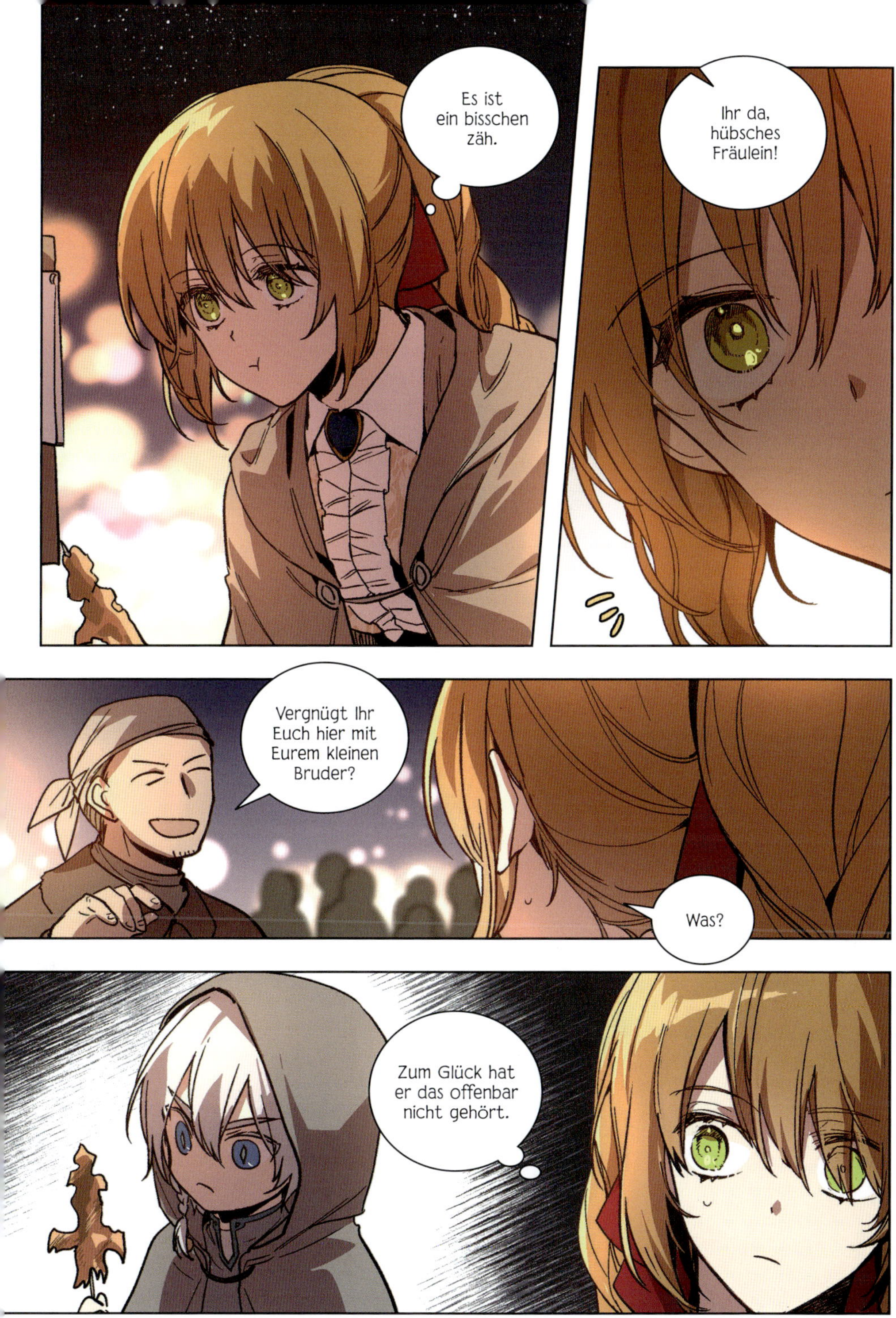
Es ist ein bisschen zäh.
Ihr da, hübsches Fräulein!
Vergnügt Ihr Euch hier mit Eurem kleinen Bruder?
Was?
Zum Glück hat er das offenbar nicht gehört.

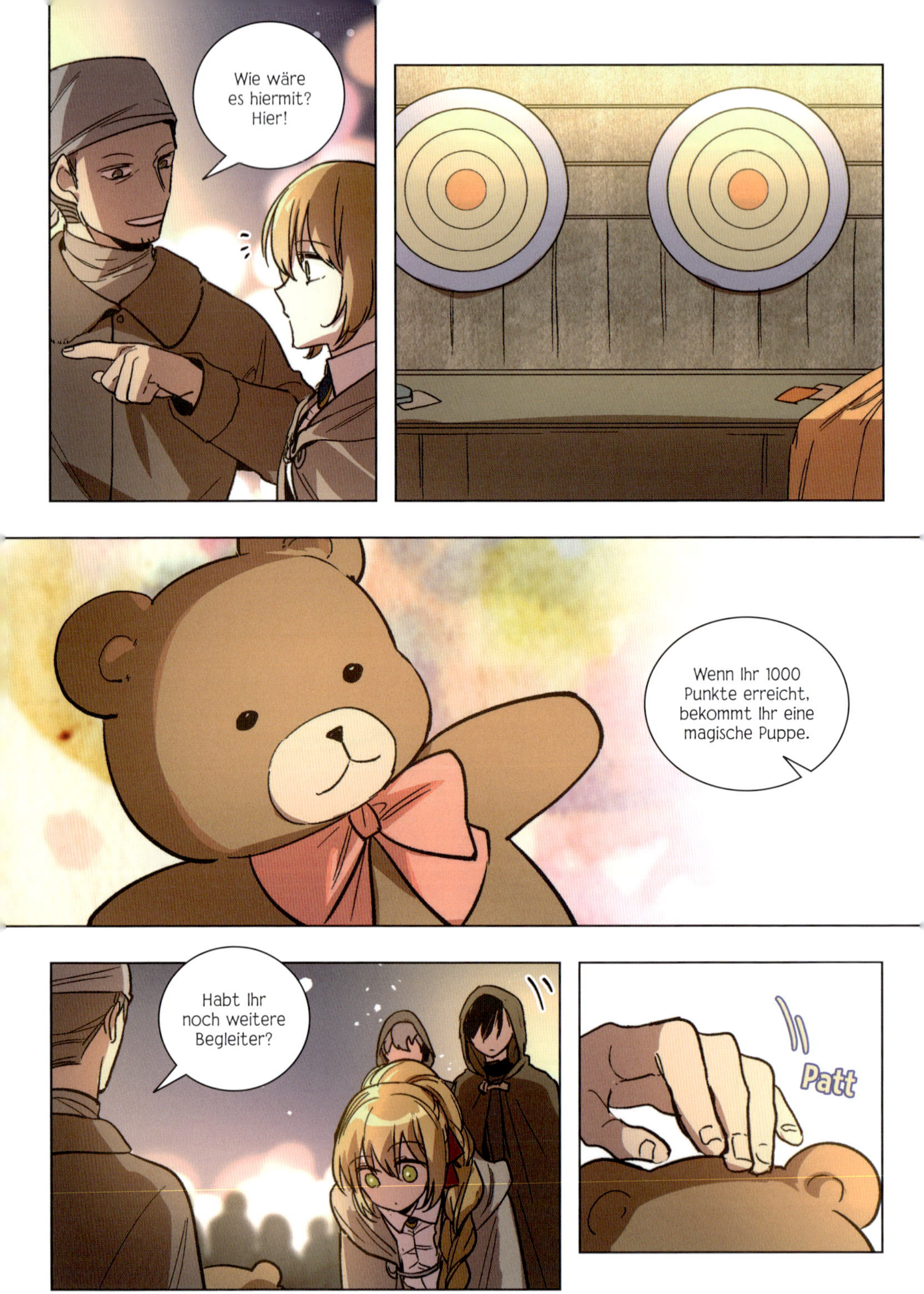
Wie wäre es hiermit? Hier!
Wenn Ihr 1000 Punkte erreicht, bekommt Ihr eine magische Puppe.
Habt Ihr noch weitere Begleiter?
Patt

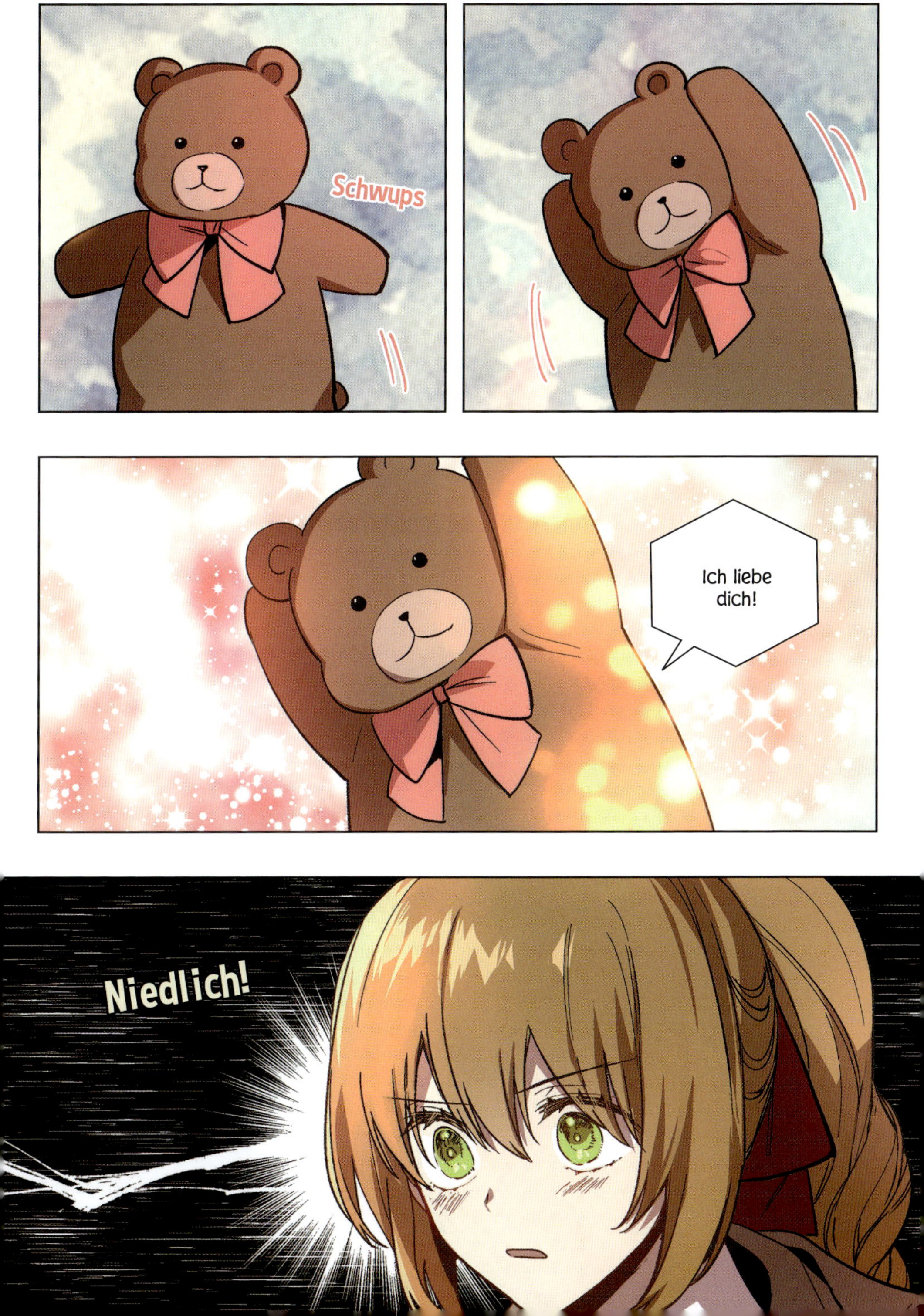
Schwups
Ich liebe dich!
Niedlich!

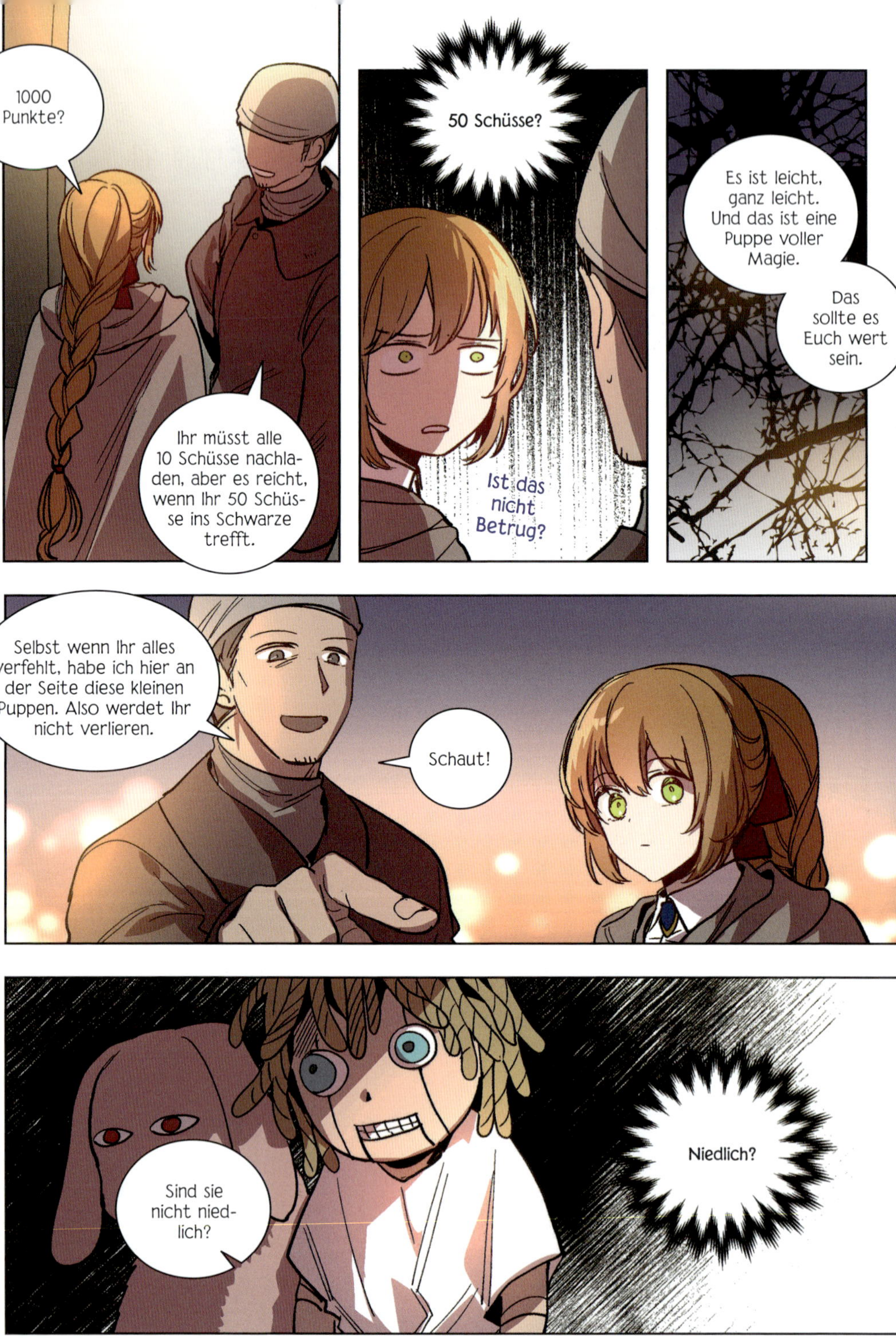
1000 Punkte?
Ihr müsst alle 10 Schüsse nachladen, aber es reicht, wenn Ihr 50 Schüsse ins Schwarze trefft.
50 Schüsse?
Ist das nicht Betrug?
Es ist leicht, ganz leicht. Und das ist eine Puppe voller Magie.
Das sollte es Euch wert sein.
Selbst wenn Ihr alles verfehlt, habe ich hier an der Seite diese kleinen Puppen. Also werdet Ihr nicht verlieren.
Schaut!
Sind sie nicht niedlich?
Niedlich?

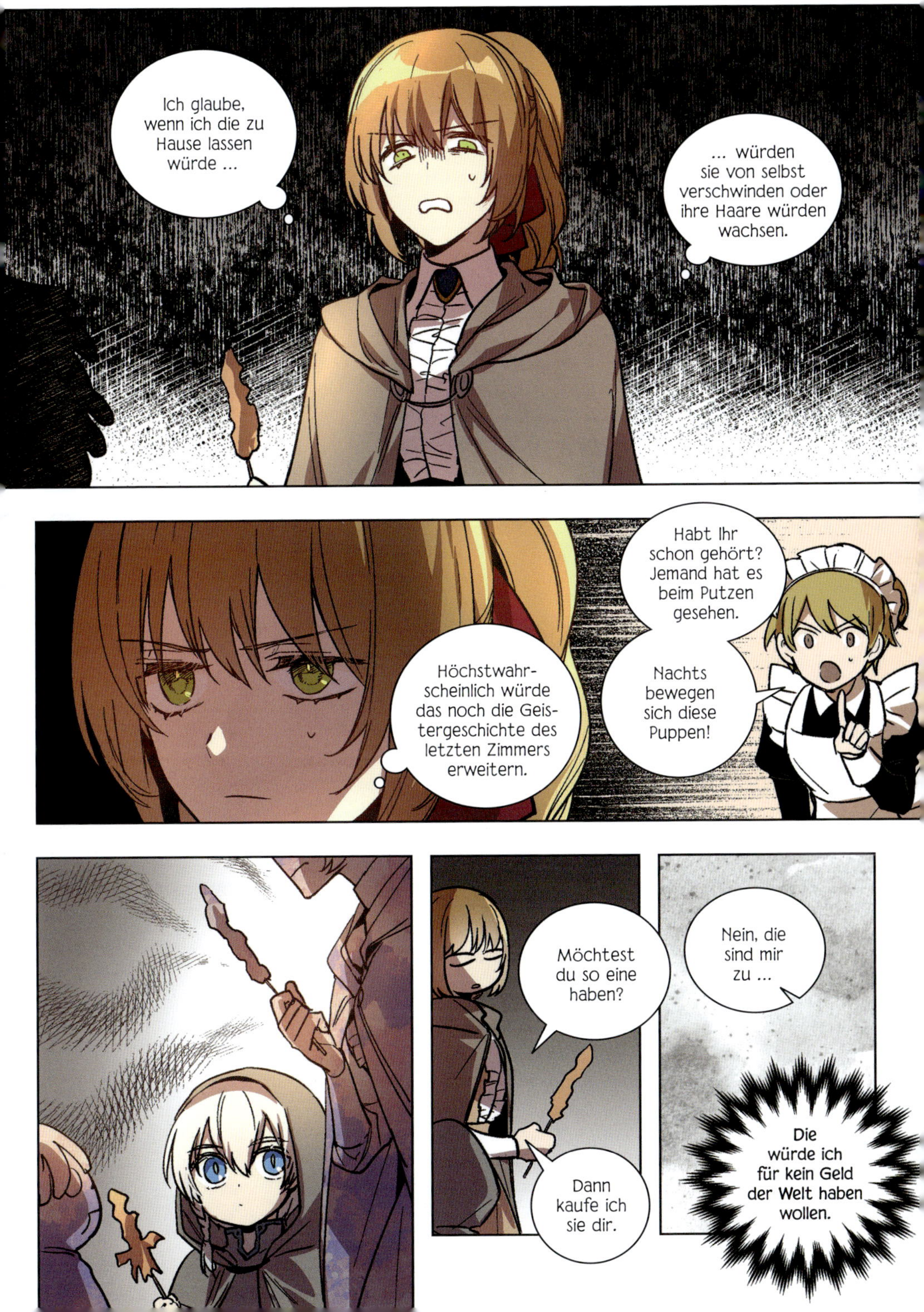
Ich glaube, wenn ich die zu Hause lassen würde ...
... würden sie von selbst verschwinden oder ihre Haare würden wachsen.
Habt Ihr schon gehört? Jemand hat es beim Putzen gesehen.
Nachts bewegen sich diese Puppen!
Höchstwahrscheinlich würde das noch die Geistergeschichte des letzten Zimmers erweitern.
Möchtest du so eine haben?
Dann kaufe ich sie dir.
Nein, die sind mir zu ...
Die würde ich für kein Geld der Welt haben wollen.

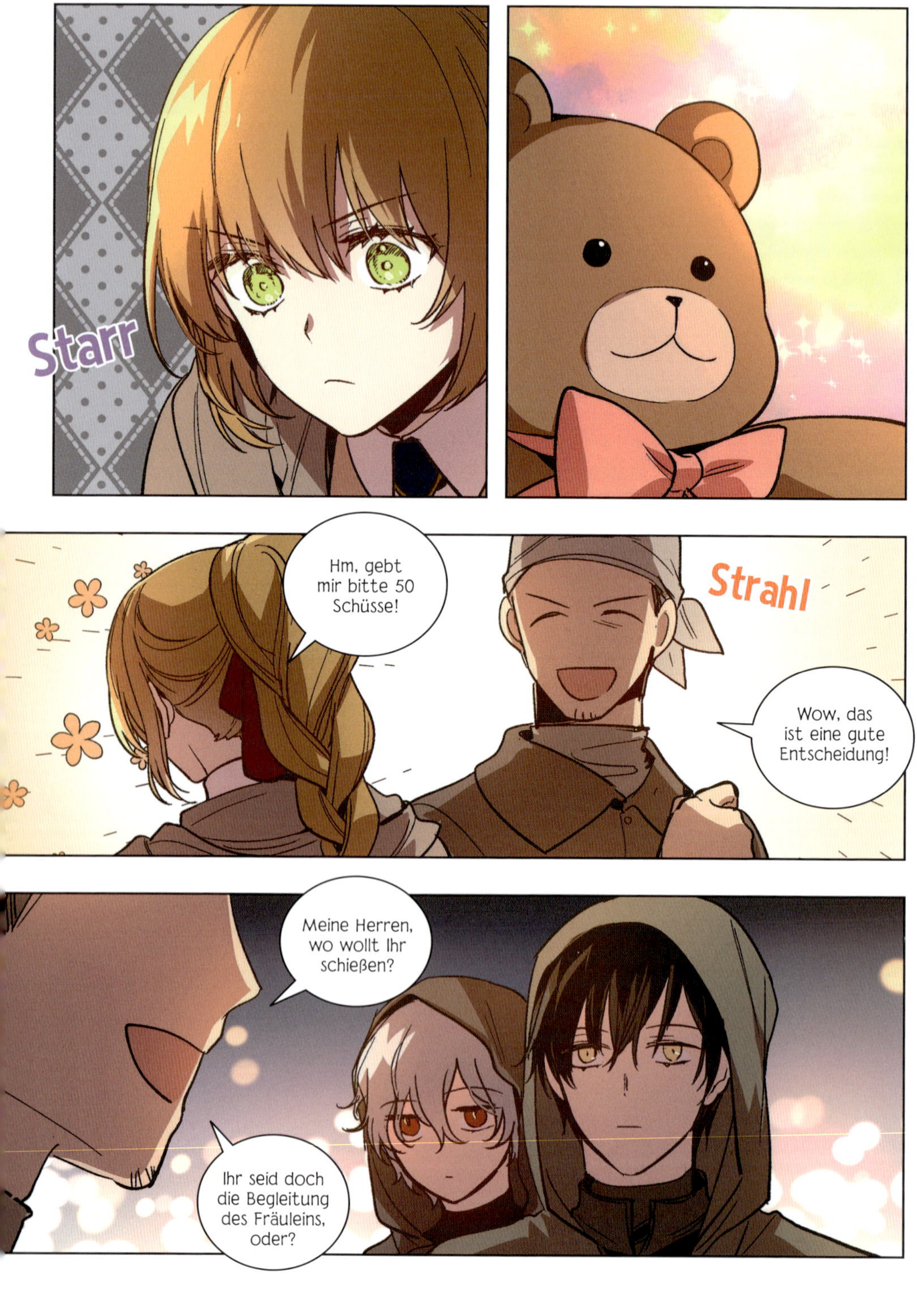
Starr
Hm, gebt mir bitte 50 Schüsse!
Strahl
Wow, das ist eine gute Entscheidung!
Meine Herren, wo wollt Ihr schießen?
Ihr seid doch die Begleitung des Fräuleins, oder?

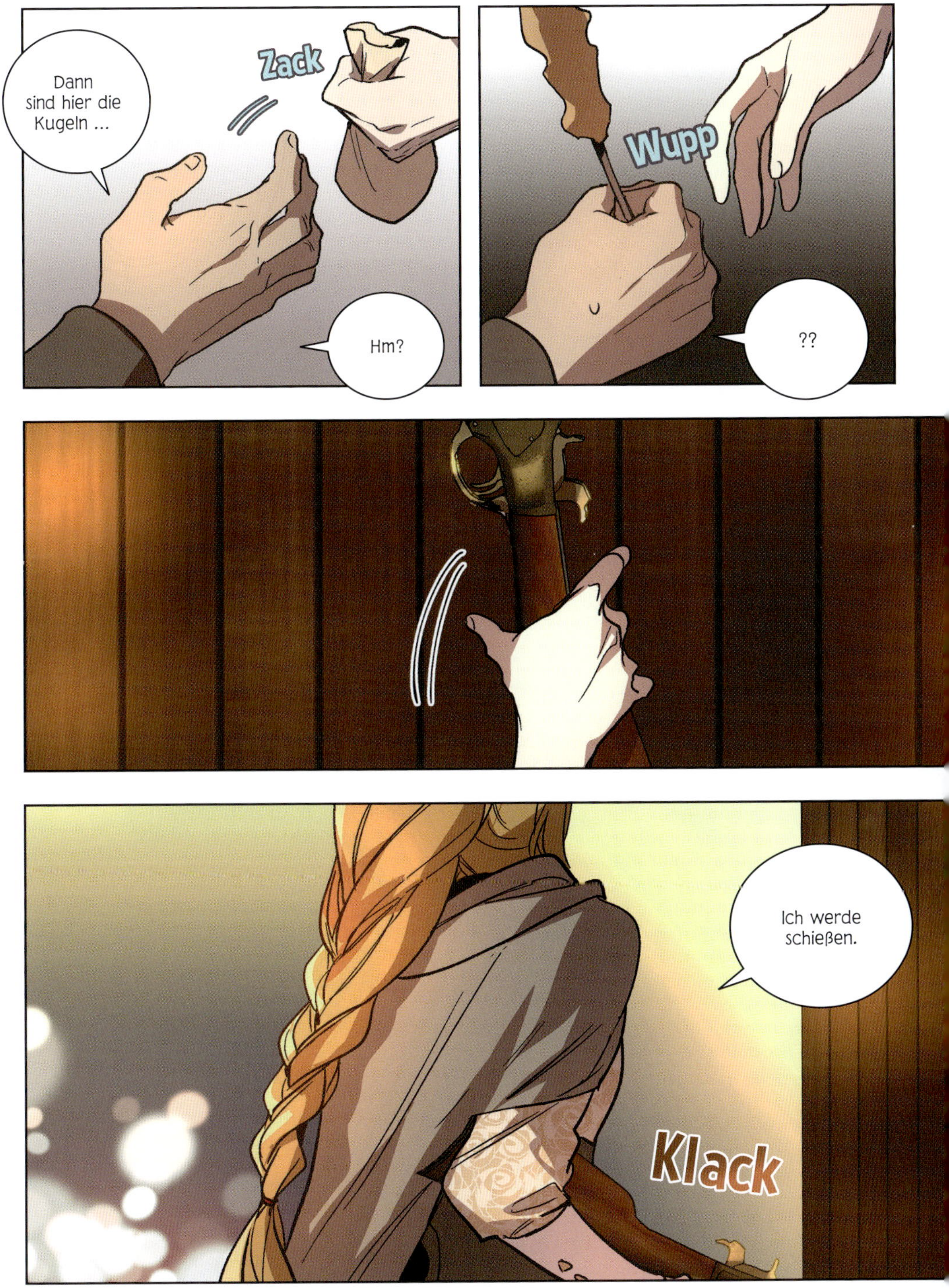

Dann sind hier die Kugeln ...
Zack
Hm?
Wupp
??
Ich werde schießen.
Klack

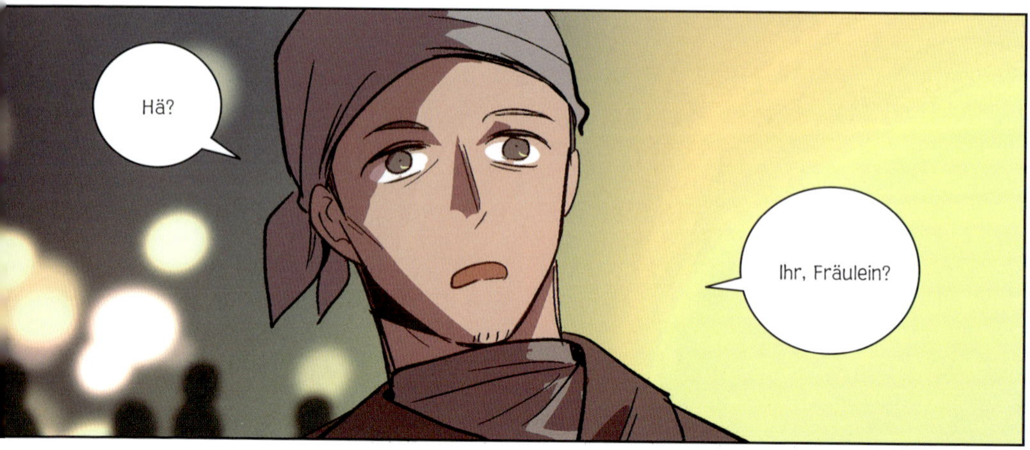
Hä?
Ihr, Fräulein?

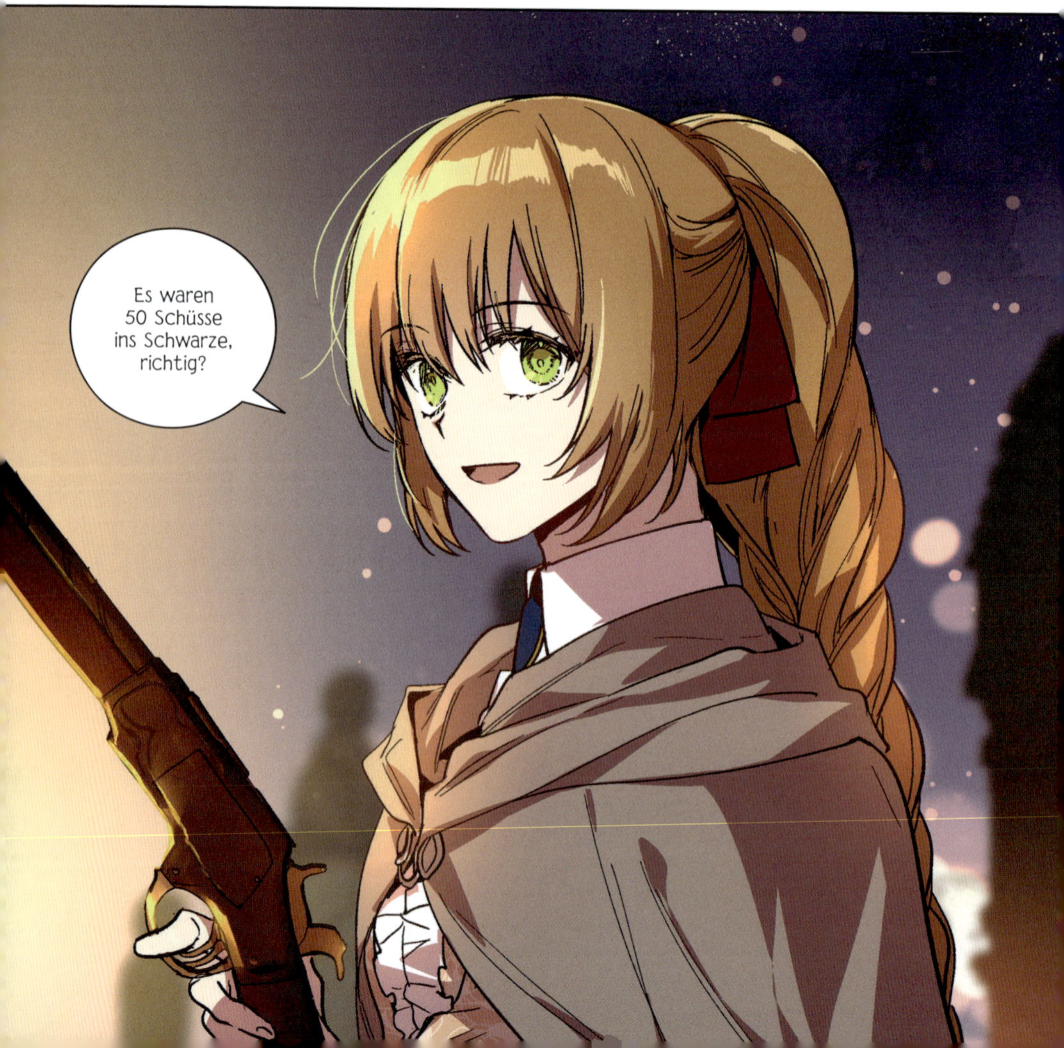
Es waren 50 Schüsse ins Schwarze, richtig?

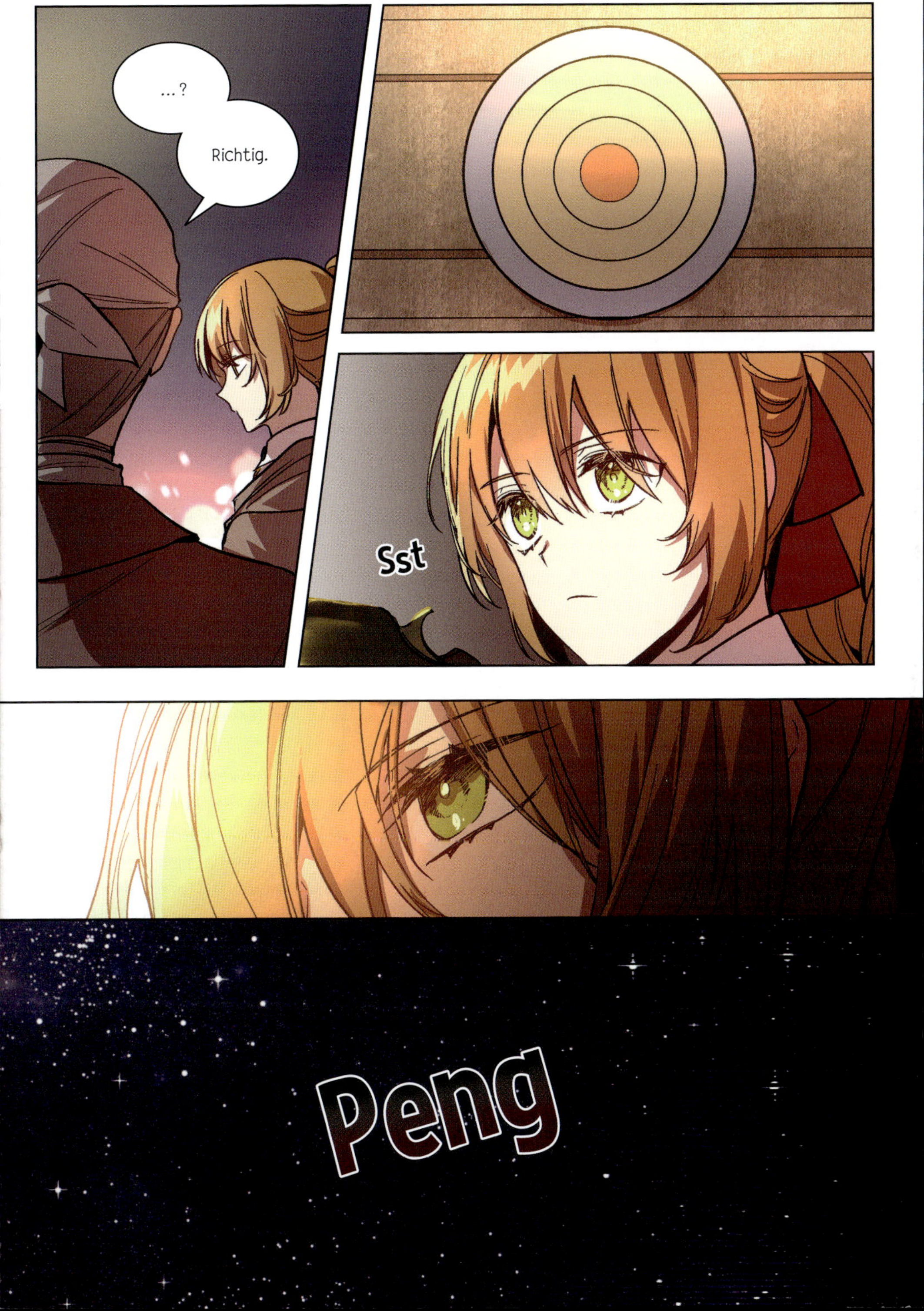
...?
Richtig.
Sst
Peng

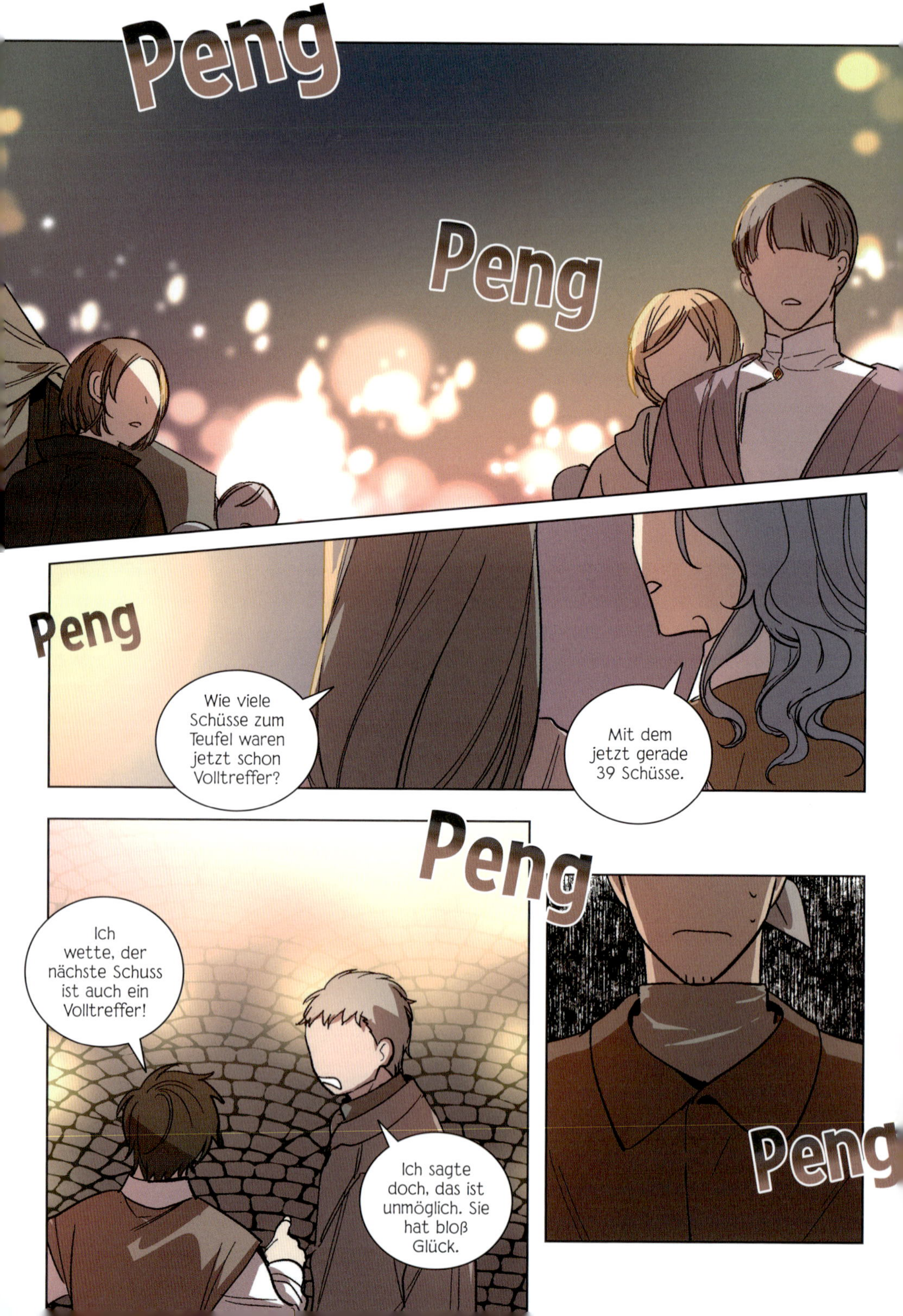
Peng
Peng
Peng
Wie viele Schüsse zum Teufel waren jetzt schon Volltreffer?
Mit dem jetzt gerade 39 Schüsse.
Peng
Ich wette, der nächste Schuss ist auch ein Volltreffer!
Ich sagte doch, das ist unmöglich. Sie hat bloß Glück.
Peng

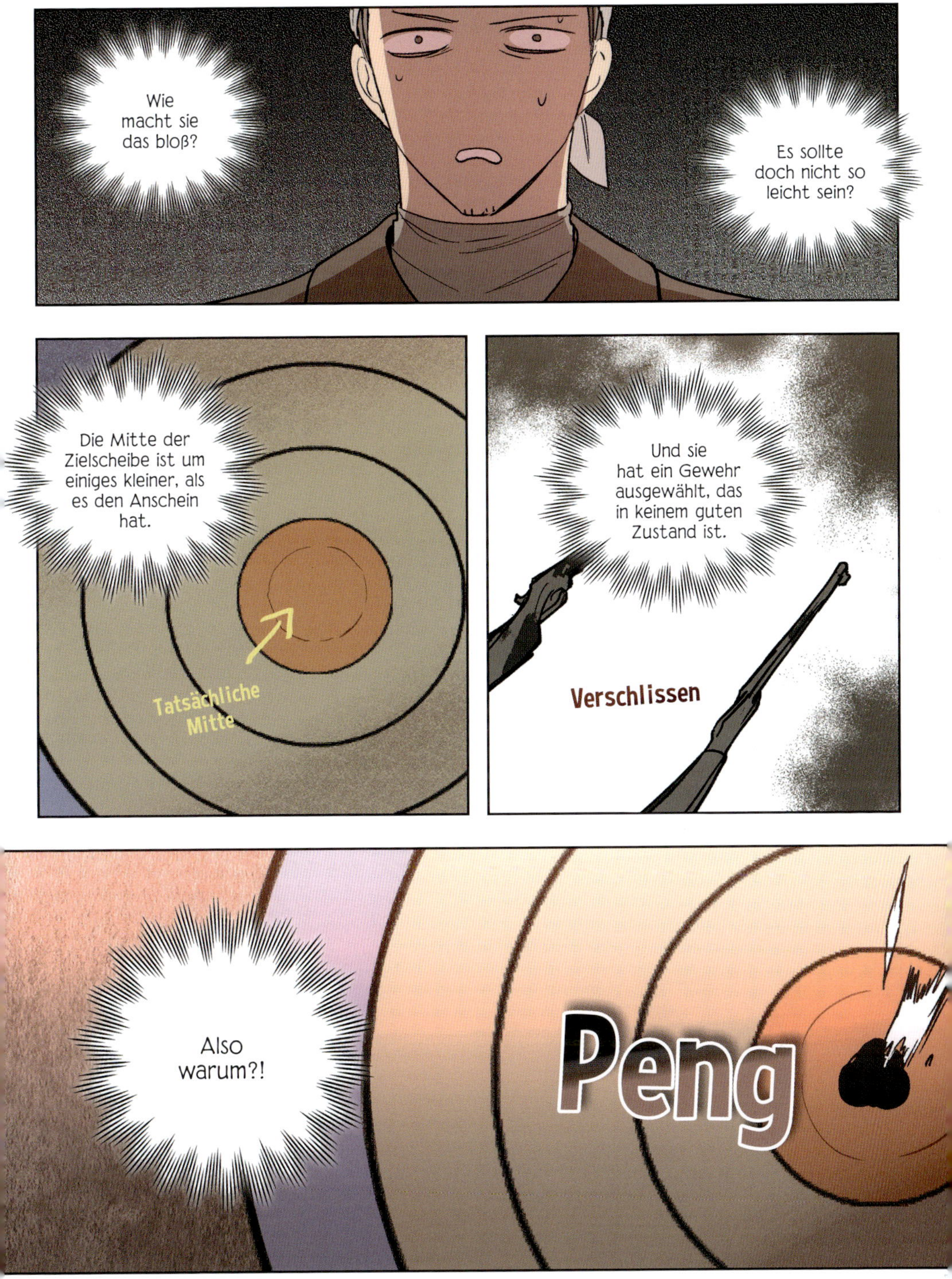

Wie macht sie das bloß?
Es sollte doch nicht so leicht sein?
Die Mitte der Zielscheibe ist um einiges kleiner, als es den Anschein hat.
Tatsächliche Mitte
Und sie hat ein Gewehr ausgewählt, das in keinem guten Zustand ist.
Verschlissen
Also warum?!
Peng

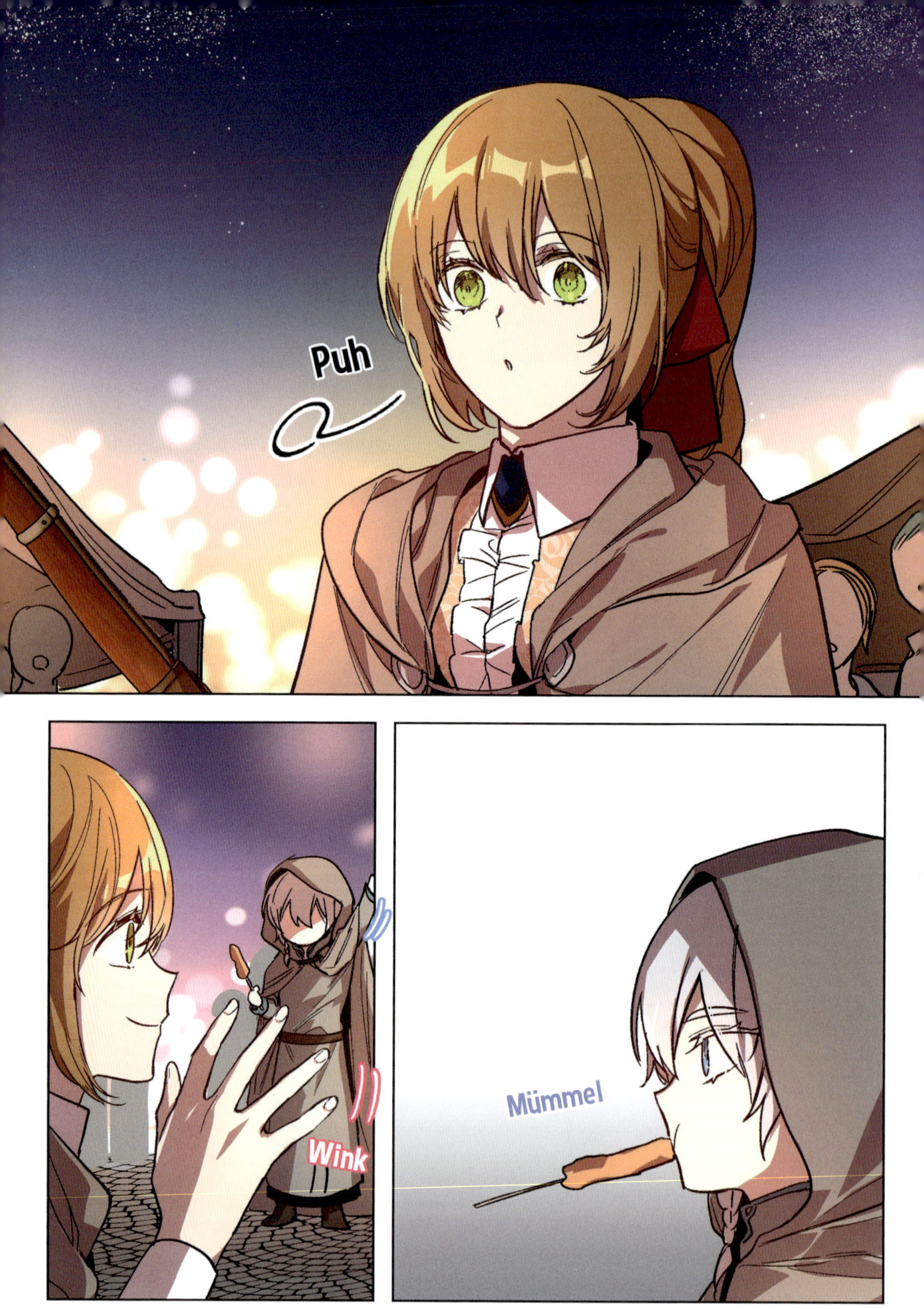
Puh
Wink
Mümmel

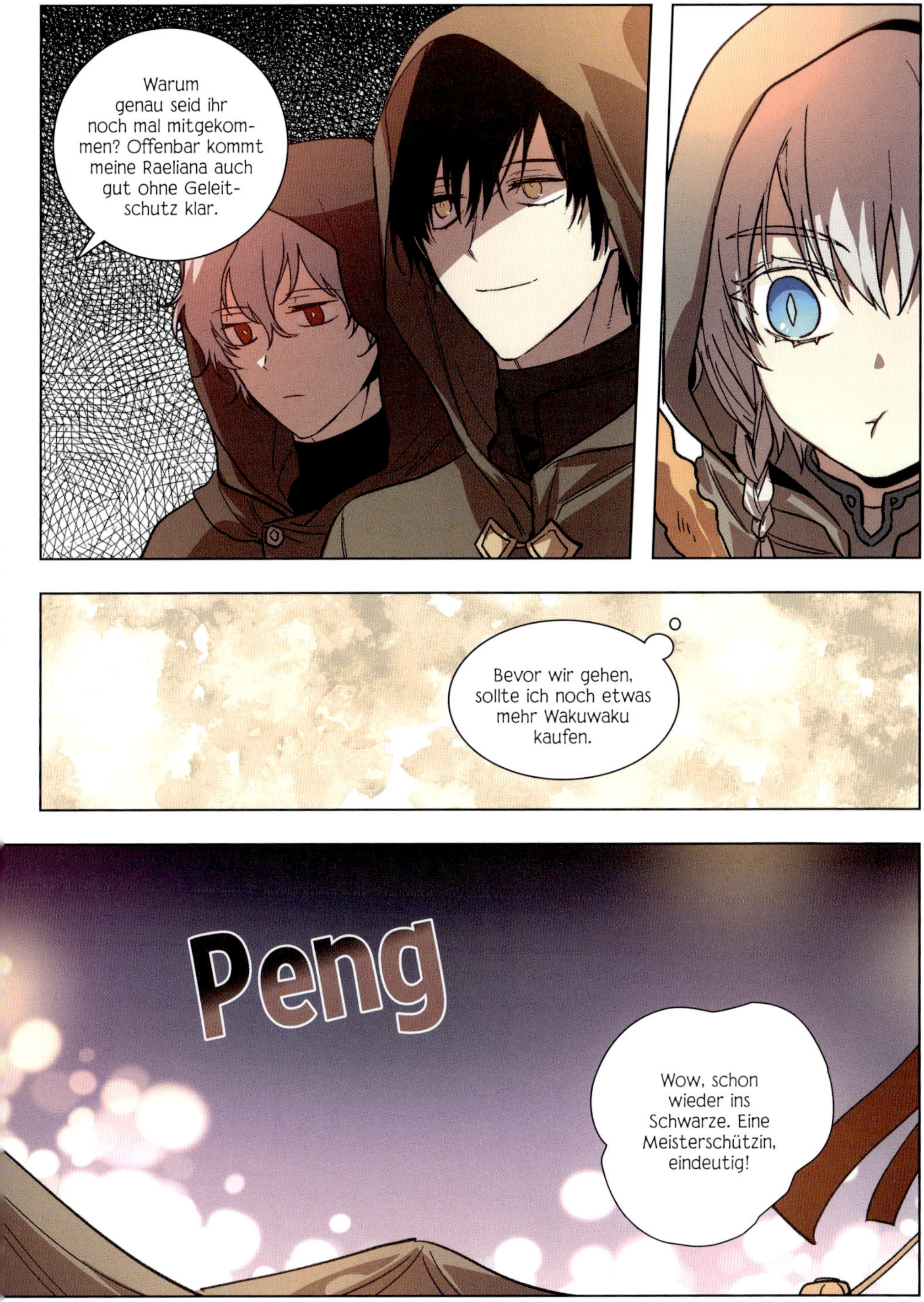
Warum genau seid ihr noch mal mitgekommen? Offenbar kommt meine Raeliana auch gut ohne Geleitschutz klar.
Bevor wir gehen, sollte ich noch etwas mehr Wakuwaku kaufen.
Peng
Wow, schon wieder ins Schwarze. Eine Meisterschützin, eindeutig!

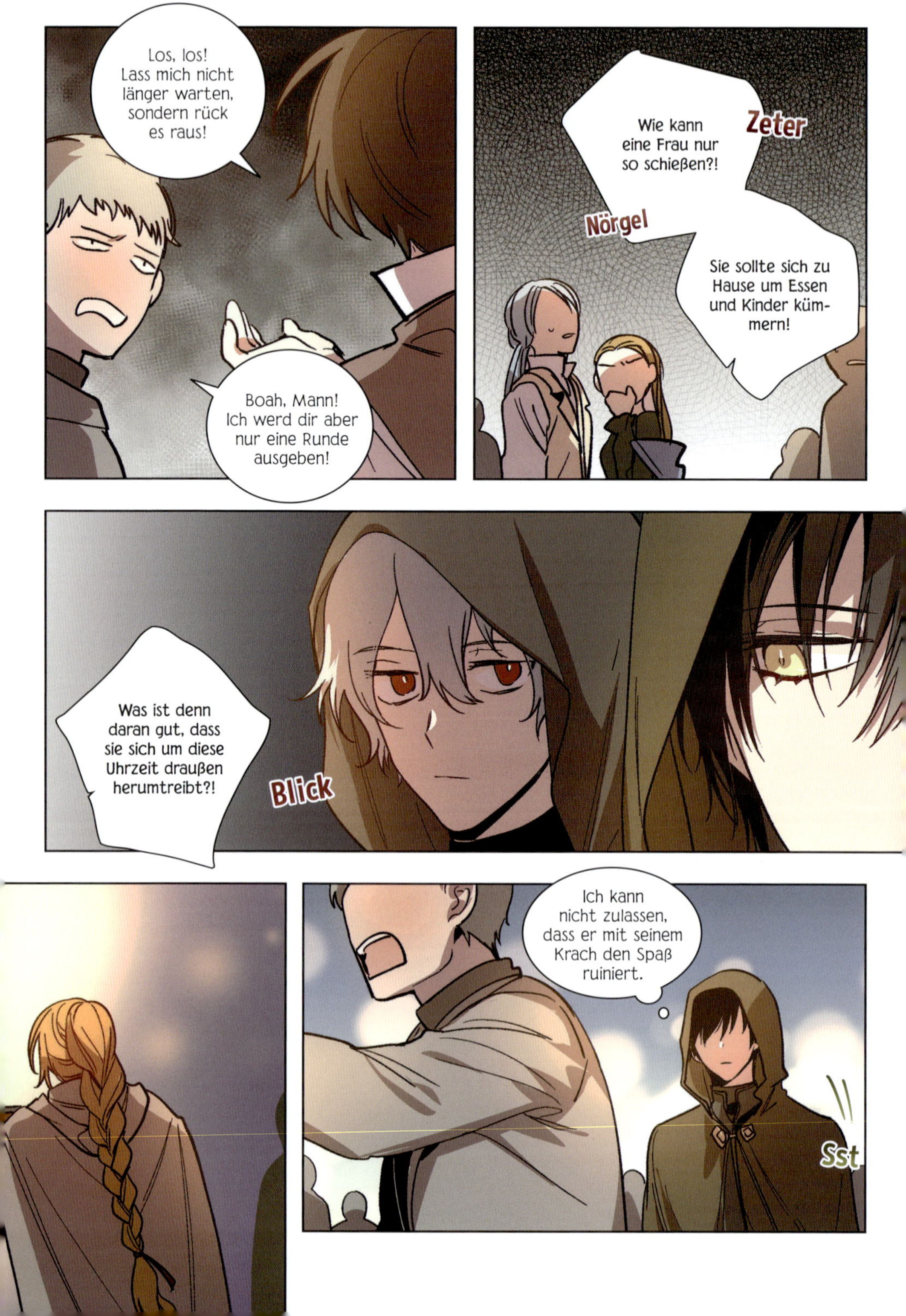
Los, los! Lass mich nicht länger warten, sondern rück es raus!
Boah, Mann! Ich werd dir aber nur eine Runde ausgeben!
Wie kann eine Frau nur so schießen?!
Zeter
Nörgel
Sie sollte sich zu Hause um Essen und Kinder kümmern!
Was ist denn daran gut, dass sie sich um diese Uhrzeit draußen herumtreibt?!
Blick
Ich kann nicht zulassen, dass er mit seinem Krach den Spaß ruiniert.
Sst

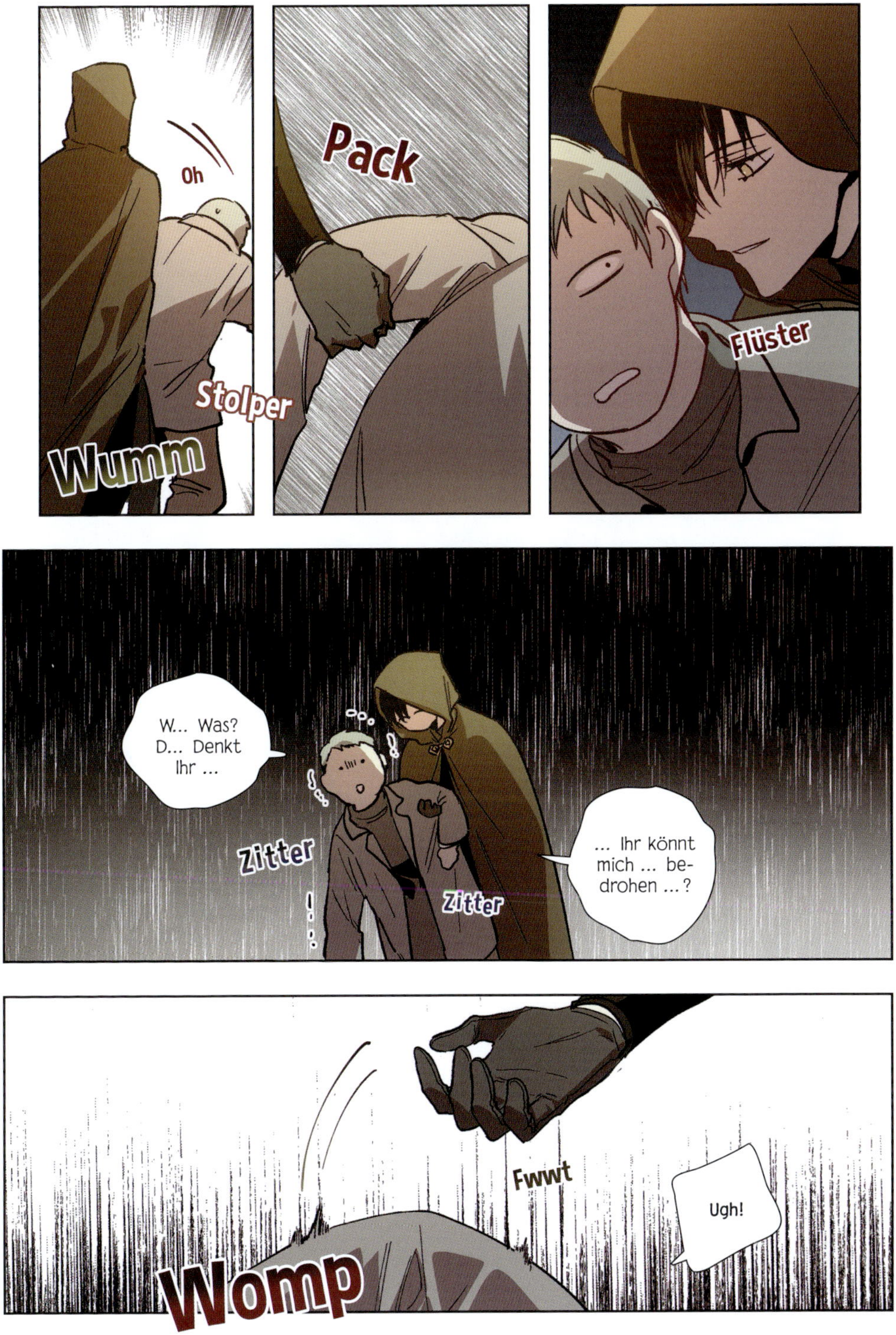
Oh
Stolper
Wumm
Pack
Flüster
W... Was? D... Denkt Ihr ...
Zitter
Zitter
... Ihr könnt mich ... be-drohen ...?
Fwwt
Ugh!
Womp

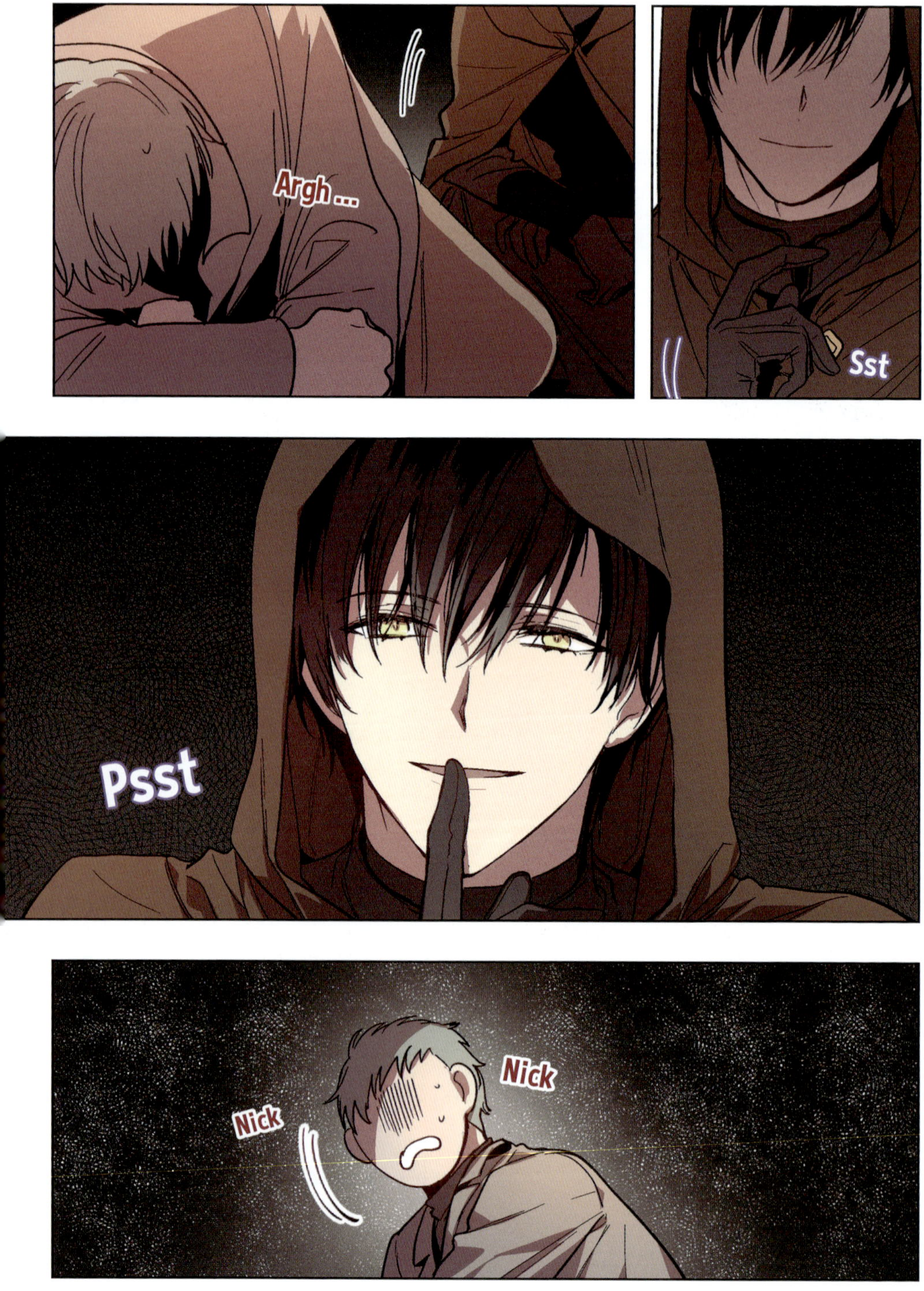
Argh ...
Sst
Psst
Nick
Nick

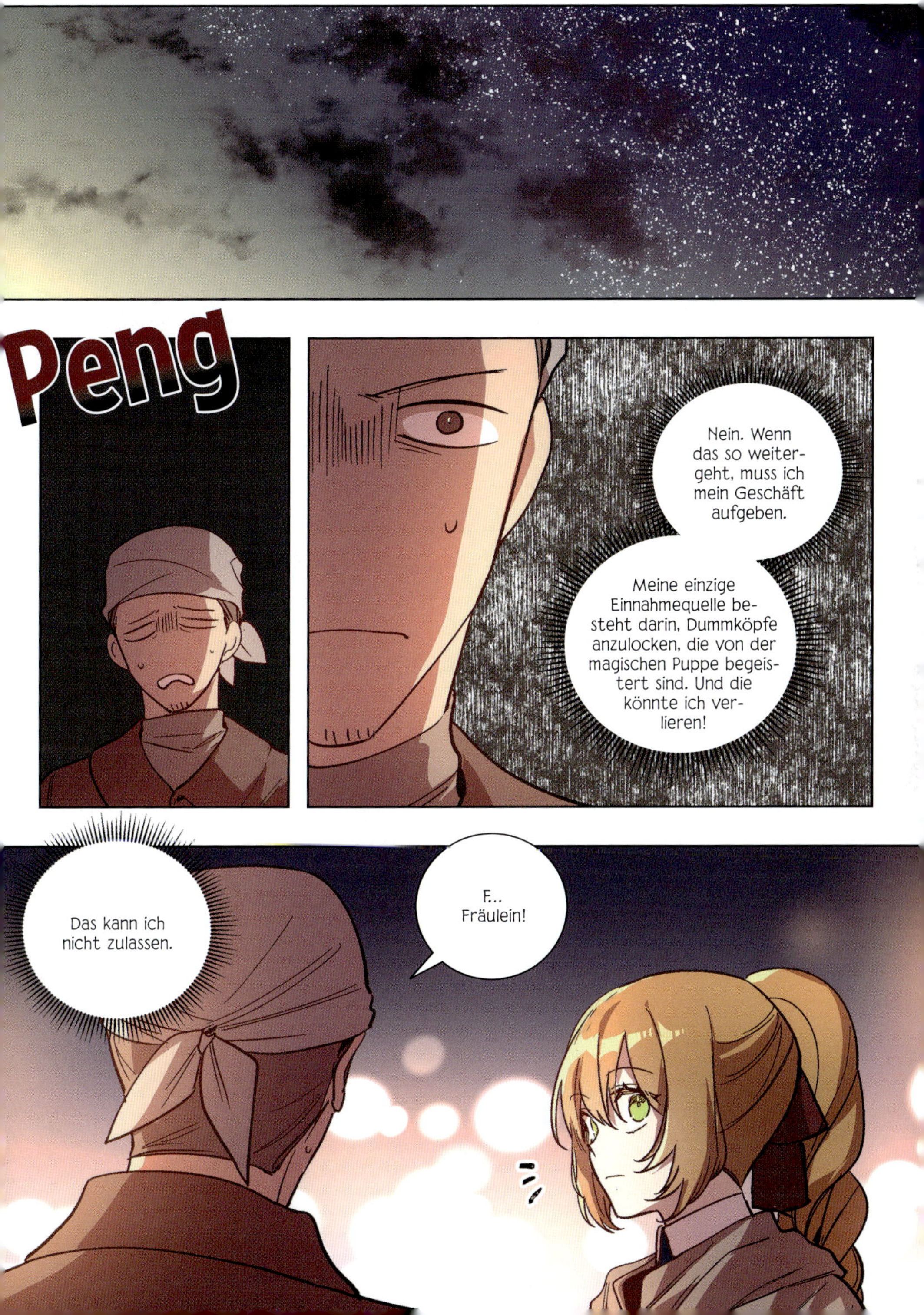
Peng
Nein. Wenn das so weitergeht, muss ich mein Geschäft aufgeben.
Meine einzige Einnahmequelle besteht darin, Dummköpfe anzulocken, die von der magischen Puppe begeistert sind. Und die könnte ich verlieren!
Das kann ich nicht zulassen.
F... Fräulein!

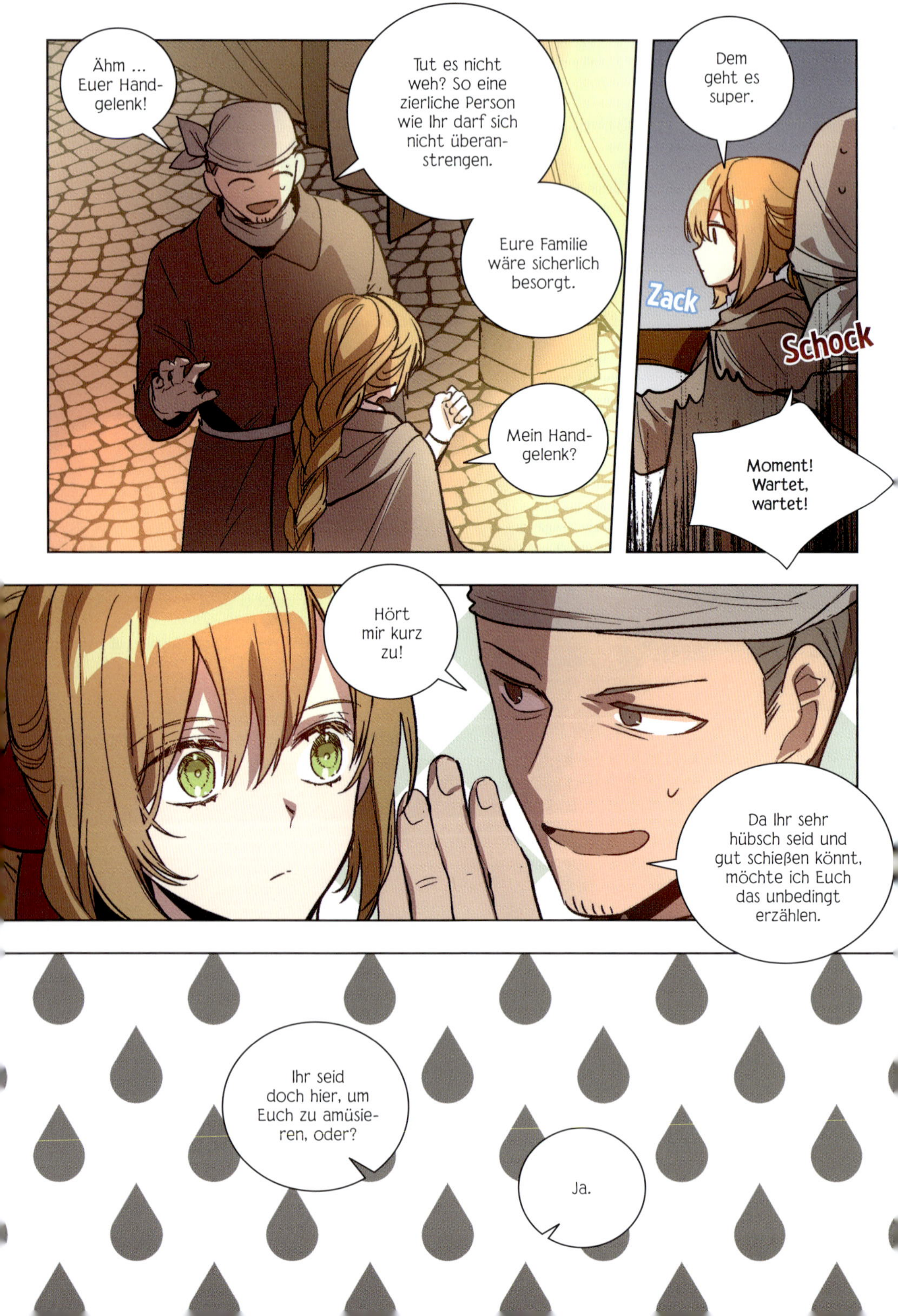
Ähm ... Euer Handgelenk!
Tut es nicht weh? So eine zierliche Person wie Ihr darf sich nicht überanstrengen.
Eure Familie wäre sicherlich besorgt.
Mein Handgelenk?
Dem geht es super.
Zack
Schock
Moment! Wartet, wartet!
Hört mir kurz zu!
Da Ihr sehr hübsch seid und gut schießen könnt, möchte ich Euch das unbedingt erzählen.
Ihr seid doch hier, um Euch zu amüsieren, oder?
Ja.

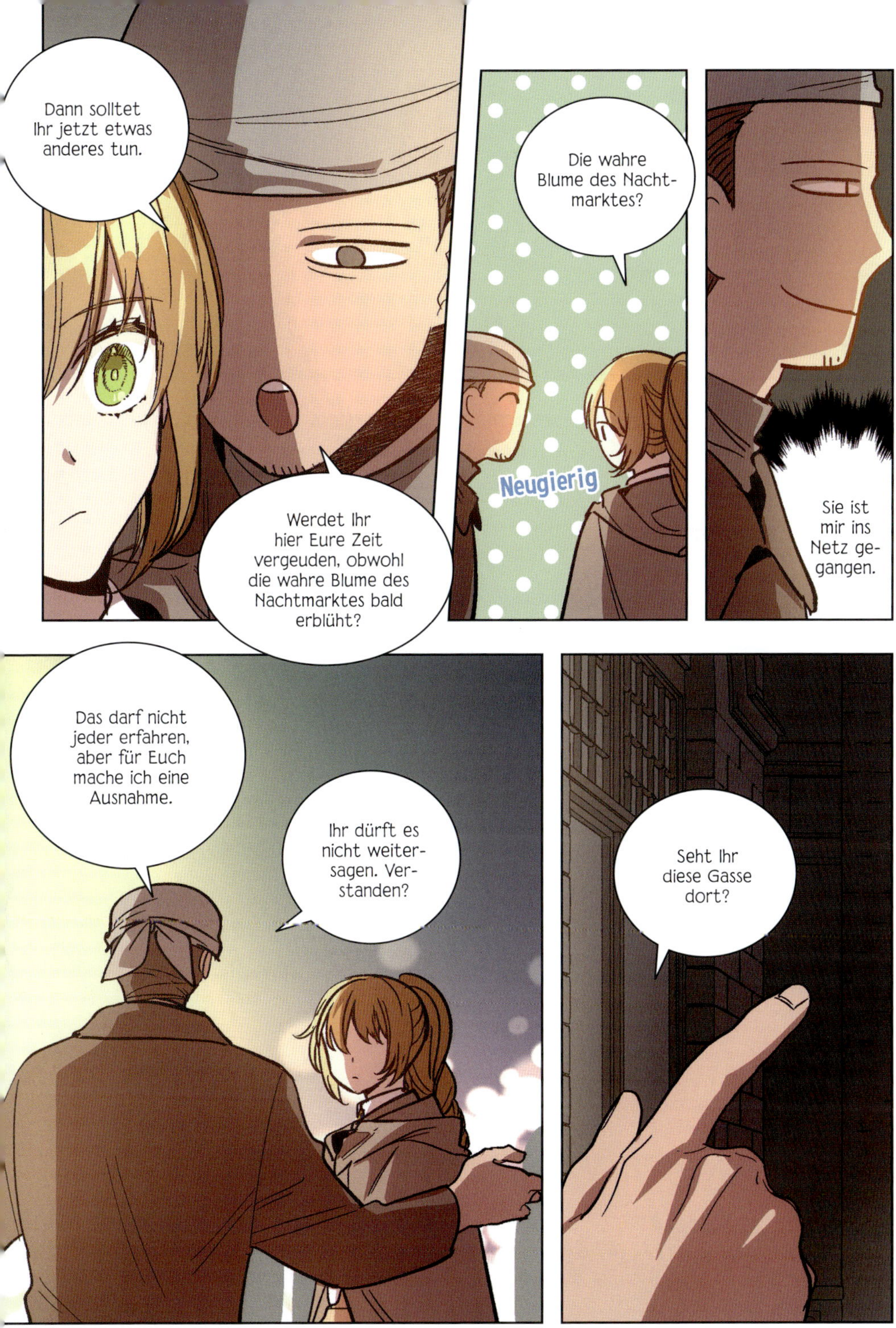
Dann solltet Ihr jetzt etwas anderes tun.
Werdet Ihr hier Eure Zeit vergeuden, obwohl die wahre Blume des Nachtmarktes bald erblüht?
Die wahre Blume des Nacht-marktes?
Neugierig
Sie ist mir ins Netz ge-gangen.
Das darf nicht jeder erfahren, aber für Euch mache ich eine Ausnahme.
Ihr dürft es nicht weiter-sagen. Ver-standen?
Seht Ihr diese Gasse dort?

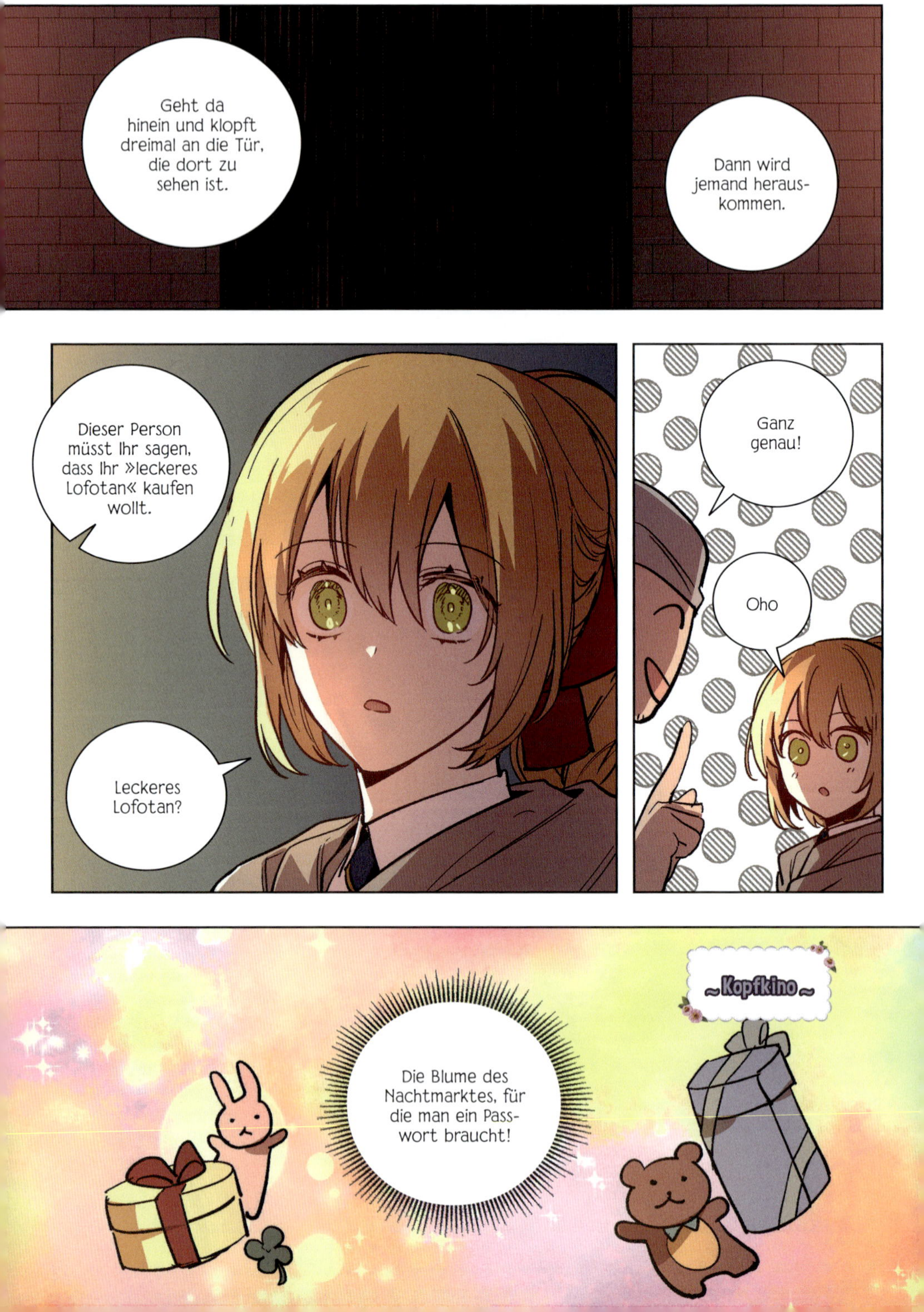
Geht da hinein und klopft dreimal an die Tür, die dort zu sehen ist.
Dann wird jemand heraus-kommen.
Dieser Person müsst Ihr sagen, dass Ihr »leckeres Lofotan« kaufen wollt.
Leckeres Lofotan?
Ganz genau!
Oho
~ Kopfkino ~
Die Blume des Nachtmarktes, für die man ein Pass-wort braucht!

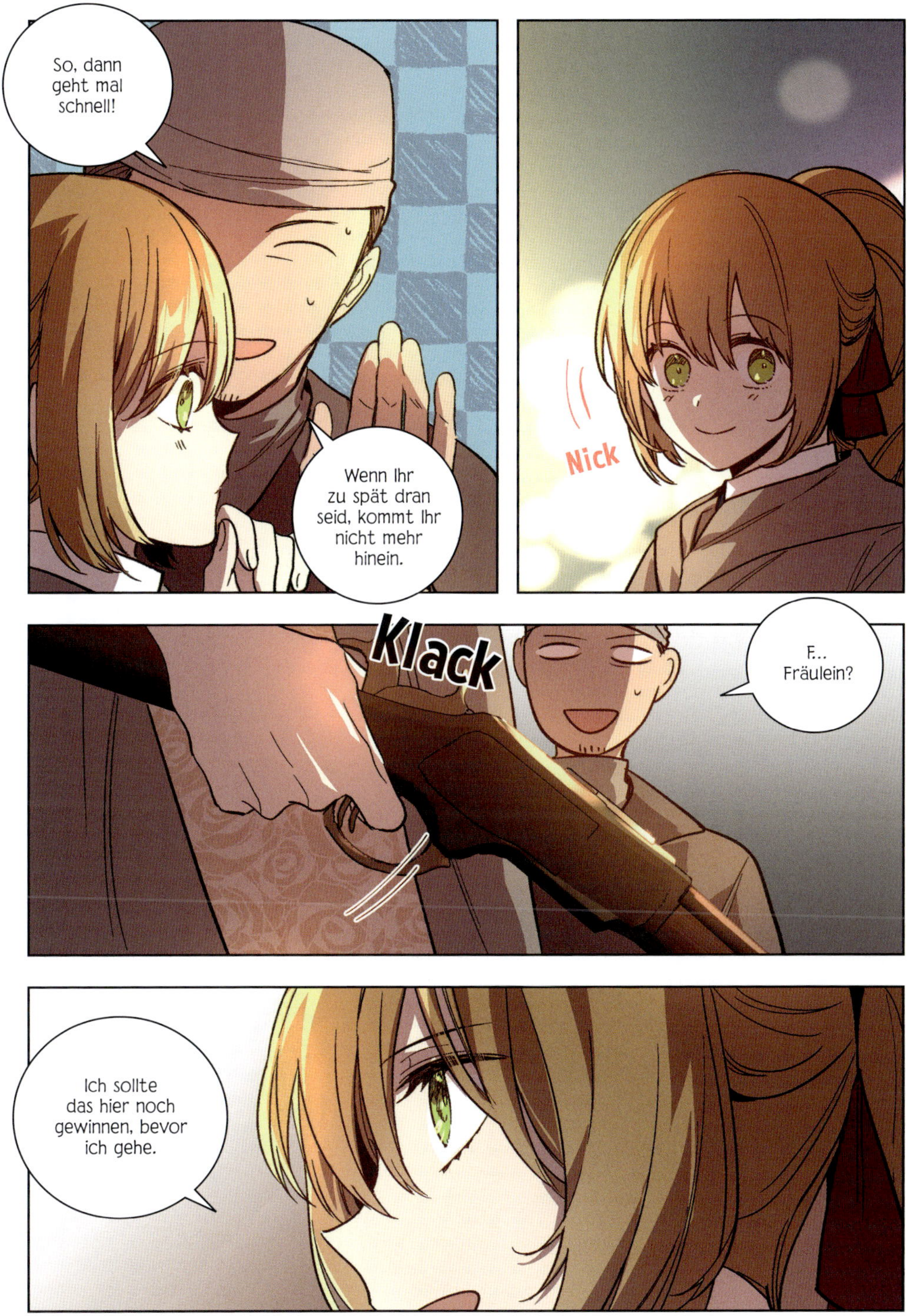
So, dann geht mal schnell!
Wenn Ihr zu spät dran seid, kommt Ihr nicht mehr hinein.
Nick
Klack
F... Fräulein?
Ich sollte das hier noch gewinnen, bevor ich gehe.

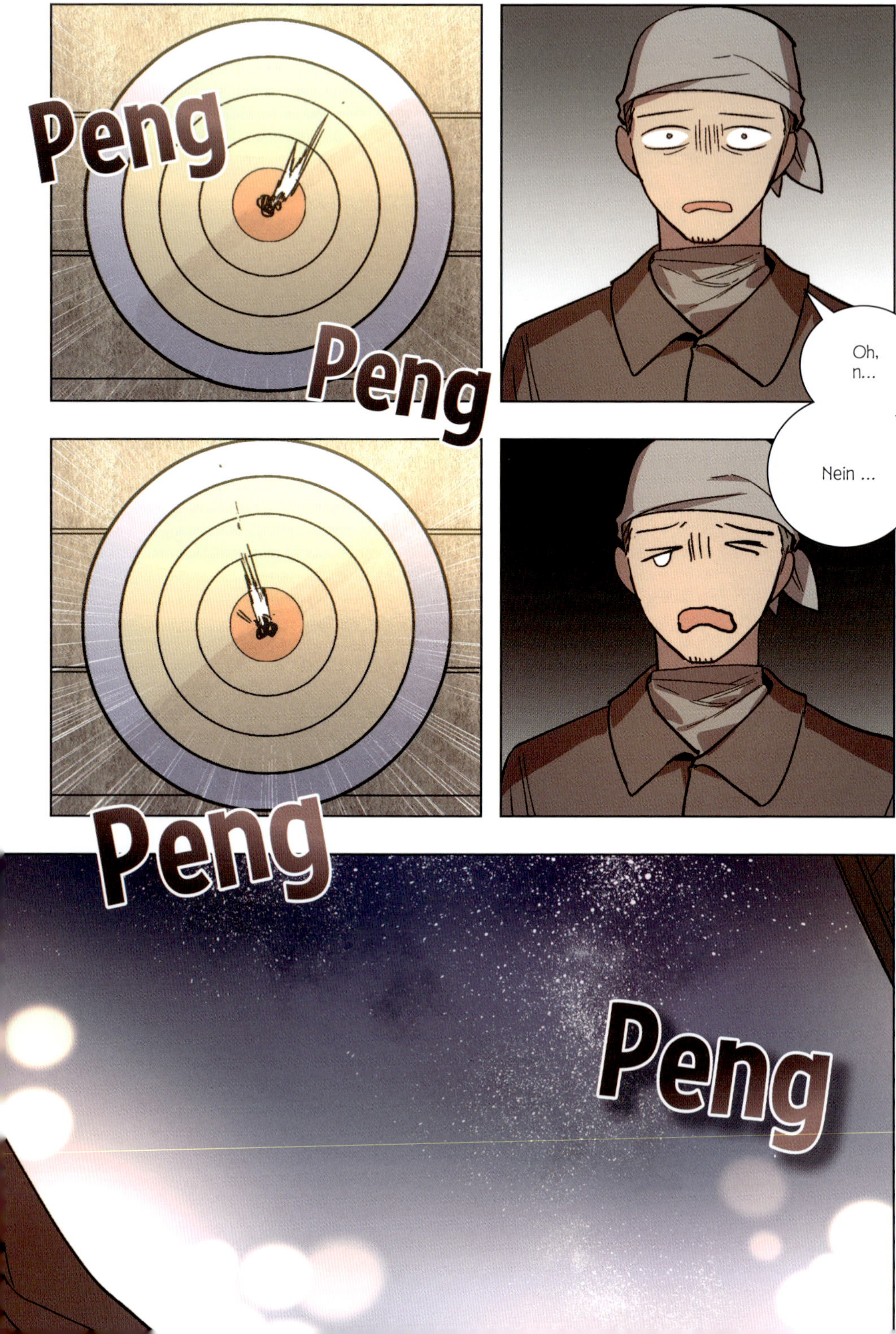
Peng
Peng
Oh,
n...
Nein ...
Peng
Peng

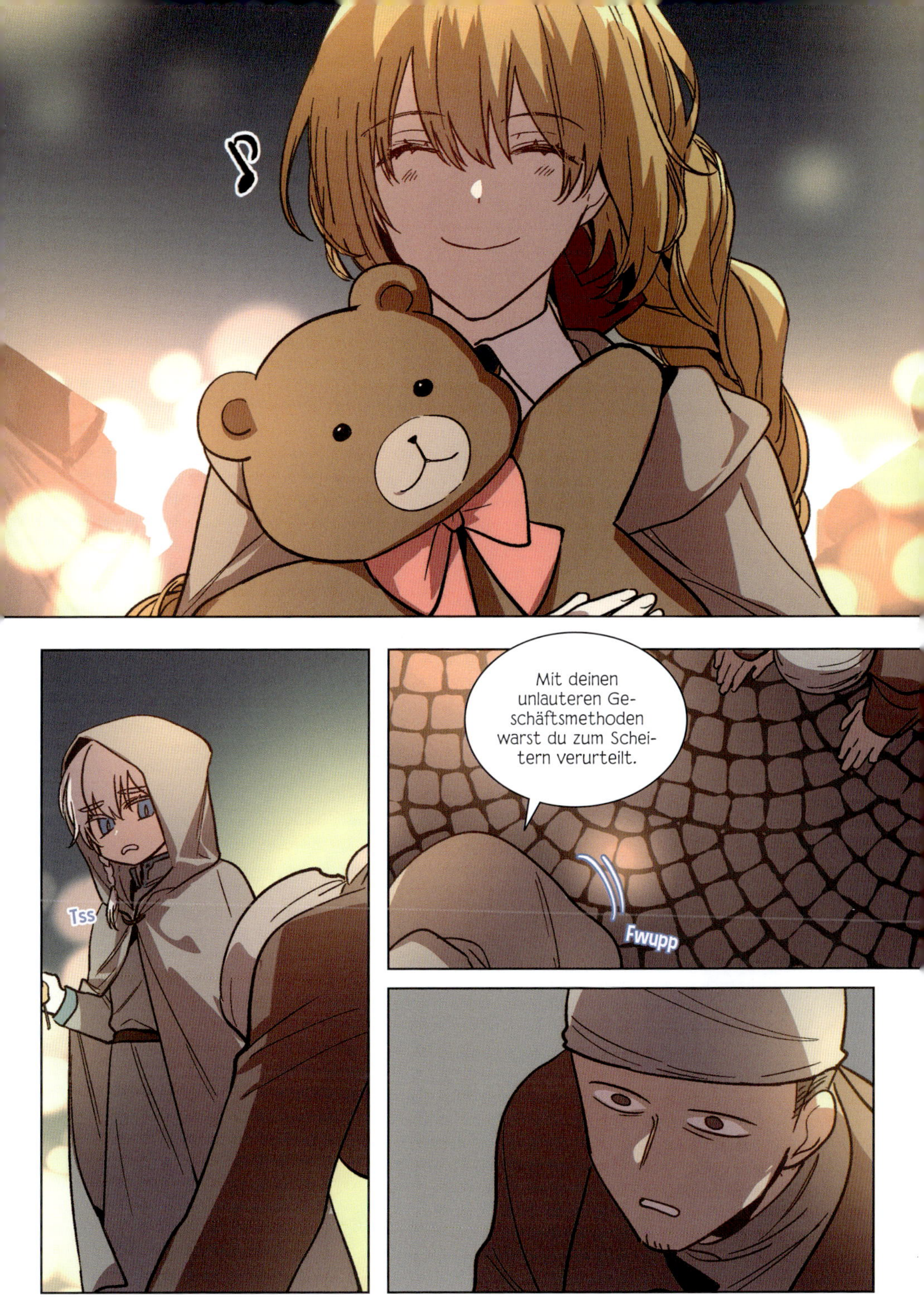

Mit deinen unlauteren Geschäftsmethoden warst du zum Scheitern verurteilt.
Fwupp
Tss

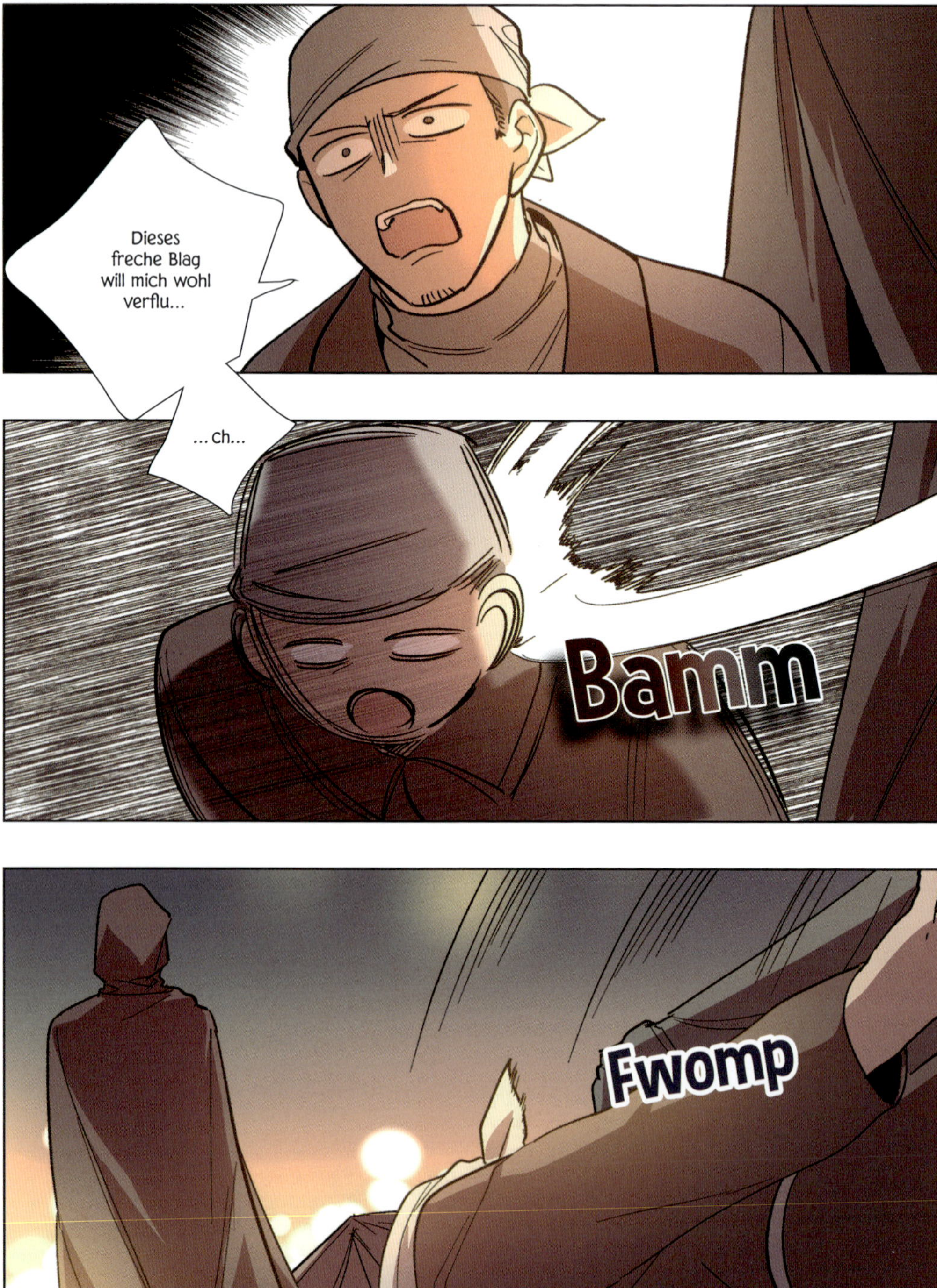
Dieses freche Blag will mich wohl verflu...
...ch...
Bamm
Fwomp

Raeliana

Warum sie die Verlobte des Dukes wurde

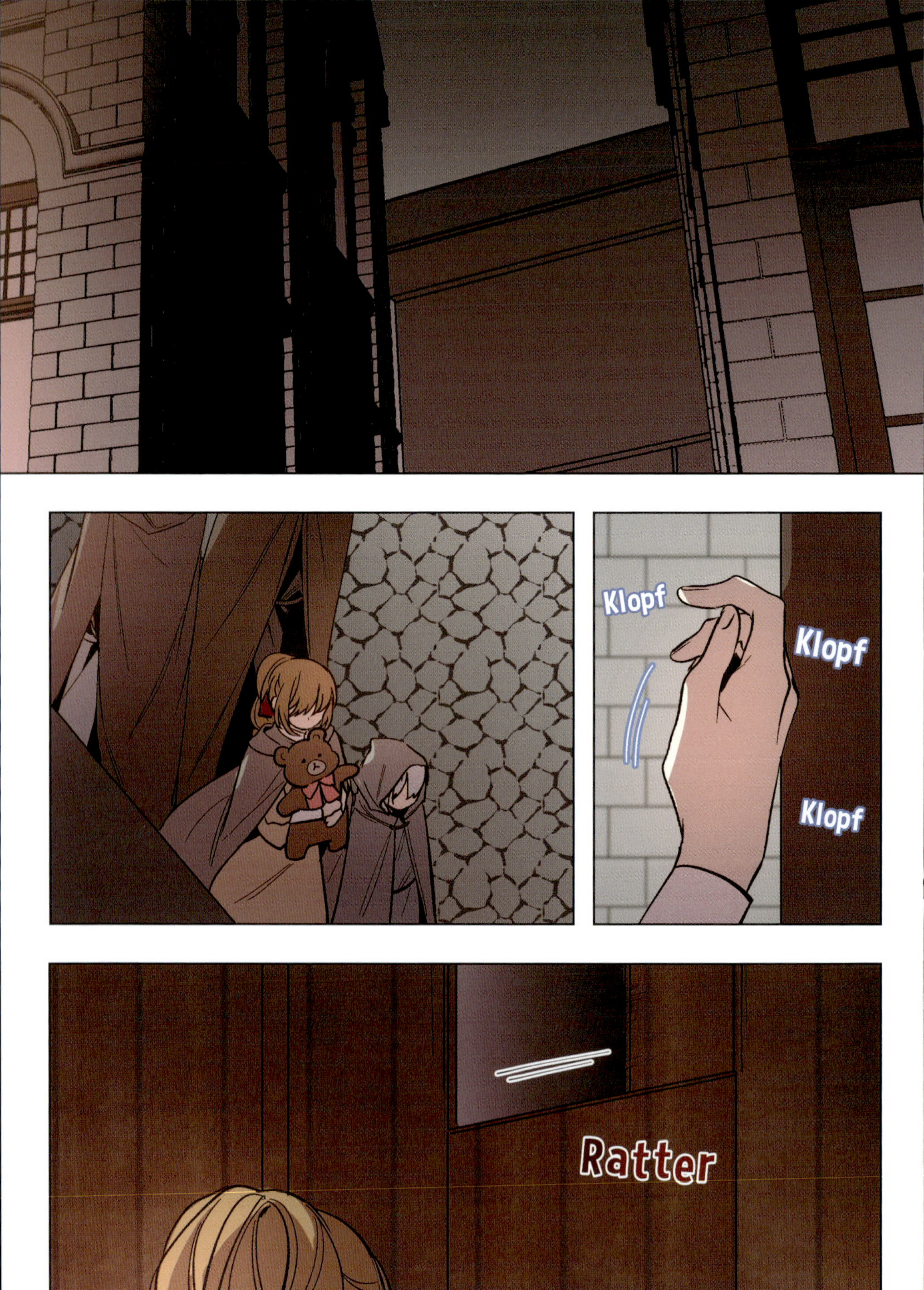
Klopf
Klopf
Klopf
Ratter

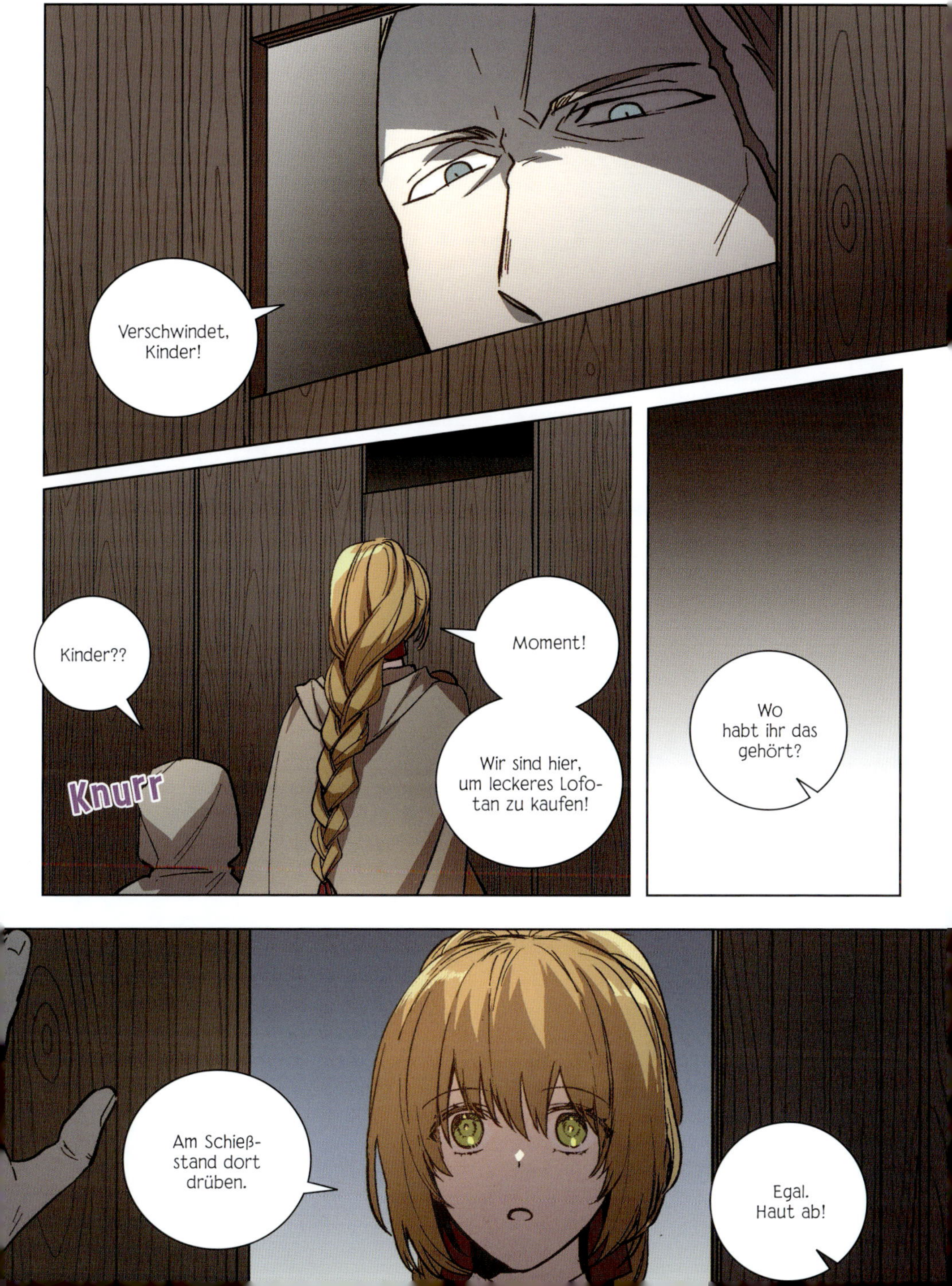

Verschwindet,
Kinder!
Kinder??
Moment!
Wir sind hier, um leckeres Lofo-tan zu kaufen!
Knurr
Wo habt ihr das gehört?
Am Schieß-stand dort drüben.
Egal. Haut ab!

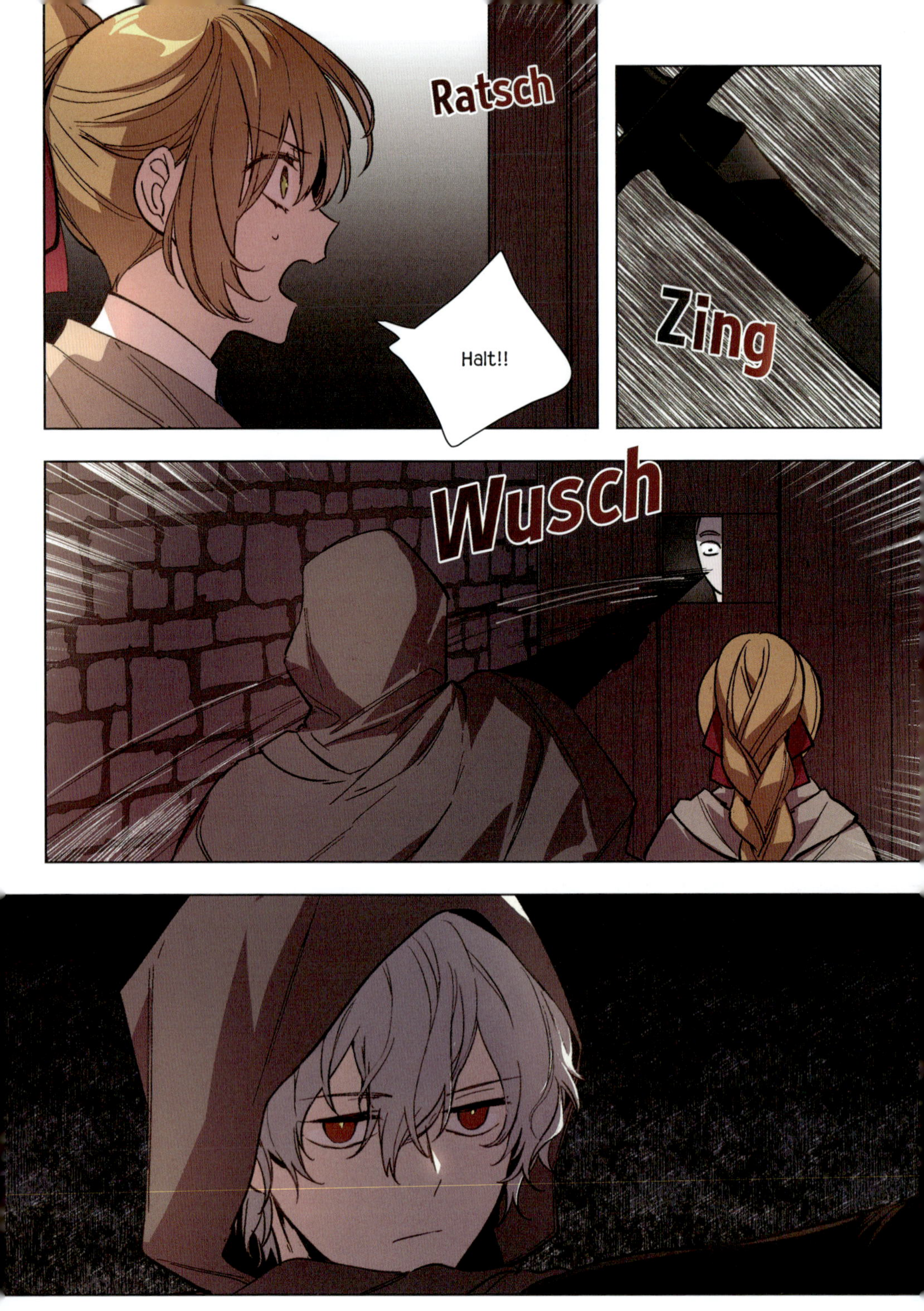
Ratsch
Halt!!
Zing
Wusch

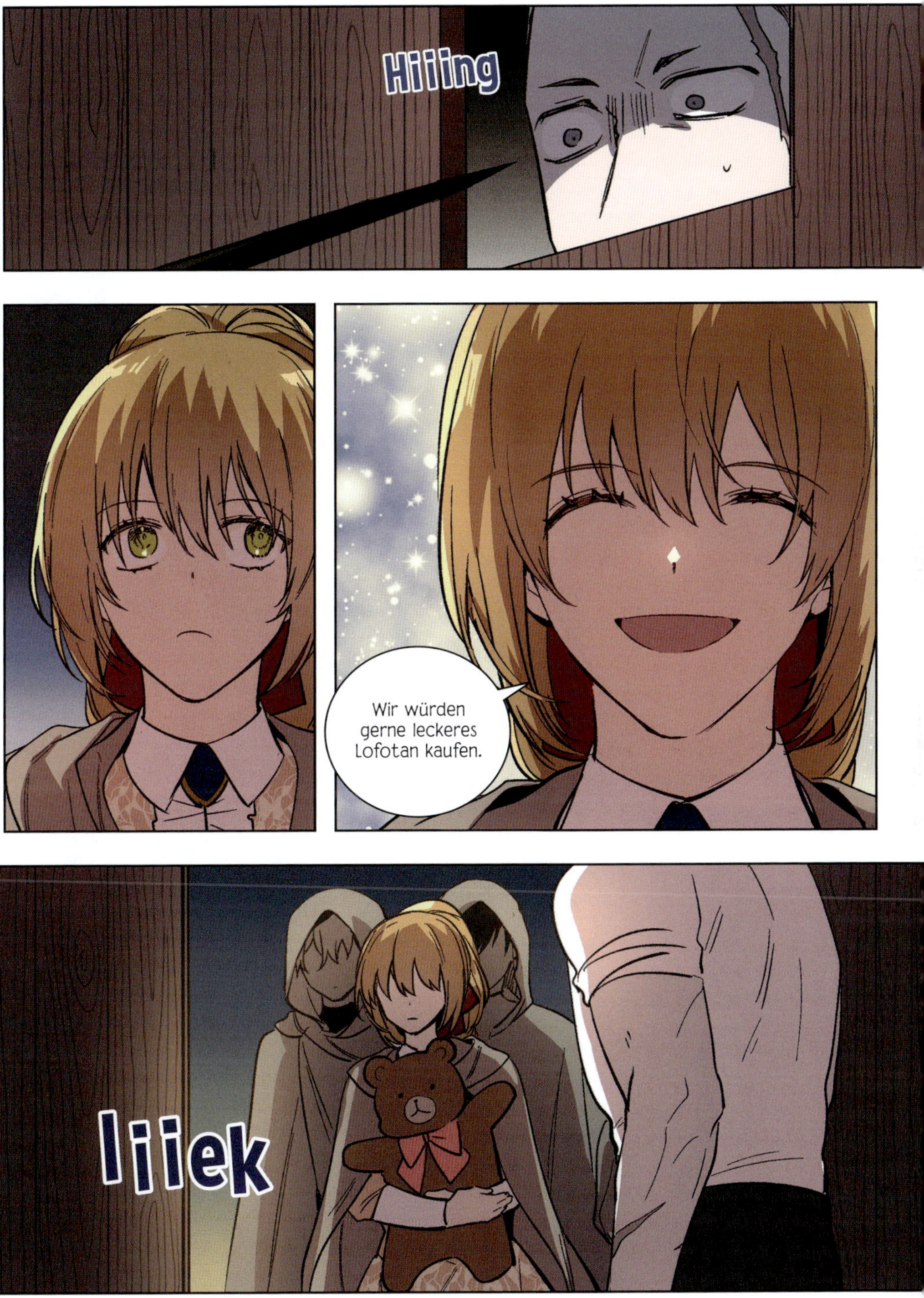
Hiiing
Wir würden gerne leckeres Lofotan kaufen.
Iiiek

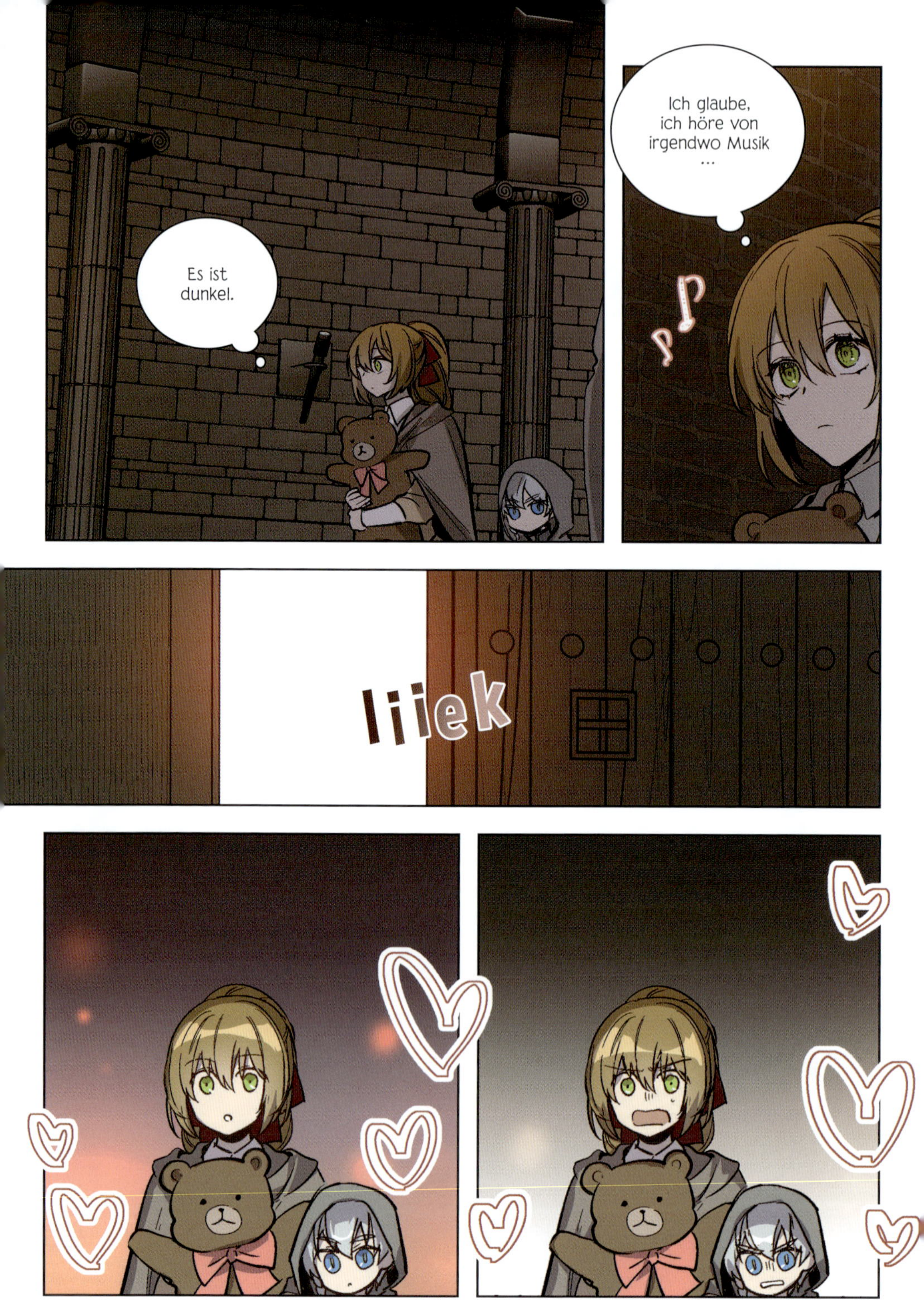
Es ist dunkel.
Ich glaube, ich höre von irgendwo Musik …
Iiiek

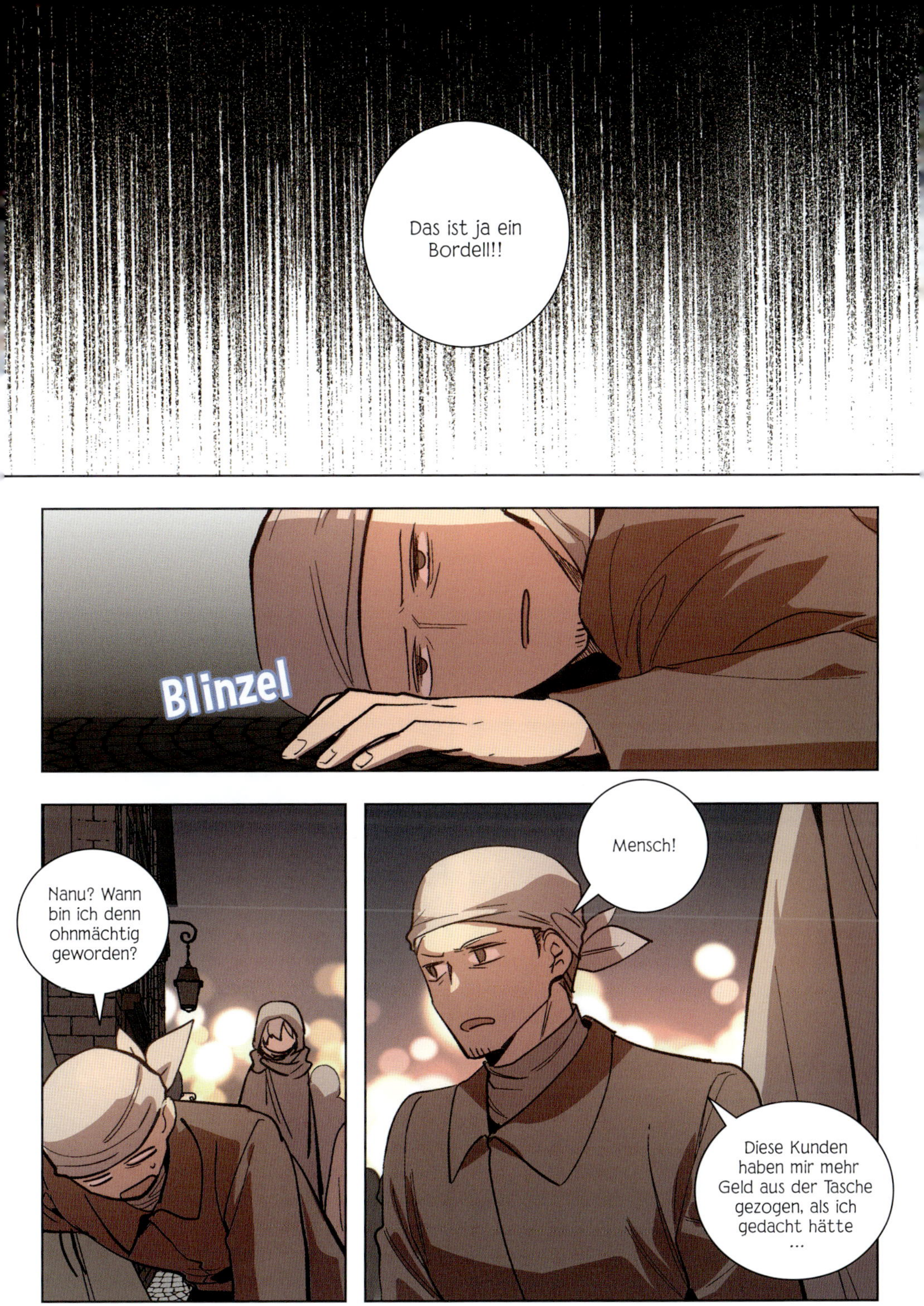
Das ist ja ein Bordell!!
Blinzel
Nanu? Wann bin ich denn ohnmächtig geworden?
Mensch!
Diese Kunden haben mir mehr Geld aus der Tasche gezogen, als ich gedacht hätte …

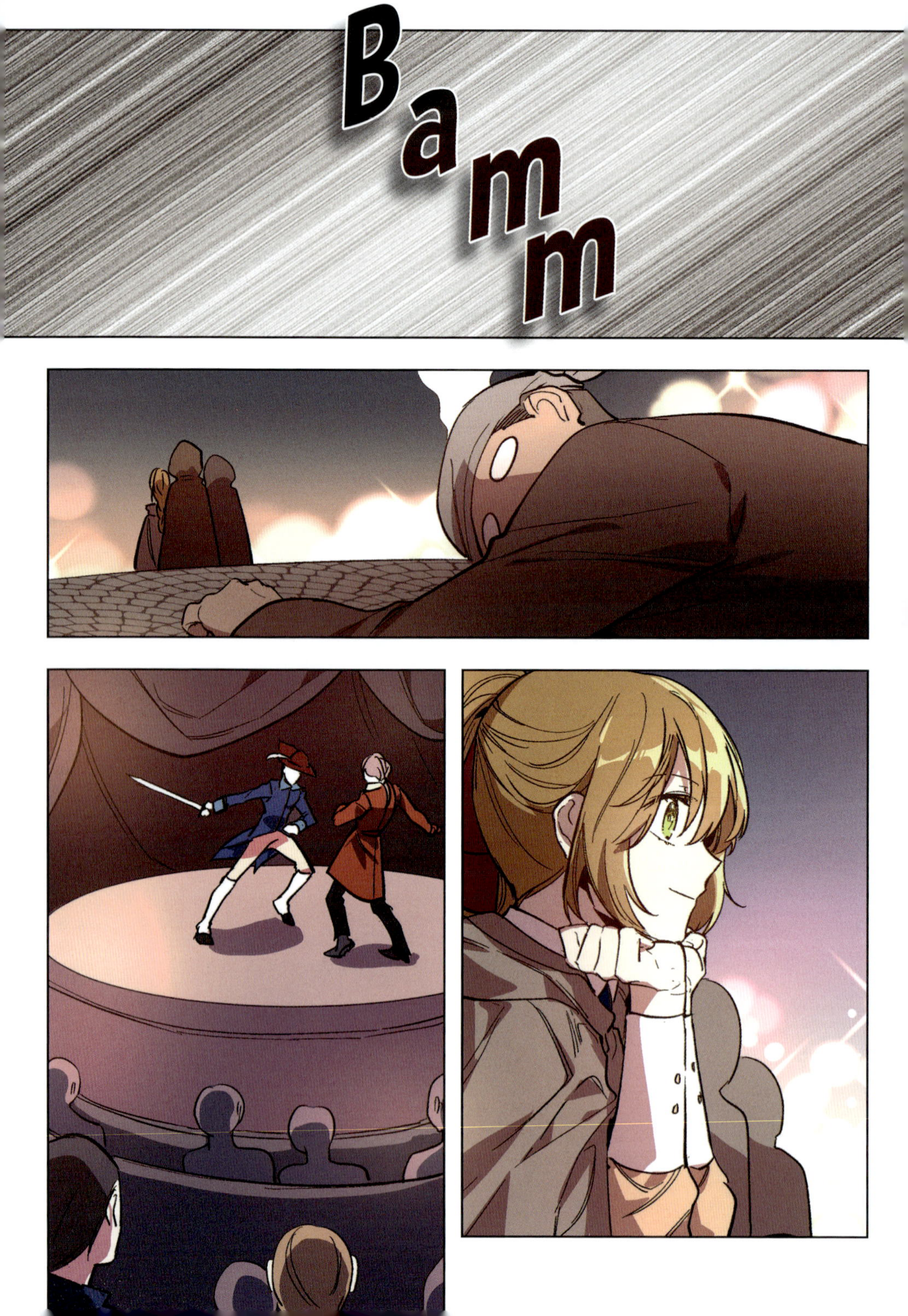
Bamm

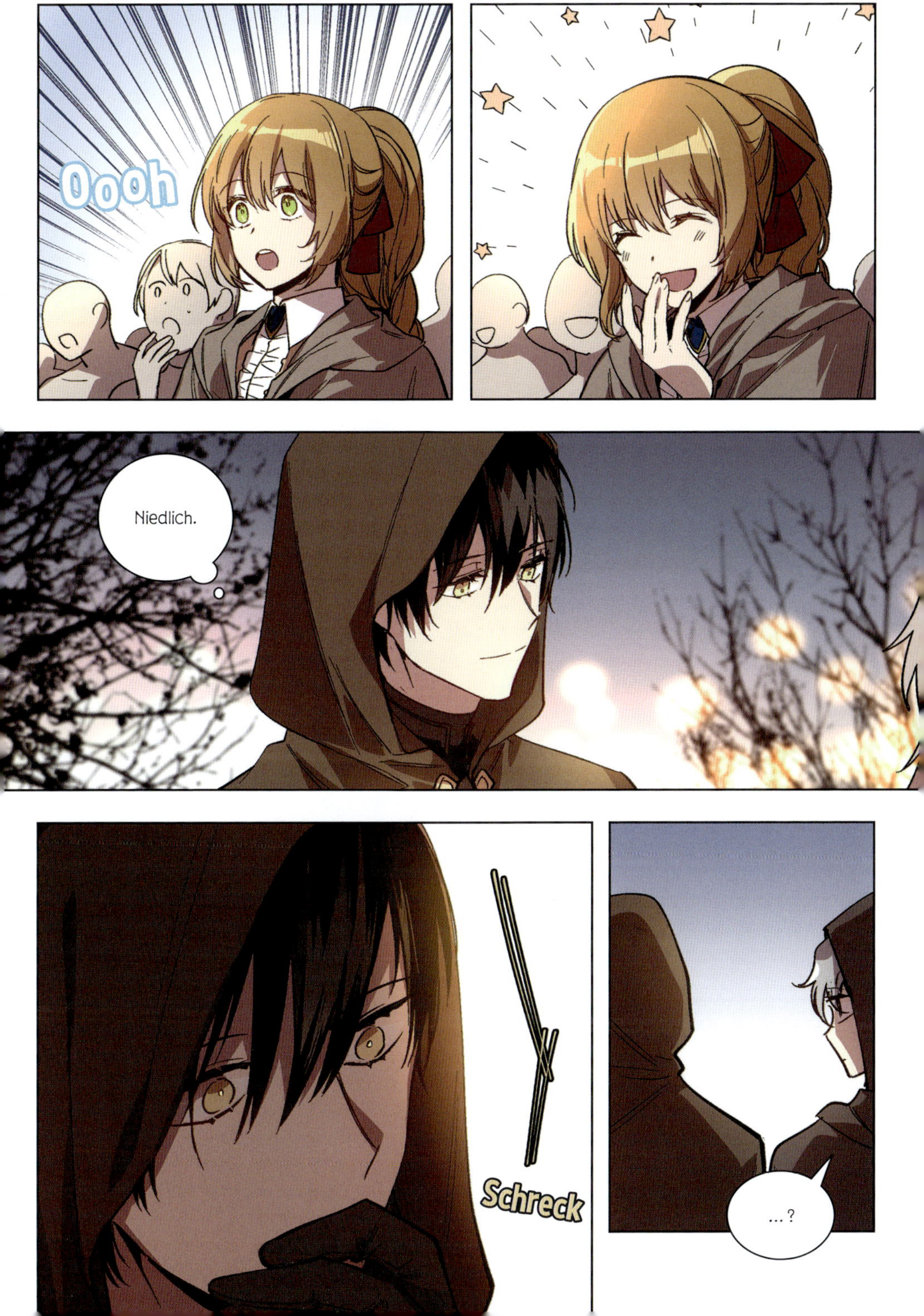
Oooh
Niedlich.
Schreck
...?

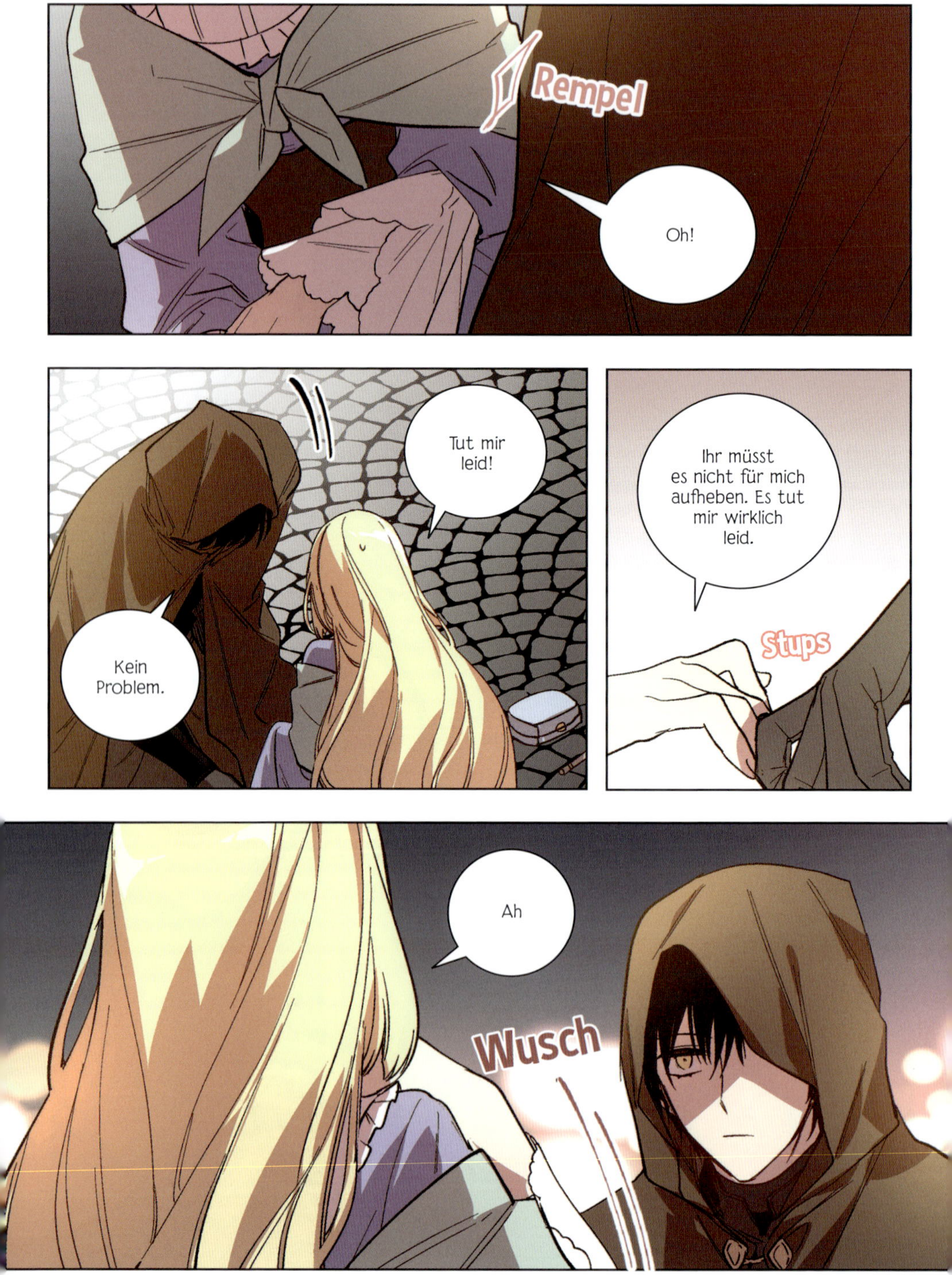
Rempel
Oh!
Tut mir leid!
Kein Problem.
Ihr müsst es nicht für mich aufheben. Es tut mir wirklich leid.
Stups
Ah
Wusch

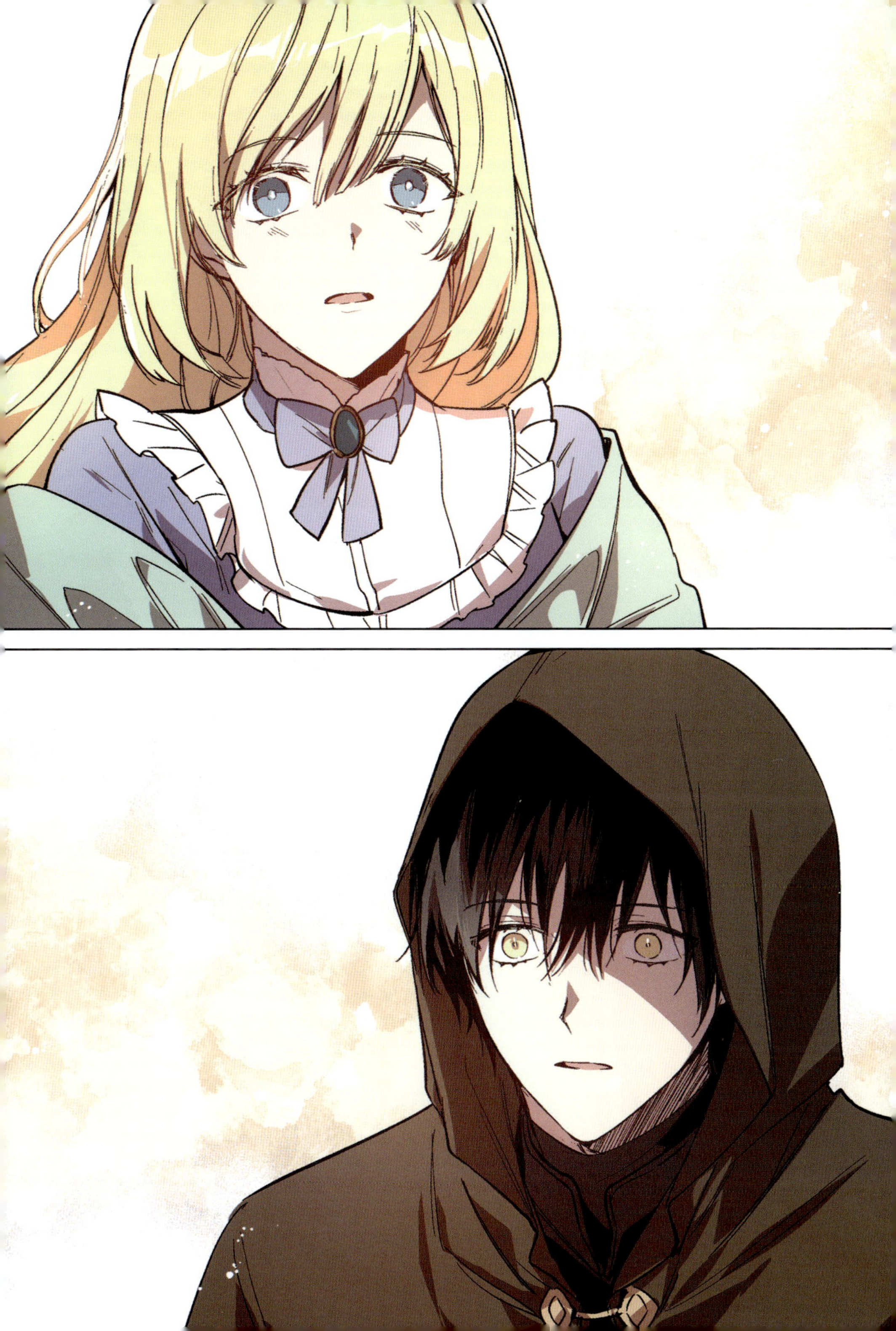

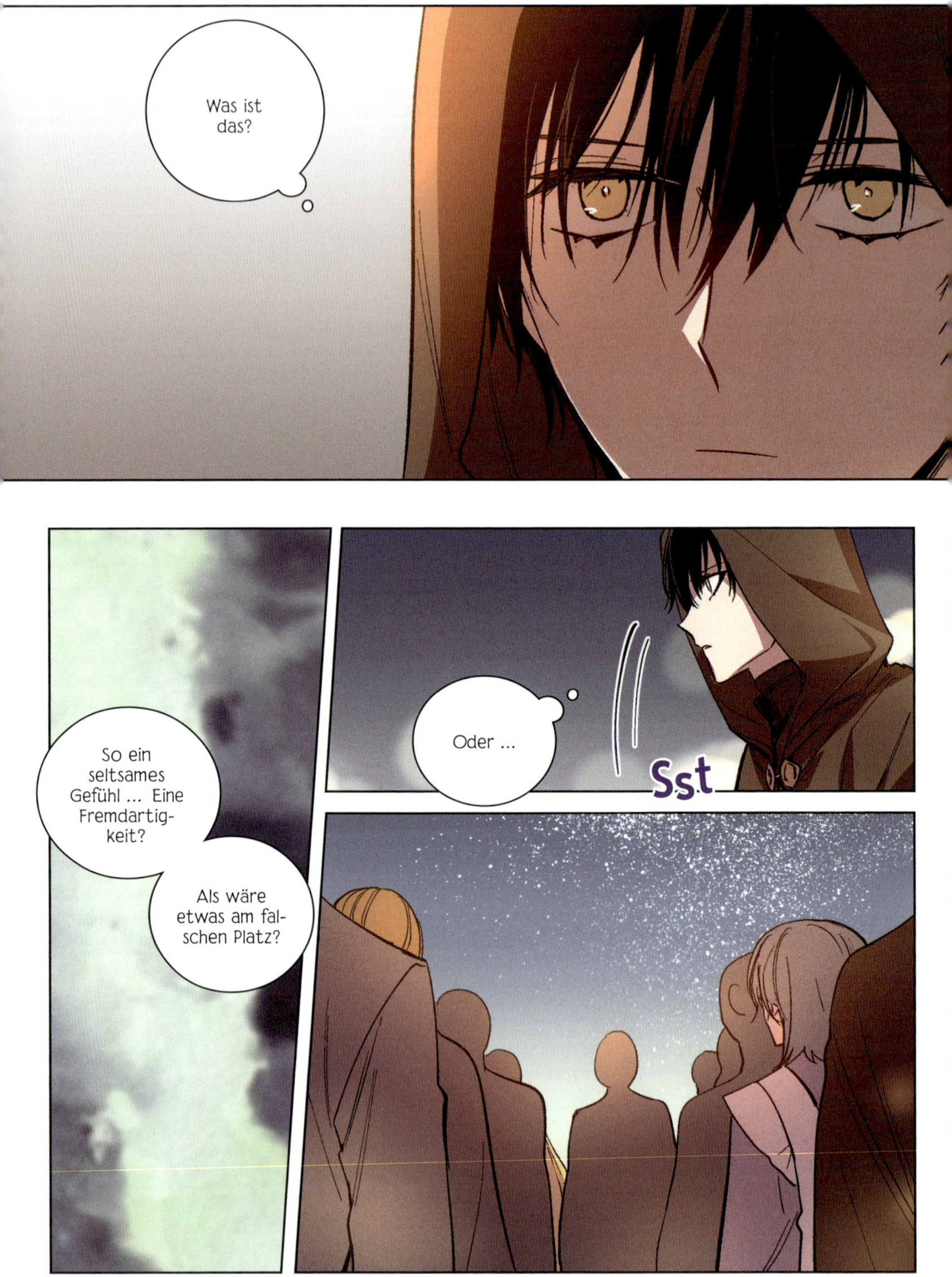
Was ist das?
So ein seltsames Gefühl ... Eine Fremdartigkeit?
Als wäre etwas am falschen Platz?
Oder ...
Sst

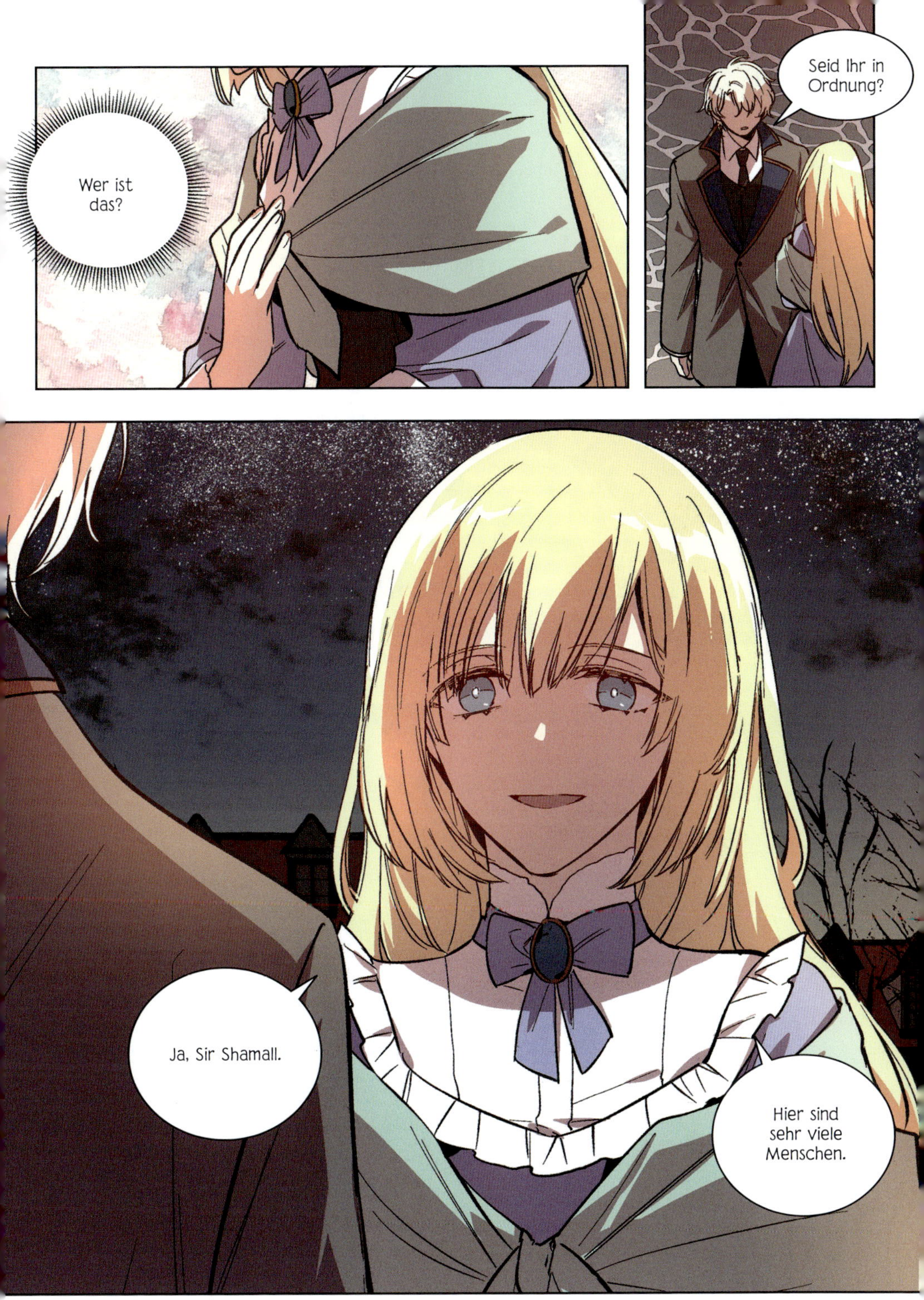
Wer ist das?
Seid Ihr in Ordnung?
Ja, Sir Shamall.
Hier sind sehr viele Menschen.

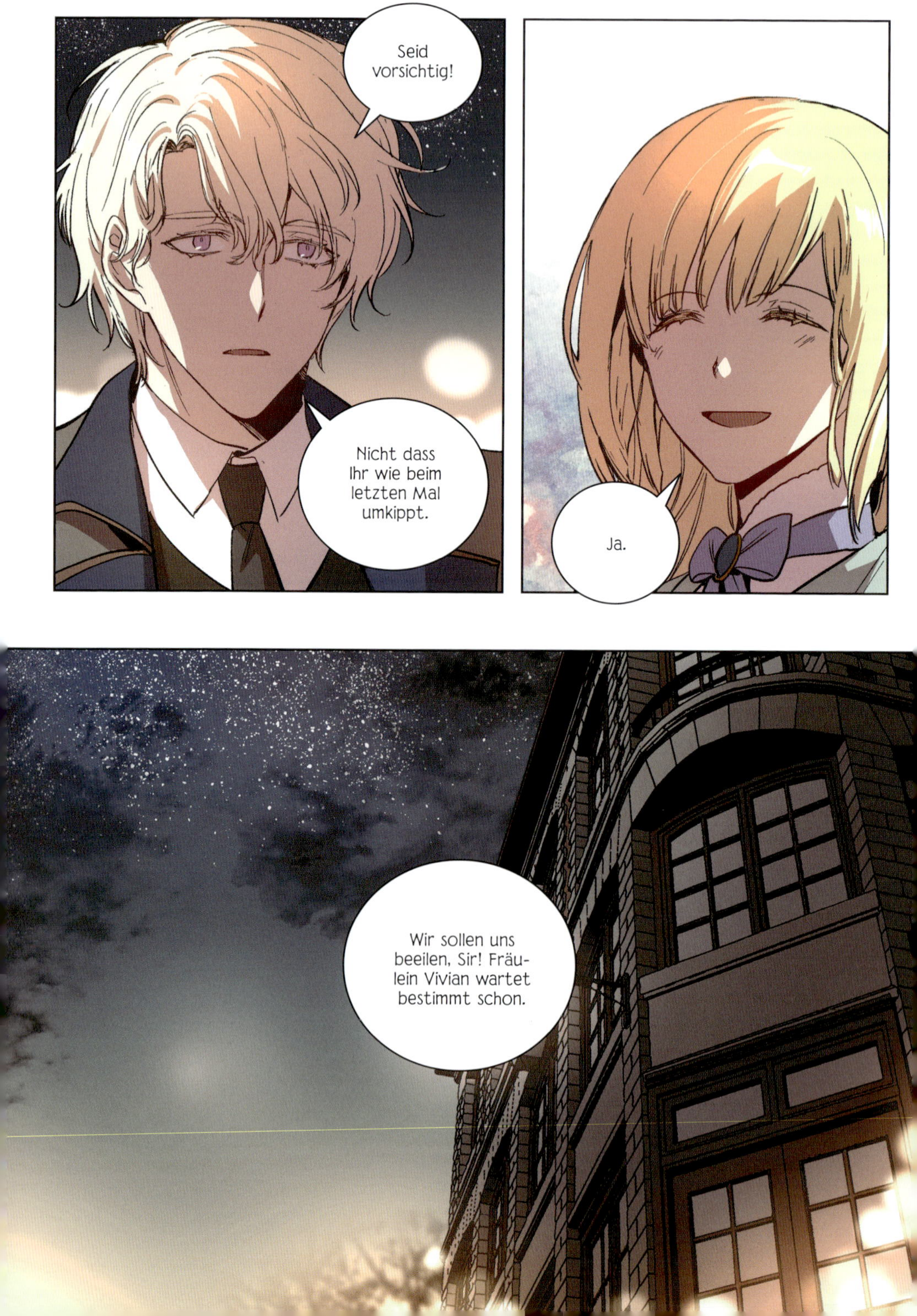
Seid vorsichtig!
Nicht dass Ihr wie beim letzten Mal umkippt.
Ja.
Wir sollen uns beeilen, Sir! Fräu-lein Vivian wartet bestimmt schon.

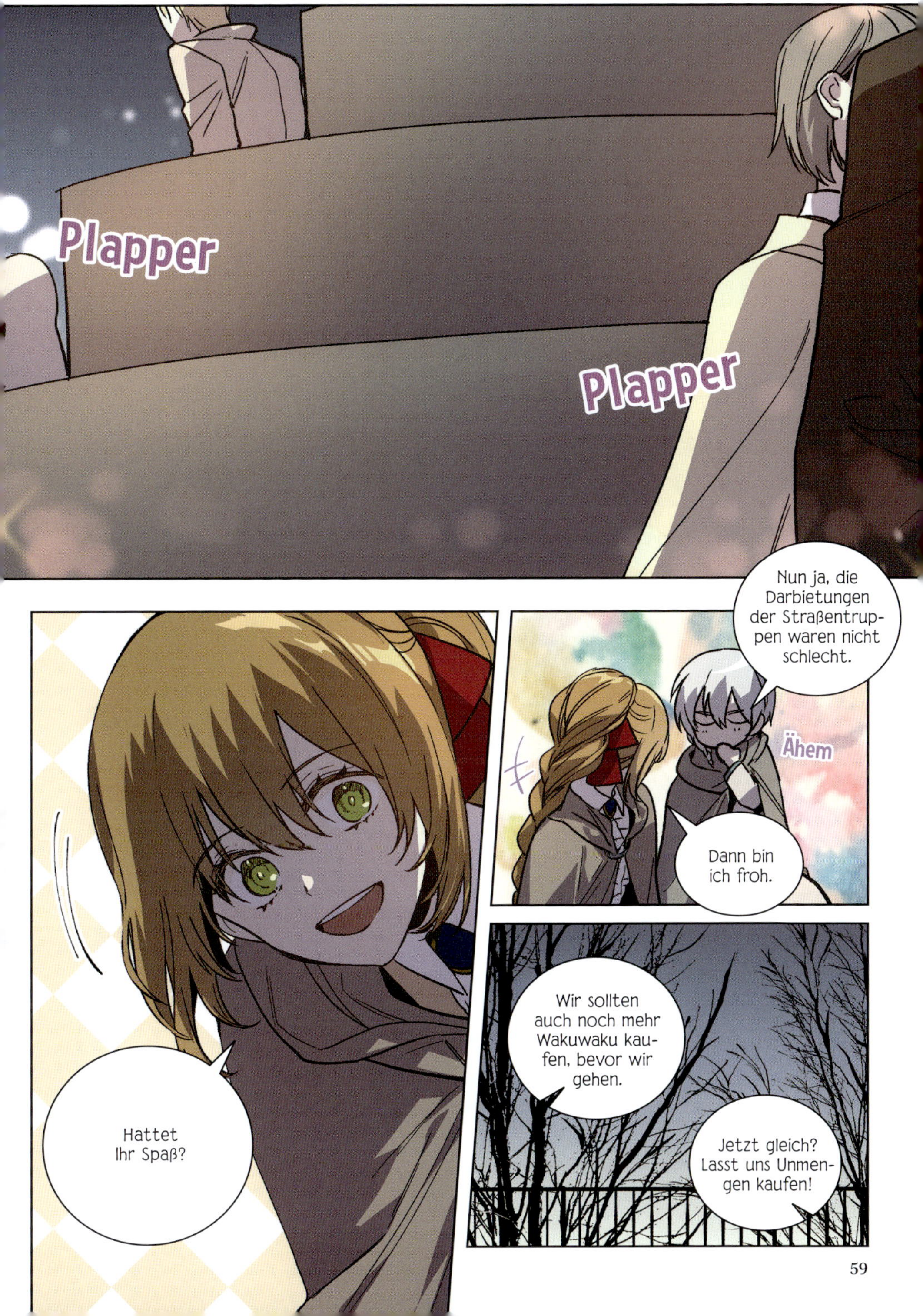
Plapper
Plapper
Hattet Ihr Spaß?
Nun ja, die Darbietungen der Straßentruppen waren nicht schlecht.
Ähem
Dann bin ich froh.
Wir sollten auch noch mehr Wakuwaku kaufen, bevor wir gehen.
Jetzt gleich? Lasst uns Unmengen kaufen!

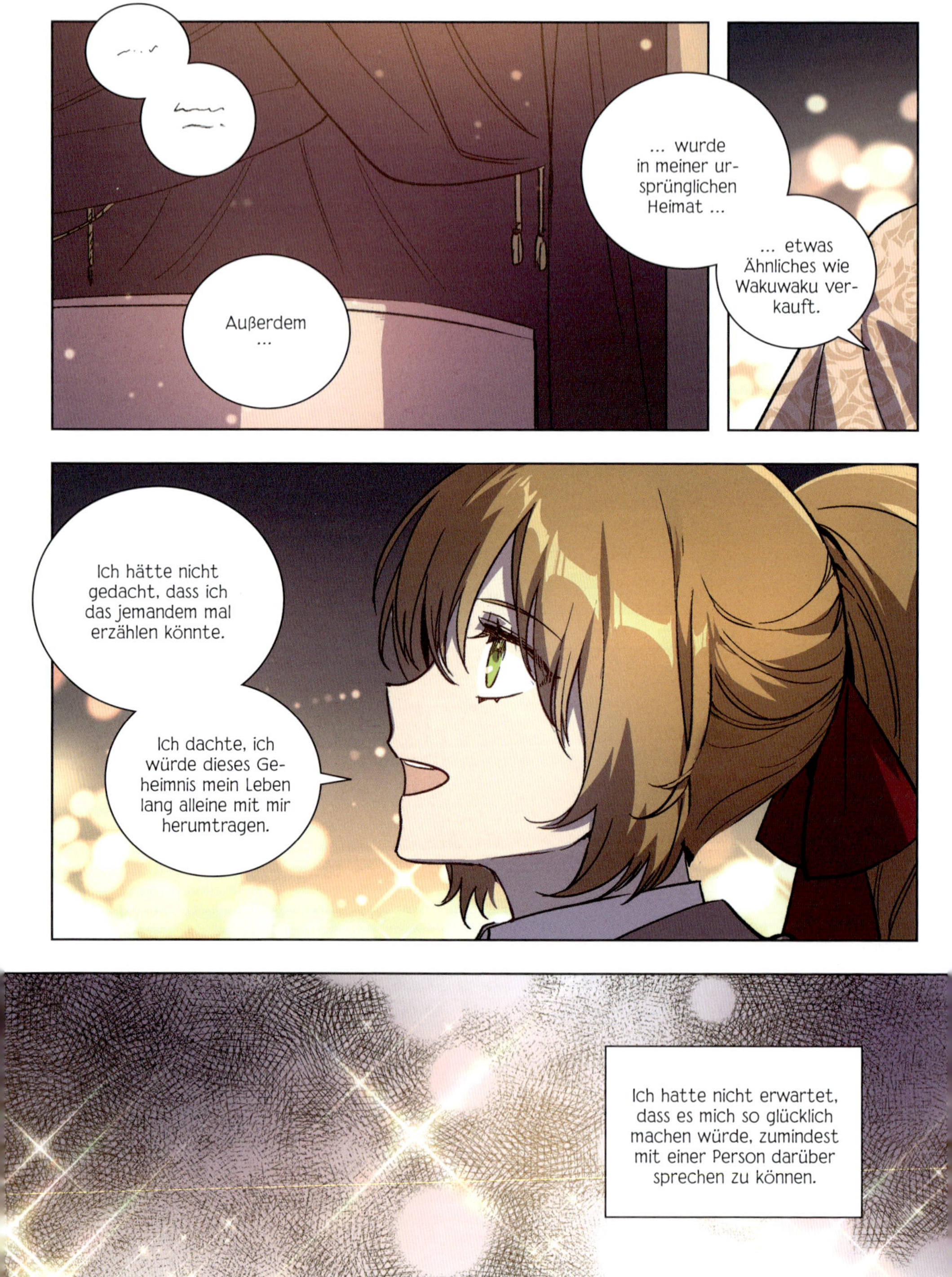
Außerdem …
… wurde in meiner ursprünglichen Heimat …
… etwas Ähnliches wie Wakuwaku verkauft.
Ich hätte nicht gedacht, dass ich das jemandem mal erzählen könnte.
Ich dachte, ich würde dieses Geheimnis mein Leben lang alleine mit mir herumtragen.
Ich hatte nicht erwartet, dass es mich so glücklich machen würde, zumindest mit einer Person darüber sprechen zu können.

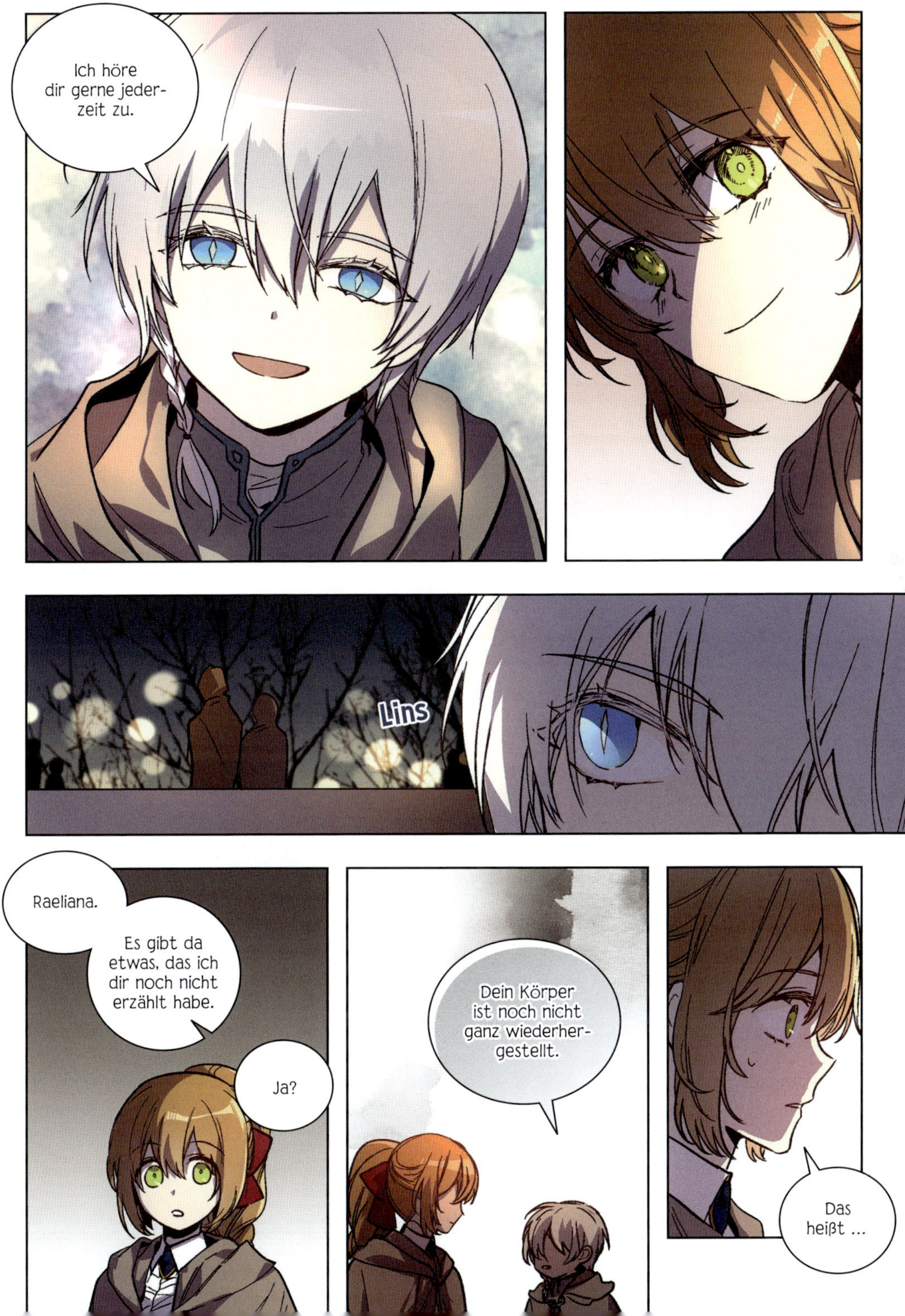
Ich höre dir gerne jederzeit zu.
Lins
Raeliana.
Es gibt da etwas, das ich dir noch nicht erzählt habe.
Ja?
Dein Körper ist noch nicht ganz wiederhergestellt.
Das heißt …

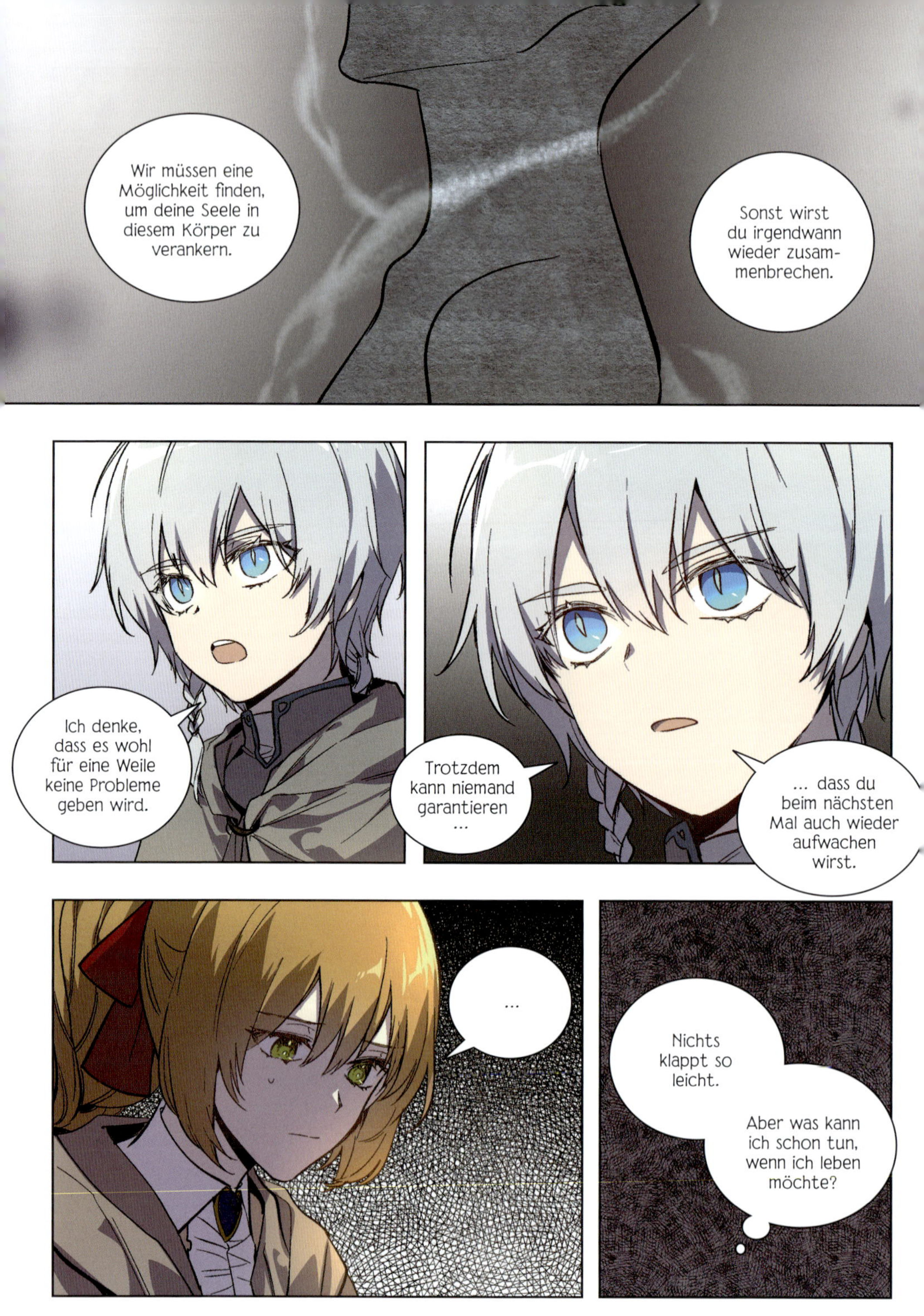
Wir müssen eine Möglichkeit finden, um deine Seele in diesem Körper zu verankern.
Sonst wirst du irgendwann wieder zusammenbrechen.
Ich denke, dass es wohl für eine Weile keine Probleme geben wird.
Trotzdem kann niemand garantieren ...
... dass du beim nächsten Mal auch wieder aufwachen wirst.
...
Nichts klappt so leicht.
Aber was kann ich schon tun, wenn ich leben möchte?

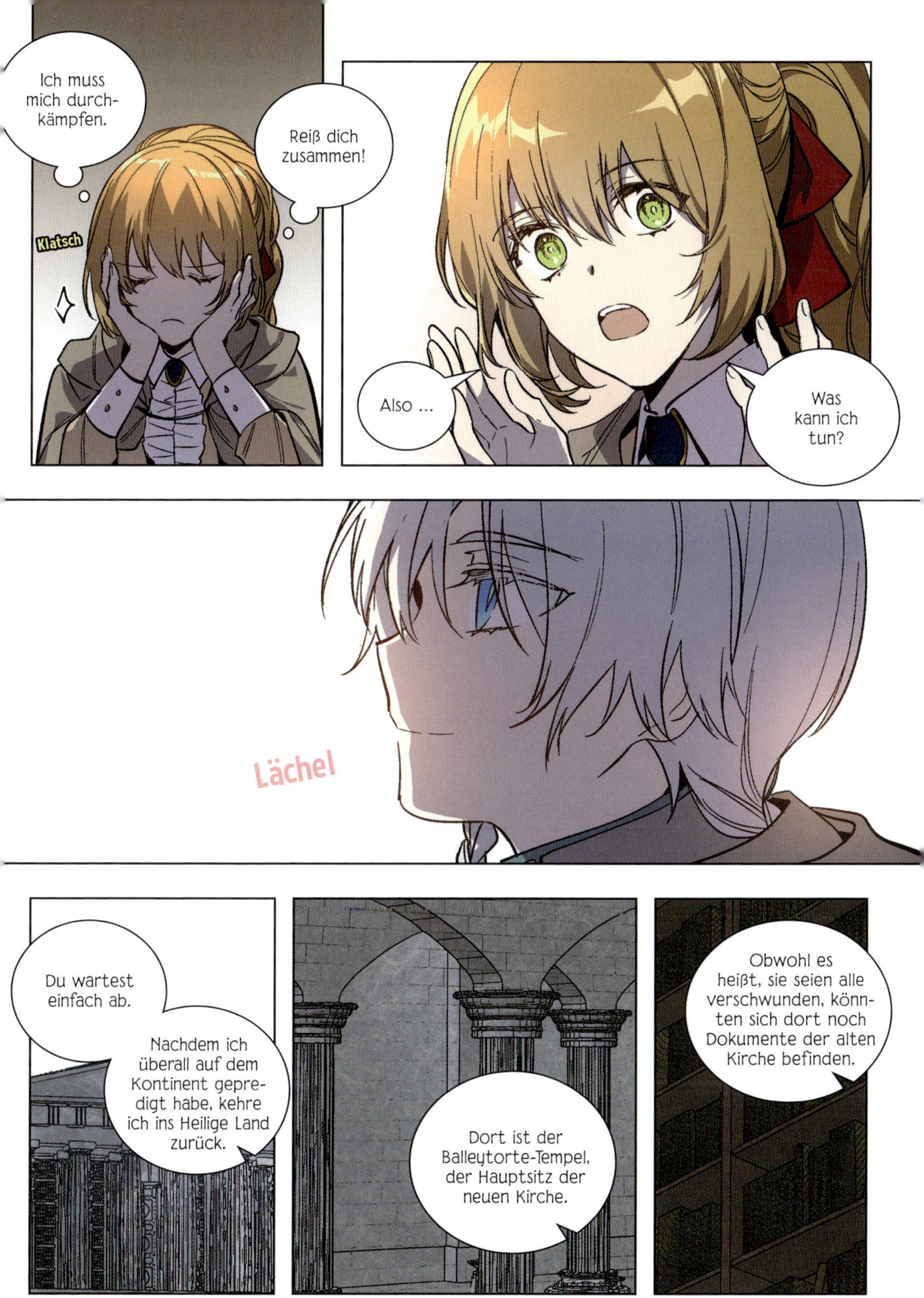
Ich muss mich durch-kämpfen.
Reiß dich zusammen!
Klatsch
Was kann ich tun?
Also ...
Lächel
Du wartest einfach ab.
Nachdem ich überall auf dem Kontinent gepredigt habe, kehre ich ins Heilige Land zurück.
Dort ist der Balleytorte-Tempel, der Hauptsitz der neuen Kirche.
Obwohl es heißt, sie seien alle verschwunden, könnten sich dort noch Dokumente der alten Kirche befinden.

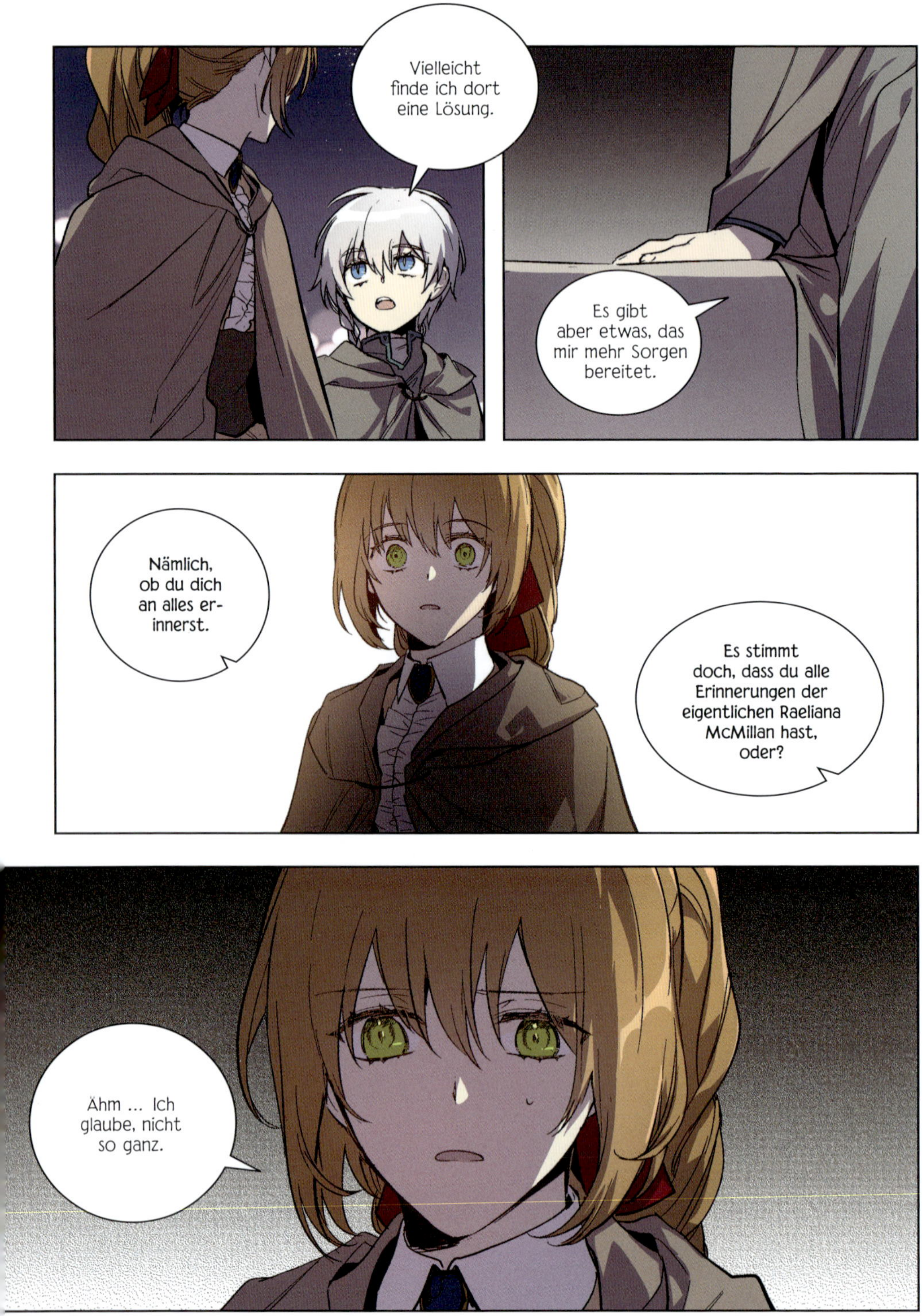
Vielleicht finde ich dort eine Lösung.
Es gibt aber etwas, das mir mehr Sorgen bereitet.
Nämlich, ob du dich an alles erinnerst.
Es stimmt doch, dass du alle Erinnerungen der eigentlichen Raeliana McMillan hast, oder?
Ähm ... Ich glaube, nicht so ganz.

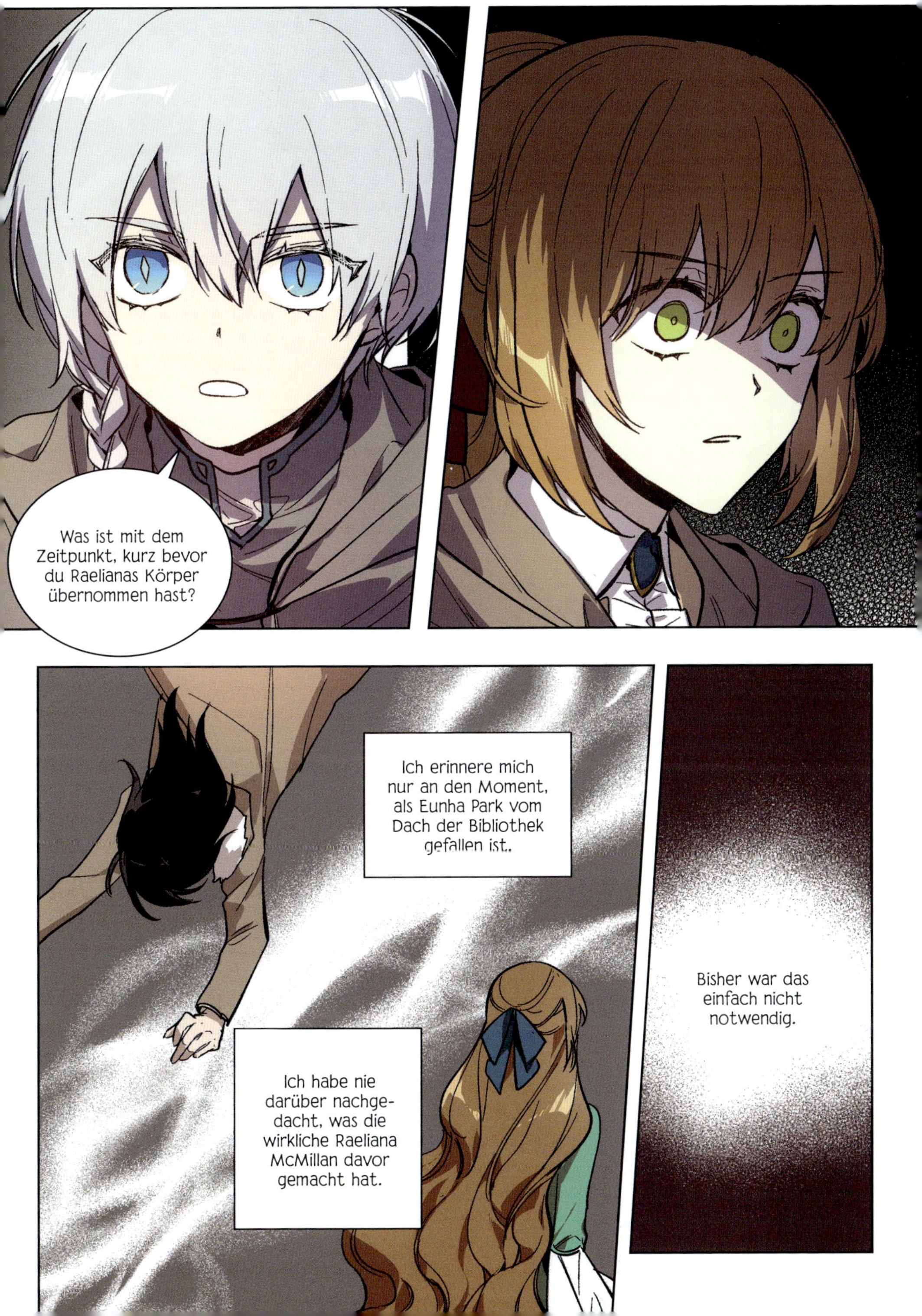

Was ist mit dem Zeitpunkt, kurz bevor du Raelianas Körper übernommen hast?
Ich erinnere mich nur an den Moment, als Eunha Park vom Dach der Bibliothek gefallen ist.
Ich habe nie darüber nachgedacht, was die wirkliche Raeliana McMillan davor gemacht hat.
Bisher war das einfach nicht notwendig.

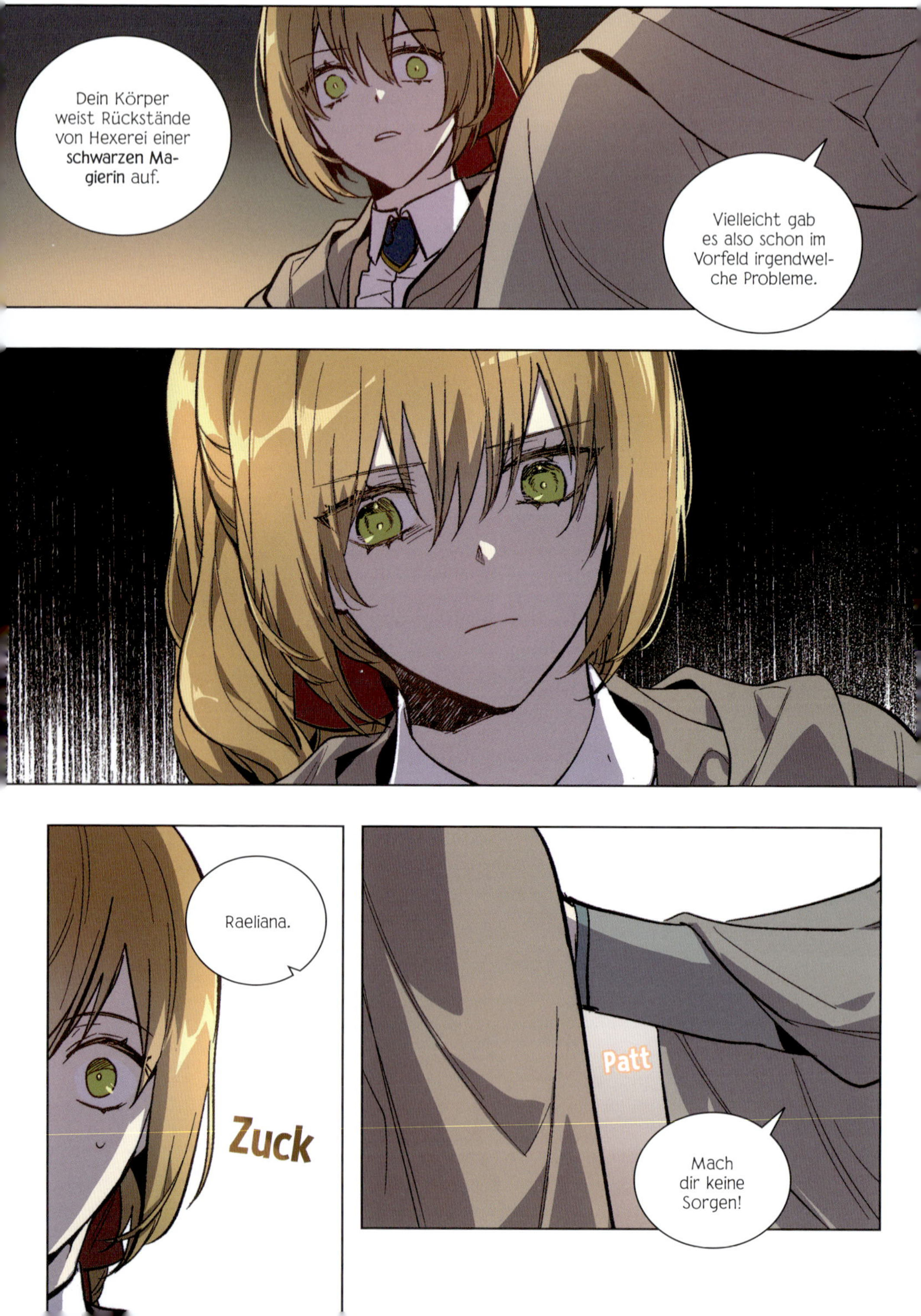
Dein Körper weist Rückstände von Hexerei einer **schwarzen Magierin** auf.
Vielleicht gab es also schon im Vorfeld irgendwelche Probleme.
Raeliana.
Zuck
Patt
Mach dir keine Sorgen!

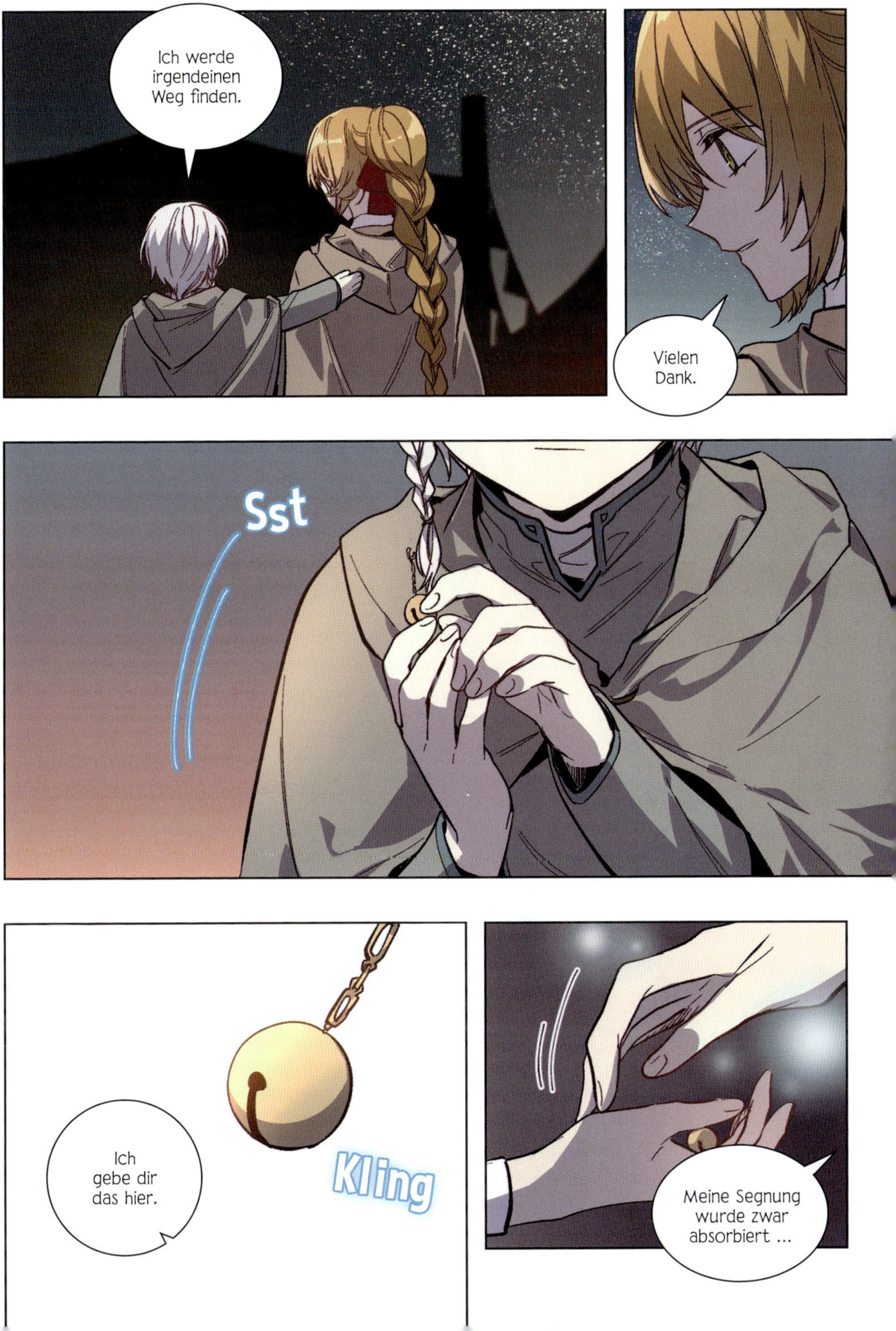
Ich werde irgendeinen Weg finden.
Vielen Dank.
Sst
Kling
Ich gebe dir das hier.
Meine Segnung wurde zwar absorbiert ...

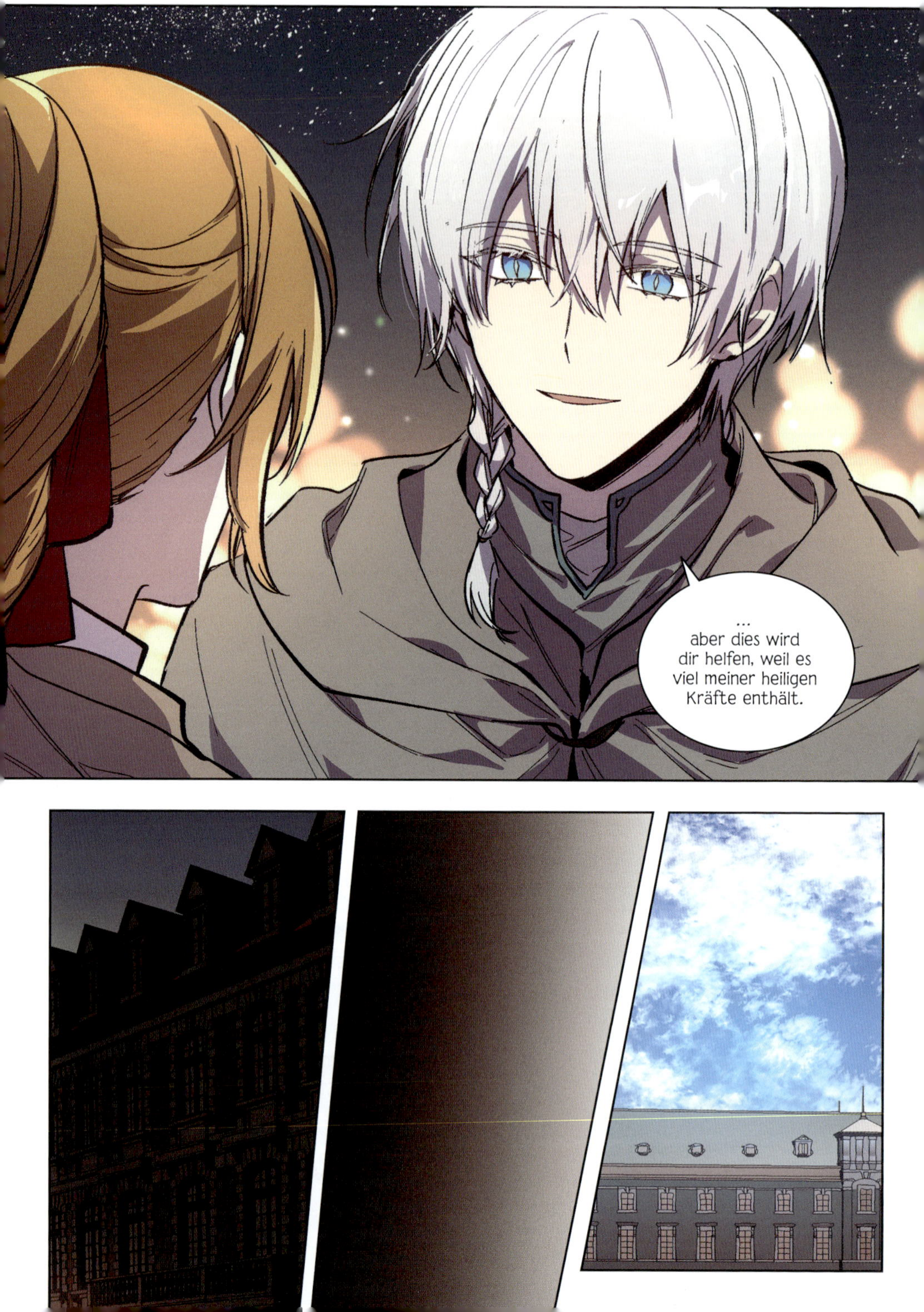
... aber dies wird dir helfen, weil es viel meiner heiligen Kräfte enthält.

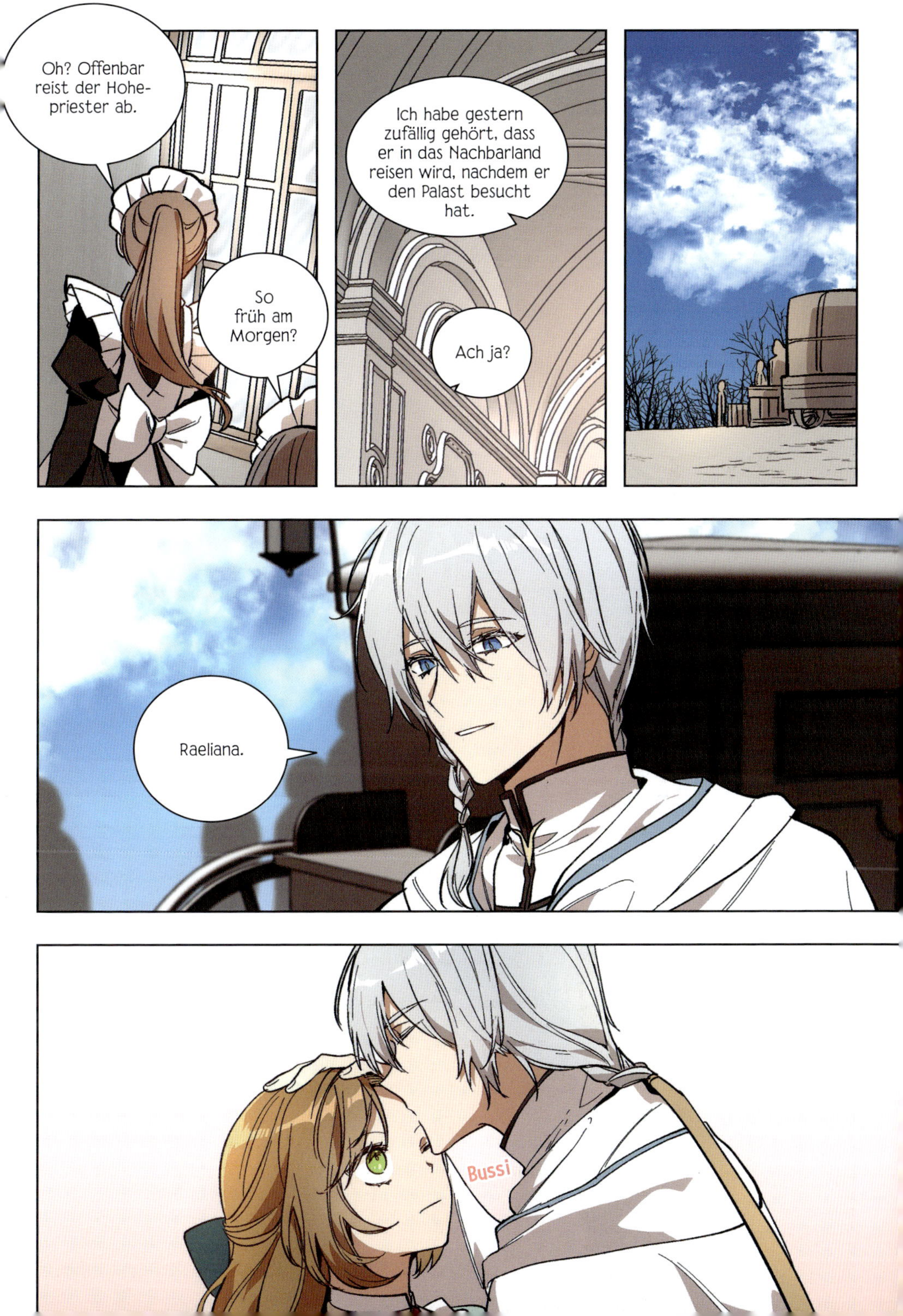

Oh? Offenbar reist der Hohe-priester ab.
So früh am Morgen?
Ich habe gestern zufällig gehört, dass er in das Nachbarland reisen wird, nachdem er den Palast besucht hat.
Ach ja?
Raeliana.
Bussi

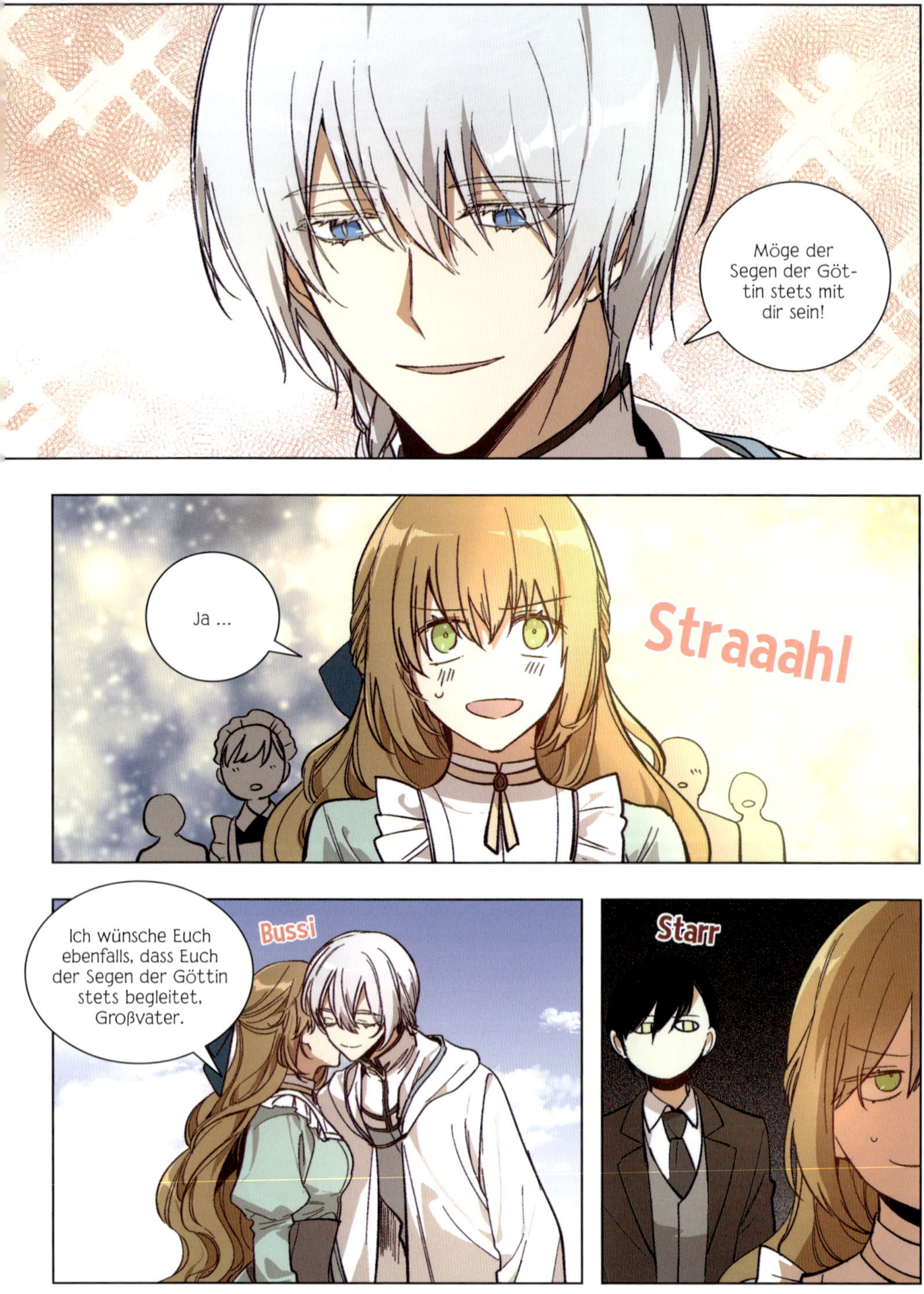
Möge der Segen der Göttin stets mit dir sein!
Ja ...
Straaahl
Ich wünsche Euch ebenfalls, dass Euch der Segen der Göttin stets begleitet, Großvater.
Bussi
Starr

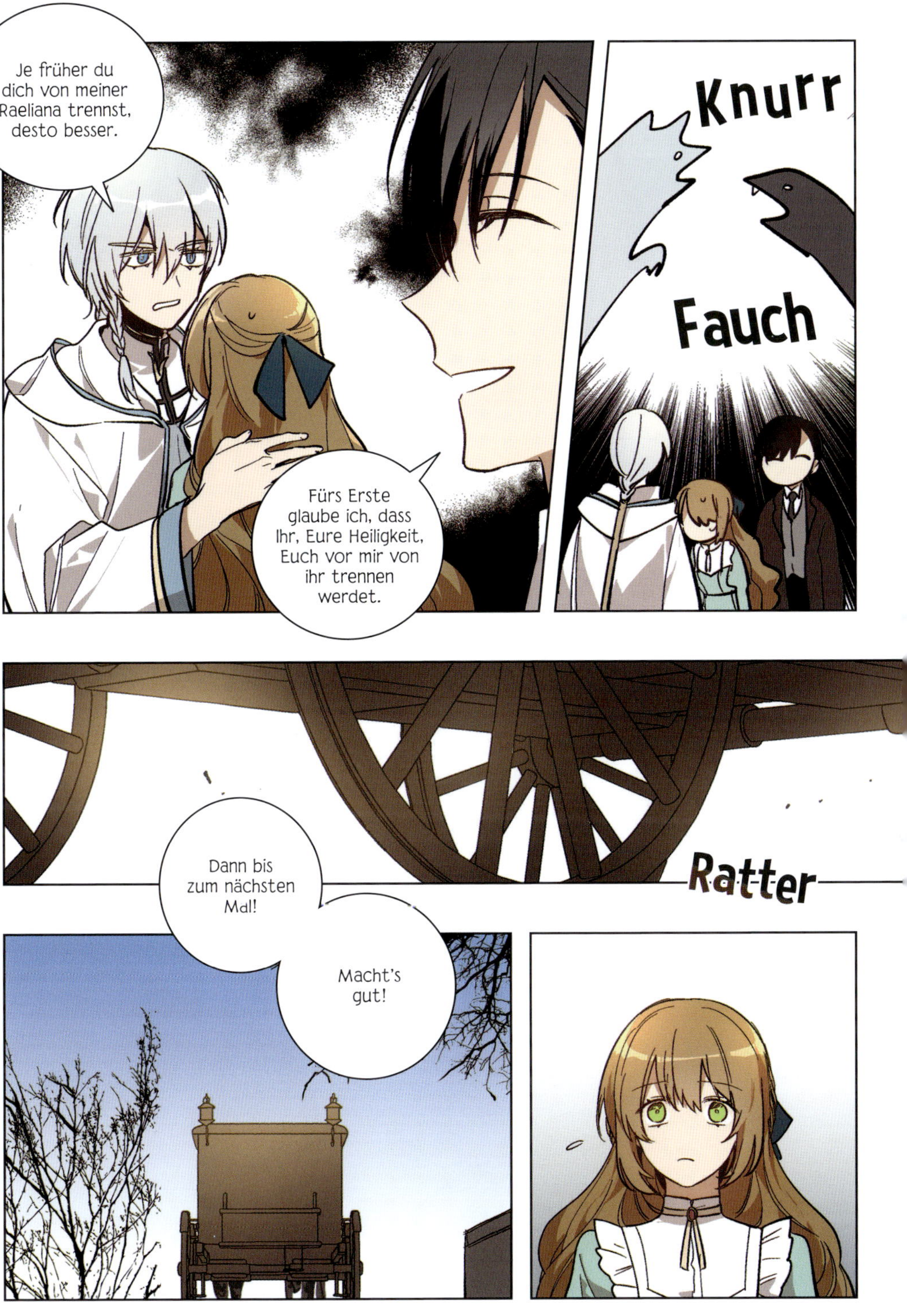
Je früher du dich von meiner Raeliana trennst, desto besser.
Fürs Erste glaube ich, dass Ihr, Eure Heiligkeit, Euch vor mir von ihr trennen werdet.
Knurr
Fauch
Ratter
Dann bis zum nächsten Mal!
Macht's gut!

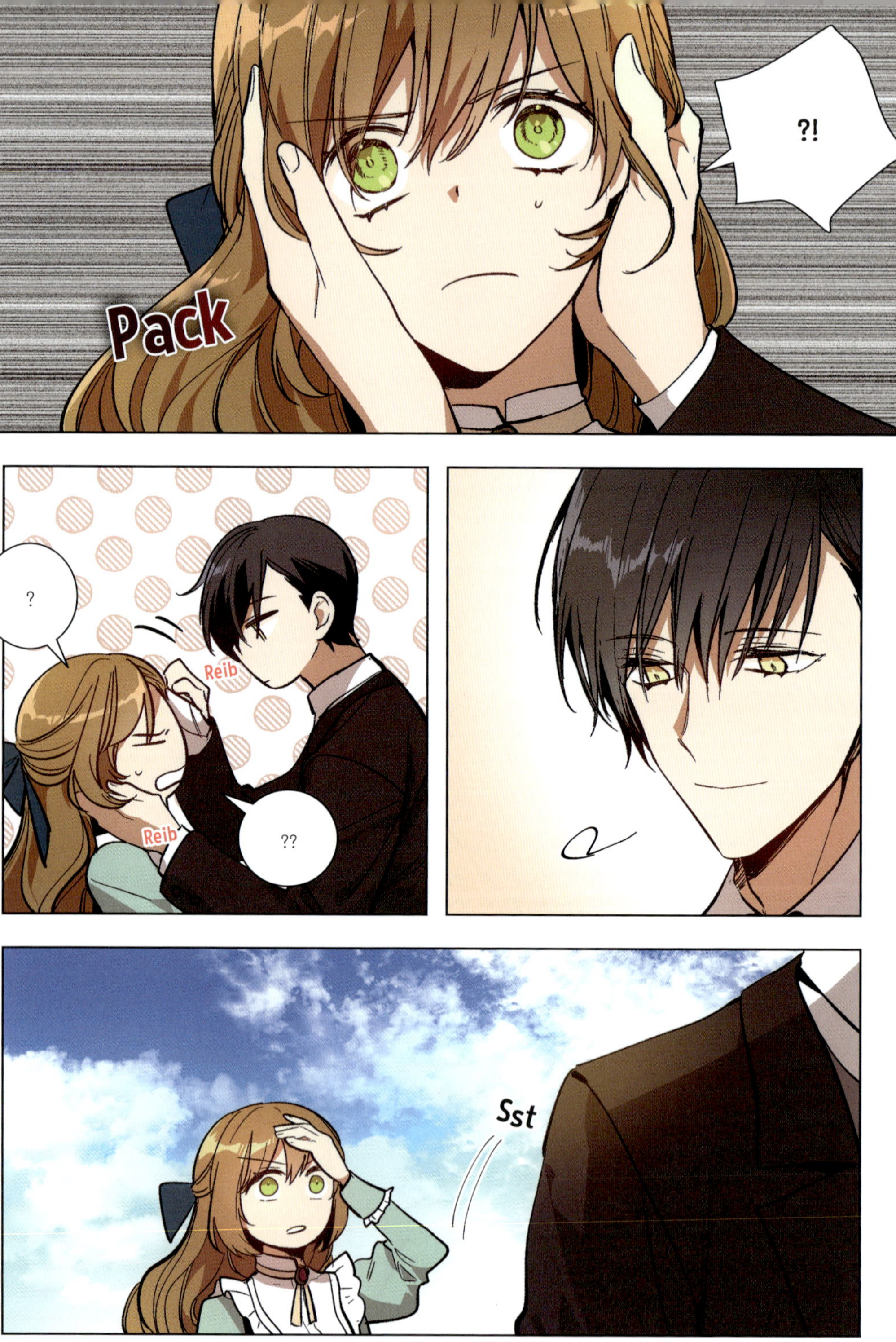
?!
Pack
?
Reib
Reib
??
Sst

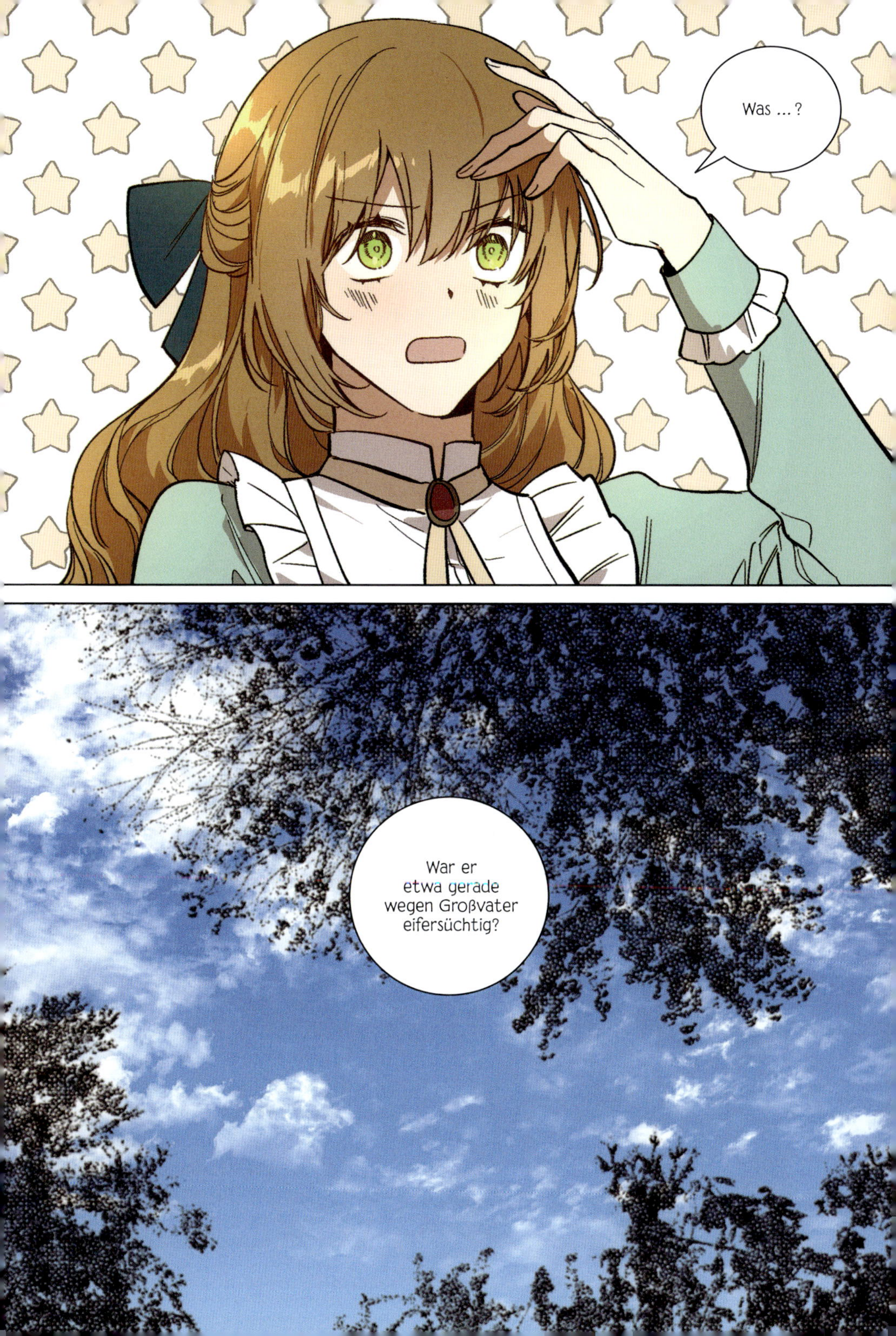
Was ...?
War er etwa gerade wegen Großvater eifersüchtig?

Kapitel 13

Vielleicht auch du

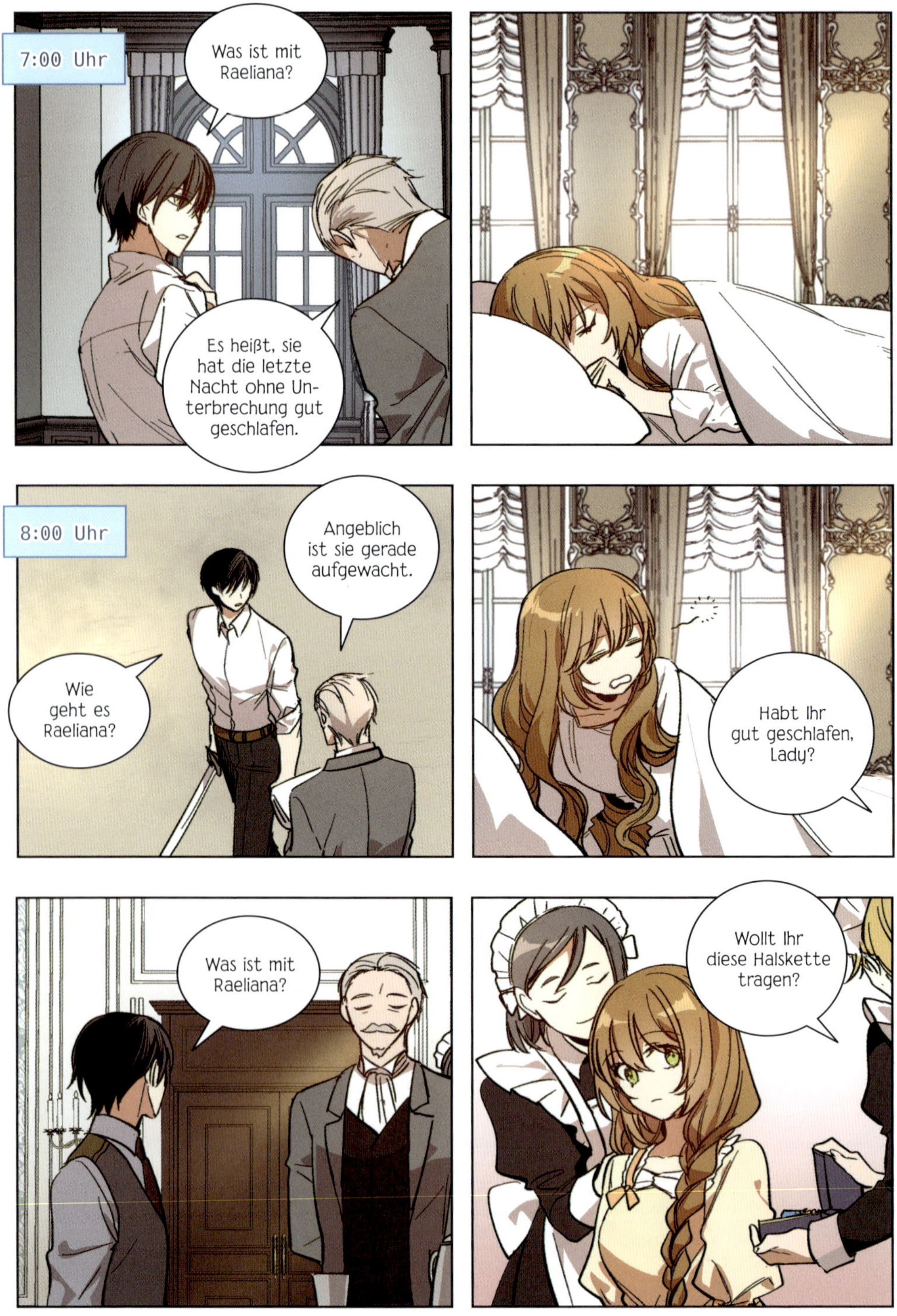

7:00 Uhr
Was ist mit Raeliana?
Es heißt, sie hat die letzte Nacht ohne Unterbrechung gut geschlafen.
8:00 Uhr
Wie geht es Raeliana?
Angeblich ist sie gerade aufgewacht.
Habt Ihr gut geschlafen, Lady?
Was ist mit Raeliana?
Wollt Ihr diese Halskette tragen?

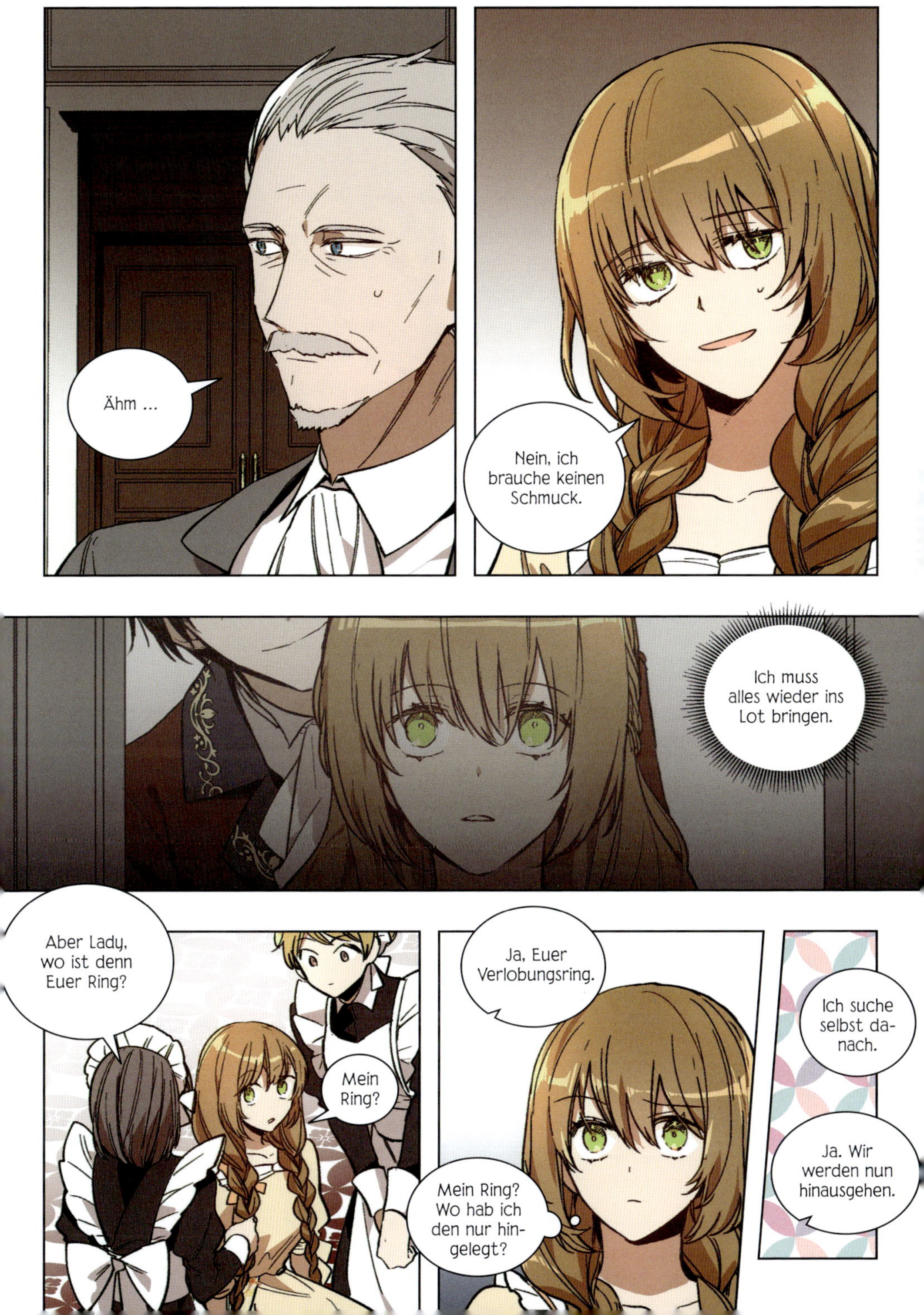
Ähm ...
Nein, ich brauche keinen Schmuck.
Ich muss alles wieder ins Lot bringen.
Aber Lady, wo ist denn Euer Ring?
Mein Ring?
Ja, Euer Verlobungsring.
Mein Ring? Wo hab ich den nur hin-gelegt?
Ich suche selbst da-nach.
Ja. Wir werden nun hinausgehen.

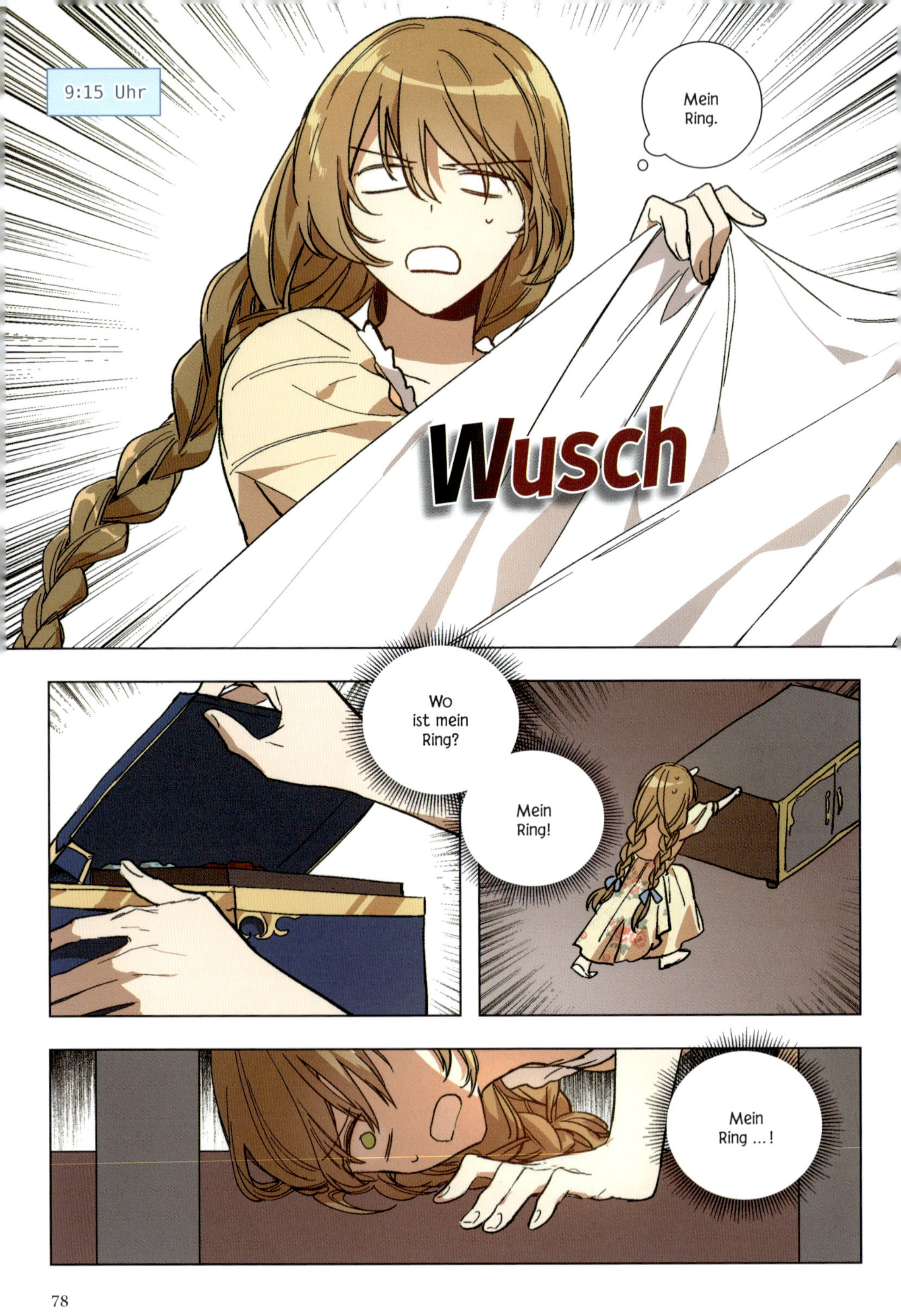
9:15 Uhr
Mein Ring.
Wusch
Wo ist mein Ring?
Mein Ring!
Mein Ring ... !

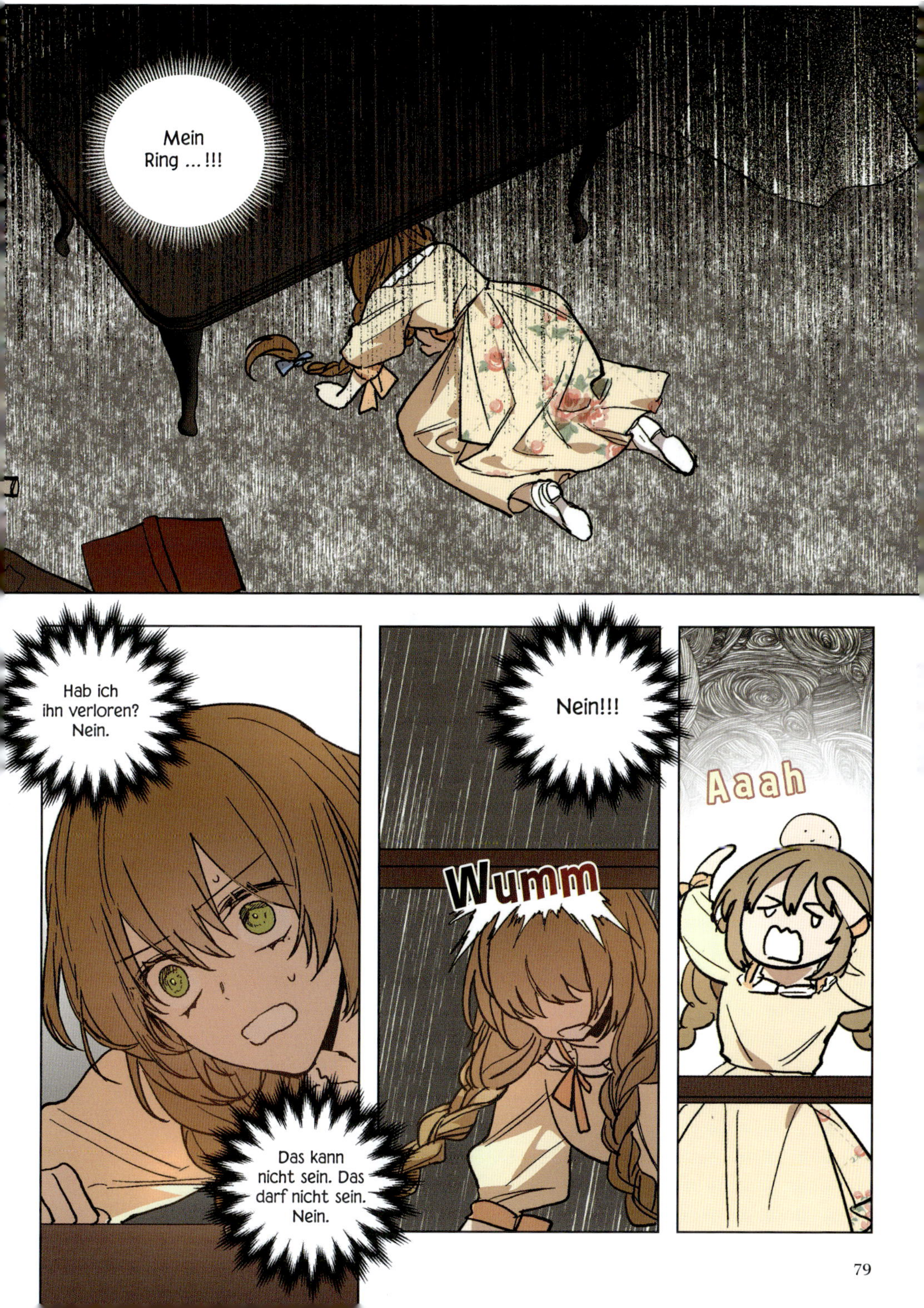

Mein Ring ...!!!
Hab ich ihn verloren? Nein.
Das kann nicht sein. Das darf nicht sein. Nein.
Nein!!!
Wumm
Aaah

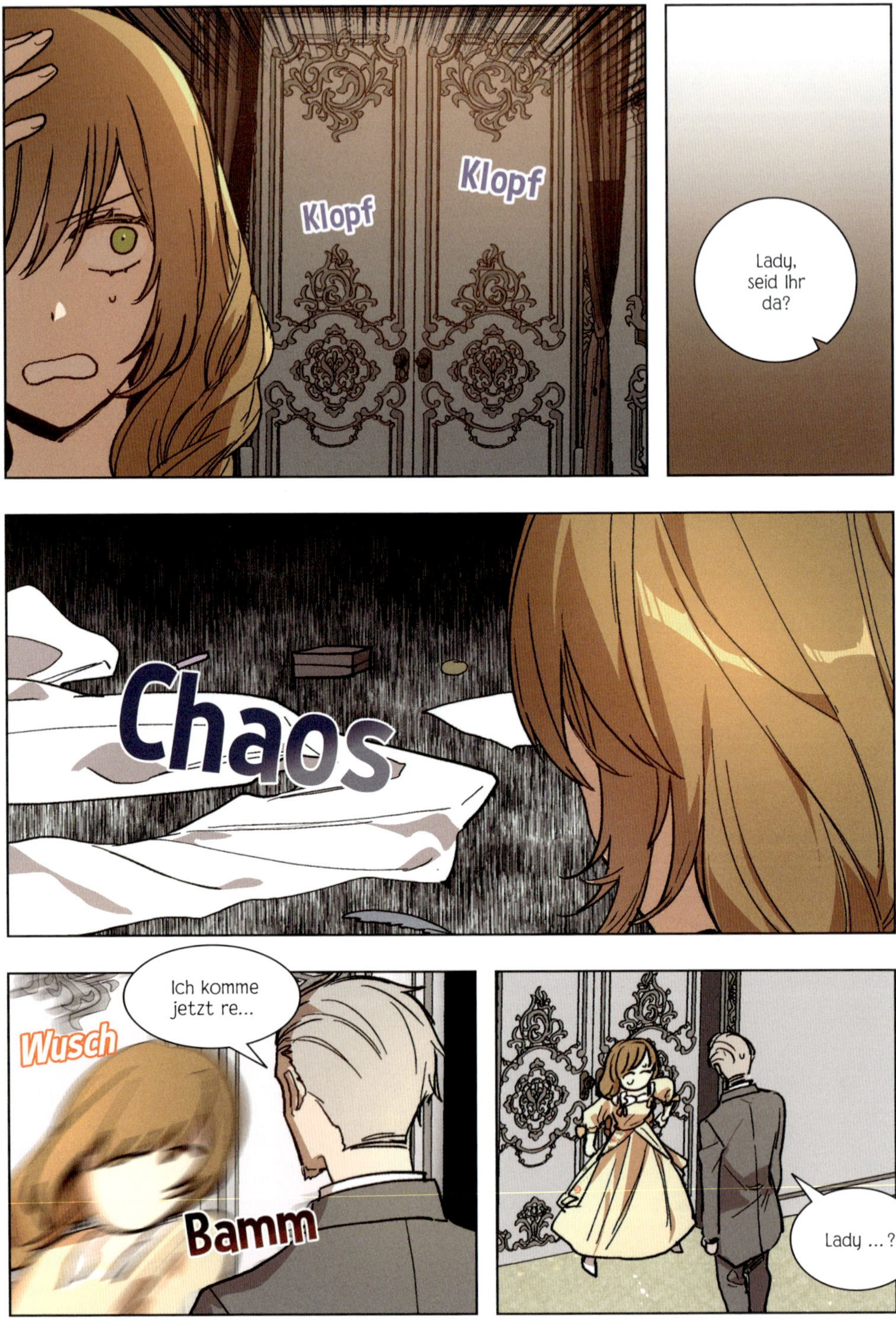
Klopf
Klopf
Lady, seid Ihr da?
Chaos
Ich komme jetzt re...
Wusch
Bamm
Lady ...?

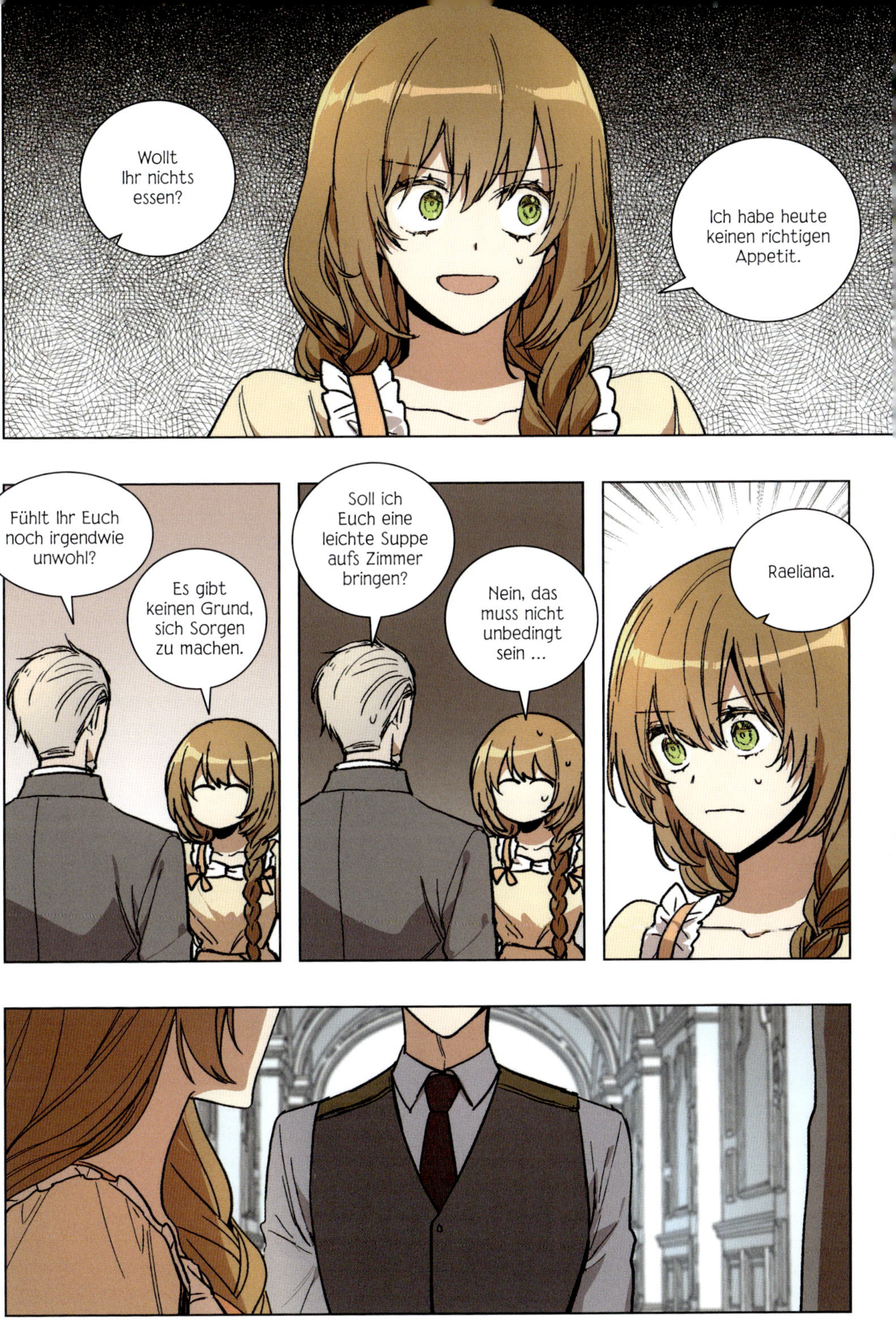
Wollt Ihr nichts essen?
Ich habe heute keinen richtigen Appetit.
Fühlt Ihr Euch noch irgendwie unwohl?
Es gibt keinen Grund, sich Sorgen zu machen.
Soll ich Euch eine leichte Suppe aufs Zimmer bringen?
Nein, das muss nicht unbedingt sein …
Raeliana.

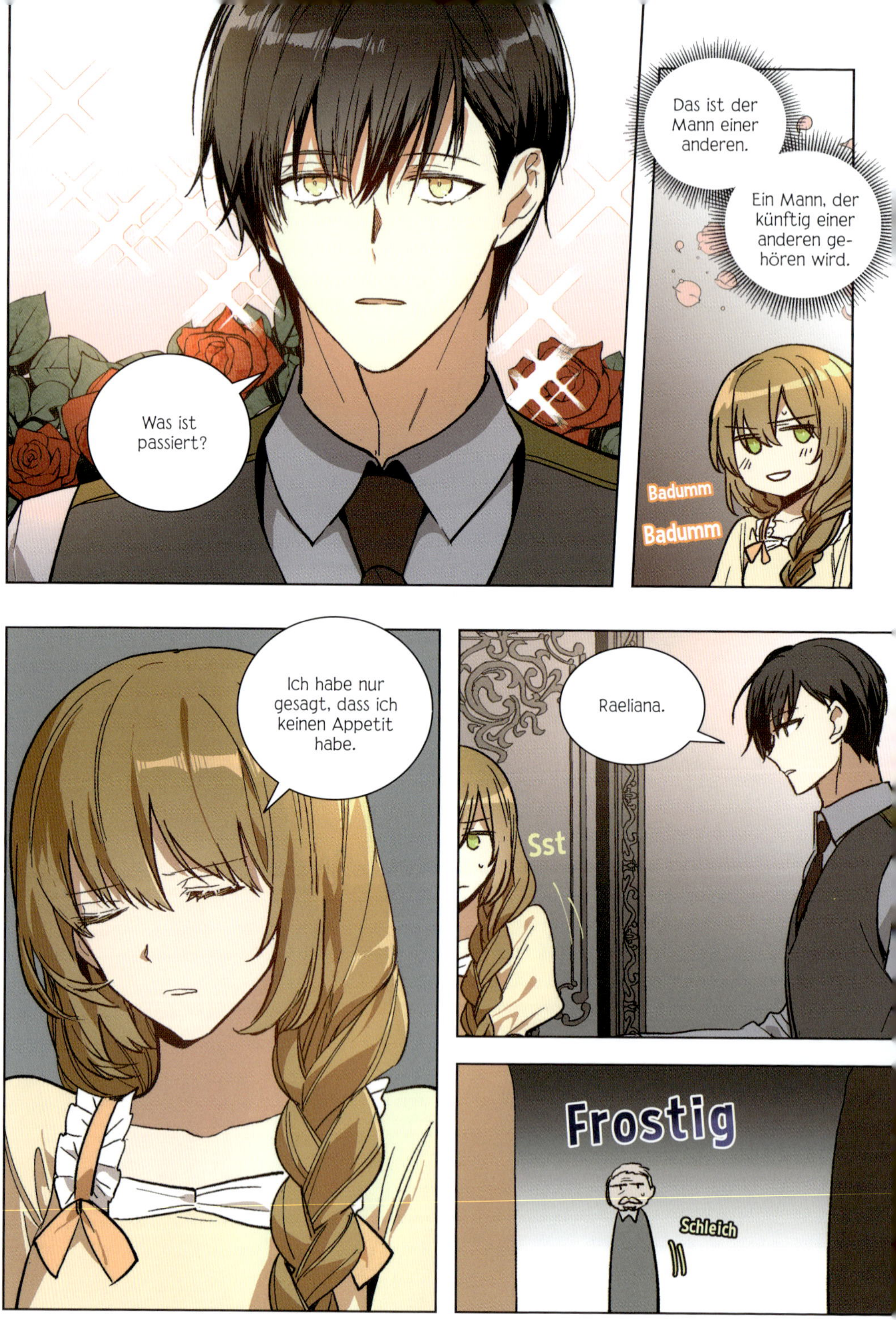
Was ist passiert?
Das ist der Mann einer anderen.
Ein Mann, der künftig einer anderen gehören wird.
Badumm
Badumm
Ich habe nur gesagt, dass ich keinen Appetit habe.
Raeliana.
Sst
Frostig
Schleich

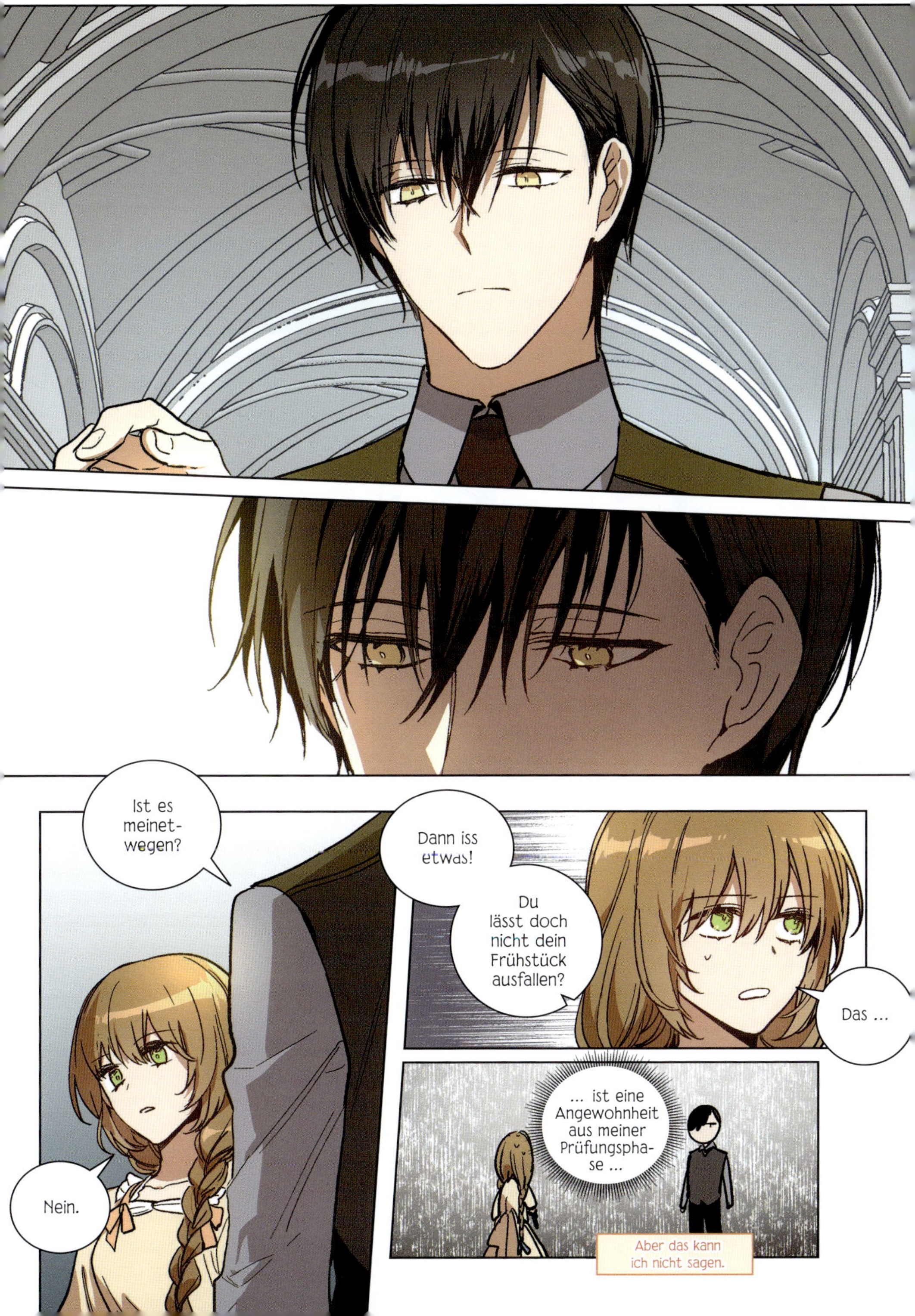
Ist es meinet-wegen?
Nein.
Dann iss etwas!
Du lässt doch nicht dein Frühstück ausfallen?
Das ...
... ist eine Angewohnheit aus meiner Prüfungsphase ...
Aber das kann ich nicht sagen.

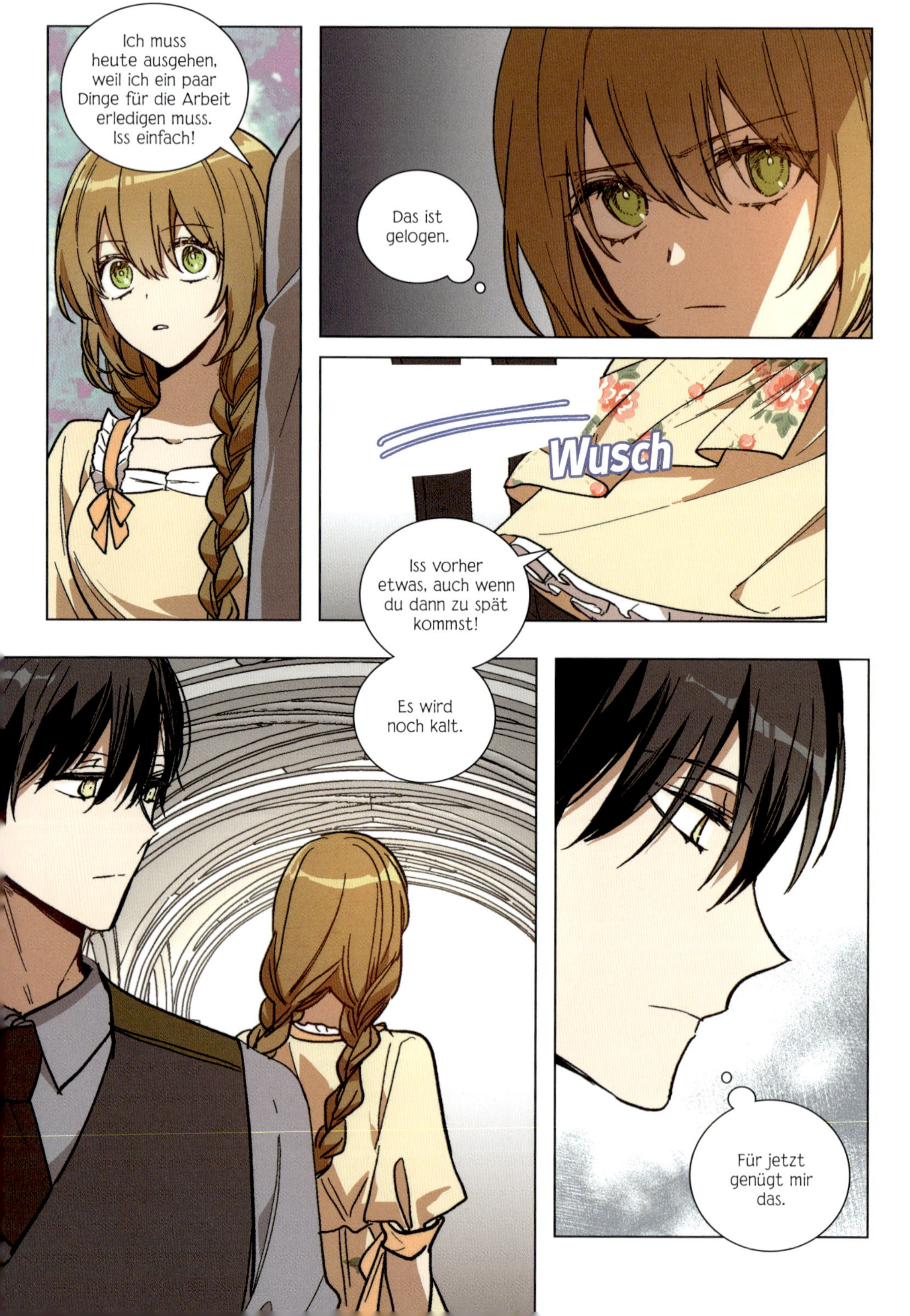
Ich muss heute ausgehen, weil ich ein paar Dinge für die Arbeit erledigen muss. Iss einfach!
Das ist gelogen.
Wusch
Iss vorher etwas, auch wenn du dann zu spät kommst!
Es wird noch kalt.
Für jetzt genügt mir das.

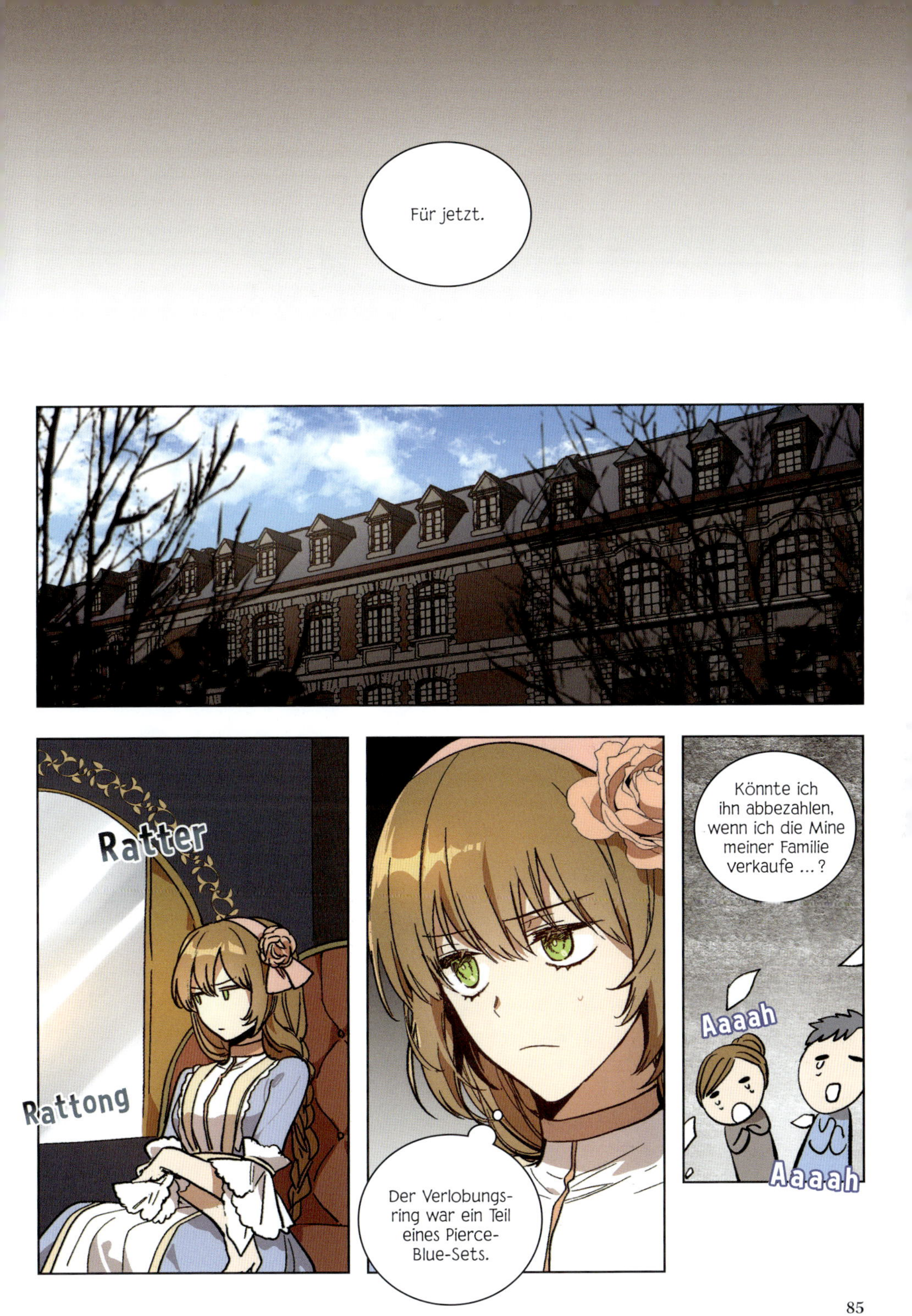
Für jetzt.
Ratter
Rattong
Der Verlobungs-ring war ein Teil eines Pierce-Blue-Sets.
Könnte ich ihn abbezahlen, wenn ich die Mine meiner Familie verkaufe ...?
Aaaah
Aaaah

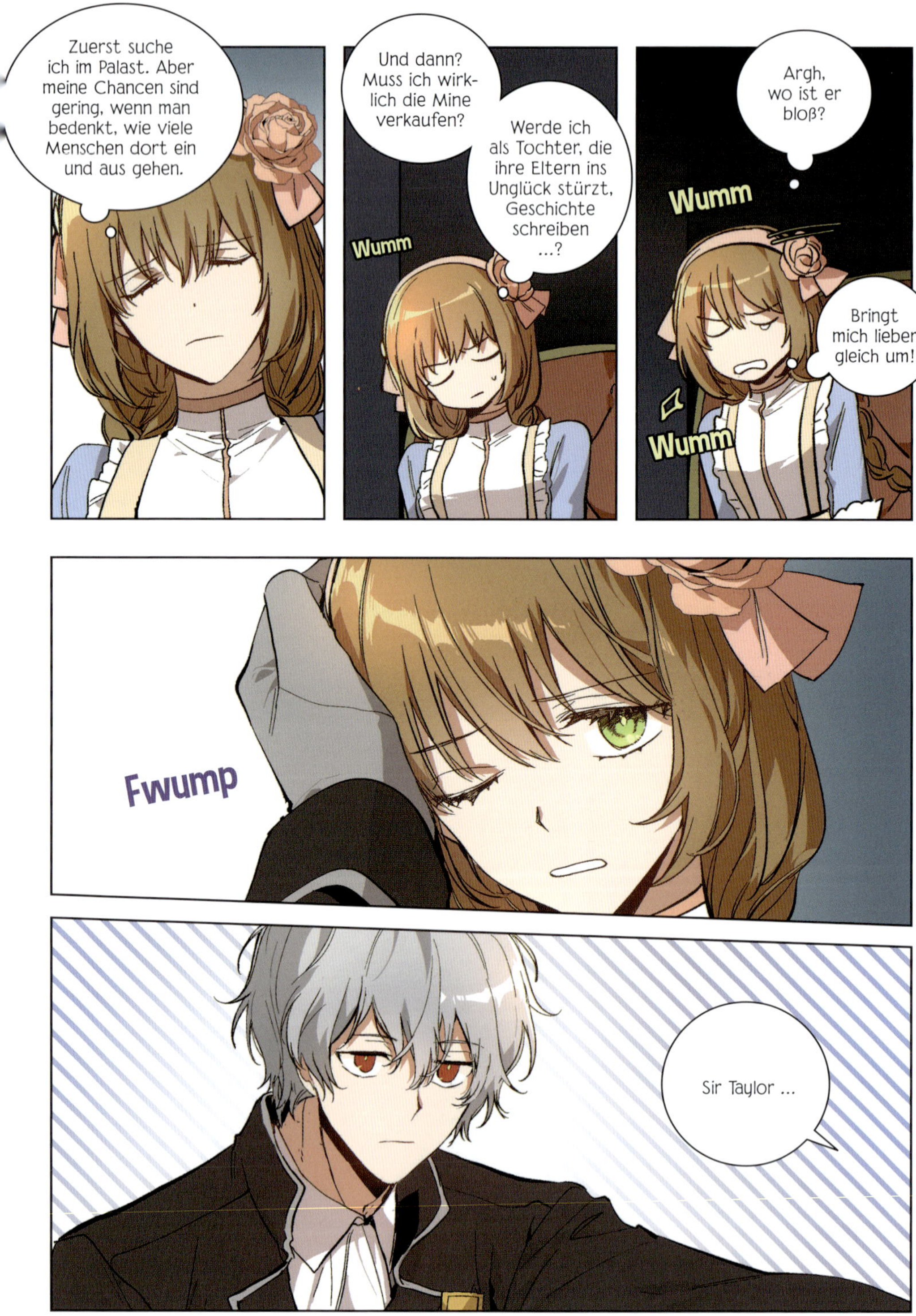

Zuerst suche ich im Palast. Aber meine Chancen sind gering, wenn man bedenkt, wie viele Menschen dort ein und aus gehen.
Und dann? Muss ich wirklich die Mine verkaufen?
Wumm
Werde ich als Tochter, die ihre Eltern ins Unglück stürzt, Geschichte schreiben ...?
Argh, wo ist er bloß?
Wumm
Bringt mich lieber gleich um!
Wumm
Fwump
Sir Taylor ...

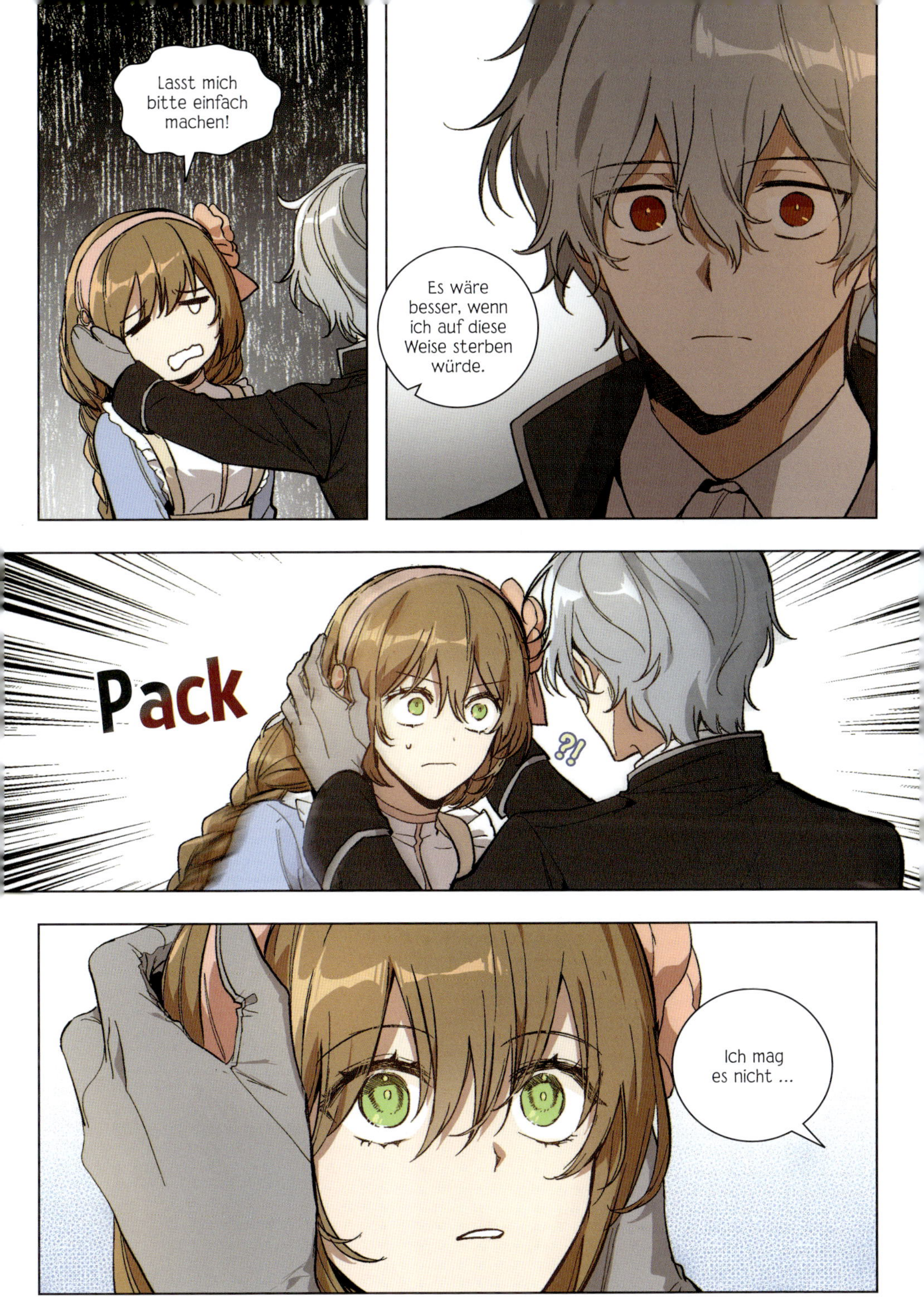
Lasst mich bitte einfach machen!
Es wäre besser, wenn ich auf diese Weise sterben würde.
Pack
?!
Ich mag es nicht ...

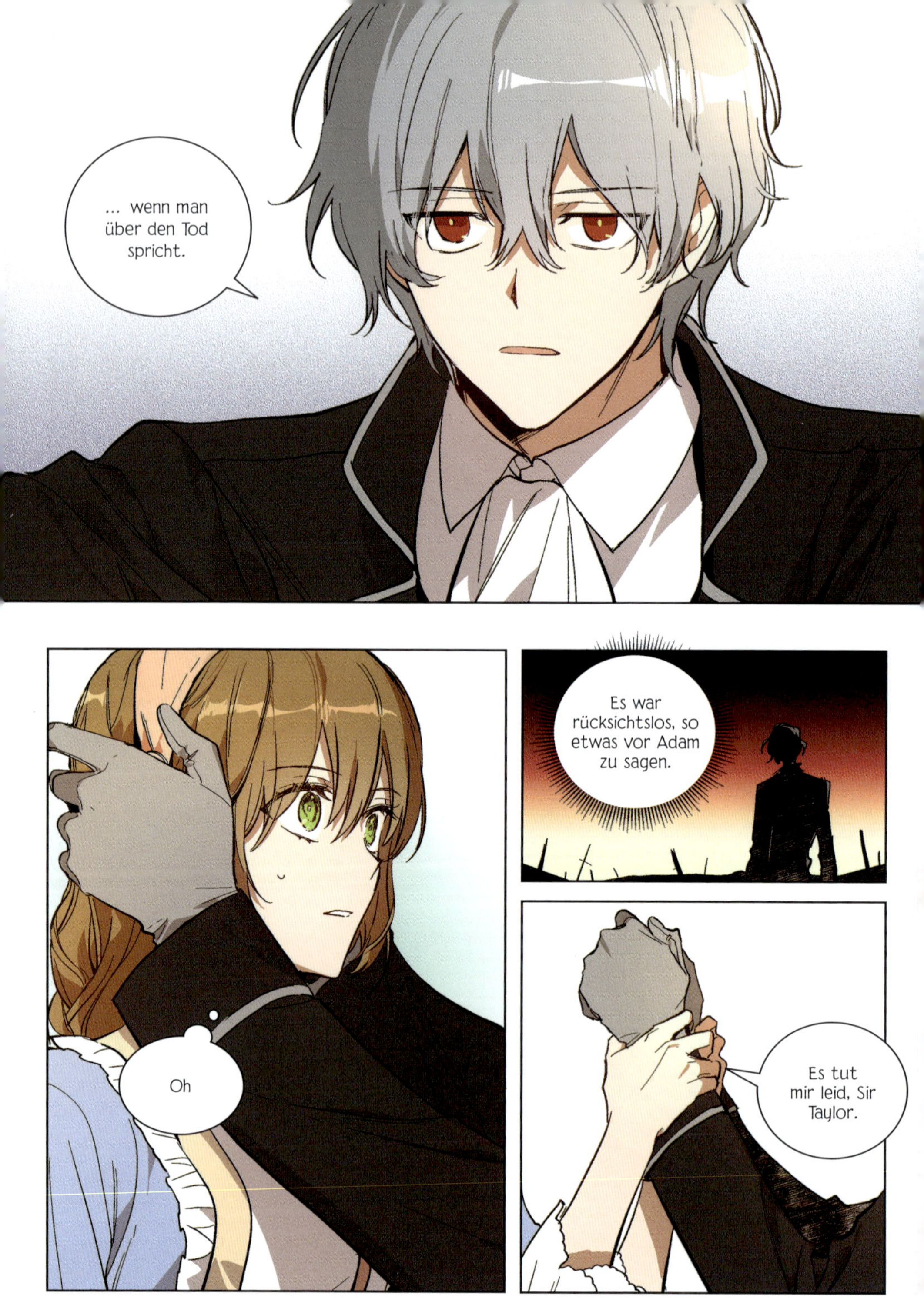
... wenn man über den Tod spricht.
Oh
Es war rücksichtslos, so etwas vor Adam zu sagen.
Es tut mir leid, Sir Taylor.

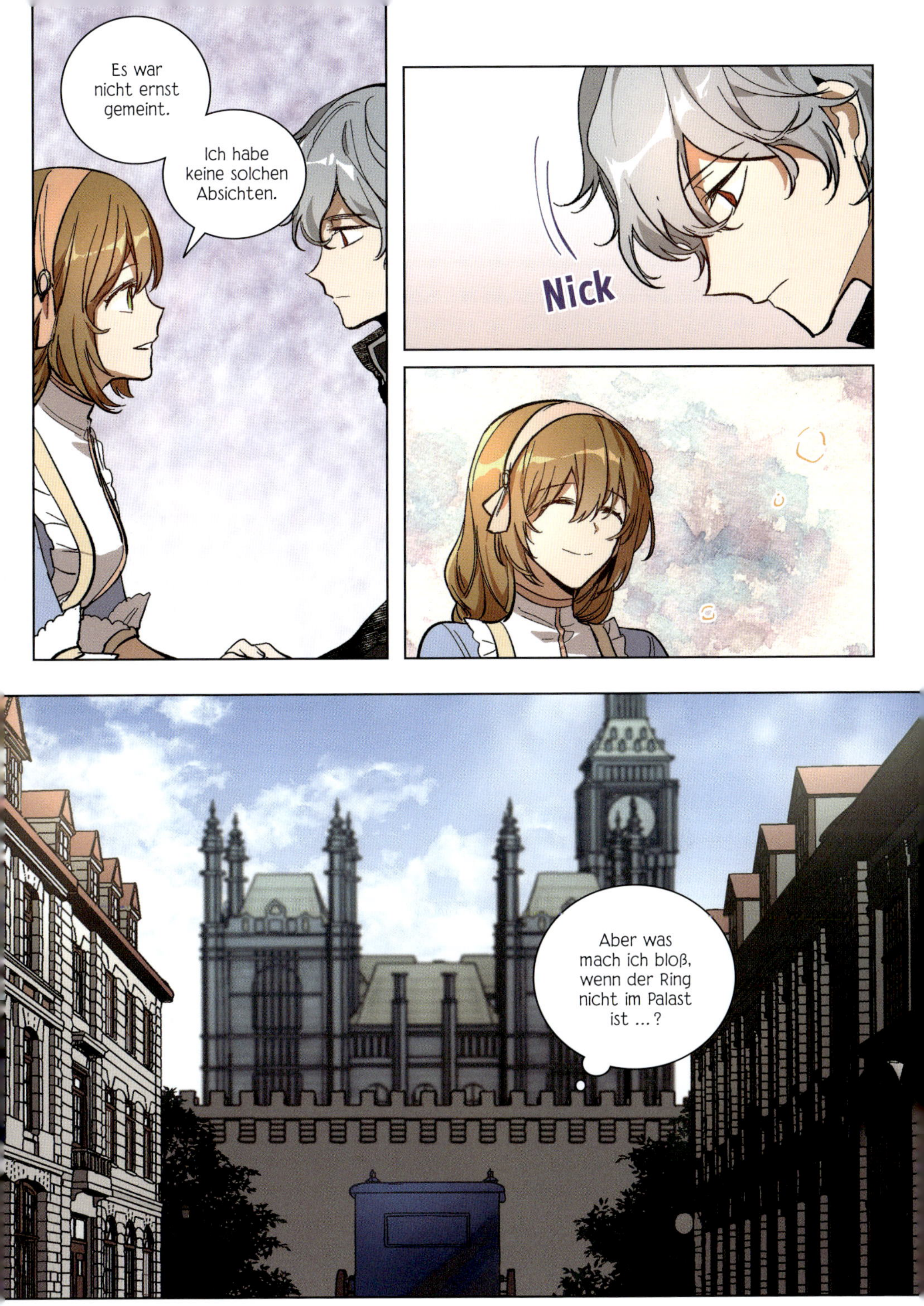
Es war nicht ernst gemeint.
Ich habe keine solchen Absichten.
Nick
Aber was mach ich bloß, wenn der Ring nicht im Palast ist ...?

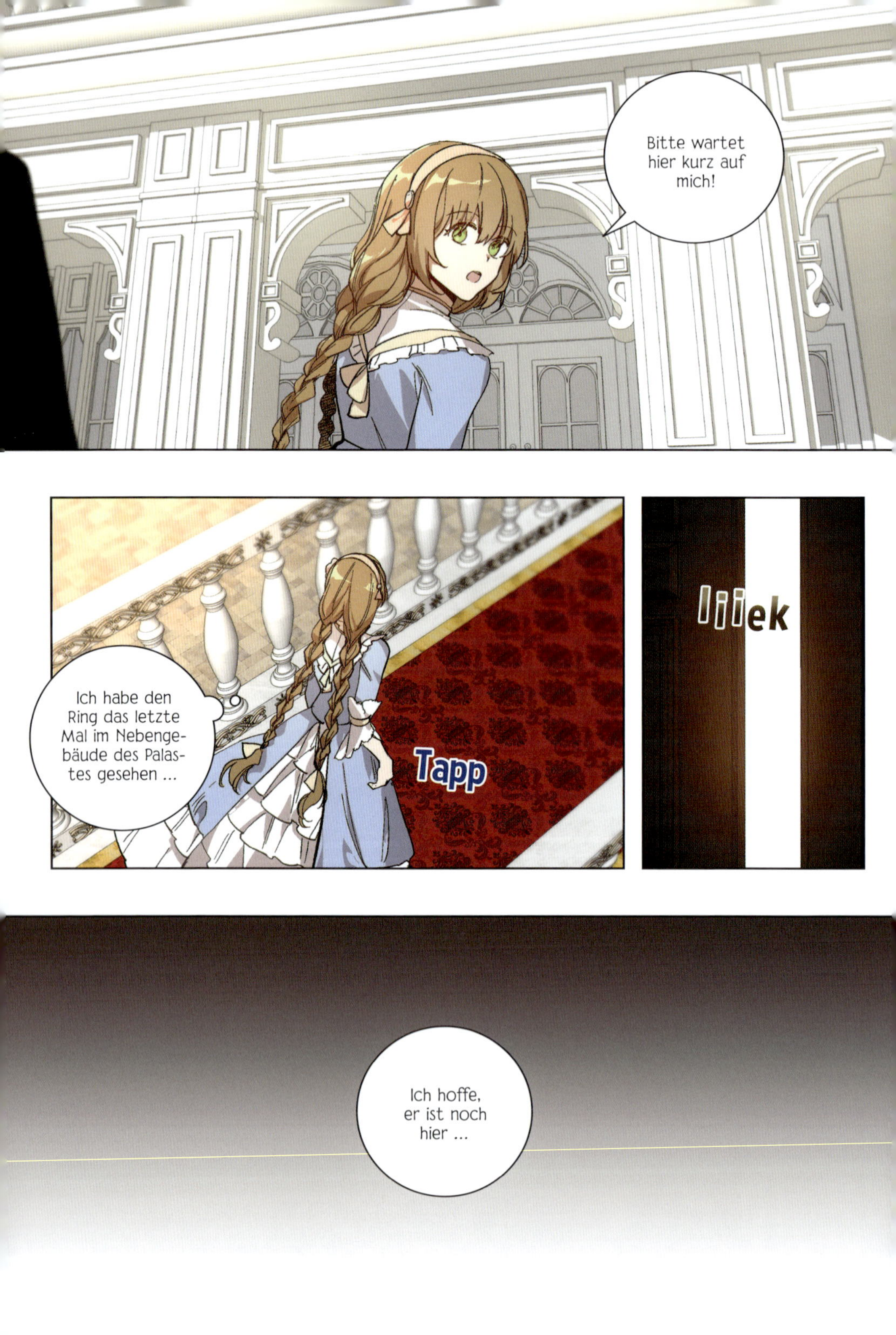
Bitte wartet hier kurz auf mich!
Ich habe den Ring das letzte Mal im Nebengebäude des Palastes gesehen ...
Tapp
Iiiiek
Ich hoffe, er ist noch hier ...

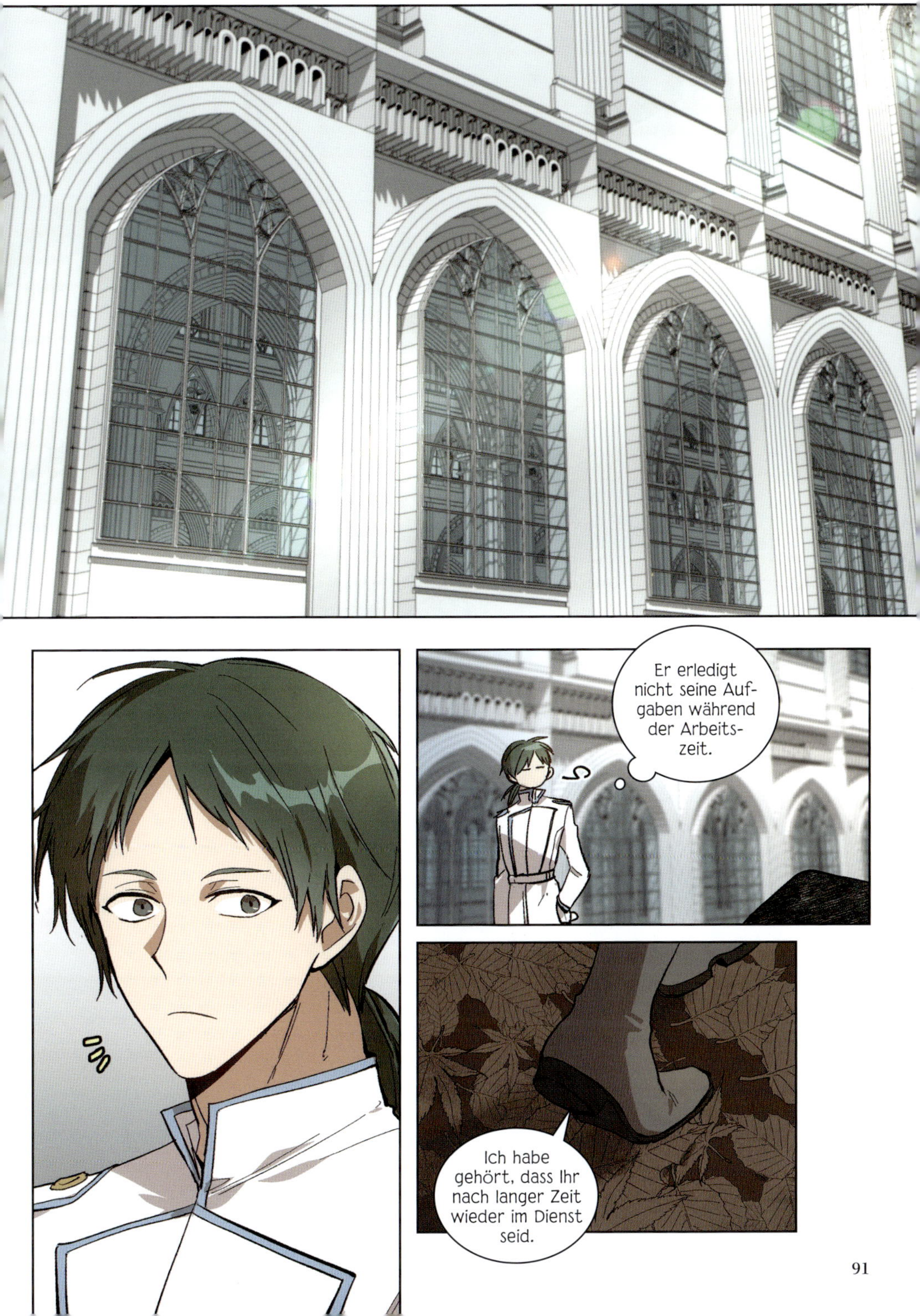
Er erledigt nicht seine Aufgaben während der Arbeitszeit.
Ich habe gehört, dass Ihr nach langer Zeit wieder im Dienst seid.

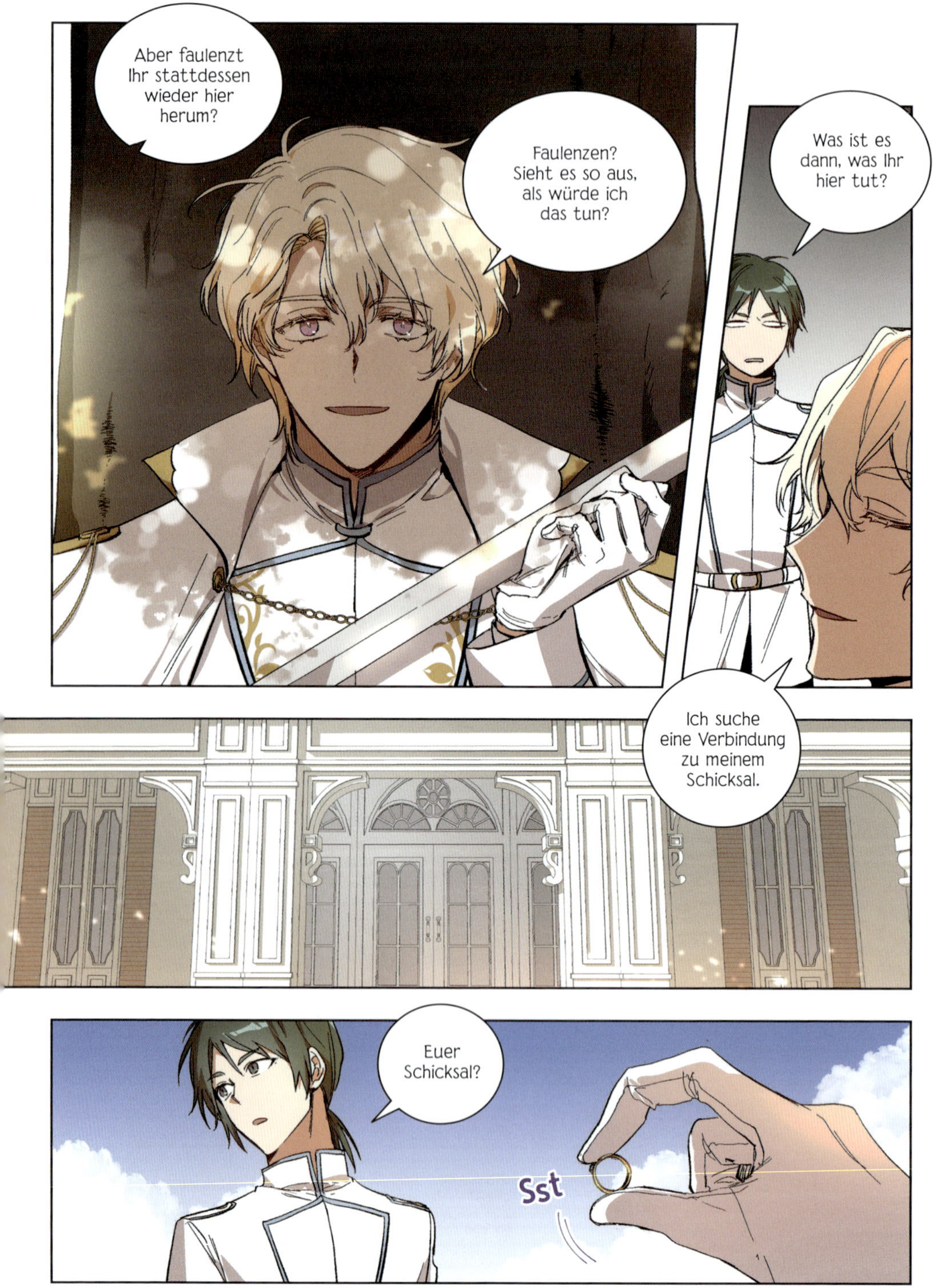
Aber faulenzt Ihr stattdessen wieder hier herum?
Faulenzen? Sieht es so aus, als würde ich das tun?
Was ist es dann, was Ihr hier tut?
Ich suche eine Verbindung zu meinem Schicksal.
Euer Schicksal?
Sst

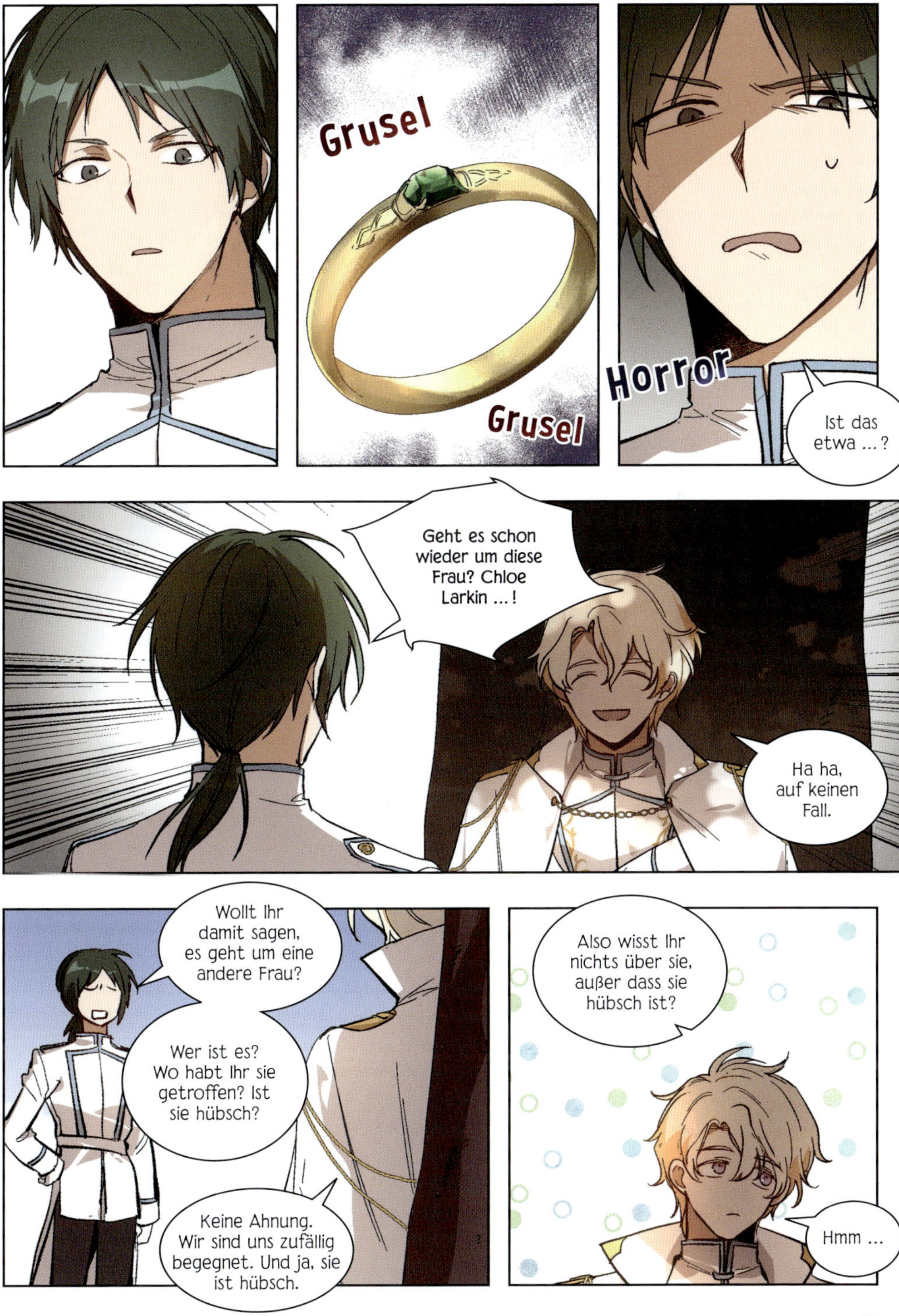
Grusel
Grusel
Horror
Ist das etwa ...?
Geht es schon wieder um diese Frau? Chloe Larkin ...!
Ha ha, auf keinen Fall.
Wollt Ihr damit sagen, es geht um eine andere Frau?
Wer ist es? Wo habt Ihr sie getroffen? Ist sie hübsch?
Keine Ahnung. Wir sind uns zufällig begegnet. Und ja, sie ist hübsch.
Also wisst Ihr nichts über sie, außer dass sie hübsch ist?
Hmm ...

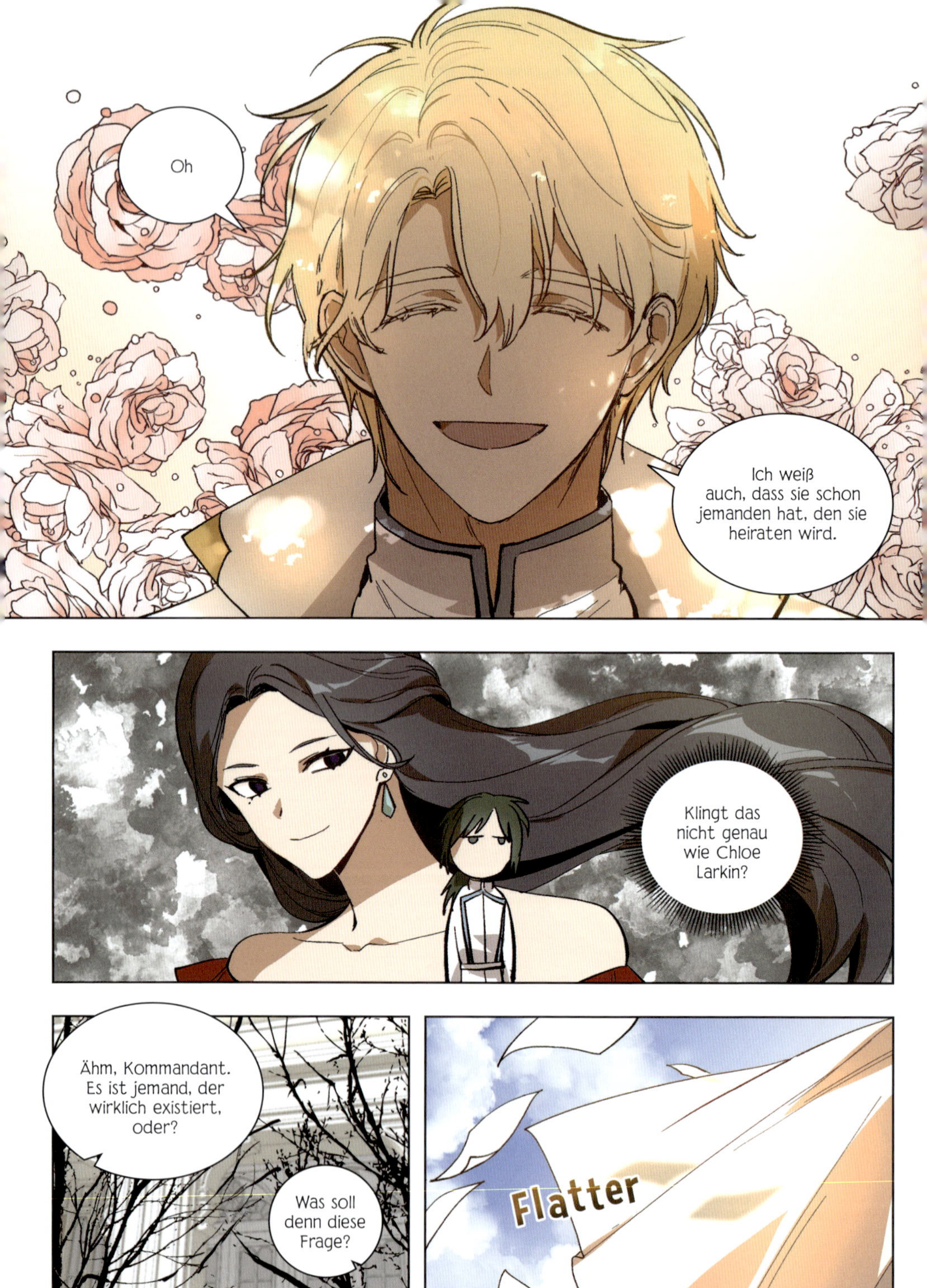
Oh
Ich weiß auch, dass sie schon jemanden hat, den sie heiraten wird.
Klingt das nicht genau wie Chloe Larkin?
Ähm, Kommandant. Es ist jemand, der wirklich existiert, oder?
Was soll denn diese Frage?
Flatter

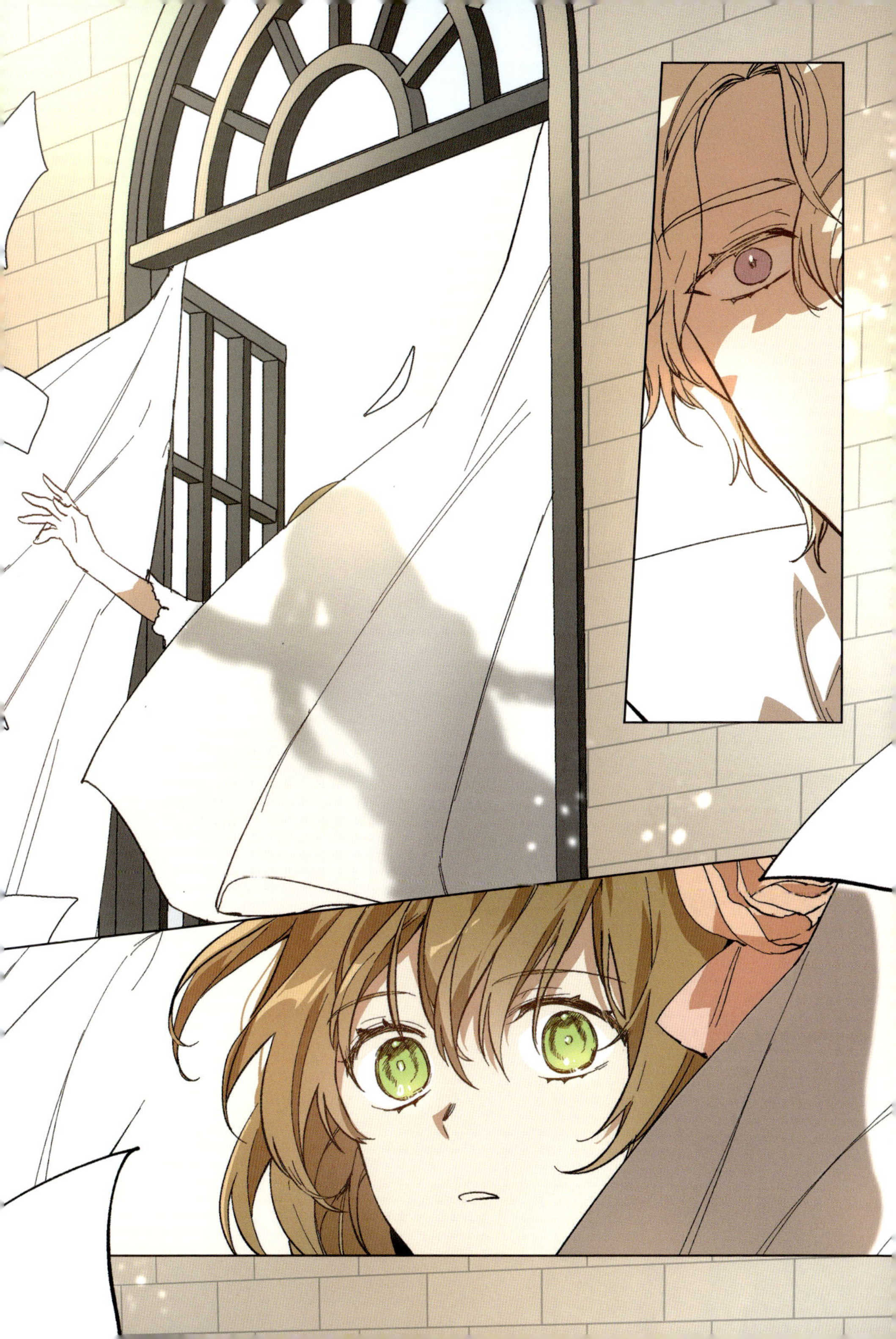

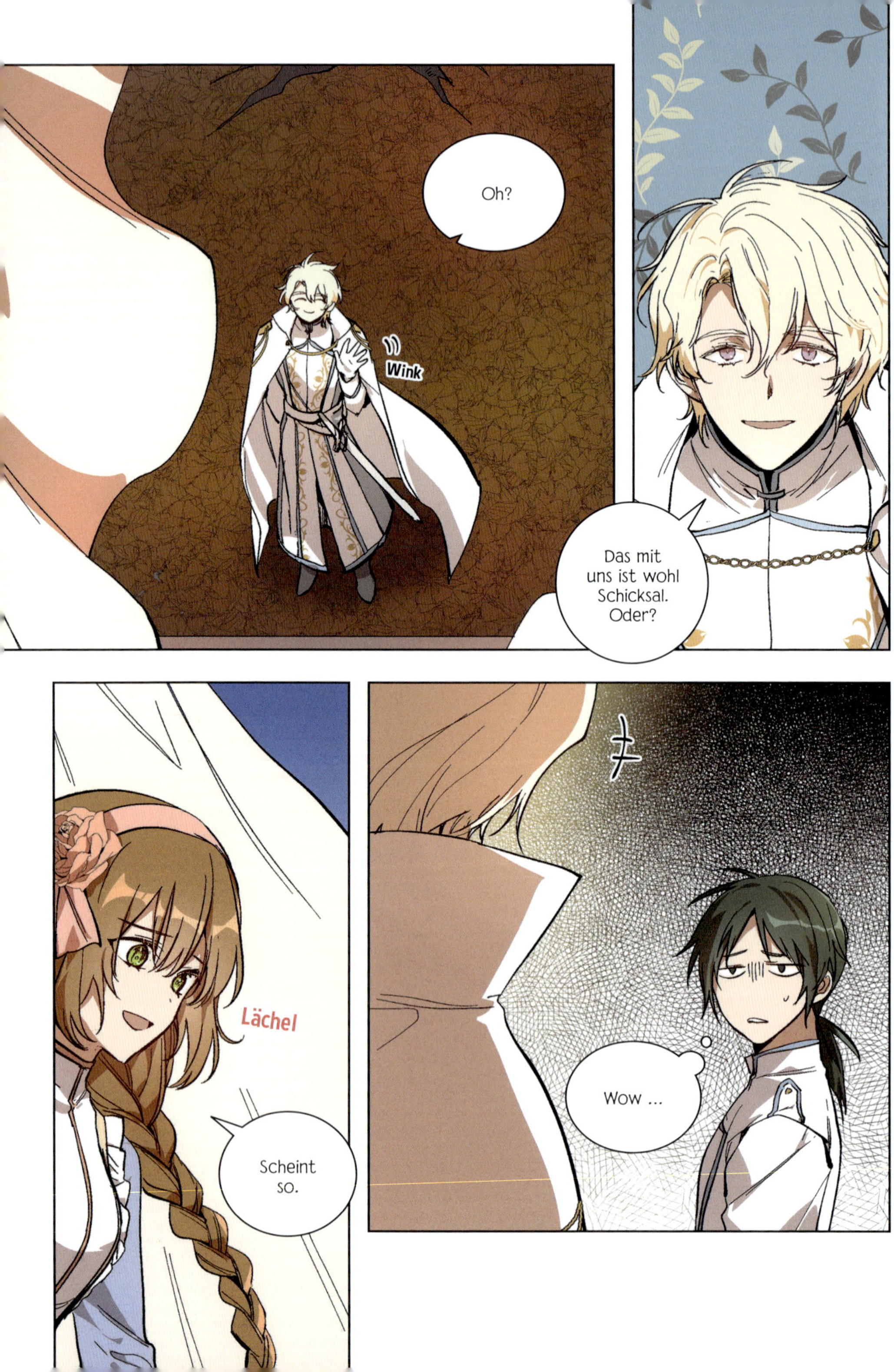
Oh?
Wink
Das mit uns ist wohl Schicksal. Oder?
Lächel
Scheint so.
Wow ...

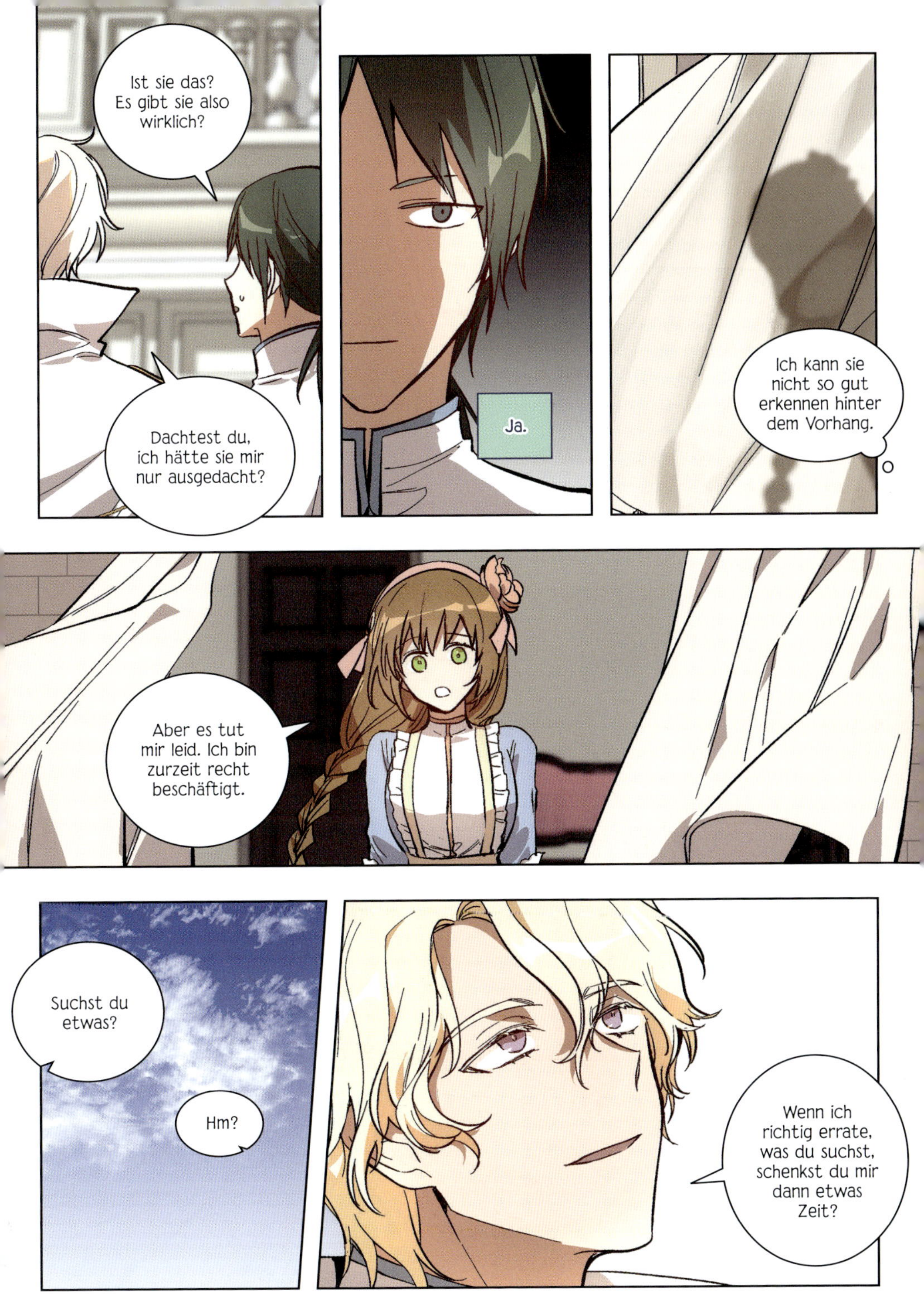
Ist sie das? Es gibt sie also wirklich?
Dachtest du, ich hätte sie mir nur ausgedacht?
Ja.
Ich kann sie nicht so gut erkennen hinter dem Vorhang.
Aber es tut mir leid. Ich bin zurzeit recht beschäftigt.
Suchst du etwas?
Hm?
Wenn ich richtig errate, was du suchst, schenkst du mir dann etwas Zeit?

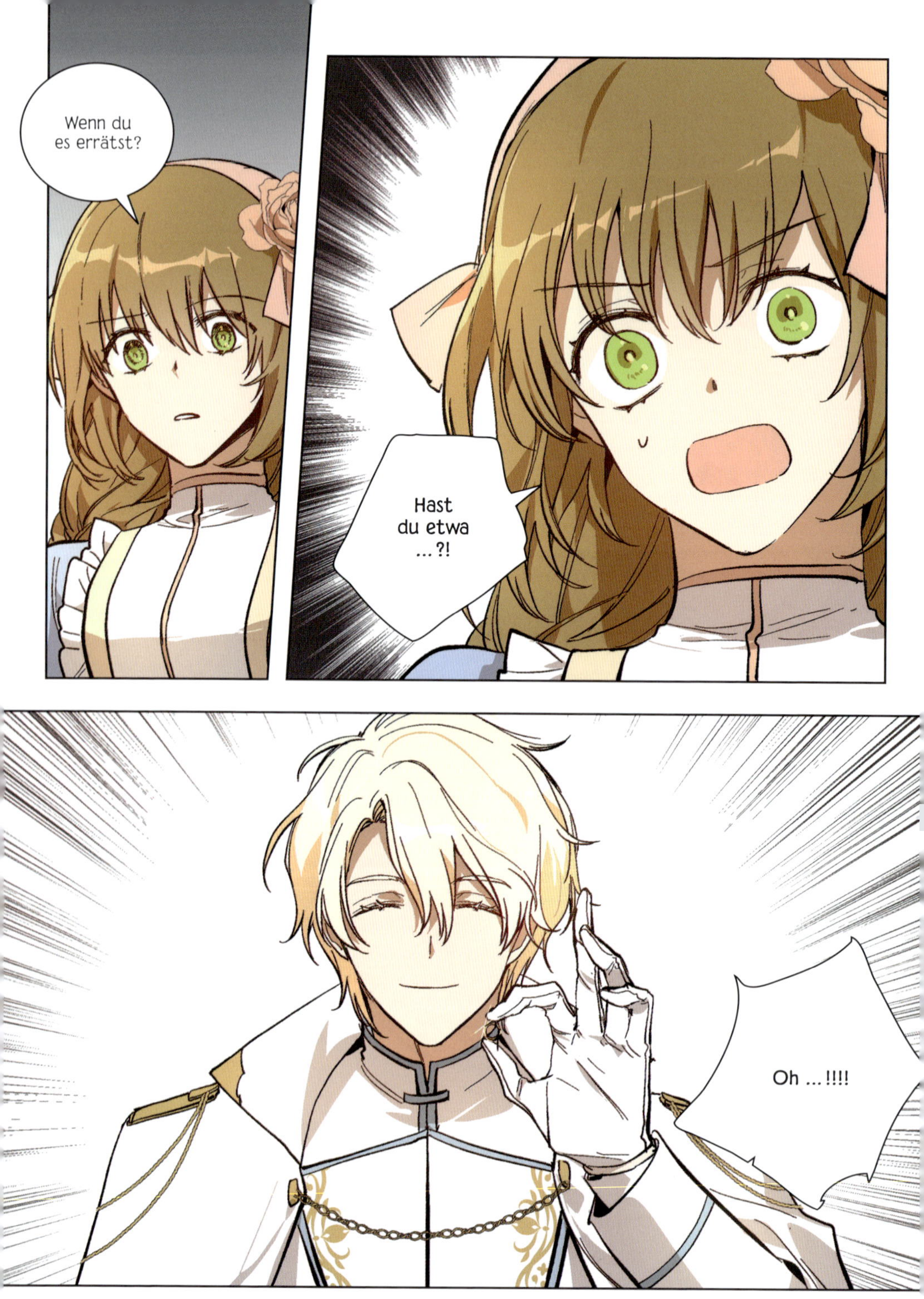
Wenn du es errätst?
Hast du etwa …?!
Oh …!!!!

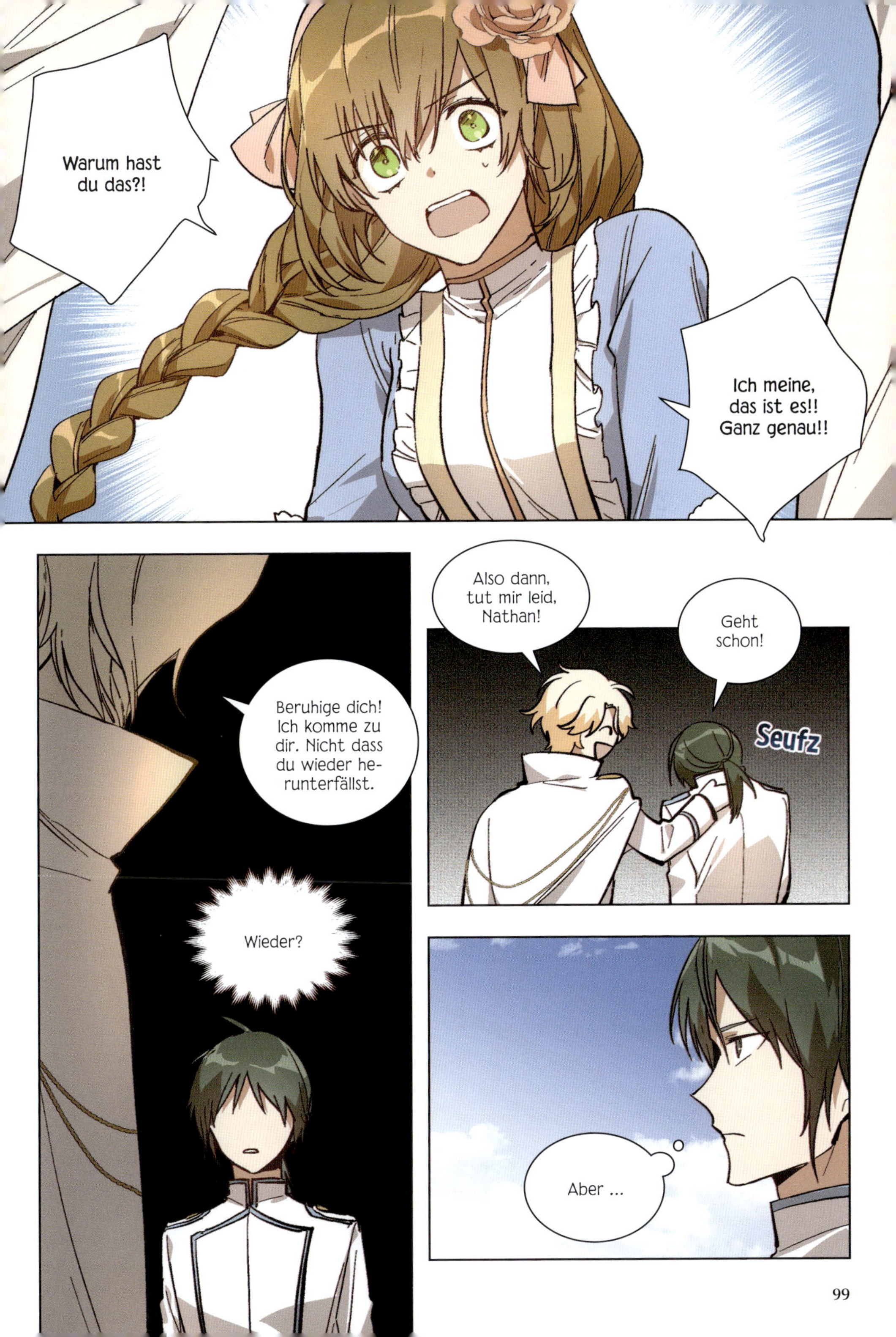
Warum hast du das?!
Ich meine, das ist es!! Ganz genau!!
Beruhige dich! Ich komme zu dir. Nicht dass du wieder herunterfällst.
Wieder?
Also dann, tut mir leid, Nathan!
Geht schon!
Seufz
Aber ...

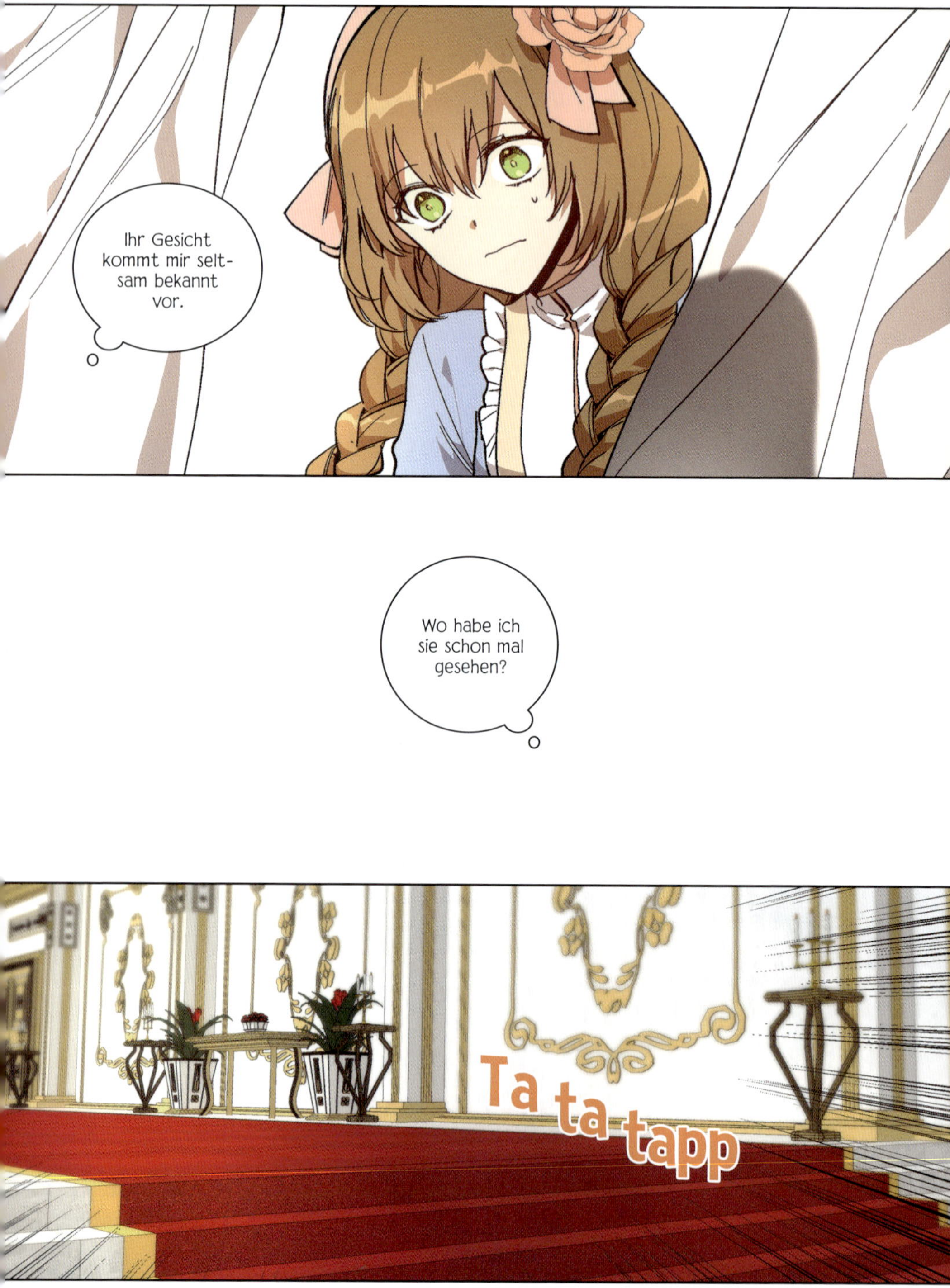
Ihr Gesicht kommt mir seltsam bekannt vor.
Wo habe ich sie schon mal gesehen?
Ta ta tapp

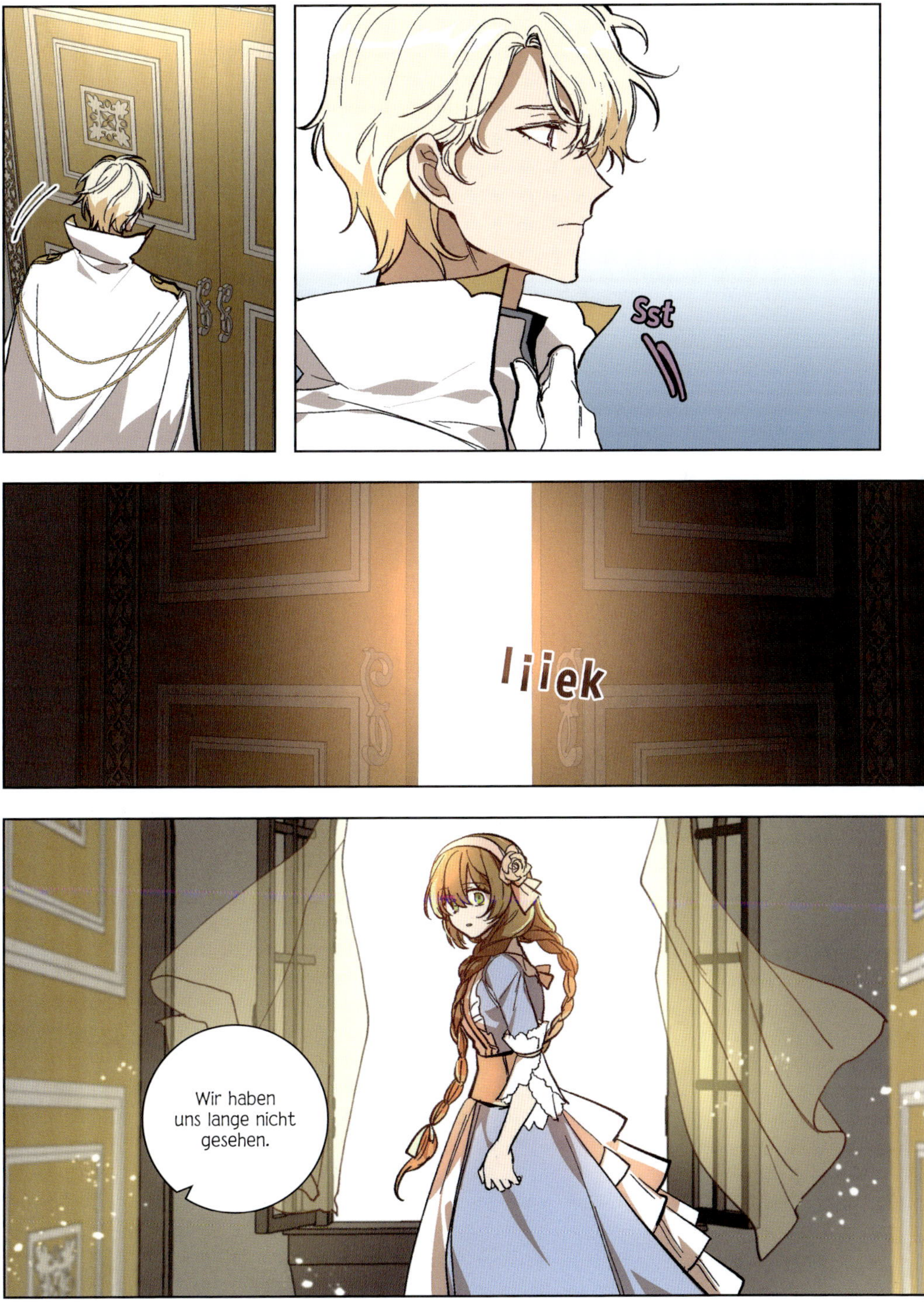
Sst
Iiiek
Wir haben uns lange nicht gesehen.

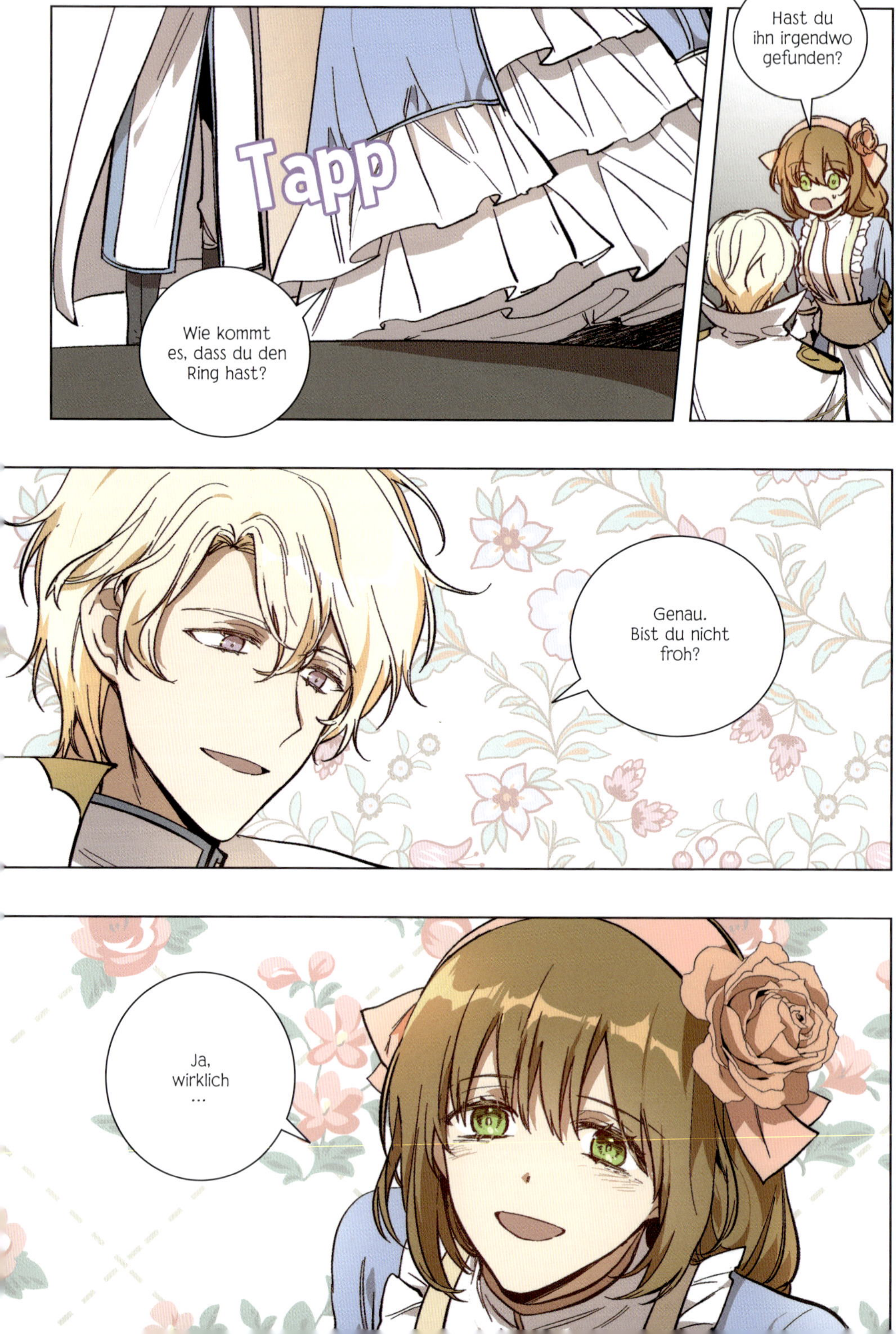
Tapp
Wie kommt es, dass du den Ring hast?
Hast du ihn irgendwo gefunden?
Genau. Bist du nicht froh?
Ja, wirklich …

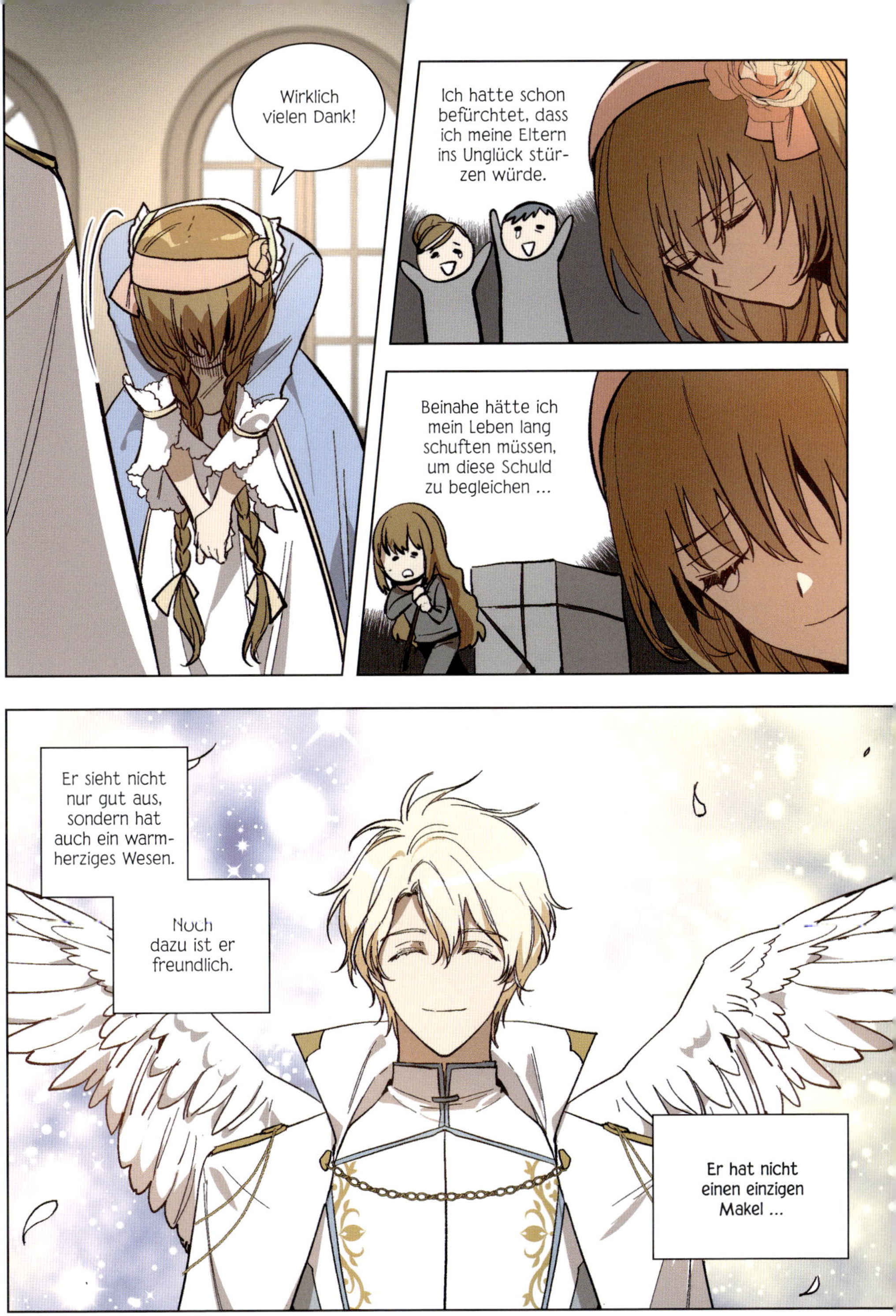
Wirklich vielen Dank!
Ich hatte schon befürchtet, dass ich meine Eltern ins Unglück stürzen würde.
Beinahe hätte ich mein Leben lang schuften müssen, um diese Schuld zu begleichen ...
Er sieht nicht nur gut aus, sondern hat auch ein warmherziges Wesen.
Noch dazu ist er freundlich.
Er hat nicht einen einzigen Makel ...

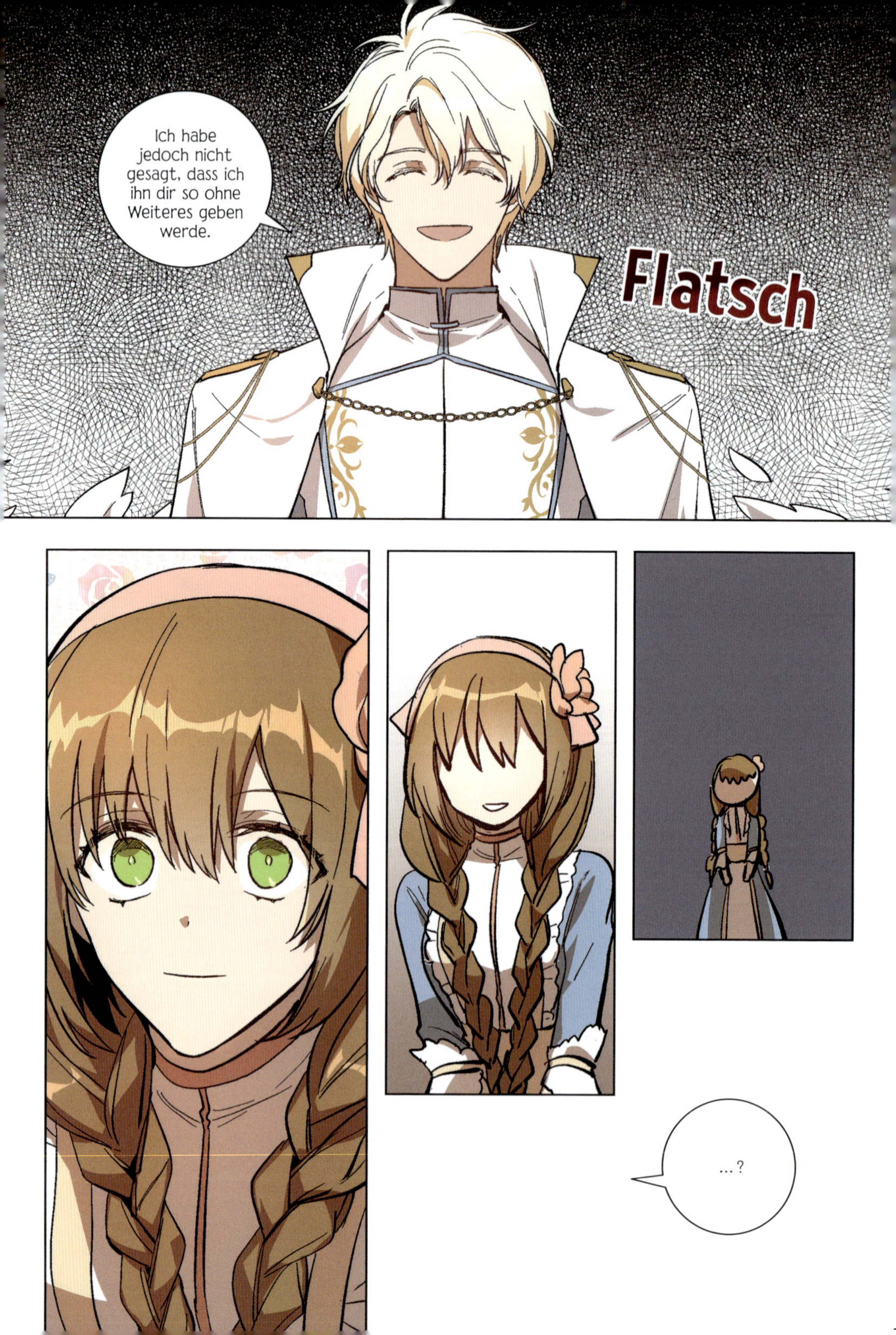
Ich habe jedoch nicht gesagt, dass ich ihn dir so ohne Weiteres geben werde.
Flatsch
...?

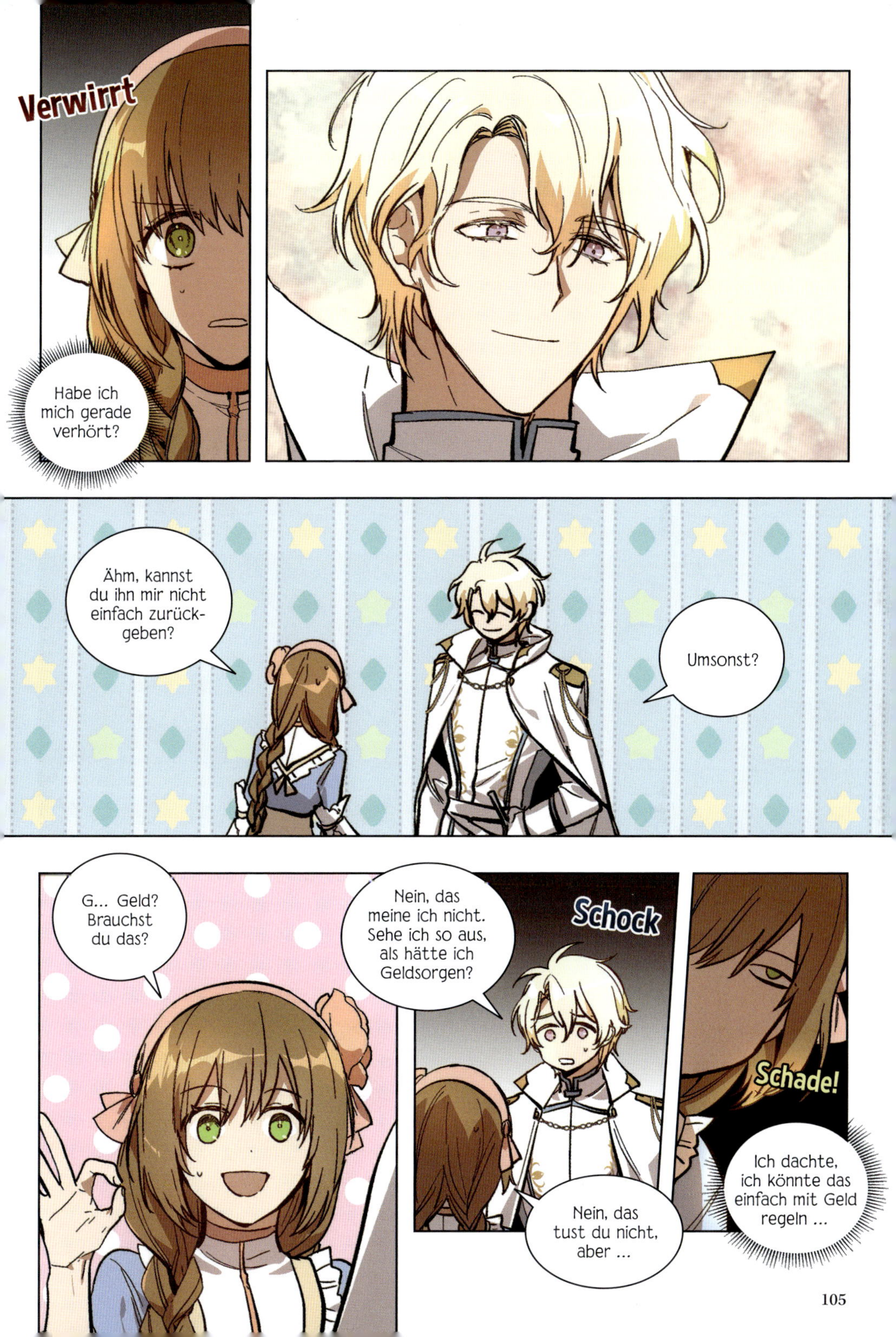
Verwirrt
Habe ich mich gerade verhört?
Ähm, kannst du ihn mir nicht einfach zurückgeben?
Umsonst?
G... Geld? Brauchst du das?
Nein, das meine ich nicht. Sehe ich so aus, als hätte ich Geldsorgen?
Schock
Nein, das tust du nicht, aber ...
Schade!
Ich dachte, ich könnte das einfach mit Geld regeln ...

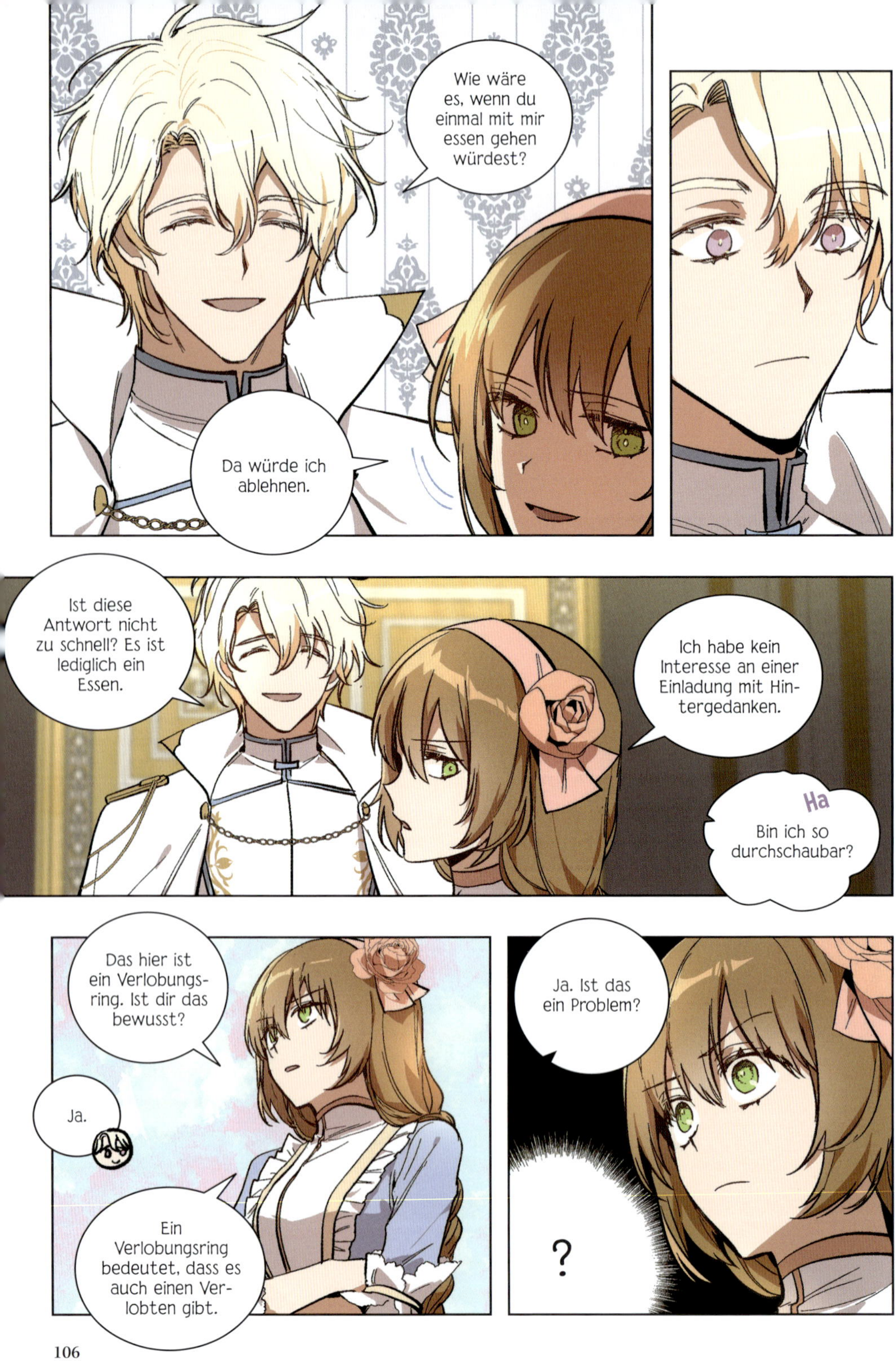
Wie wäre es, wenn du einmal mit mir essen gehen würdest?
Da würde ich ablehnen.
Ist diese Antwort nicht zu schnell? Es ist lediglich ein Essen.
Ich habe kein Interesse an einer Einladung mit Hintergedanken.
Ha
Bin ich so durchschaubar?
Das hier ist ein Verlobungsring. Ist dir das bewusst?
Ja.
Ein Verlobungsring bedeutet, dass es auch einen Verlobten gibt.
Ja. Ist das ein Problem?
?

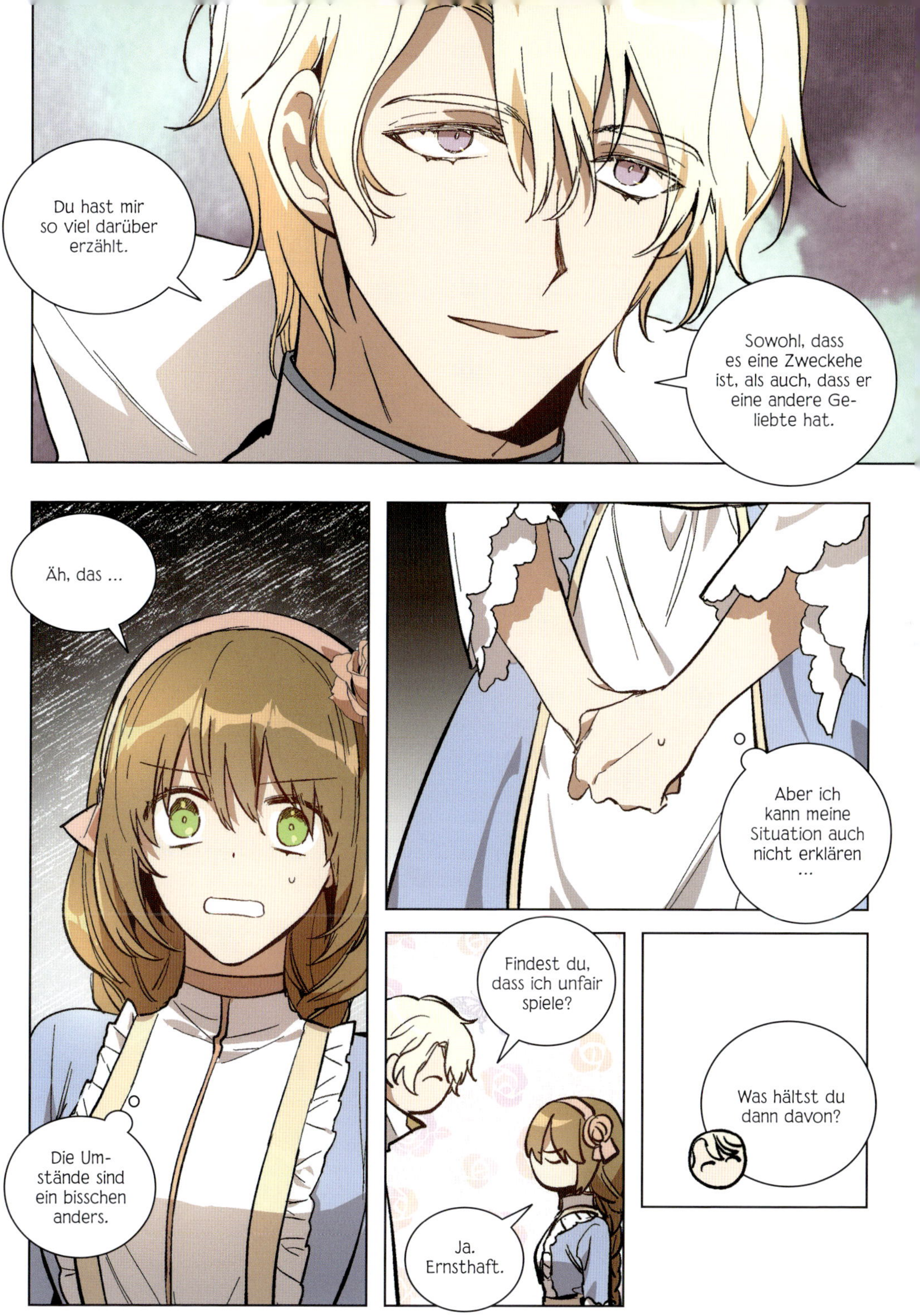
Du hast mir so viel darüber erzählt.
Sowohl, dass es eine Zweckehe ist, als auch, dass er eine andere Geliebte hat.
Äh, das ...
Die Umstände sind ein bisschen anders.
Aber ich kann meine Situation auch nicht erklären ...
Findest du, dass ich unfair spiele?
Ja. Ernsthaft.
Was hältst du dann davon?

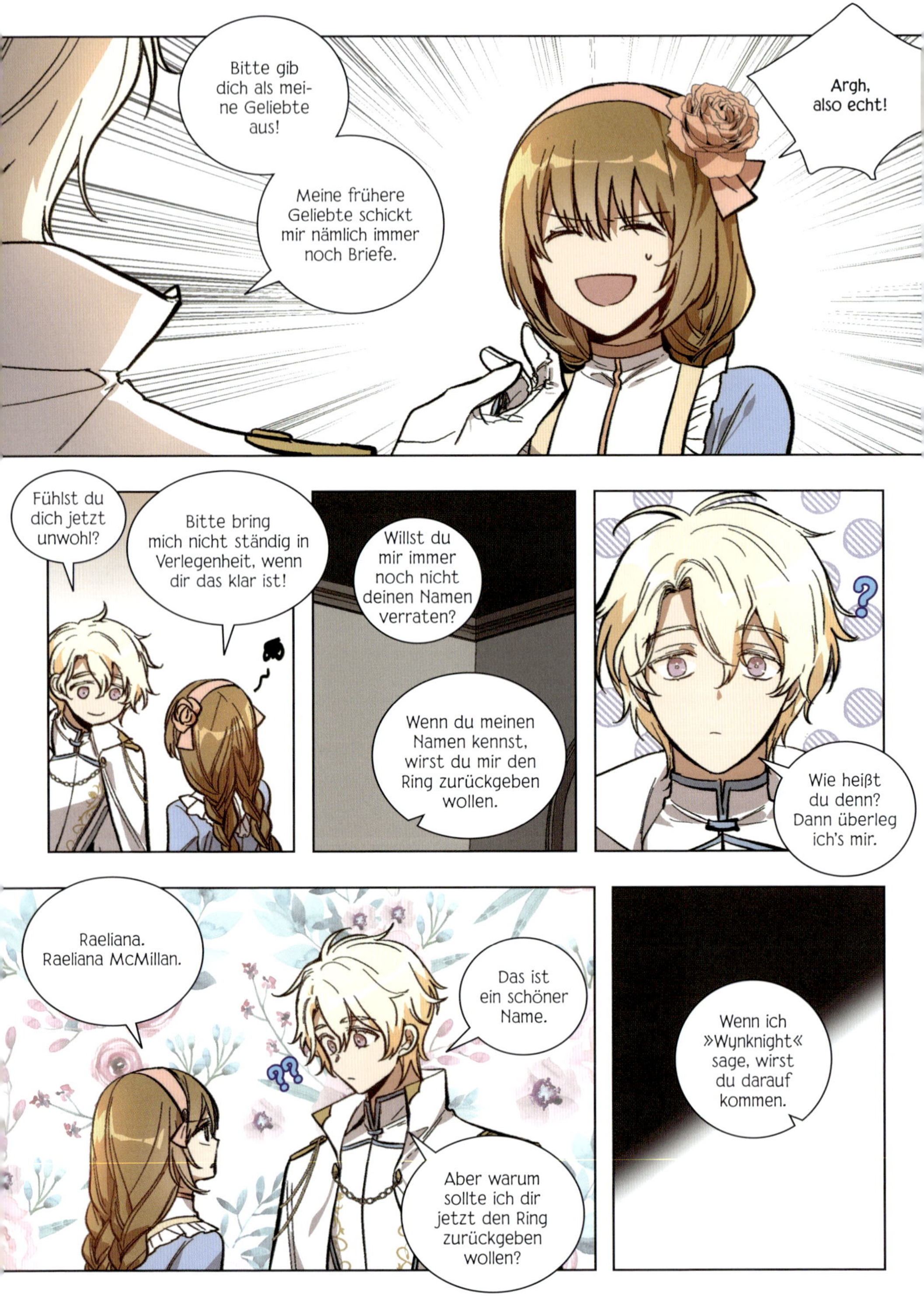
Bitte gib dich als meine Geliebte aus!
Meine frühere Geliebte schickt mir nämlich immer noch Briefe.
Argh, also echt!
Fühlst du dich jetzt unwohl?
Bitte bring mich nicht ständig in Verlegenheit, wenn dir das klar ist!
Willst du mir immer noch nicht deinen Namen verraten?
Wenn du meinen Namen kennst, wirst du mir den Ring zurückgeben wollen.
Wie heißt du denn? Dann überleg ich's mir.
Raeliana. Raeliana McMillan.
Das ist ein schöner Name.
Aber warum sollte ich dir jetzt den Ring zurückgeben wollen?
Wenn ich »Wynknight« sage, wirst du darauf kommen.

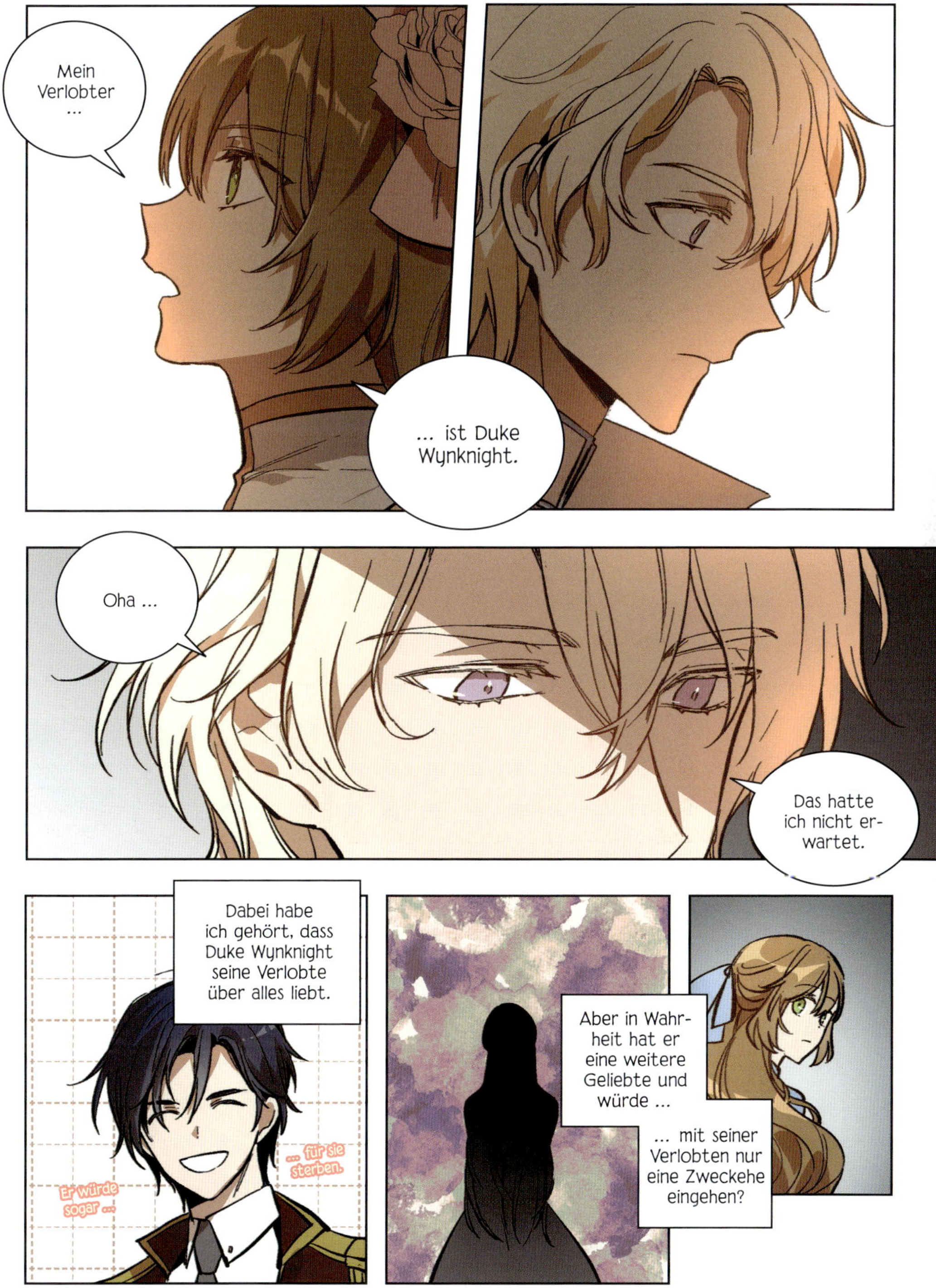
Mein Verlobter ...
... ist Duke Wynknight.
Oha ...
Das hatte ich nicht erwartet.
Dabei habe ich gehört, dass Duke Wynknight seine Verlobte über alles liebt.
Er würde sogar ...
... für sie sterben.
Aber in Wahrheit hat er eine weitere Geliebte und würde ...
... mit seiner Verlobten nur eine Zweckehe eingehen?

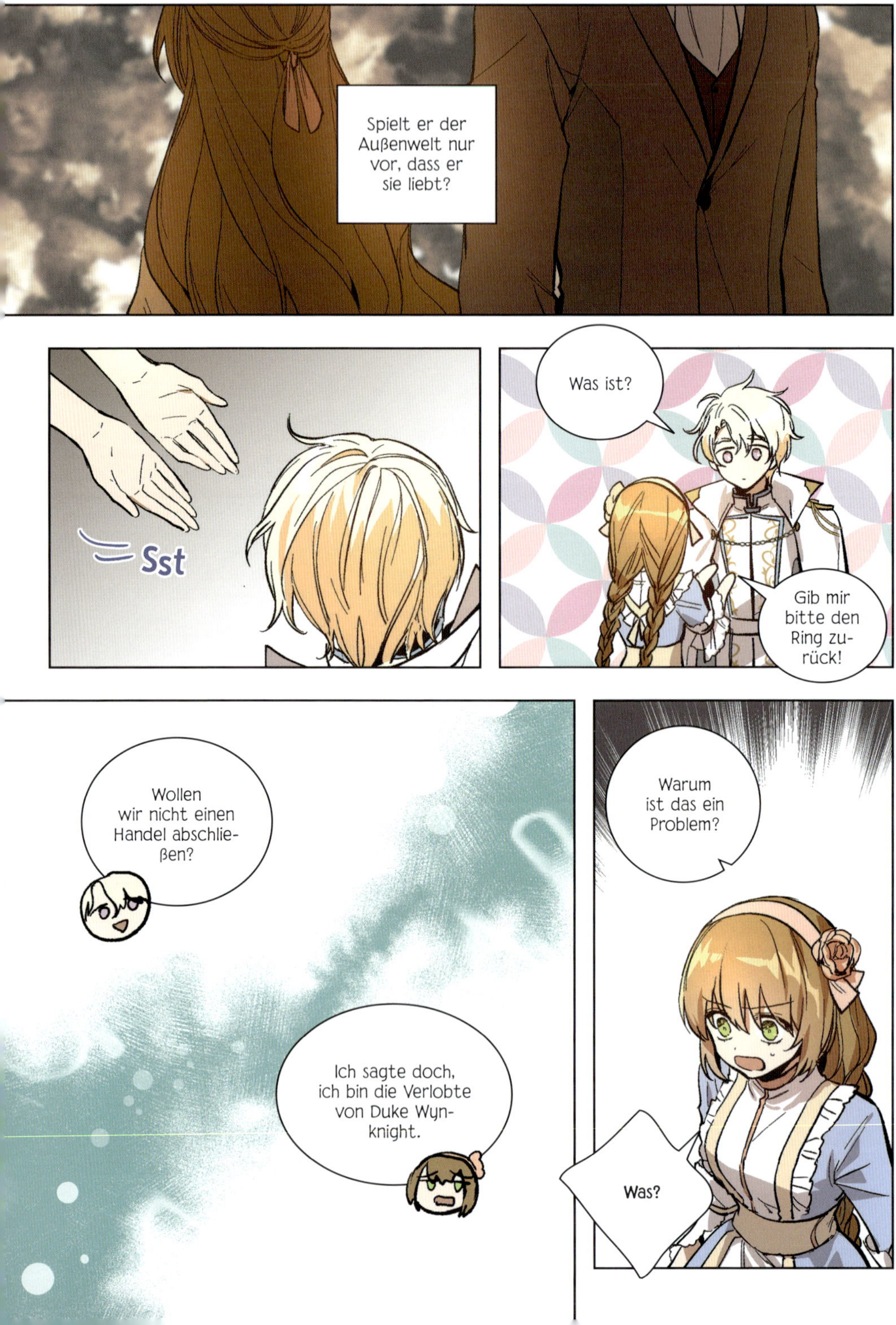
Spielt er der Außenwelt nur vor, dass er sie liebt?
Sst
Was ist?
Gib mir bitte den Ring zurück!
Warum ist das ein Problem?
Wollen wir nicht einen Handel abschließen?
Was?
Ich sagte doch, ich bin die Verlobte von Duke Wynknight.

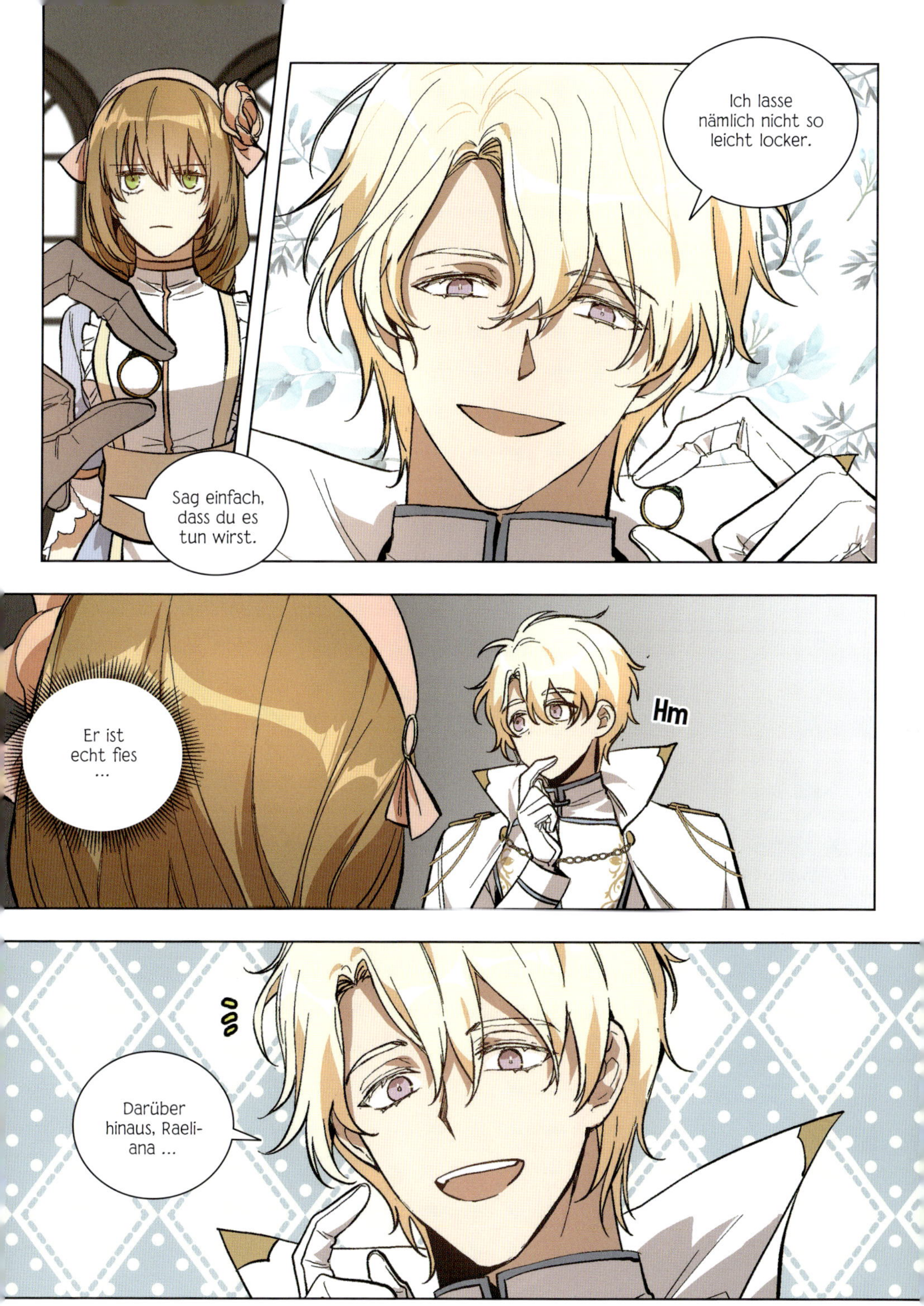
Ich lasse nämlich nicht so leicht locker.
Sag einfach, dass du es tun wirst.
Er ist echt fies ...
Hm
Darüber hinaus, Raeli-ana ...

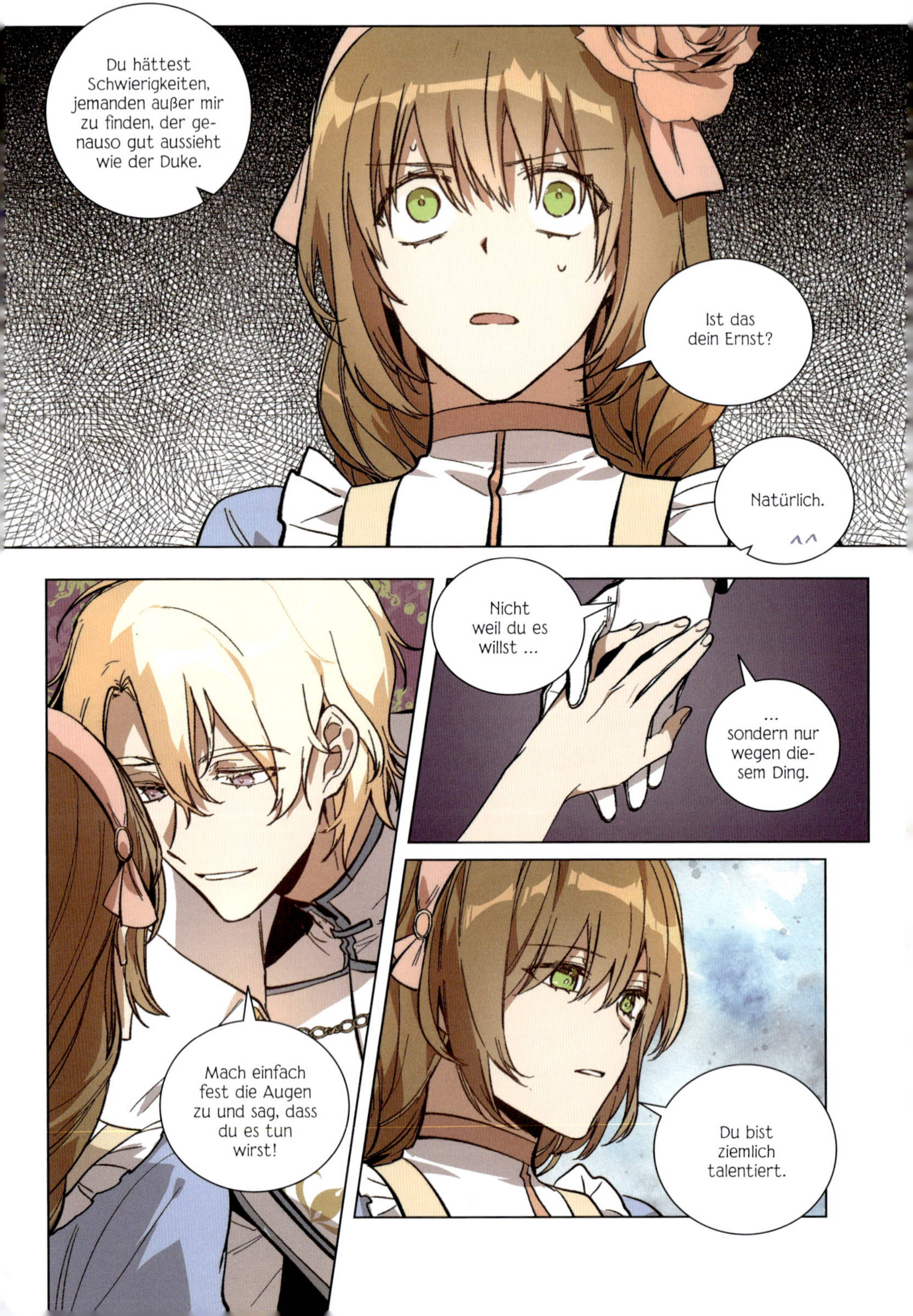
Du hättest Schwierigkeiten, jemanden außer mir zu finden, der genauso gut aussieht wie der Duke.
Ist das dein Ernst?
Natürlich. ^^
Nicht weil du es willst ...
... sondern nur wegen diesem Ding.
Mach einfach fest die Augen zu und sag, dass du es tun wirst!
Du bist ziemlich talentiert.

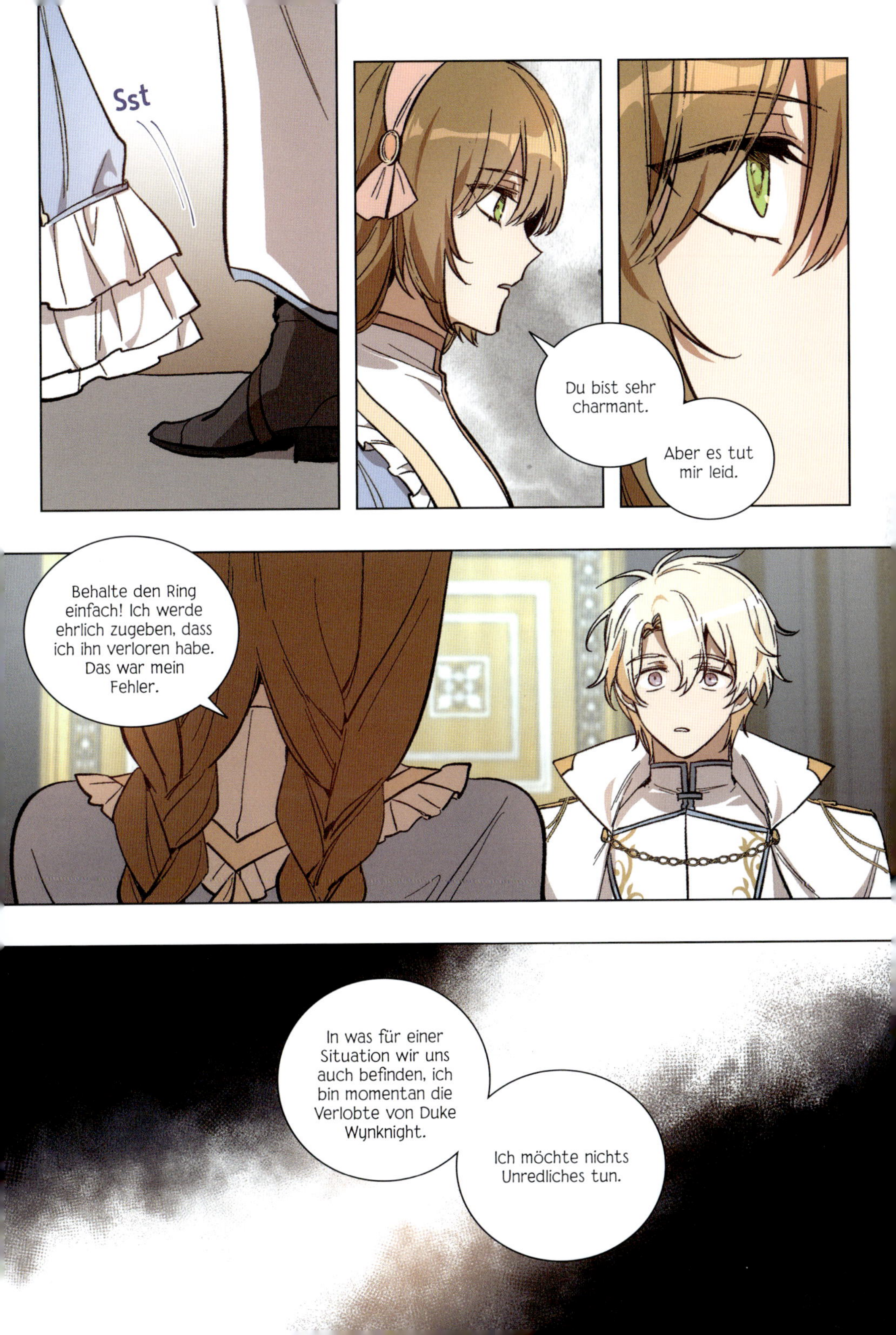
Sst
Du bist sehr charmant.
Aber es tut mir leid.
Behalte den Ring einfach! Ich werde ehrlich zugeben, dass ich ihn verloren habe. Das war mein Fehler.
In was für einer Situation wir uns auch befinden, ich bin momentan die Verlobte von Duke Wynknight.
Ich möchte nichts Unredliches tun.

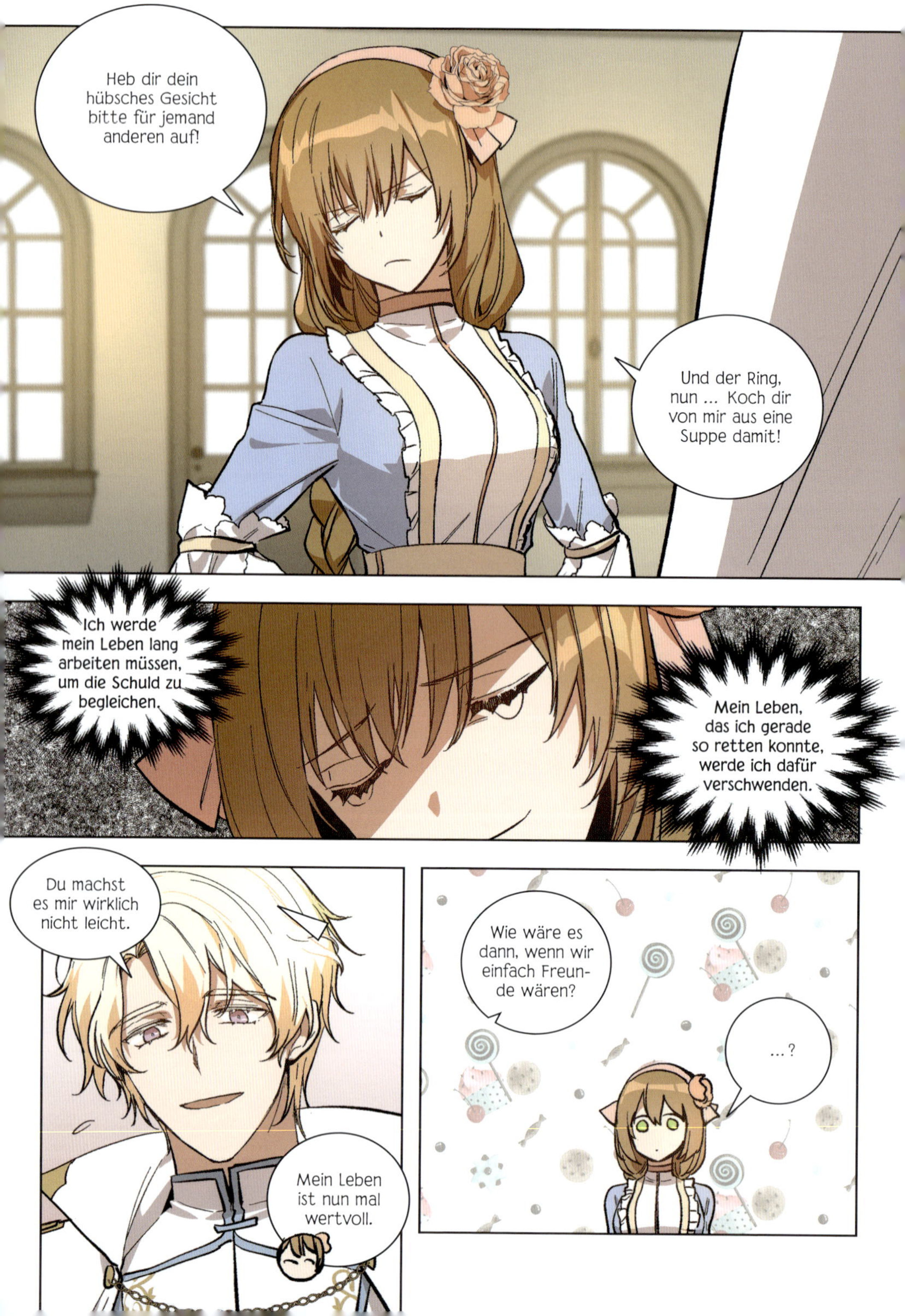
Heb dir dein hübsches Gesicht bitte für jemand anderen auf!
Und der Ring, nun ... Koch dir von mir aus eine Suppe damit!
Ich werde mein Leben lang arbeiten müssen, um die Schuld zu begleichen.
Mein Leben, das ich gerade so retten konnte, werde ich dafür verschwenden.
Du machst es mir wirklich nicht leicht.
Mein Leben ist nun mal wertvoll.
Wie wäre es dann, wenn wir einfach Freun-de wären?
...?

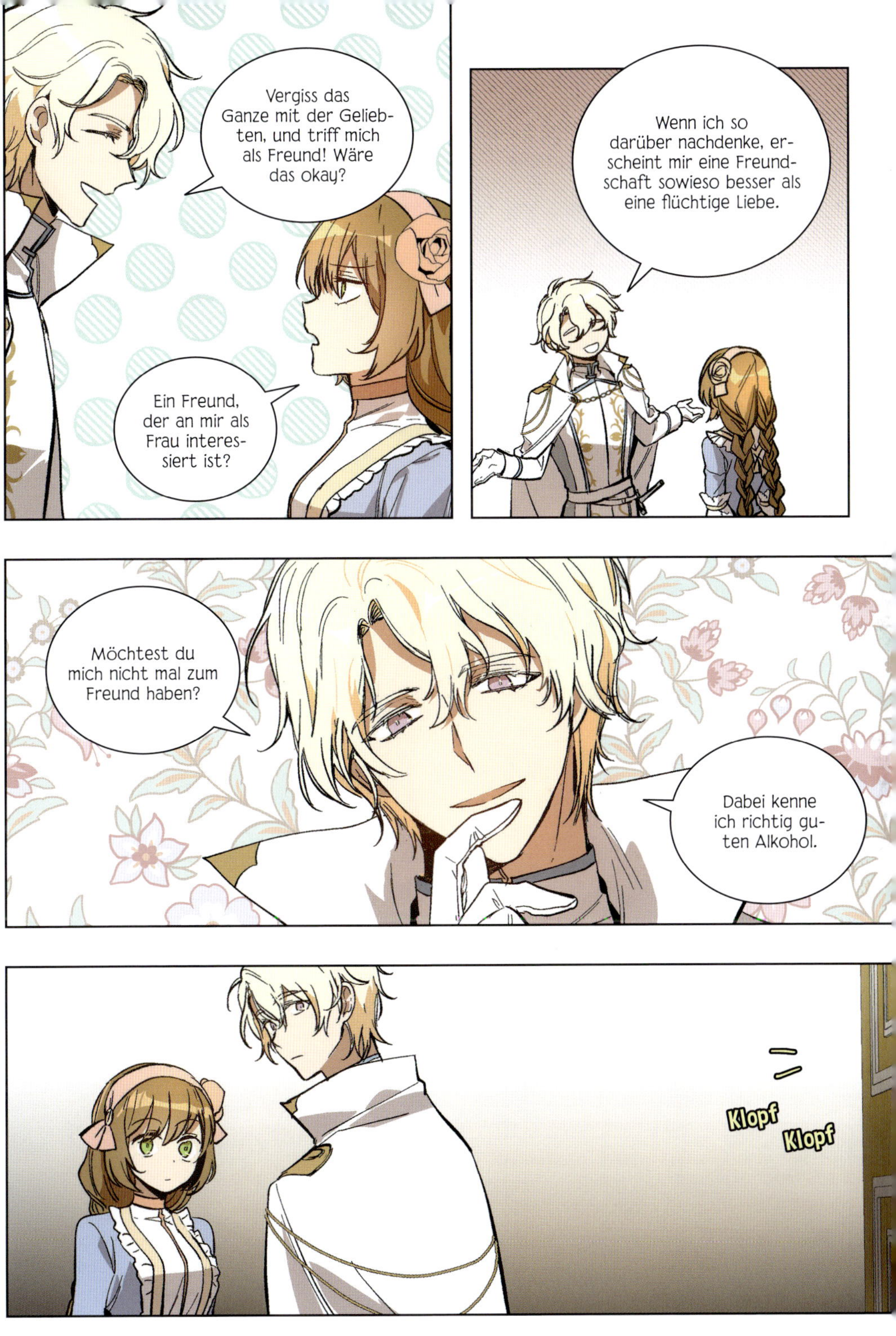
Vergiss das Ganze mit der Gelieb-ten, und triff mich als Freund! Wäre das okay?
Ein Freund, der an mir als Frau interes-siert ist?
Wenn ich so darüber nachdenke, er-scheint mir eine Freund-schaft sowieso besser als eine flüchtige Liebe.
Möchtest du mich nicht mal zum Freund haben?
Dabei kenne ich richtig gu-ten Alkohol.
Klopf Klopf

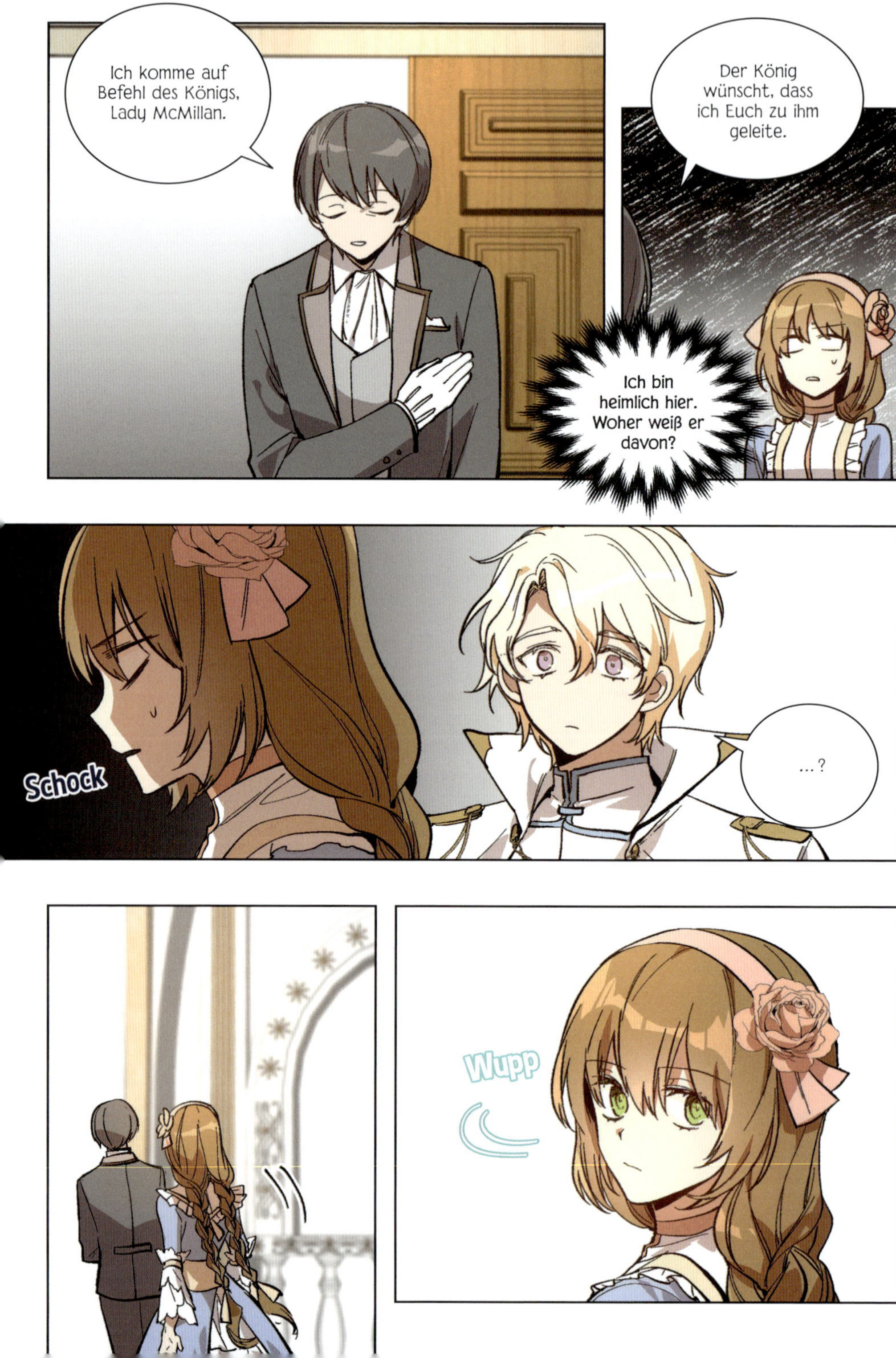
Ich komme auf Befehl des Königs, Lady McMillan.
Der König wünscht, dass ich Euch zu ihm geleite.
Ich bin heimlich hier. Woher weiß er davon?
Schock
...?
Wupp

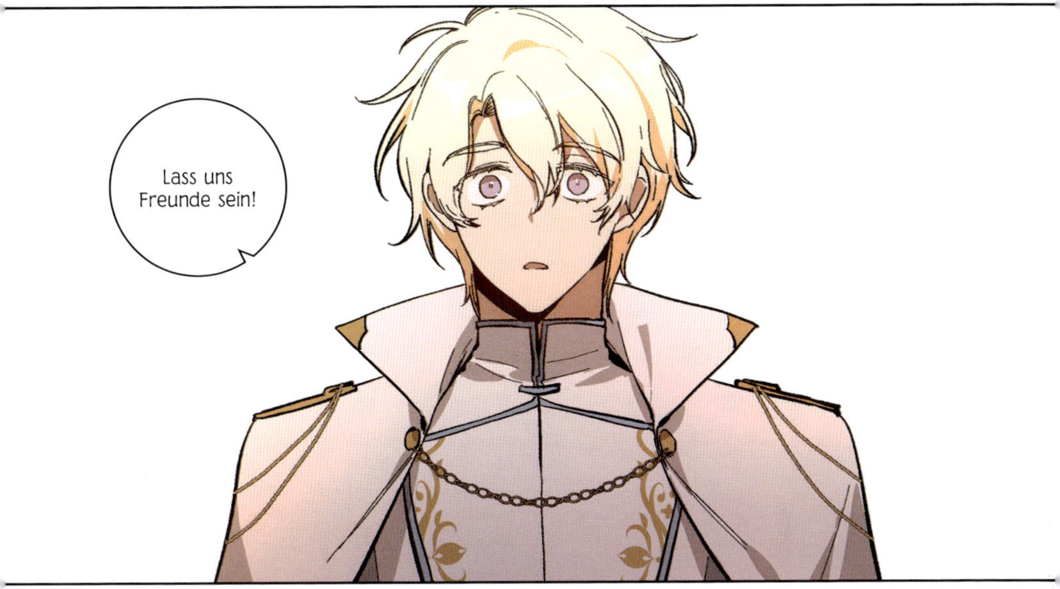
Lass uns
Freunde sein!

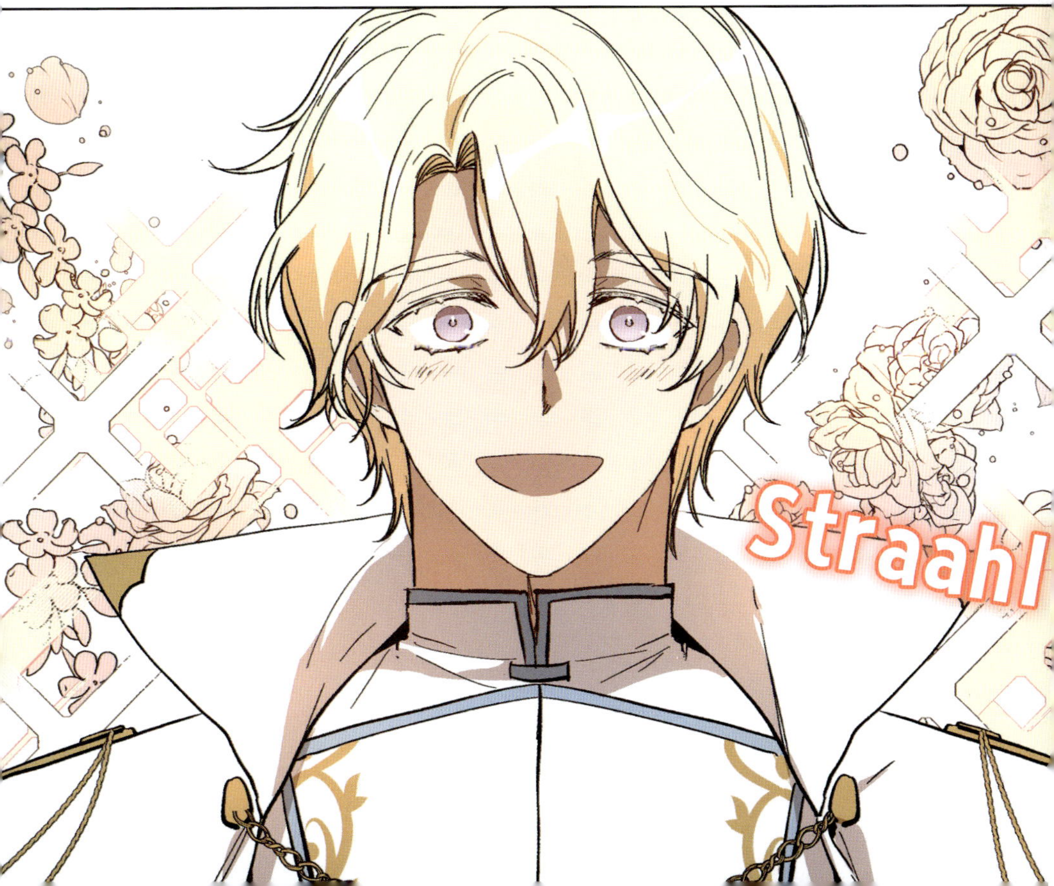
Straahl

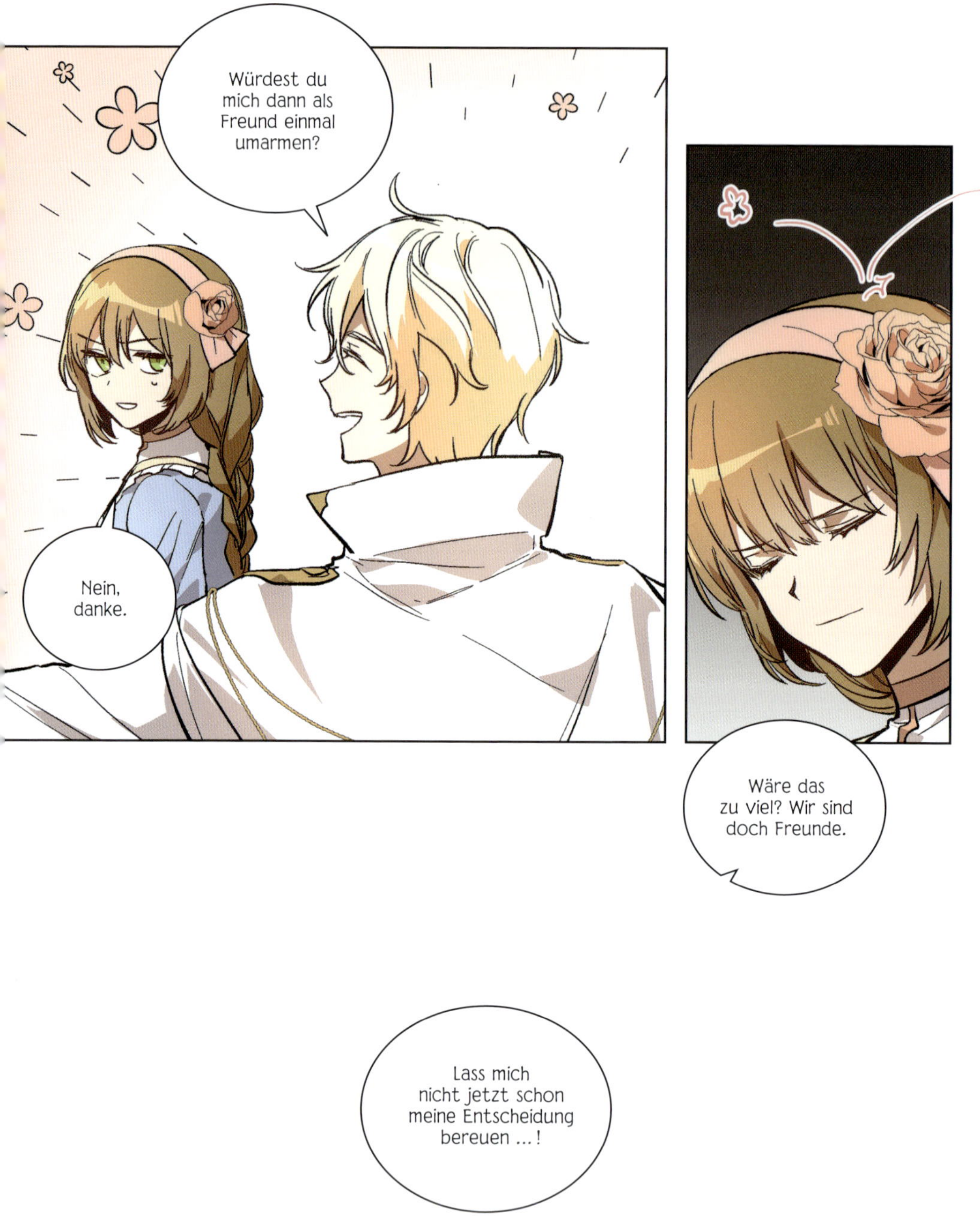
Würdest du mich dann als Freund einmal umarmen?
Nein, danke.
Wäre das zu viel? Wir sind doch Freunde.
Lass mich nicht jetzt schon meine Entscheidung bereuen ...!

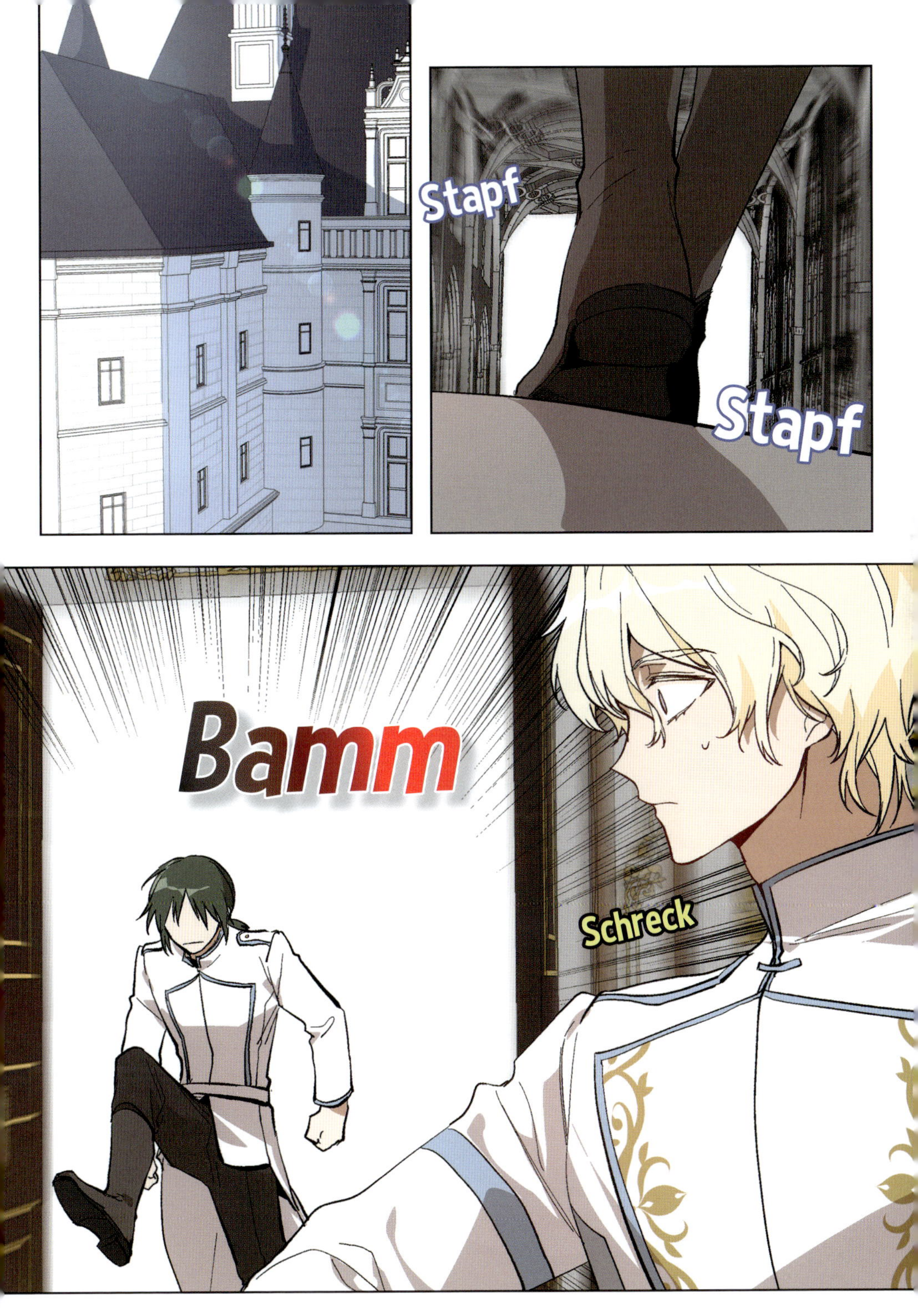
Stapf
Stapf
Bamm
Schreck

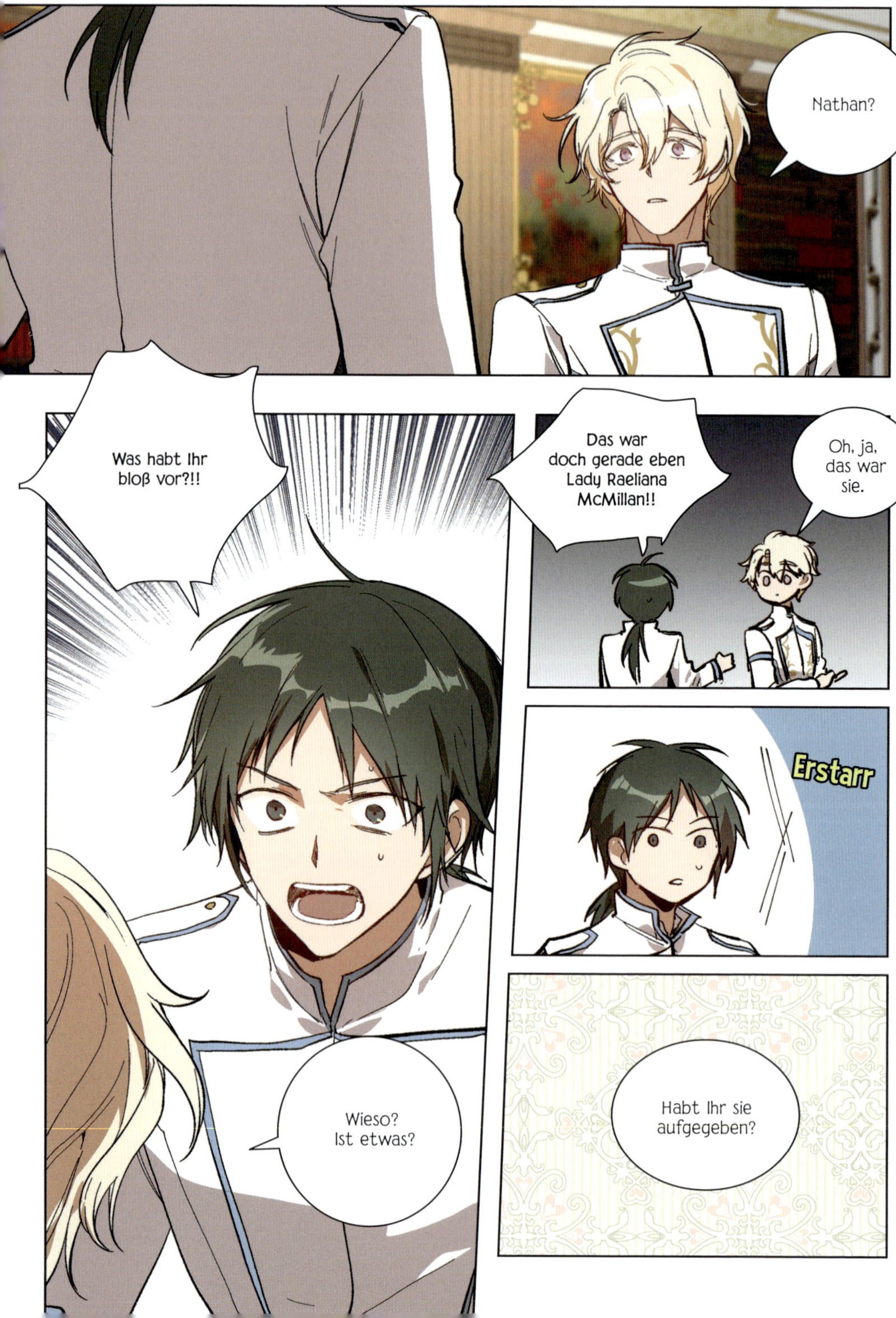
Nathan?
Was habt Ihr bloß vor?!!
Das war doch gerade eben Lady Raeliana McMillan!!
Oh, ja, das war sie.
Erstarr
Wieso? Ist etwas?
Habt Ihr sie aufgegeben?

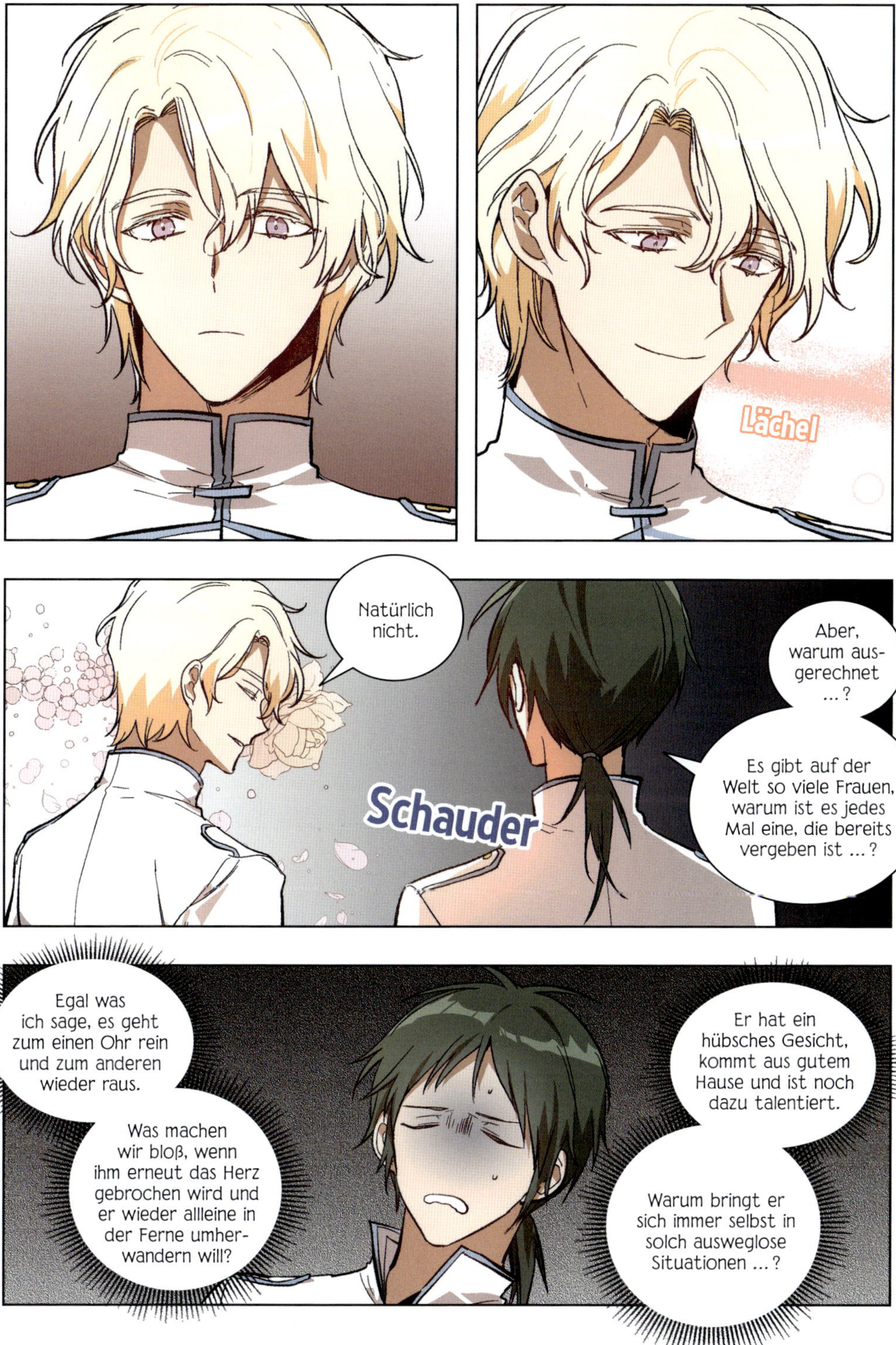
Lächel
Natürlich nicht.
Schauder
Aber, warum ausgerechnet …?
Es gibt auf der Welt so viele Frauen, warum ist es jedes Mal eine, die bereits vergeben ist …?
Egal was ich sage, es geht zum einen Ohr rein und zum anderen wieder raus.
Was machen wir bloß, wenn ihm erneut das Herz gebrochen wird und er wieder alleine in der Ferne umherwandern will?
Er hat ein hübsches Gesicht, kommt aus gutem Hause und ist noch dazu talentiert.
Warum bringt er sich immer selbst in solch ausweglose Situationen …?

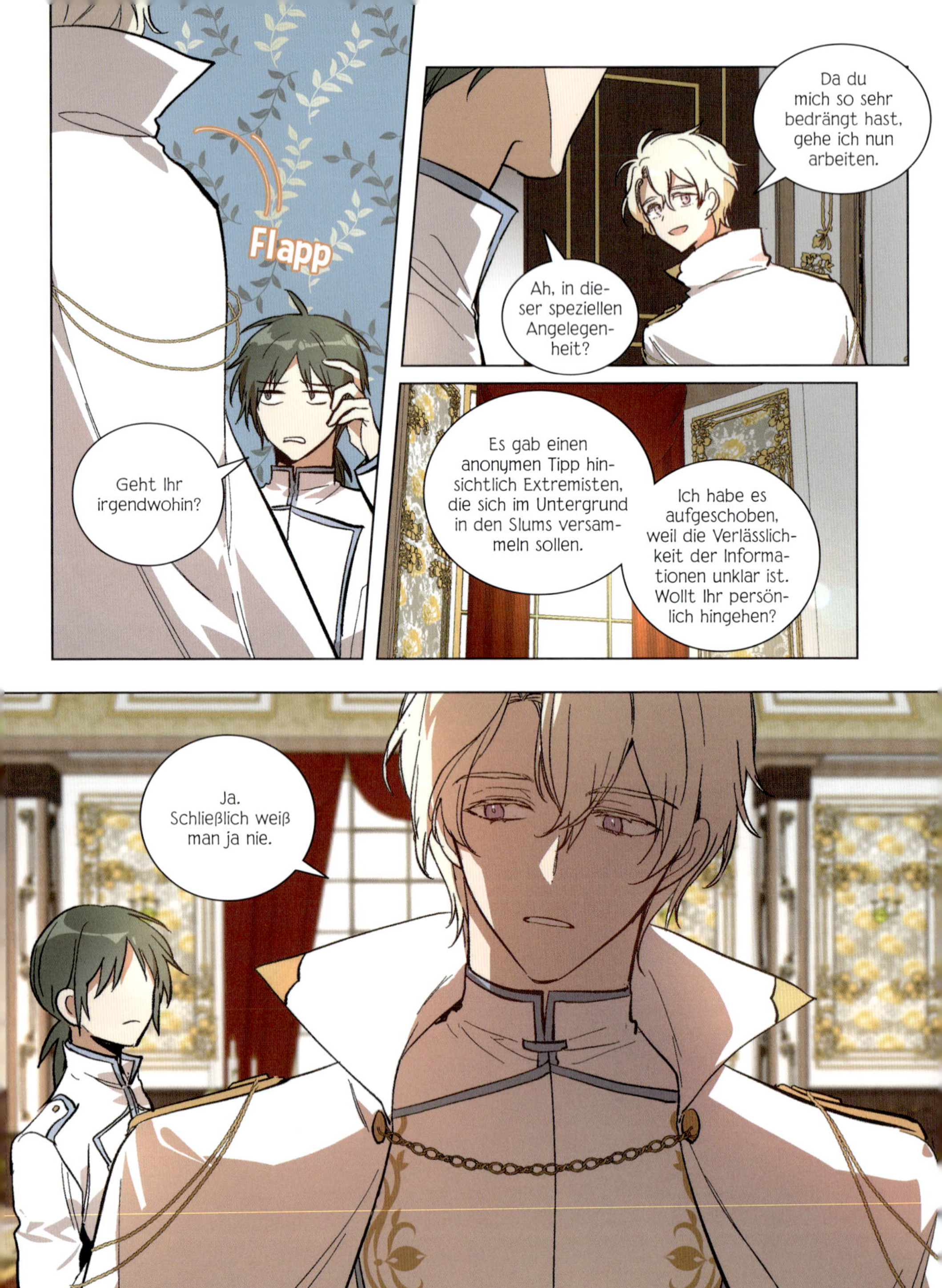
Flapp
Geht Ihr irgendwohin?
Da du mich so sehr bedrängt hast, gehe ich nun arbeiten.
Ah, in dieser speziellen Angelegenheit?
Es gab einen anonymen Tipp hinsichtlich Extremisten, die sich im Untergrund in den Slums versammeln sollen.
Ich habe es aufgeschoben, weil die Verlässlichkeit der Informationen unklar ist. Wollt Ihr persönlich hingehen?
Ja. Schließlich weiß man ja nie.

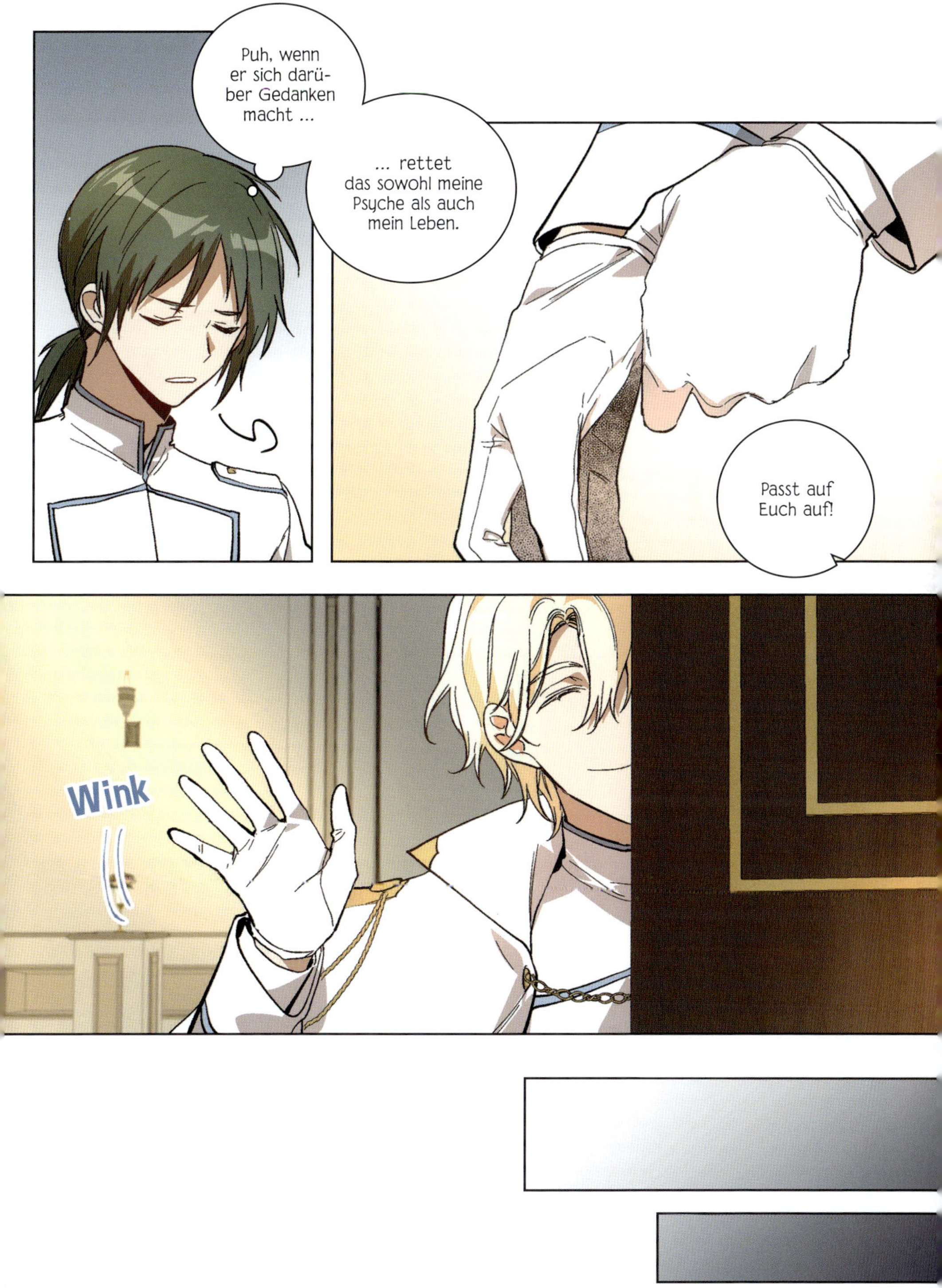
Puh, wenn er sich darüber Gedanken macht ...
... rettet das sowohl meine Psyche als auch mein Leben.
Passt auf Euch auf!
Wink

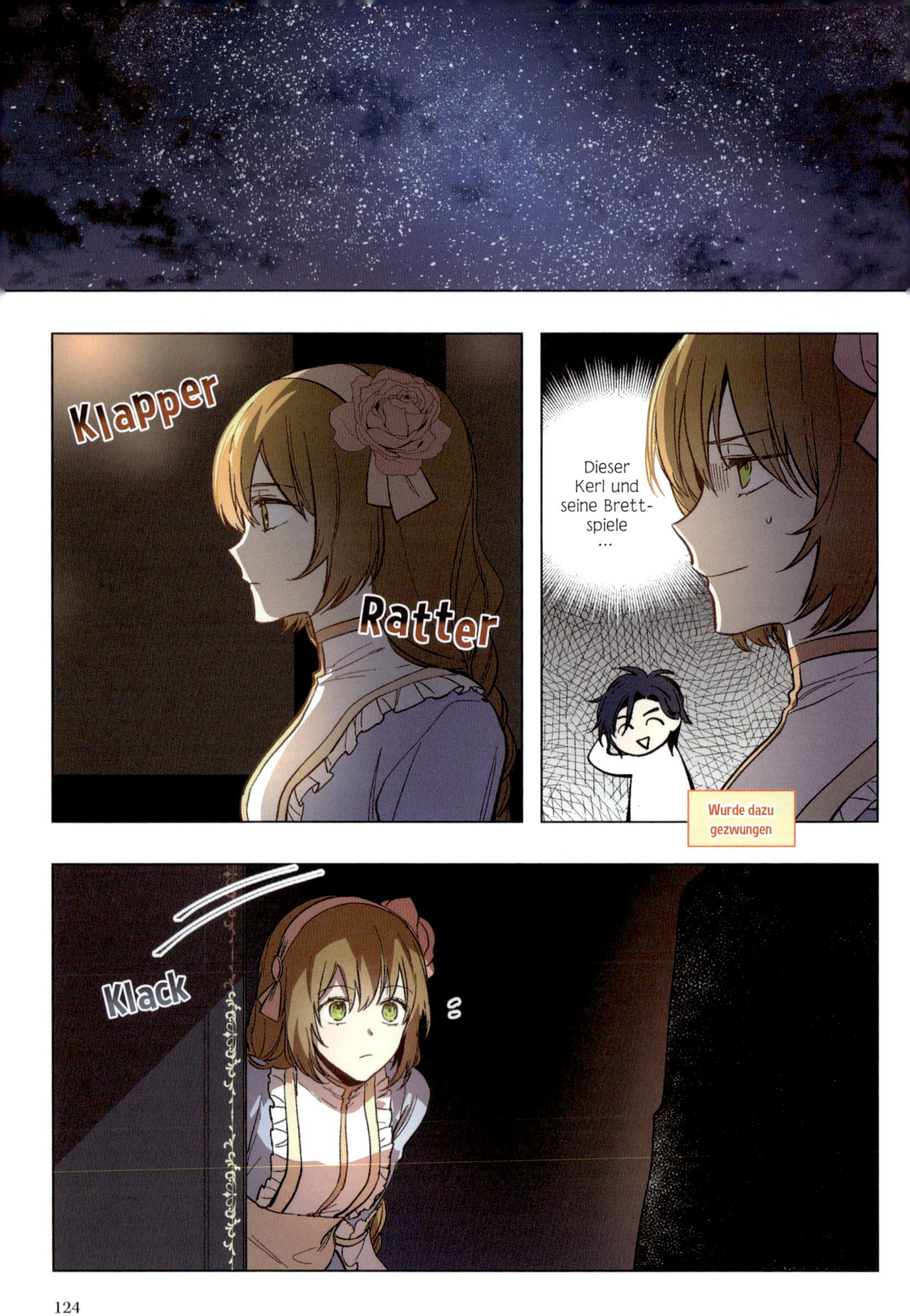
Klapper
Ratter
Dieser Kerl und seine Brett-spiele ...
Wurde dazu gezwungen
Klack

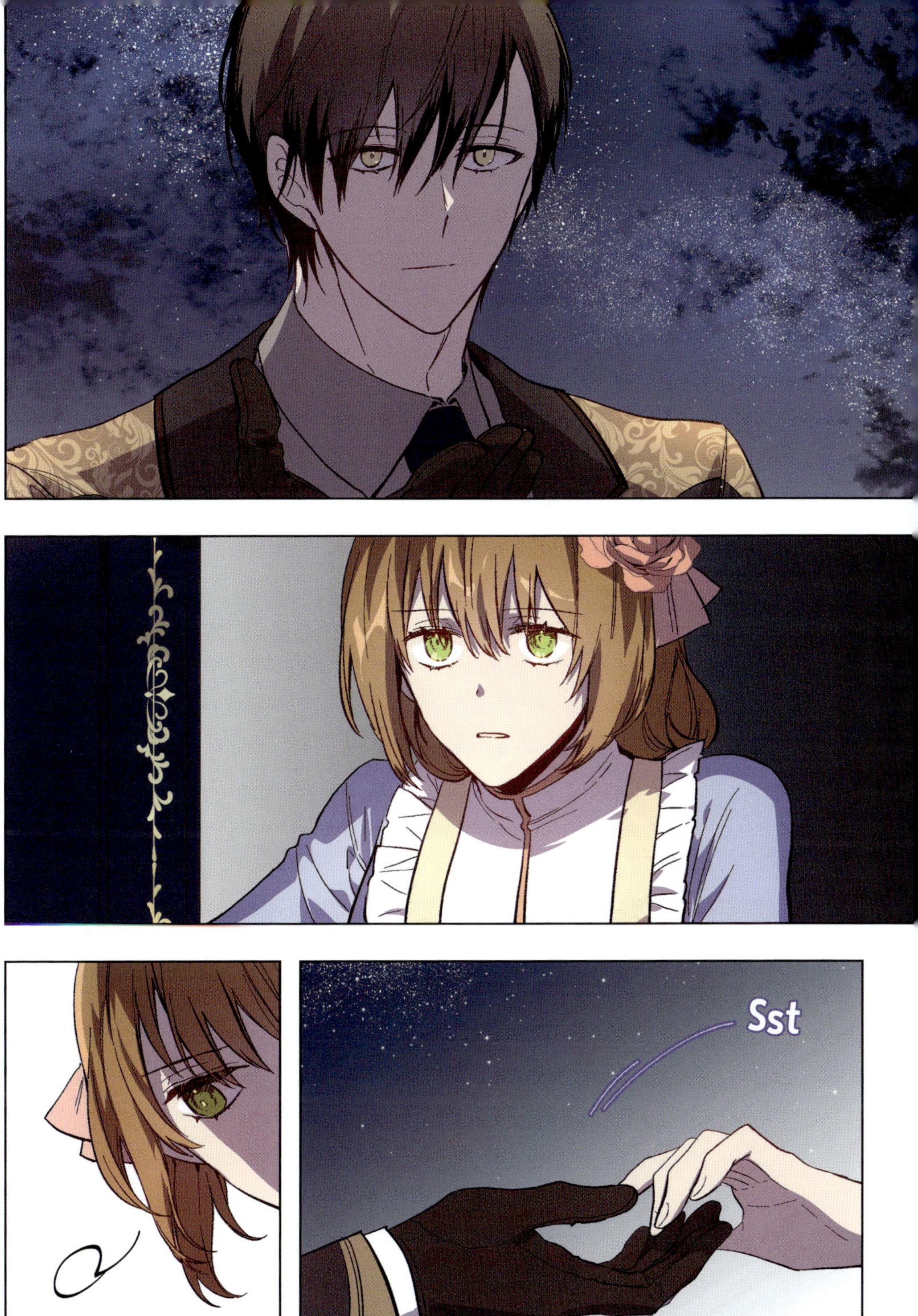
Sst

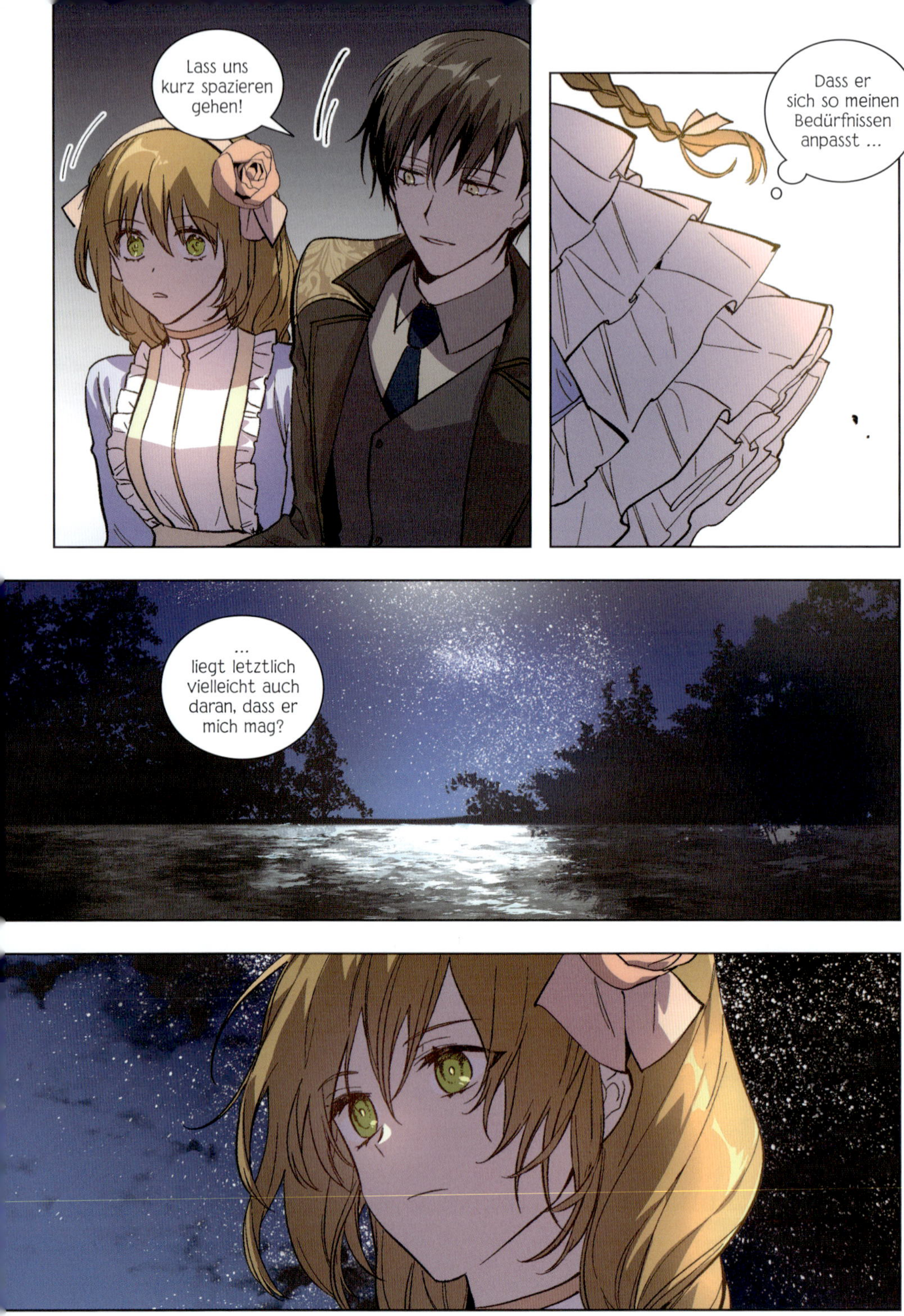

Lass uns kurz spazieren gehen!
Dass er sich so meinen Bedürfnissen anpasst ...
... liegt letztlich vielleicht auch daran, dass er mich mag?

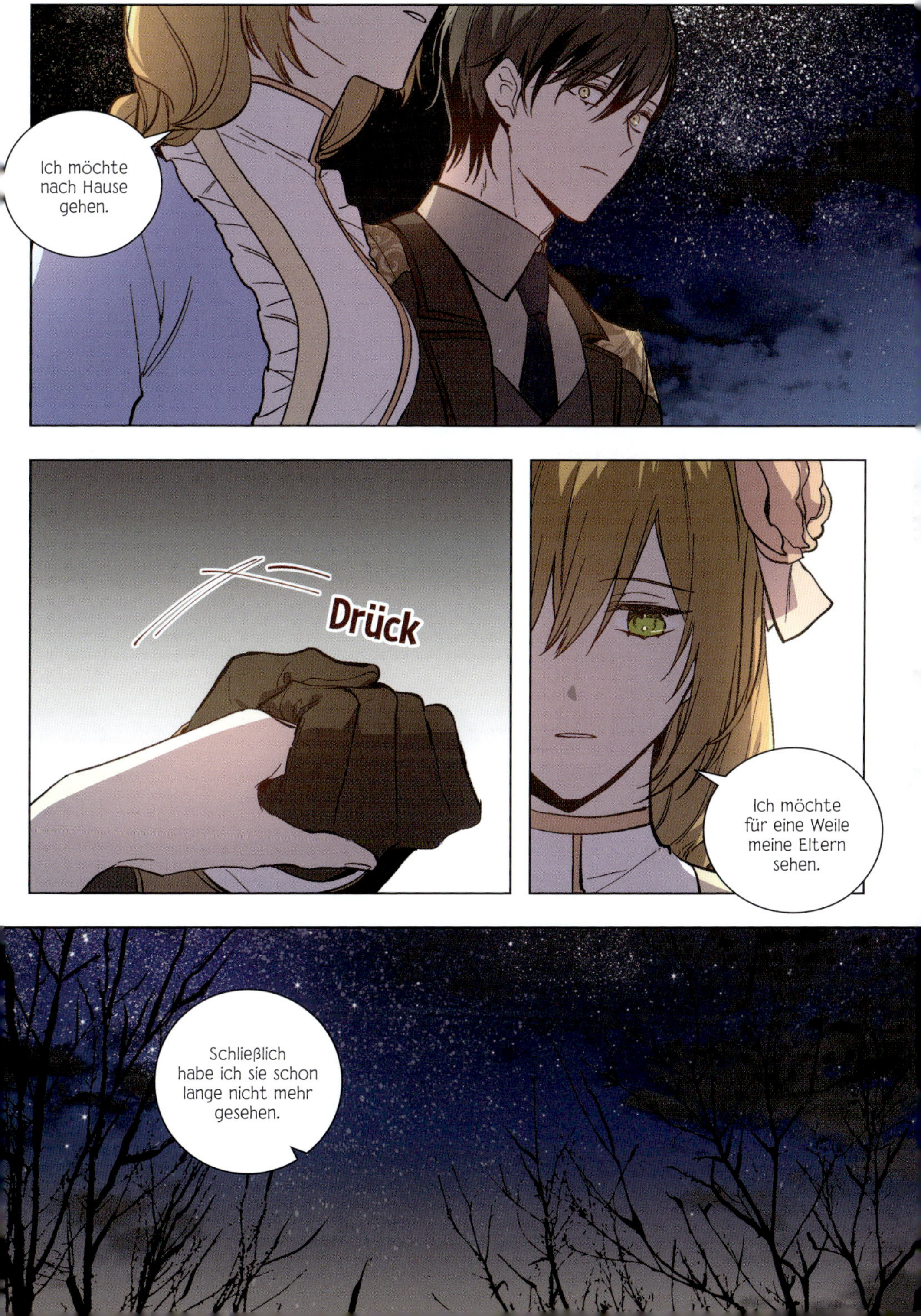
Ich möchte nach Hause gehen.
Drück
Ich möchte für eine Weile meine Eltern sehen.
Schließlich habe ich sie schon lange nicht mehr gesehen.

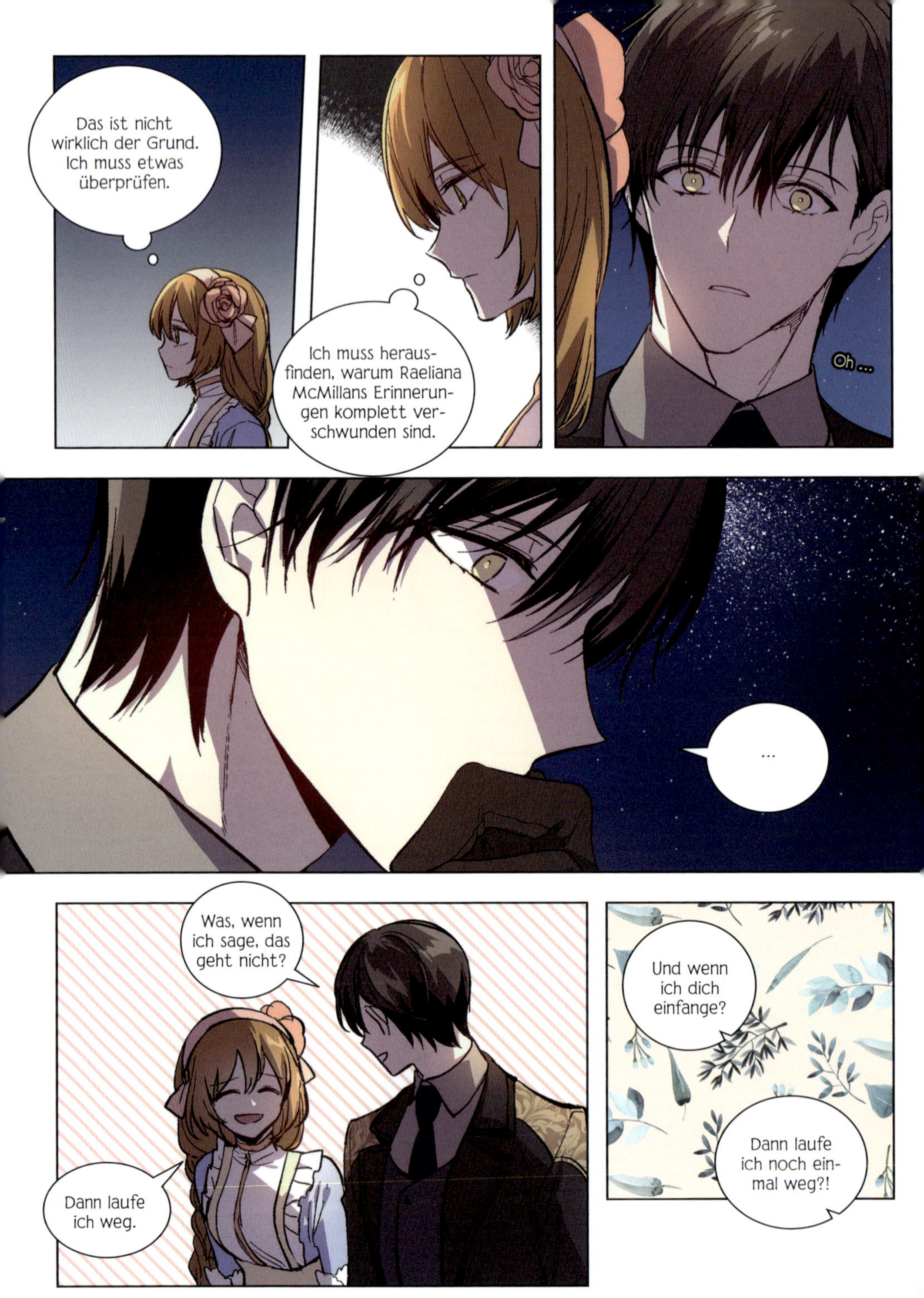
Das ist nicht wirklich der Grund. Ich muss etwas überprüfen.
Ich muss herausfinden, warum Raeliana McMillans Erinnerungen komplett verschwunden sind.
Oh ...
...
Was, wenn ich sage, das geht nicht?
Dann laufe ich weg.
Und wenn ich dich einfange?
Dann laufe ich noch einmal weg?!

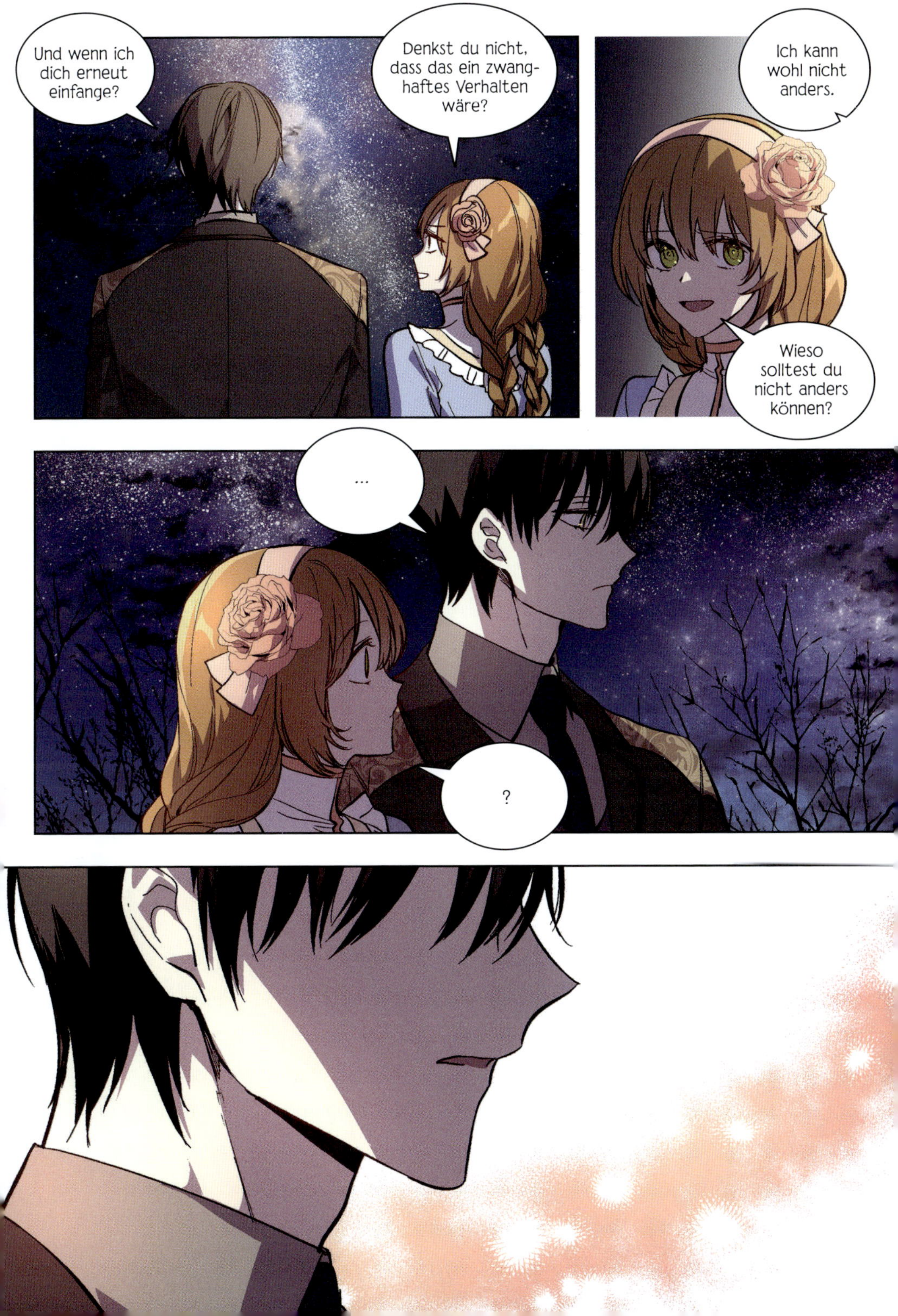
Und wenn ich dich erneut einfange?
Denkst du nicht, dass das ein zwanghaftes Verhalten wäre?
Ich kann wohl nicht anders.
Wieso solltest du nicht anders können?
...
?

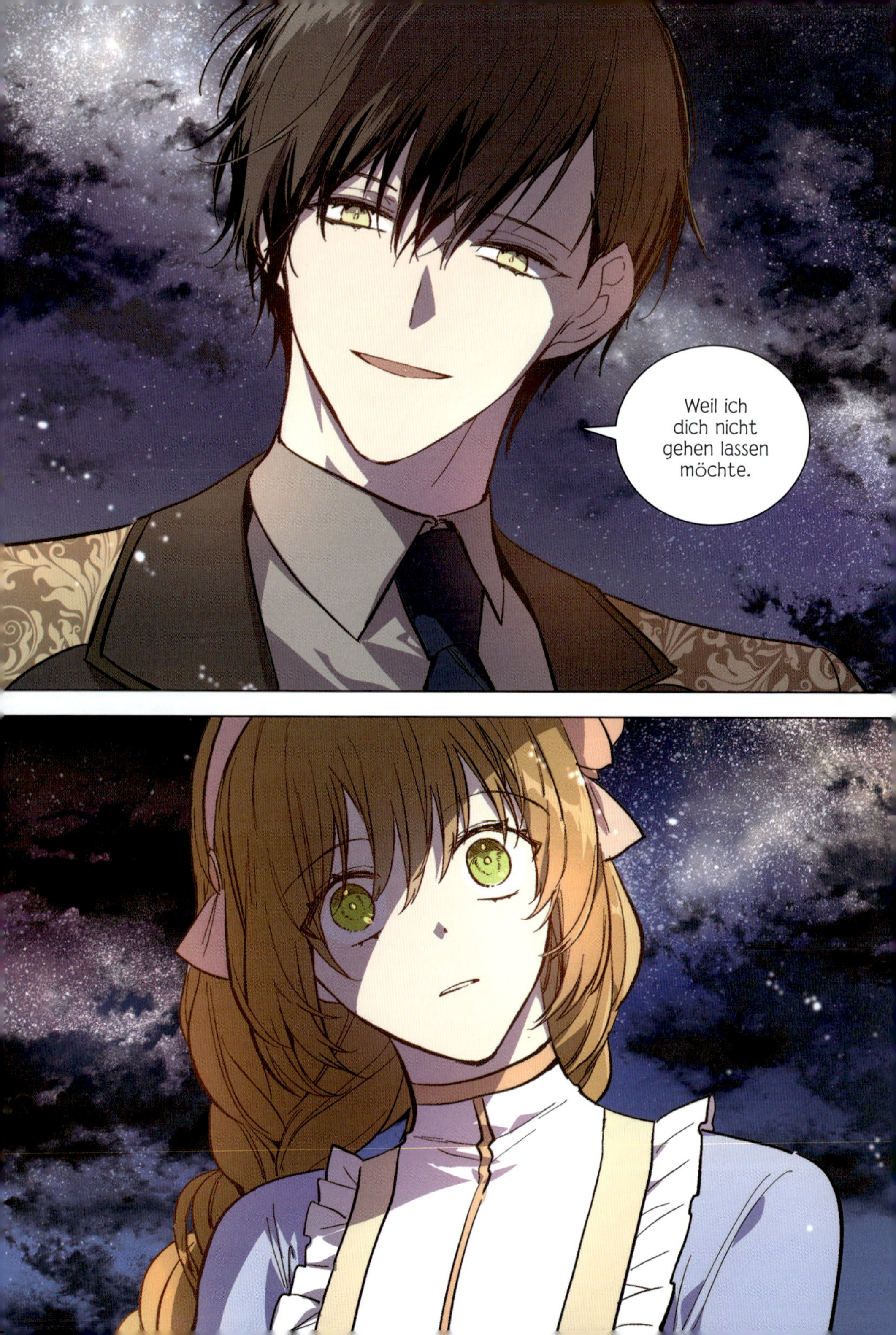
Weil ich dich nicht gehen lassen möchte.

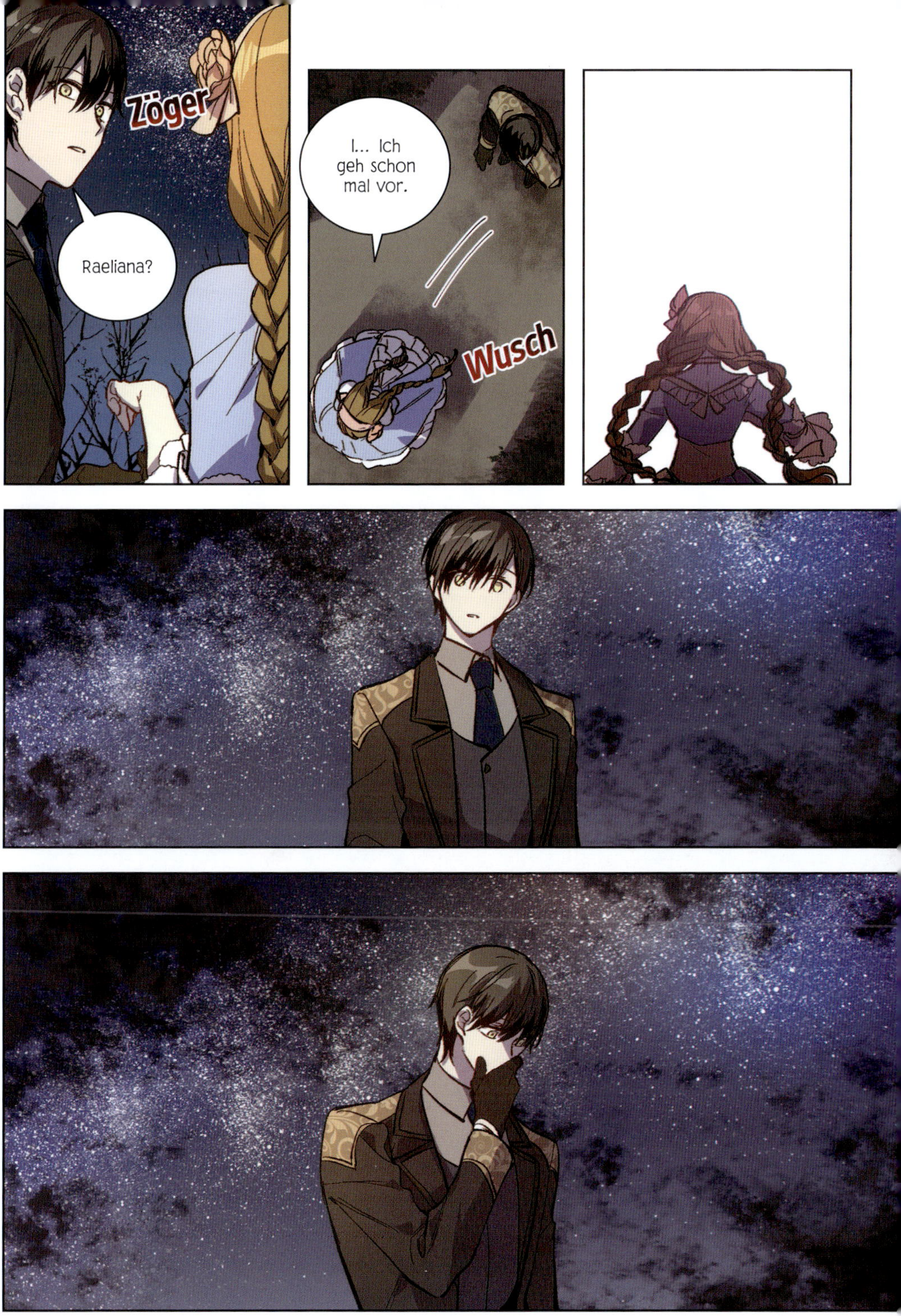
Zöger
Raeliana?
I... Ich geh schon mal vor.
Wusch

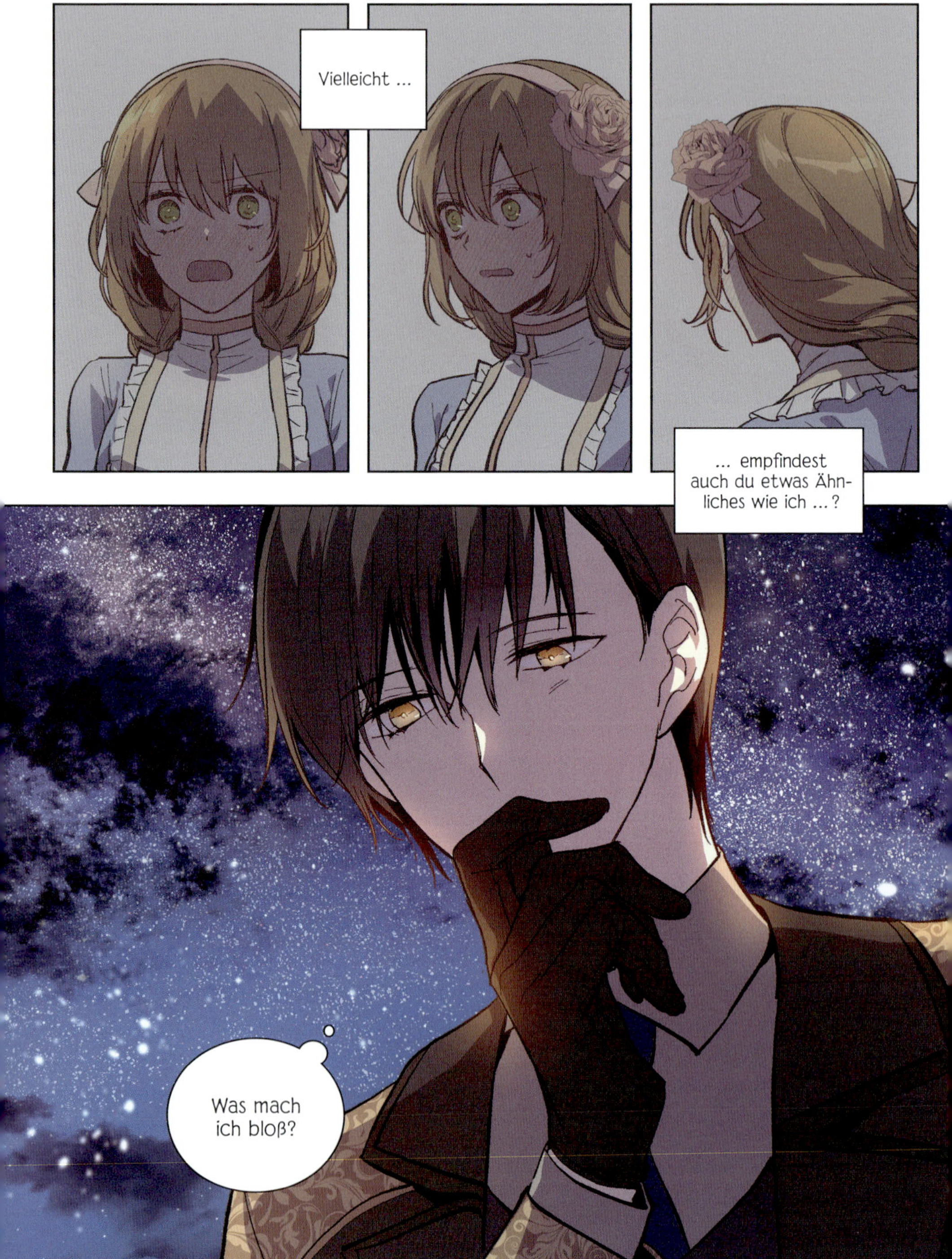
Vielleicht ...
... empfindest auch du etwas Ähnliches wie ich ...?
Was mach ich bloß?

RAELIANA
Warum sie die Verlobte
des Dukes wurde

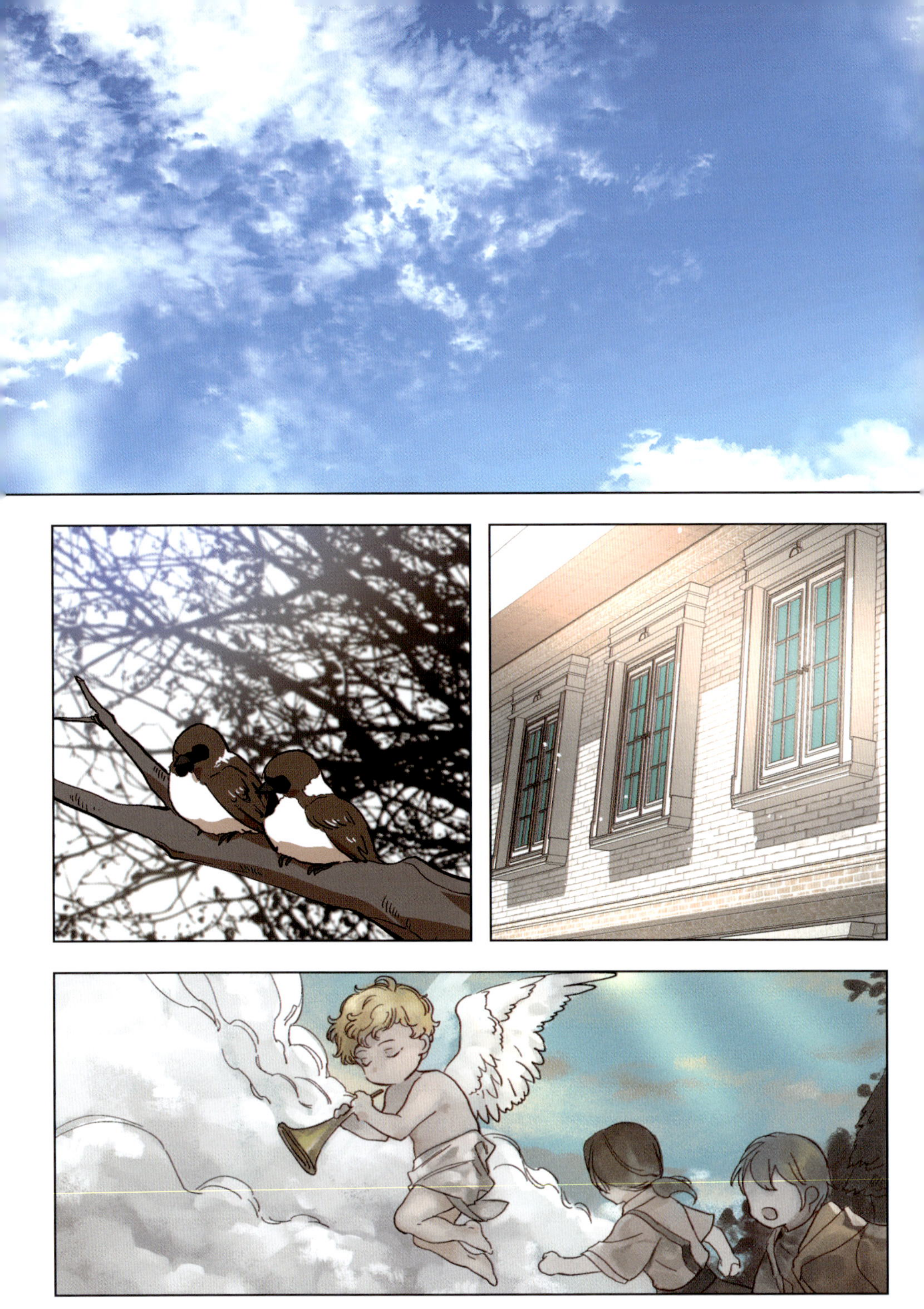

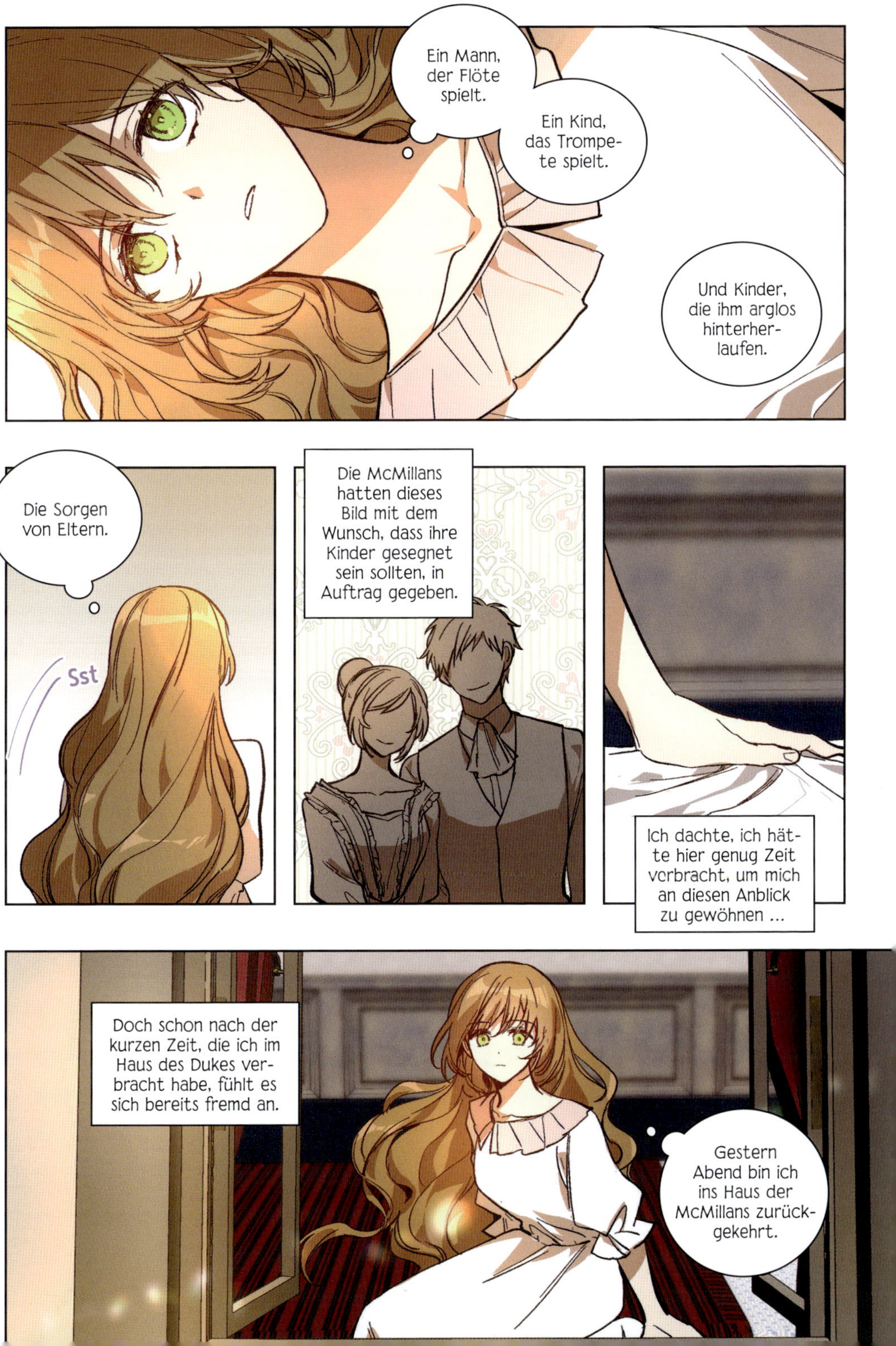
Ein Mann, der Flöte spielt.
Ein Kind, das Trompete spielt.
Und Kinder, die ihm arglos hinterherlaufen.
Die Sorgen von Eltern.
Sst
Die McMillans hatten dieses Bild mit dem Wunsch, dass ihre Kinder gesegnet sein sollten, in Auftrag gegeben.
Ich dachte, ich hätte hier genug Zeit verbracht, um mich an diesen Anblick zu gewöhnen ...
Doch schon nach der kurzen Zeit, die ich im Haus des Dukes verbracht habe, fühlt es sich bereits fremd an.
Gestern Abend bin ich ins Haus der McMillans zurückgekehrt.

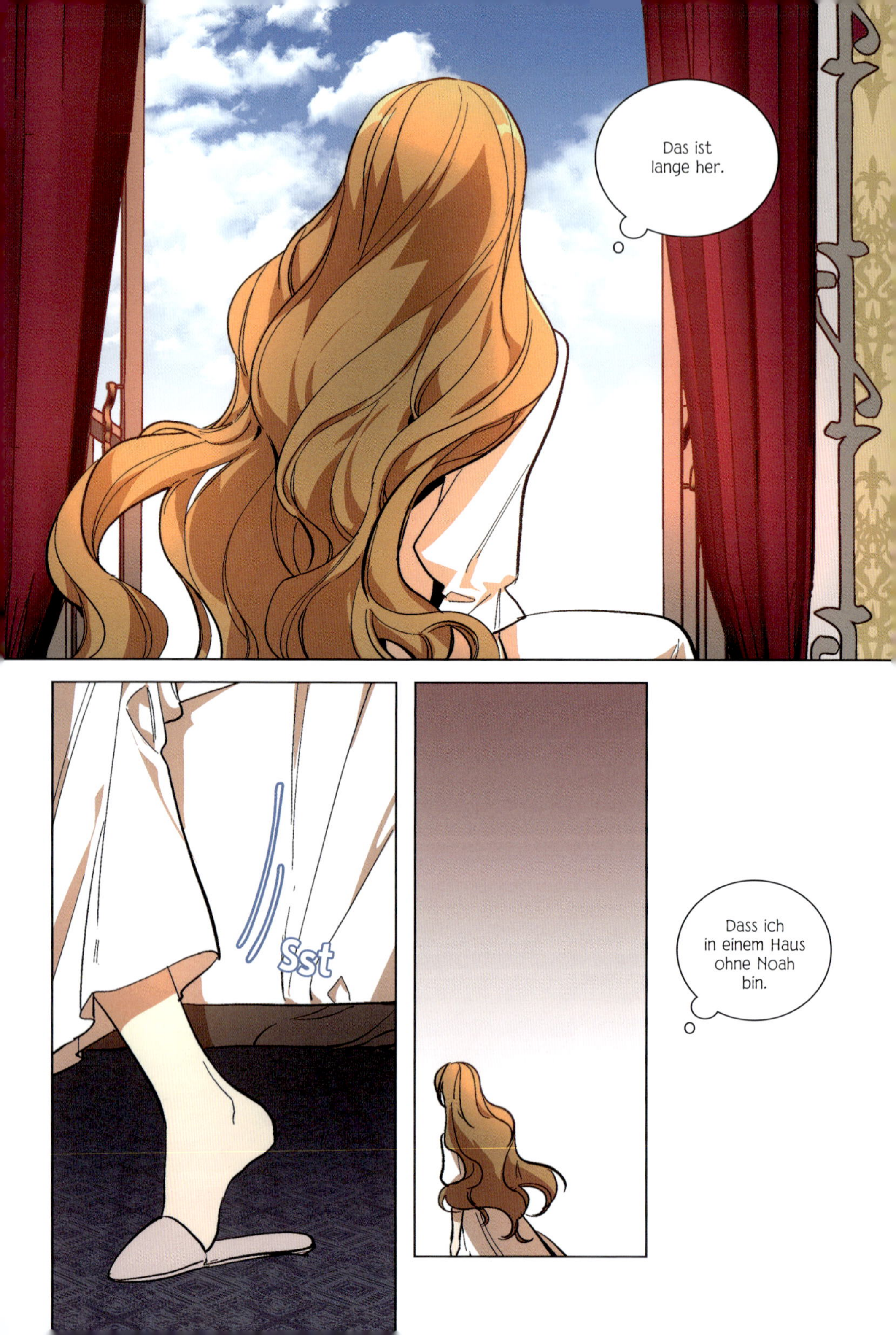
Das ist lange her.
Sst
Dass ich in einem Haus ohne Noah bin.

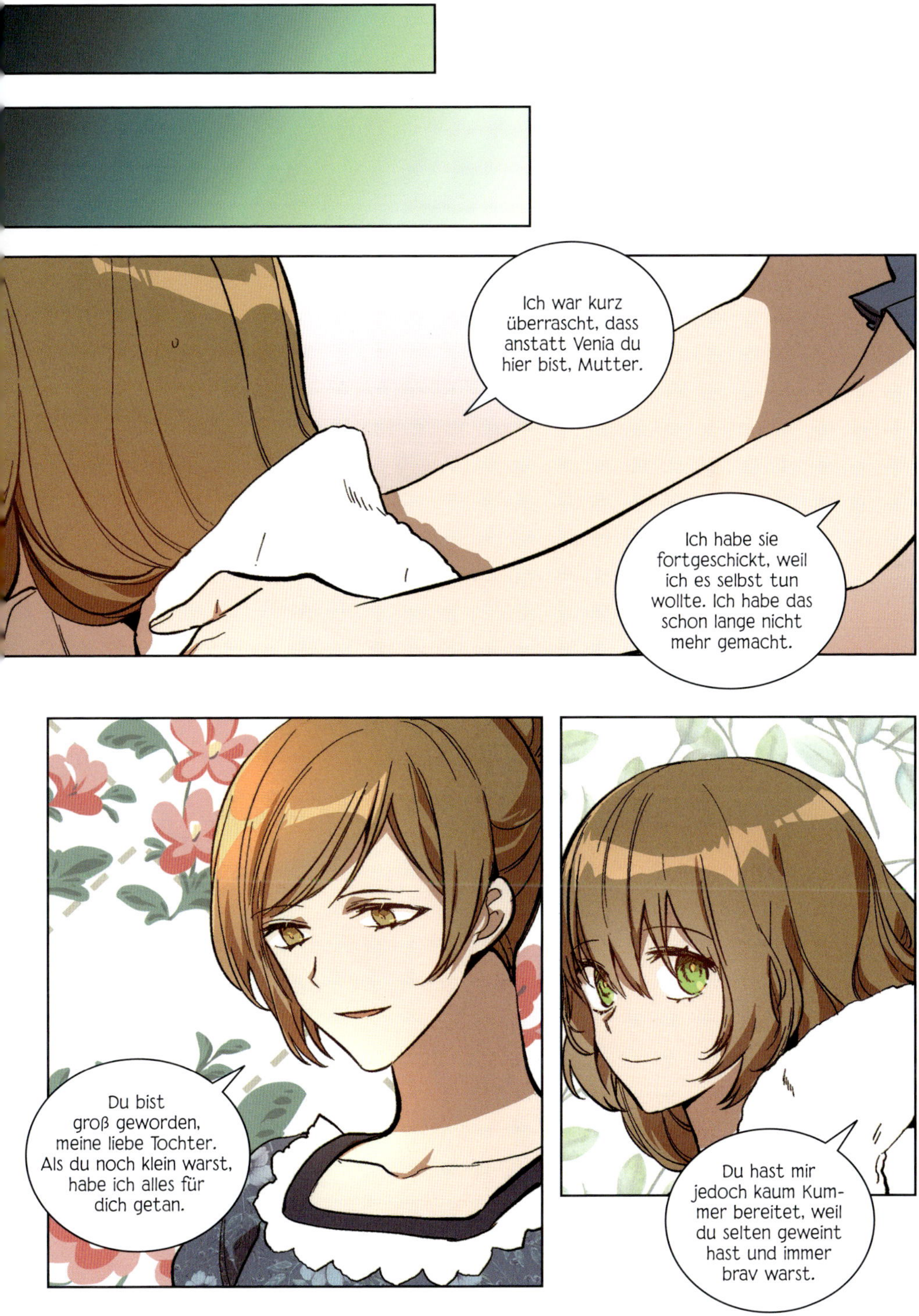
Ich war kurz überrascht, dass anstatt Venia du hier bist, Mutter.
Ich habe sie fortgeschickt, weil ich es selbst tun wollte. Ich habe das schon lange nicht mehr gemacht.
Du bist groß geworden, meine liebe Tochter. Als du noch klein warst, habe ich alles für dich getan.
Du hast mir jedoch kaum Kummer bereitet, weil du selten geweint hast und immer brav warst.

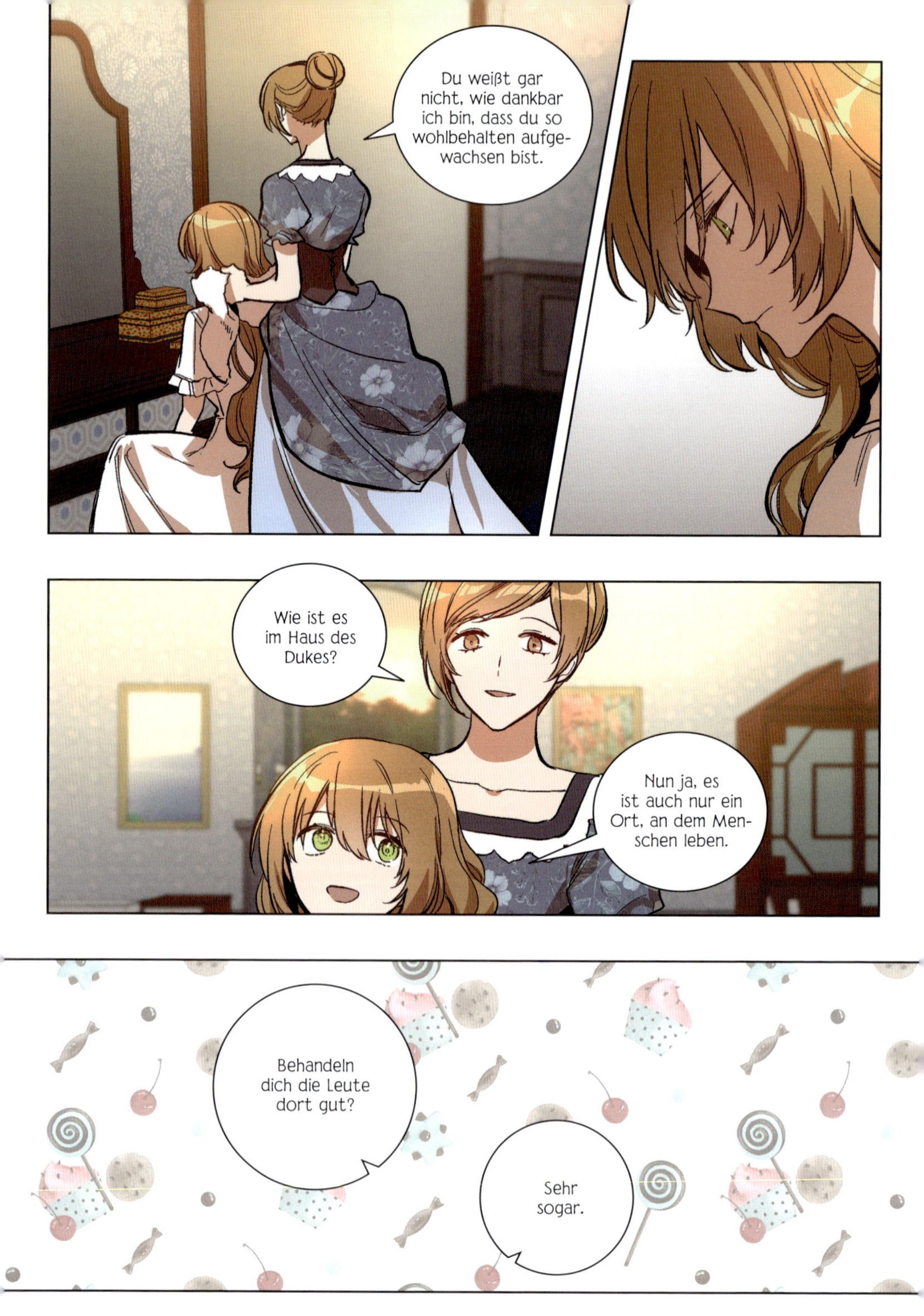
Du weißt gar nicht, wie dankbar ich bin, dass du so wohlbehalten aufgewachsen bist.
Wie ist es im Haus des Dukes?
Nun ja, es ist auch nur ein Ort, an dem Menschen leben.
Behandeln dich die Leute dort gut?
Sehr sogar.

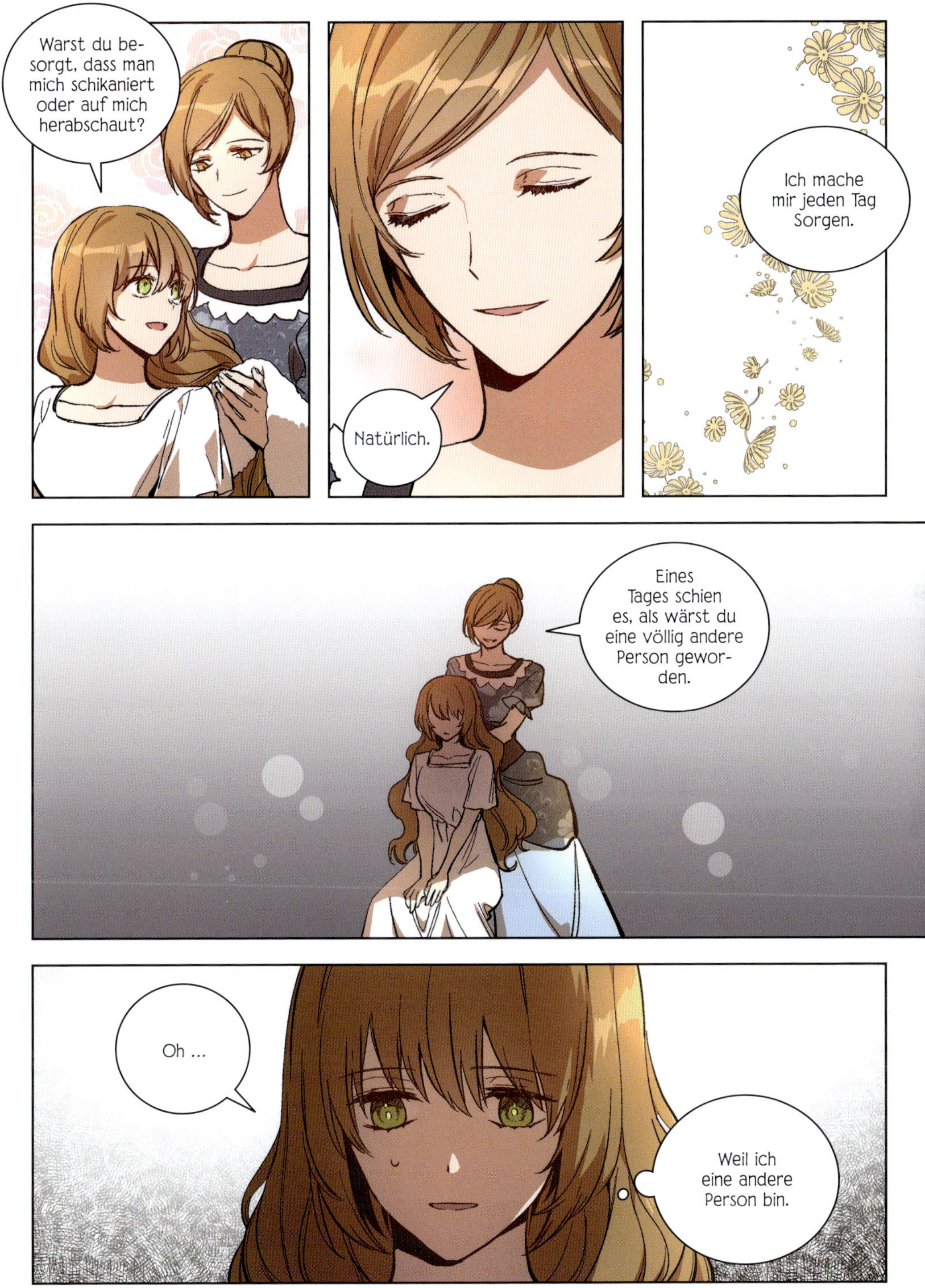
Warst du besorgt, dass man mich schikaniert oder auf mich herabschaut?
Natürlich.
Ich mache mir jeden Tag Sorgen.
Eines Tages schien es, als wärst du eine völlig andere Person geworden.
Oh ...
Weil ich eine andere Person bin.

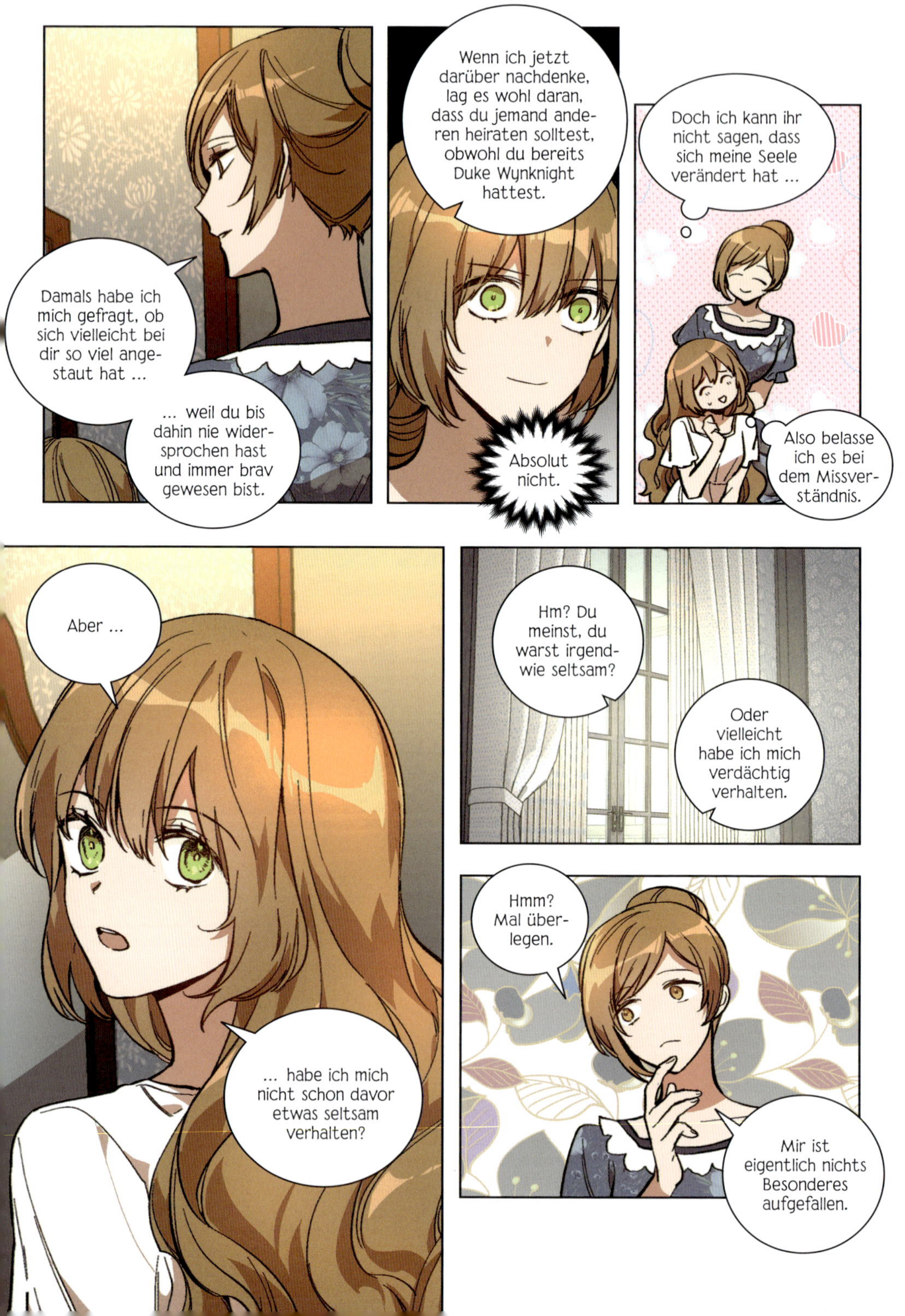
Damals habe ich mich gefragt, ob sich vielleicht bei dir so viel angestaut hat ...
... weil du bis dahin nie widersprochen hast und immer brav gewesen bist.
Wenn ich jetzt darüber nachdenke, lag es wohl daran, dass du jemand anderen heiraten solltest, obwohl du bereits Duke Wynknight hattest.
Absolut nicht.
Doch ich kann ihr nicht sagen, dass sich meine Seele verändert hat ...
Also belasse ich es bei dem Missverständnis.
Aber ...
... habe ich mich nicht schon davor etwas seltsam verhalten?
Hm? Du meinst, du warst irgendwie seltsam?
Oder vielleicht habe ich mich verdächtig verhalten.
Hmm? Mal überlegen.
Mir ist eigentlich nichts Besonderes aufgefallen.

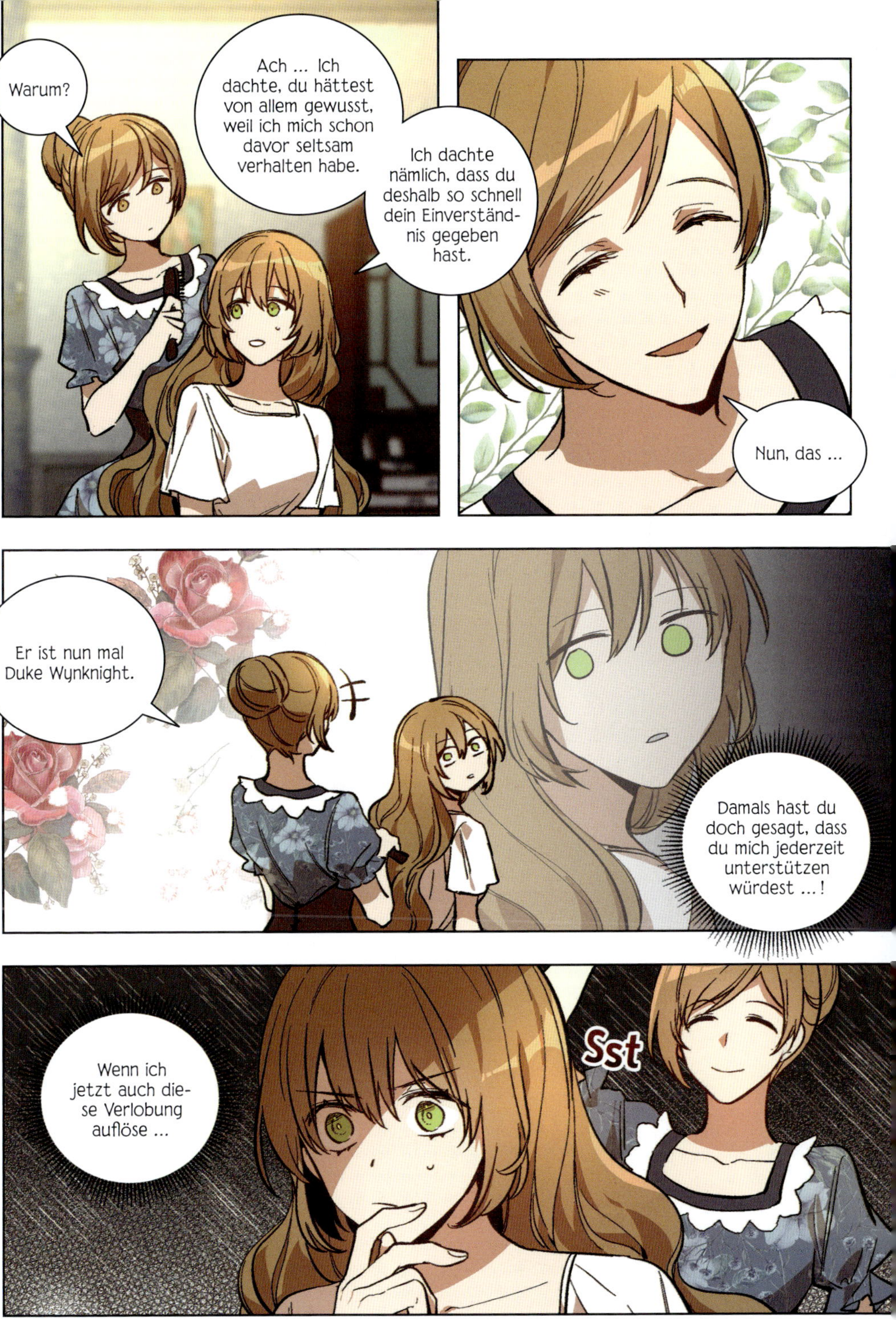
Warum?
Ach ... Ich dachte, du hättest von allem gewusst, weil ich mich schon davor seltsam verhalten habe.
Ich dachte nämlich, dass du deshalb so schnell dein Einverständnis gegeben hast.
Nun, das ...
Er ist nun mal Duke Wynknight.
Damals hast du doch gesagt, dass du mich jederzeit unterstützen würdest ...!
Sst
Wenn ich jetzt auch diese Verlobung auflöse ...

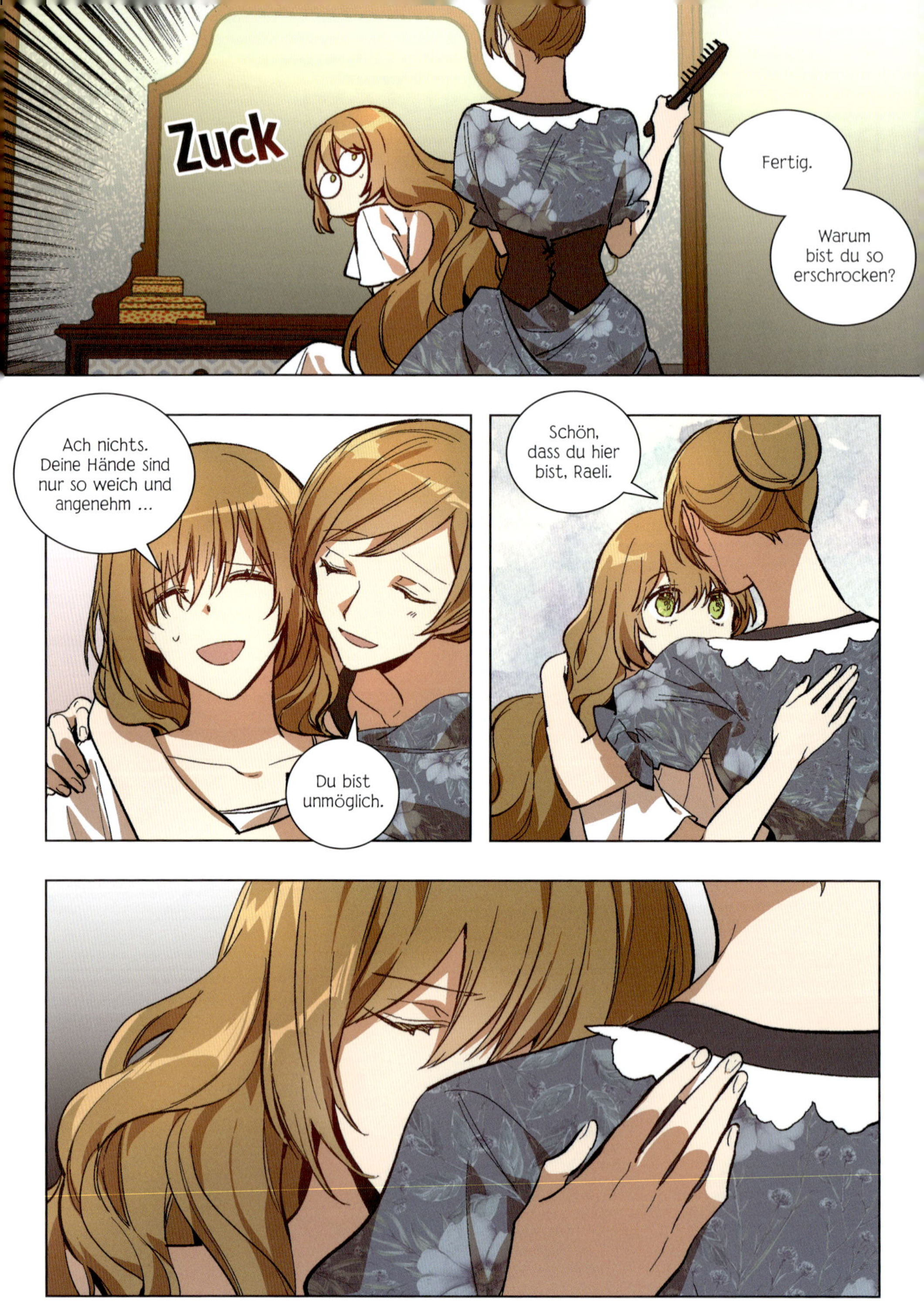
Zuck
Fertig.
Warum bist du so erschrocken?
Ach nichts. Deine Hände sind nur so weich und angenehm ...
Du bist unmöglich.
Schön, dass du hier bist, Raeli.

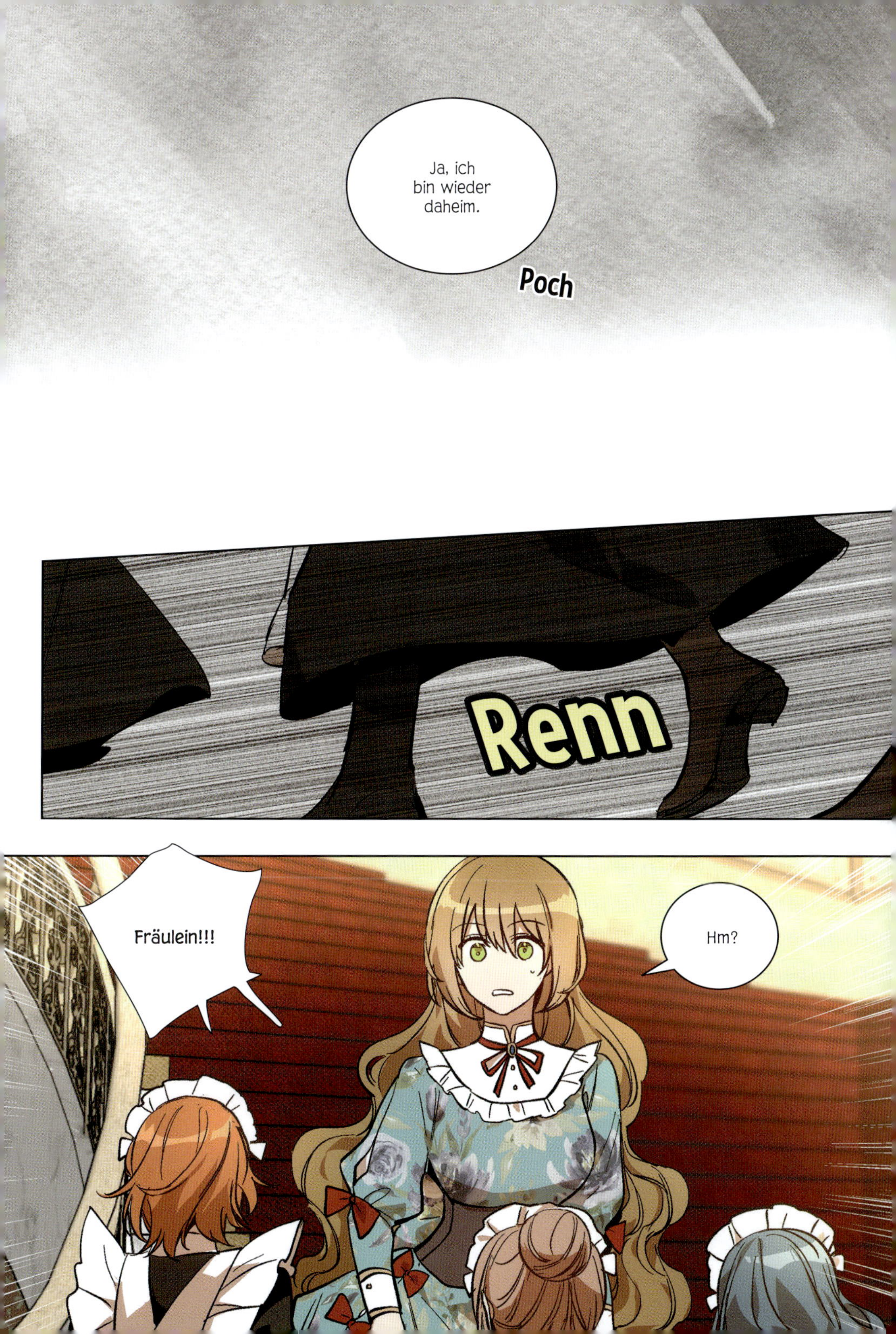
Ja, ich bin wieder daheim.
Poch
Renn
Fräulein!!!
Hm?

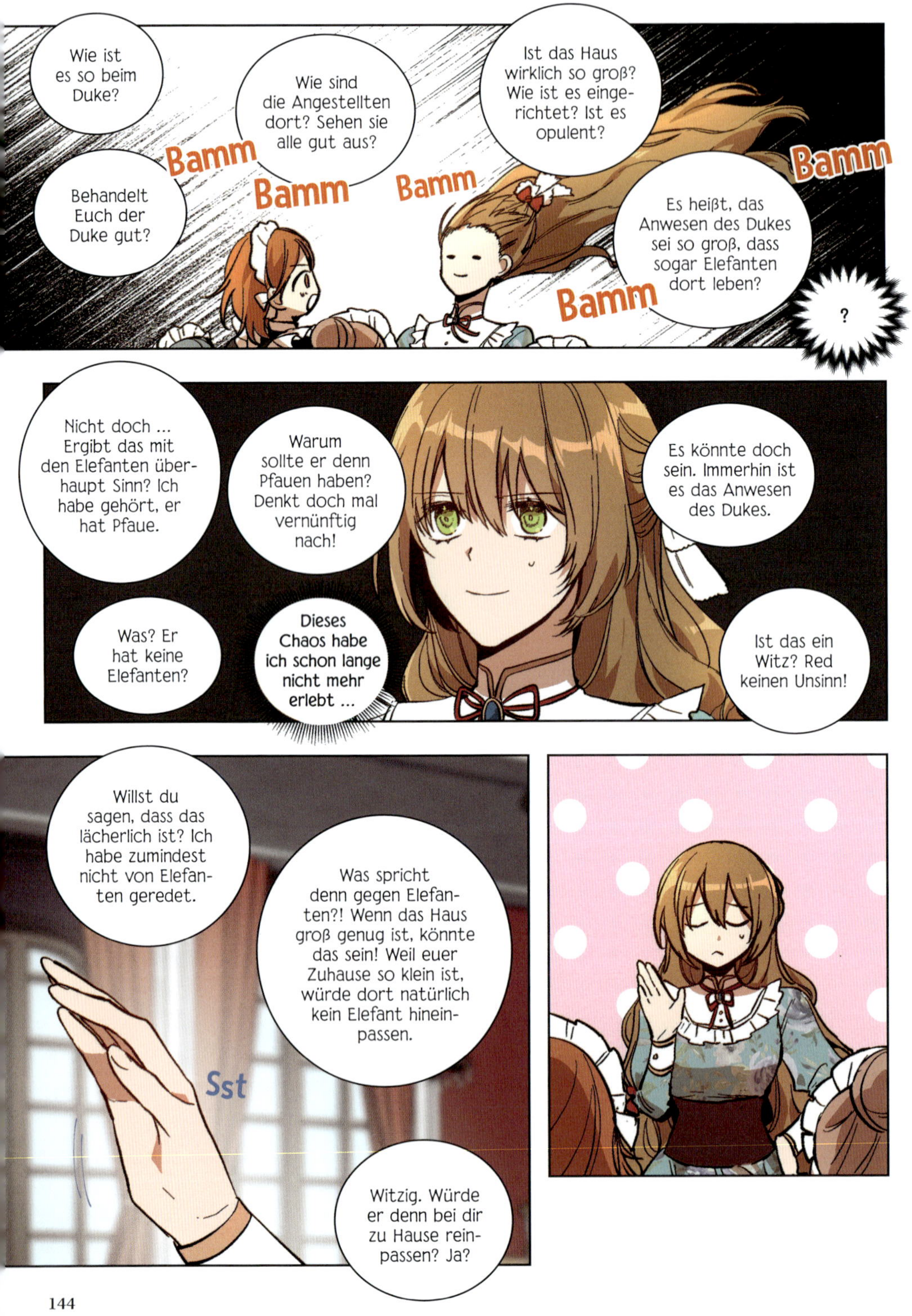
Wie ist es so beim Duke?
Wie sind die Angestellten dort? Sehen sie alle gut aus?
Ist das Haus wirklich so groß? Wie ist es eingerichtet? Ist es opulent?
Bamm
Behandelt Euch der Duke gut?
Bamm
Bamm
Bamm
Es heißt, das Anwesen des Dukes sei so groß, dass sogar Elefanten dort leben?
Bamm
?
Nicht doch ... Ergibt das mit den Elefanten überhaupt Sinn? Ich habe gehört, er hat Pfaue.
Warum sollte er denn Pfauen haben? Denkt doch mal vernünftig nach!
Es könnte doch sein. Immerhin ist es das Anwesen des Dukes.
Was? Er hat keine Elefanten?
Dieses Chaos habe ich schon lange nicht mehr erlebt ...
Ist das ein Witz? Red keinen Unsinn!
Willst du sagen, dass das lächerlich ist? Ich habe zumindest nicht von Elefanten geredet.
Was spricht denn gegen Elefanten?! Wenn das Haus groß genug ist, könnte das sein! Weil euer Zuhause so klein ist, würde dort natürlich kein Elefant hineinpassen.
Sst
Witzig. Würde er denn bei dir zu Hause reinpassen? Ja?

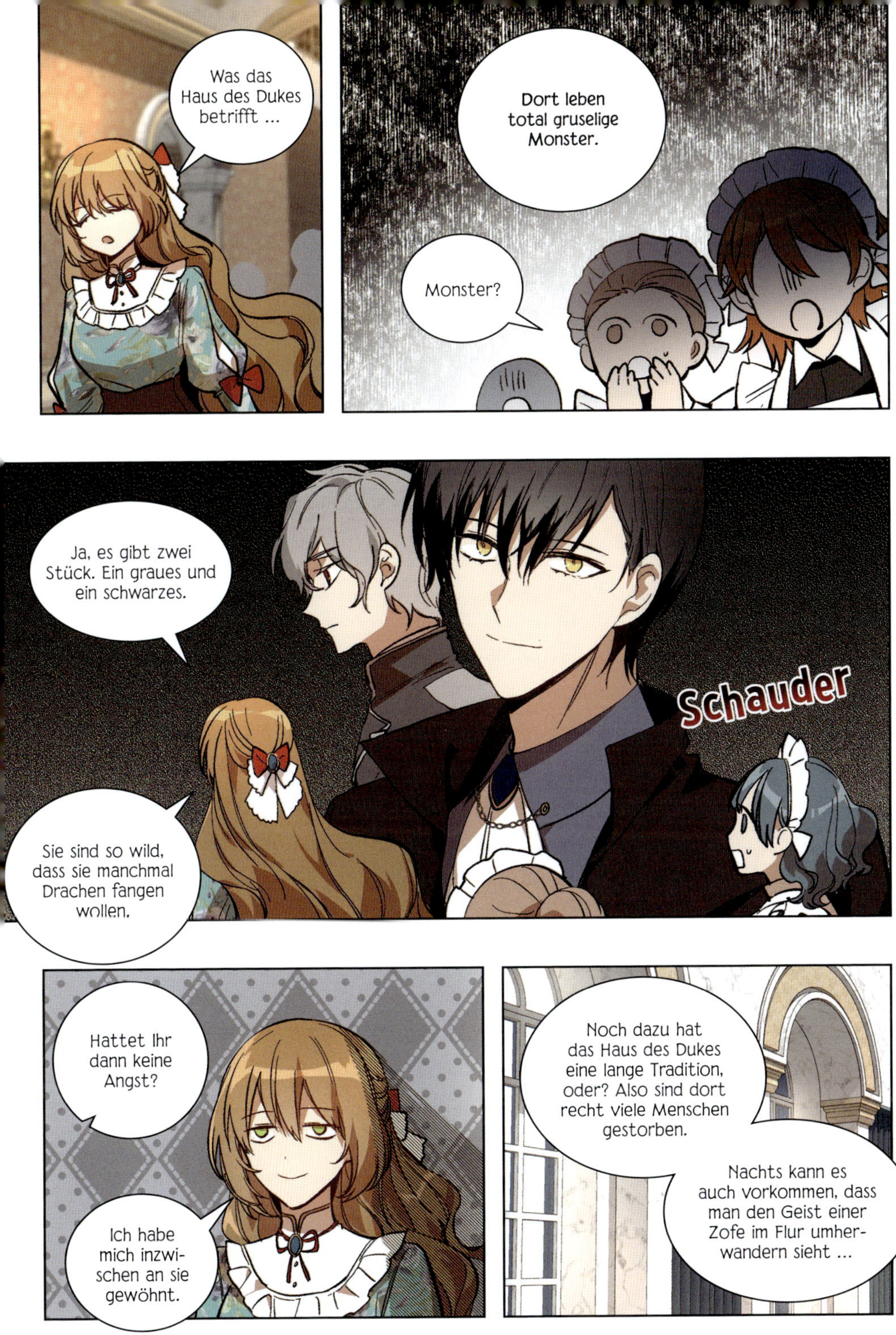

Was das Haus des Dukes betrifft ...
Dort leben total gruselige Monster.
Monster?
Ja, es gibt zwei Stück. Ein graues und ein schwarzes.
Schauder
Sie sind so wild, dass sie manchmal Drachen fangen wollen.
Hattet Ihr dann keine Angst?
Ich habe mich inzwischen an sie gewöhnt.
Noch dazu hat das Haus des Dukes eine lange Tradition, oder? Also sind dort recht viele Menschen gestorben.
Nachts kann es auch vorkommen, dass man den Geist einer Zofe im Flur umherwandern sieht ...

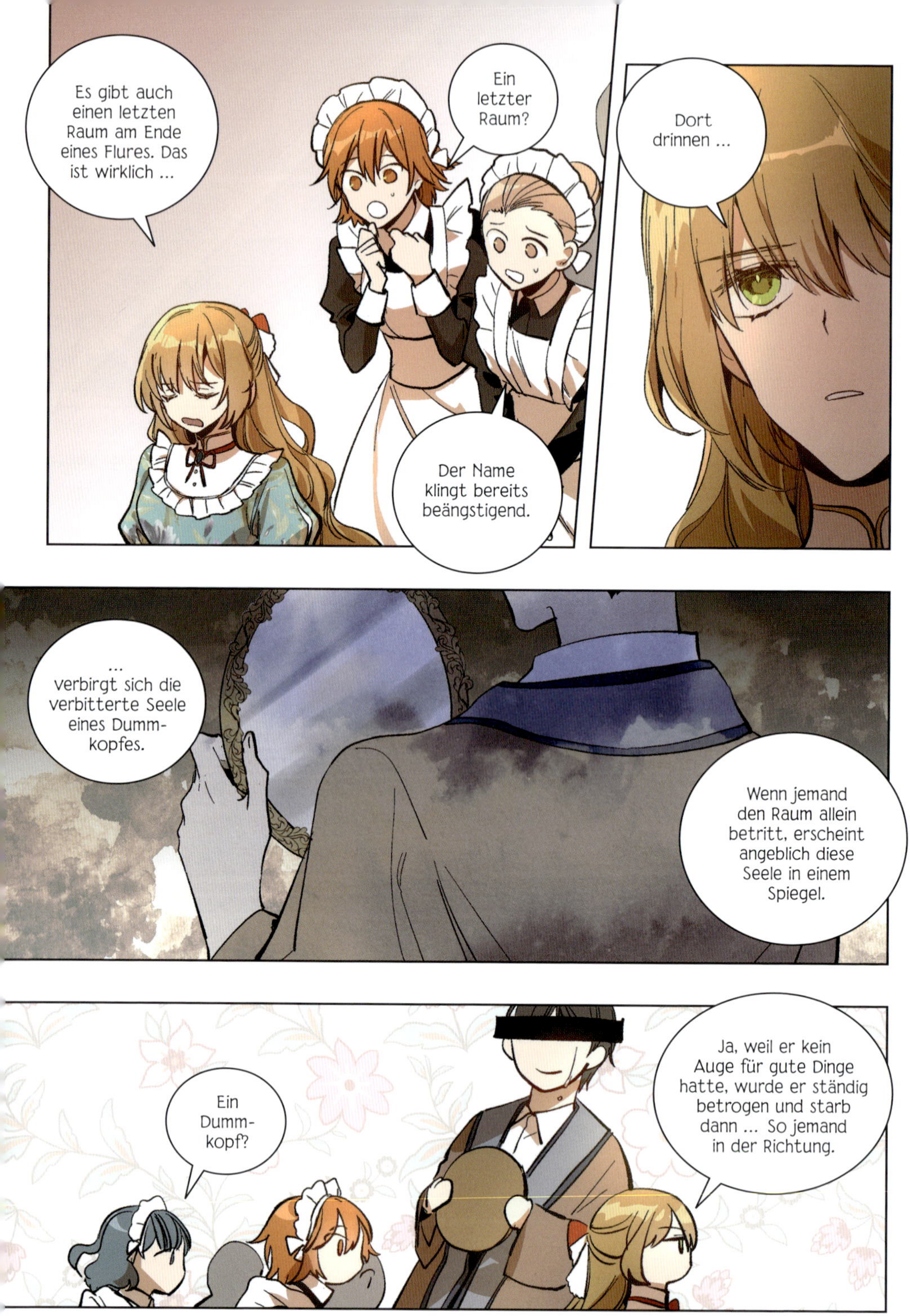
Ein letzter Raum?
Es gibt auch einen letzten Raum am Ende eines Flures. Das ist wirklich ...
Der Name klingt bereits beängstigend.
Dort drinnen ...
... verbirgt sich die verbitterte Seele eines Dumm-kopfes.
Wenn jemand den Raum allein betritt, erscheint angeblich diese Seele in einem Spiegel.
Ja, weil er kein Auge für gute Dinge hatte, wurde er ständig betrogen und starb dann ... So jemand in der Richtung.
Ein Dumm-kopf?

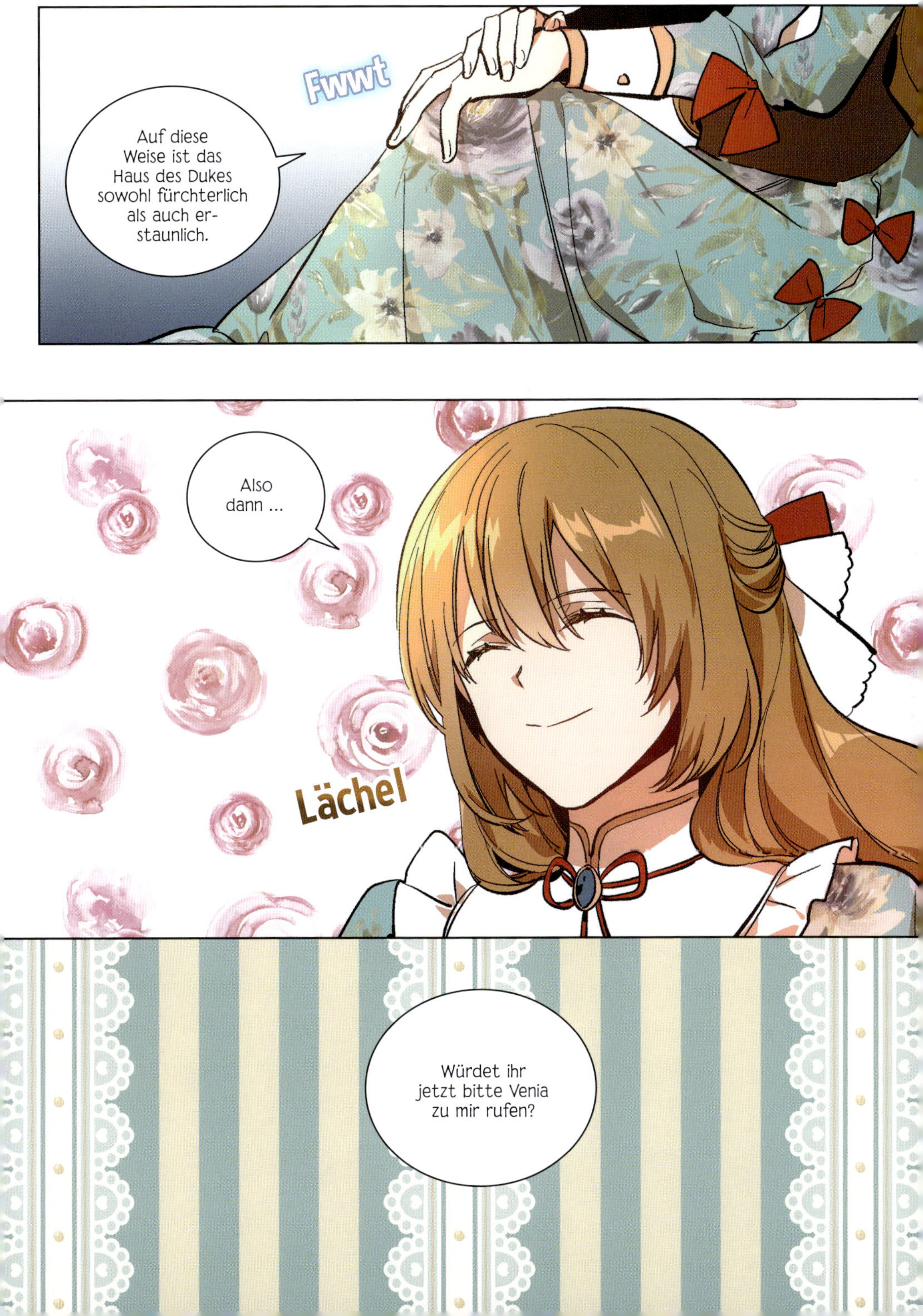
Fwwt
Auf diese Weise ist das Haus des Dukes sowohl fürchterlich als auch erstaunlich.
Also dann ...
Lächel
Würdet ihr jetzt bitte Venia zu mir rufen?

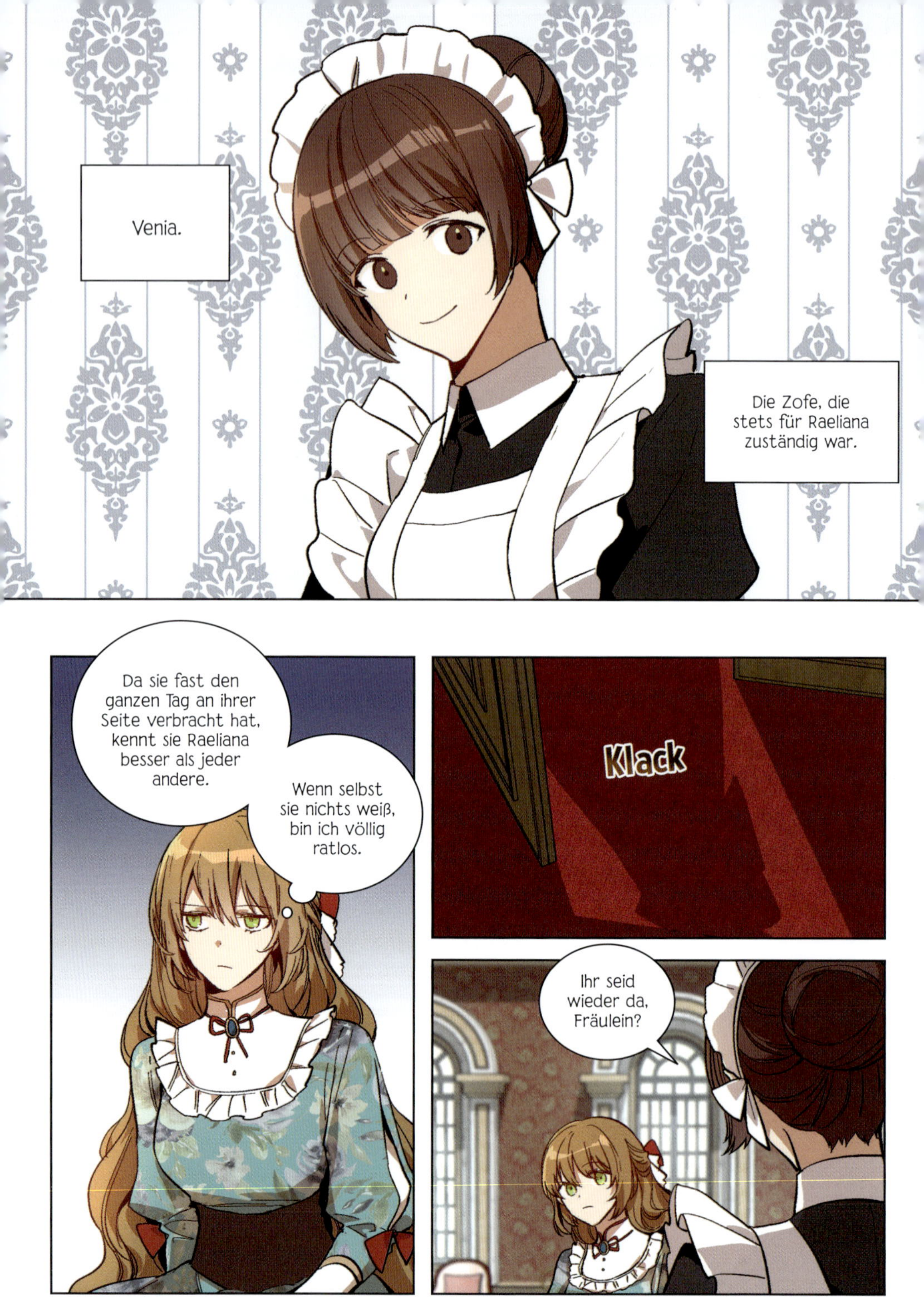
Venia.
Die Zofe, die stets für Raeliana zuständig war.
Da sie fast den ganzen Tag an ihrer Seite verbracht hat, kennt sie Raeliana besser als jeder andere.
Wenn selbst sie nichts weiß, bin ich völlig ratlos.
Klack
Ihr seid wieder da, Fräulein?

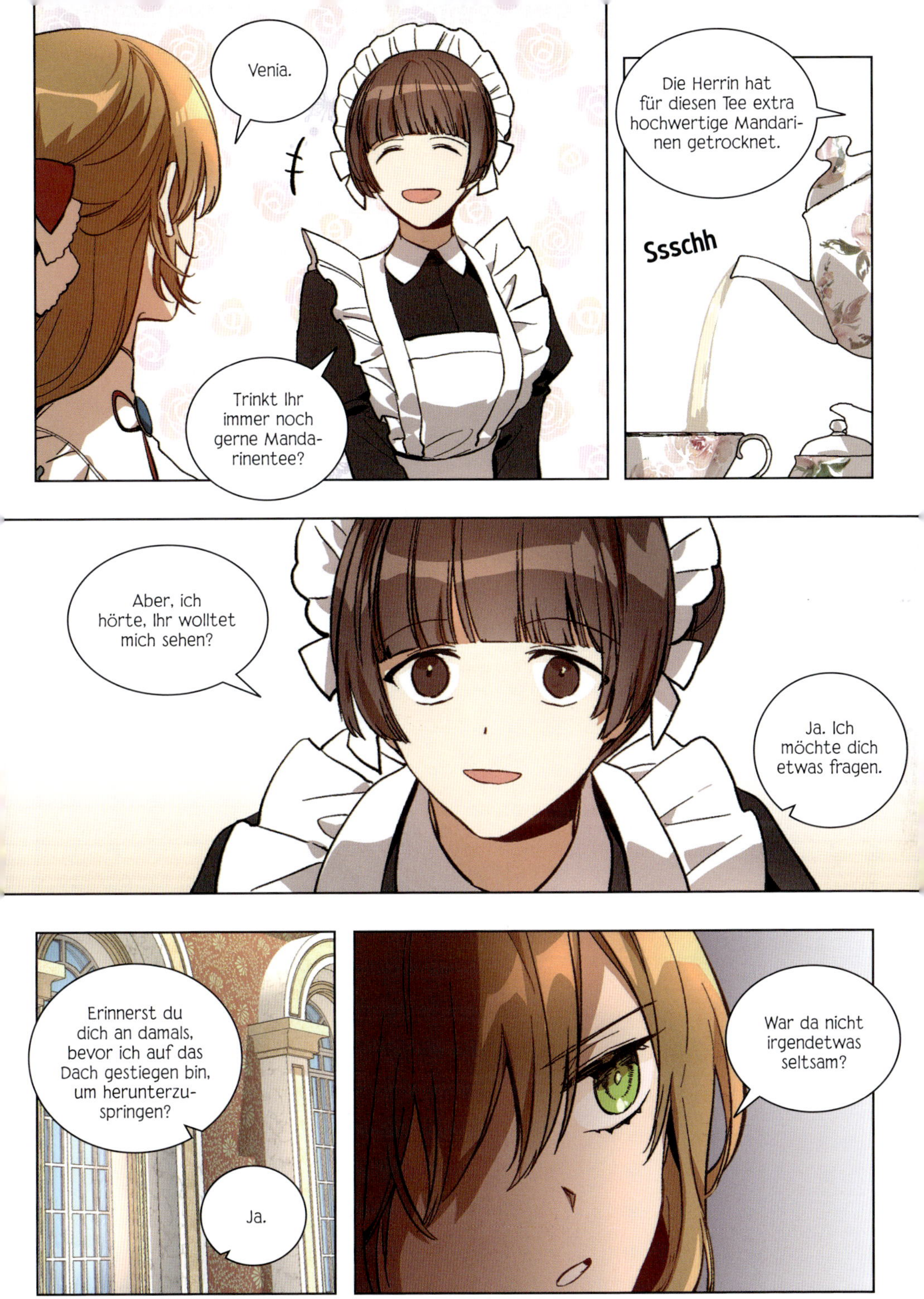
Venia.
Trinkt Ihr immer noch gerne Mandarinentee?
Die Herrin hat für diesen Tee extra hochwertige Mandarinen getrocknet.
Ssschh
Aber, ich hörte, Ihr wolltet mich sehen?
Ja. Ich möchte dich etwas fragen.
Erinnerst du dich an damals, bevor ich auf das Dach gestiegen bin, um herunterzuspringen?
Ja.
War da nicht irgendetwas seltsam?

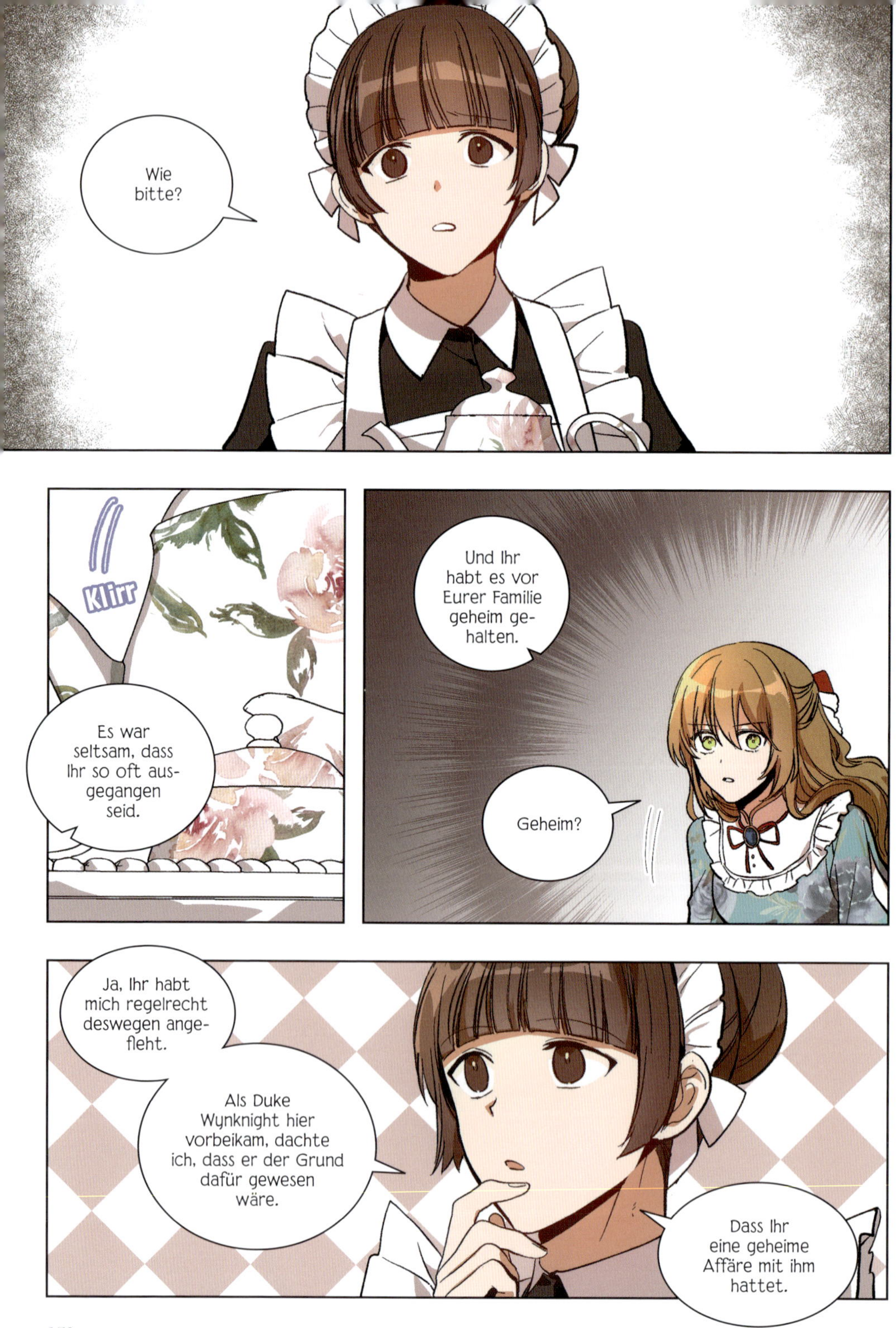
Wie bitte?
Klirr
Es war seltsam, dass Ihr so oft ausgegangen seid.
Und Ihr habt es vor Eurer Familie geheim gehalten.
Geheim?
Ja, Ihr habt mich regelrecht deswegen angefleht.
Als Duke Wynknight hier vorbeikam, dachte ich, dass er der Grund dafür gewesen wäre.
Dass Ihr eine geheime Affäre mit ihm hattet.

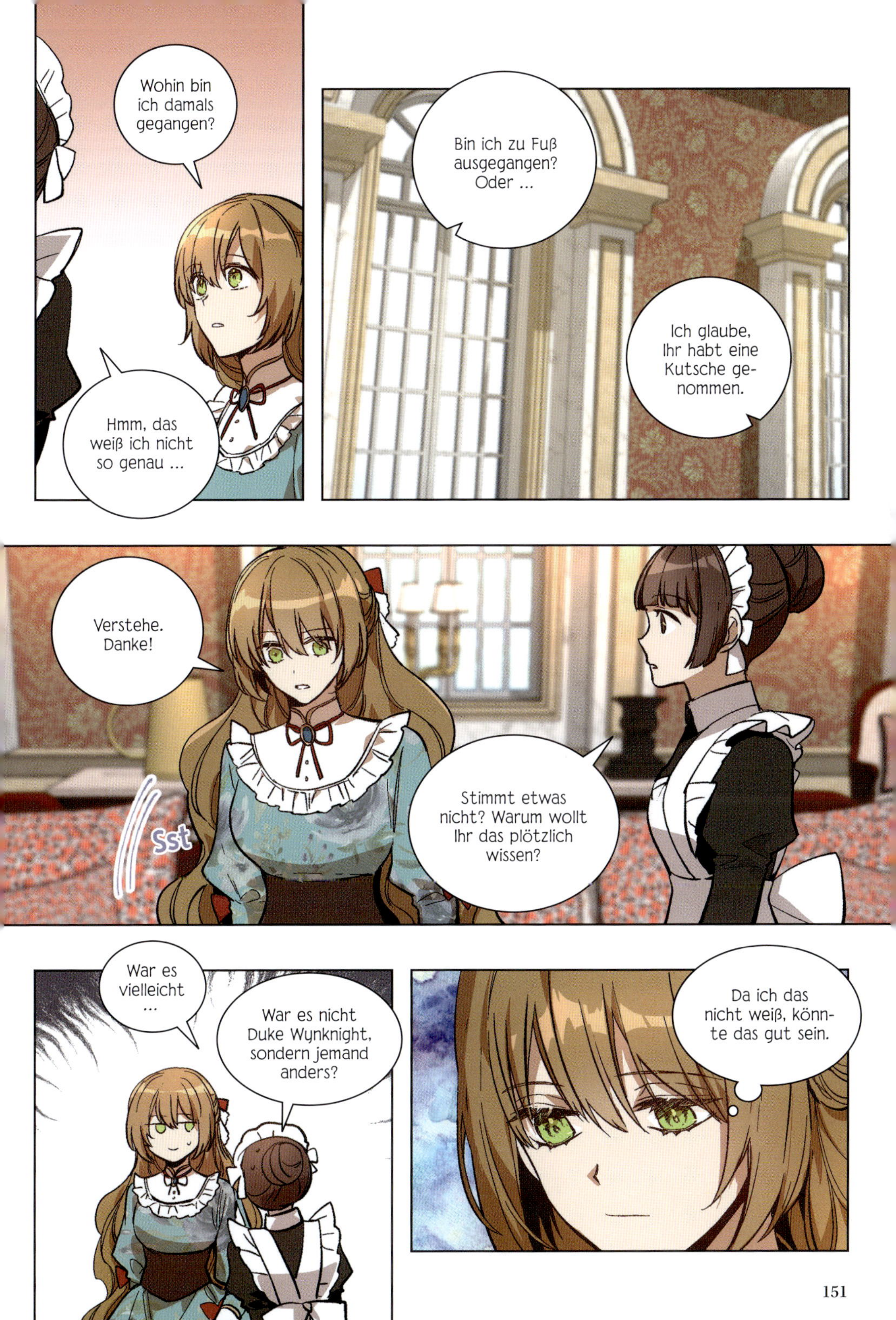
Wohin bin ich damals gegangen?
Hmm, das weiß ich nicht so genau ...
Bin ich zu Fuß ausgegangen? Oder ...
Ich glaube, Ihr habt eine Kutsche genommen.
Verstehe. Danke!
Sst
Stimmt etwas nicht? Warum wollt Ihr das plötzlich wissen?
War es vielleicht ...
War es nicht Duke Wynknight, sondern jemand anders?
Da ich das nicht weiß, könnte das gut sein.

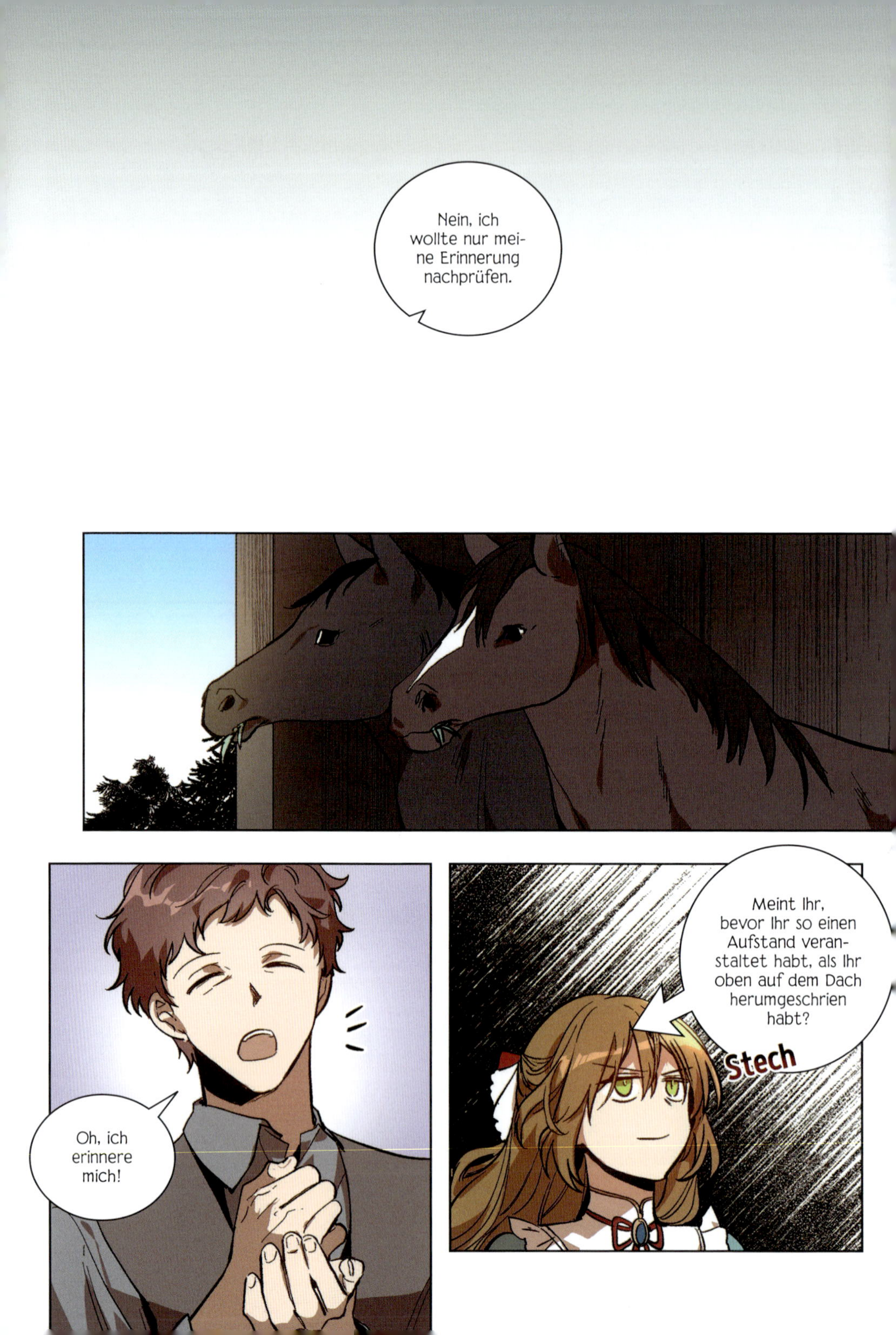
Nein, ich wollte nur meine Erinnerung nachprüfen.
Oh, ich erinnere mich!
Meint Ihr, bevor Ihr so einen Aufstand veranstaltet habt, als Ihr oben auf dem Dach herumgeschrien habt?
Stech

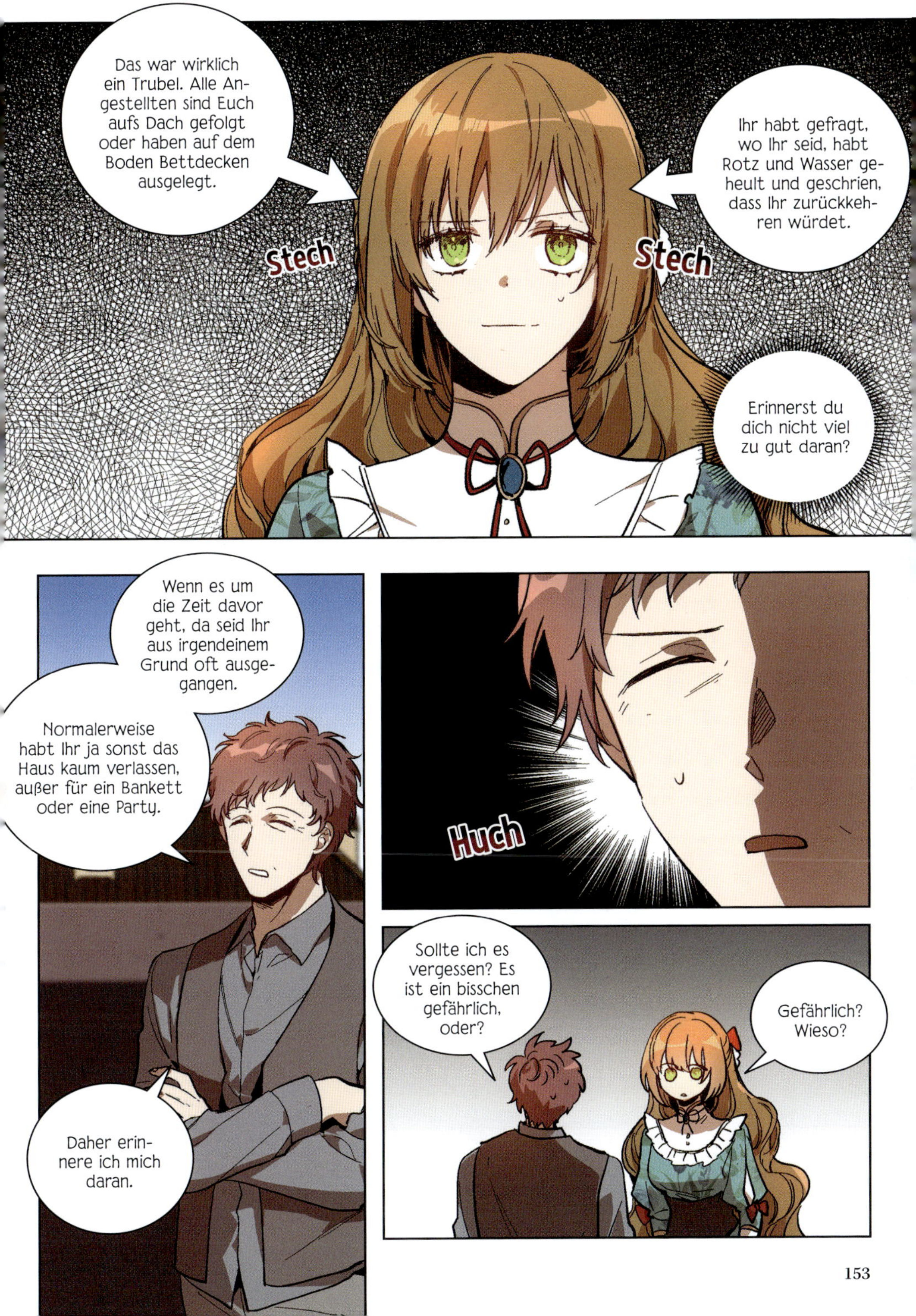

Das war wirklich ein Trubel. Alle Angestellten sind Euch aufs Dach gefolgt oder haben auf dem Boden Bettdecken ausgelegt.
Ihr habt gefragt, wo Ihr seid, habt Rotz und Wasser geheult und geschrien, dass Ihr zurückkehren würdet.
Stech
Stech
Erinnerst du dich nicht viel zu gut daran?
Wenn es um die Zeit davor geht, da seid Ihr aus irgendeinem Grund oft ausgegangen.
Normalerweise habt Ihr ja sonst das Haus kaum verlassen, außer für ein Bankett oder eine Party.
Daher erinnere ich mich daran.
Huch
Sollte ich es vergessen? Es ist ein bisschen gefährlich, oder?
Gefährlich? Wieso?

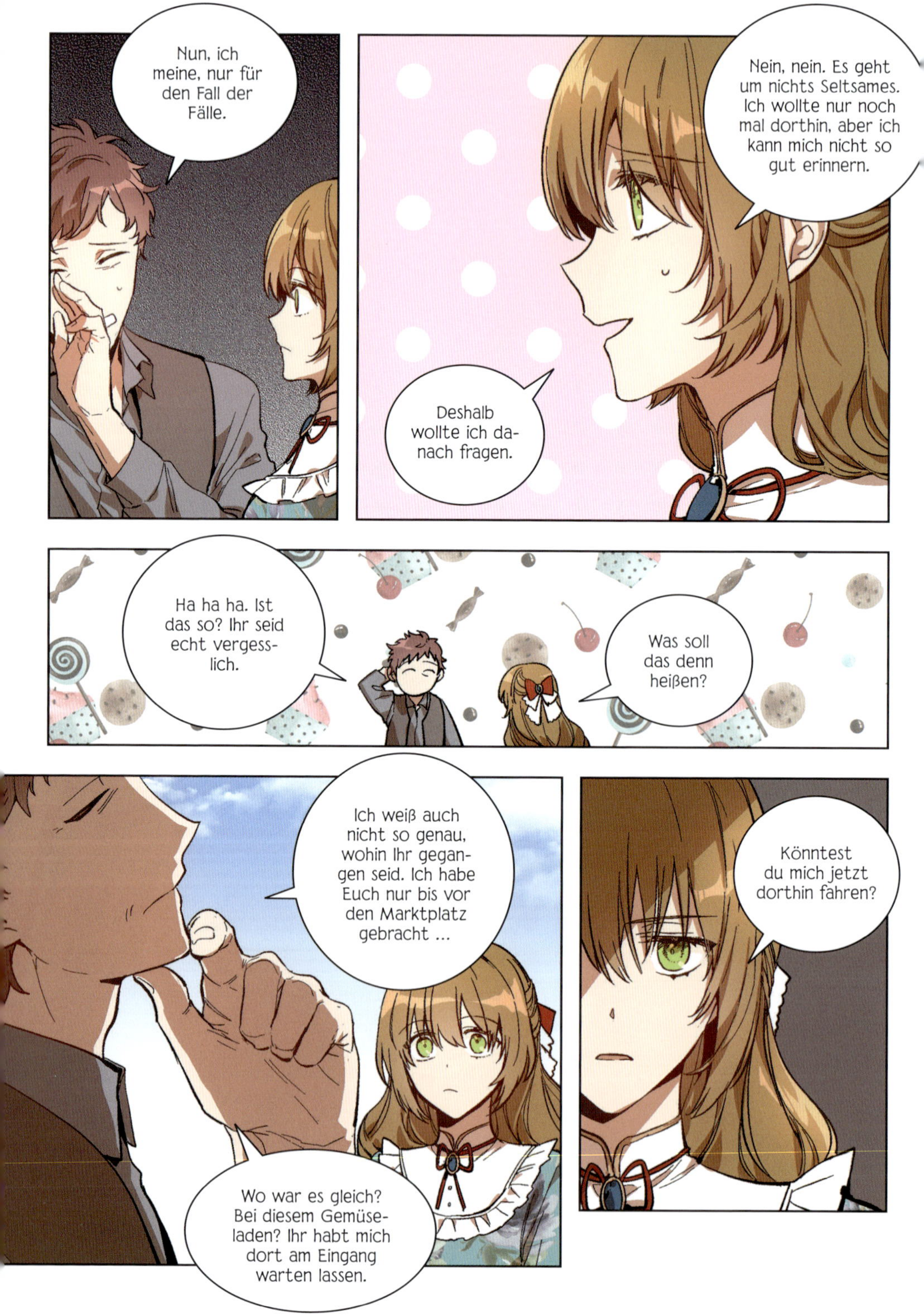
Nun, ich meine, nur für den Fall der Fälle.
Nein, nein. Es geht um nichts Seltsames. Ich wollte nur noch mal dorthin, aber ich kann mich nicht so gut erinnern.
Deshalb wollte ich danach fragen.
Ha ha ha. Ist das so? Ihr seid echt vergesslich.
Was soll das denn heißen?
Ich weiß auch nicht so genau, wohin Ihr gegangen seid. Ich habe Euch nur bis vor den Marktplatz gebracht ...
Wo war es gleich? Bei diesem Gemüseladen? Ihr habt mich dort am Eingang warten lassen.
Könntest du mich jetzt dorthin fahren?

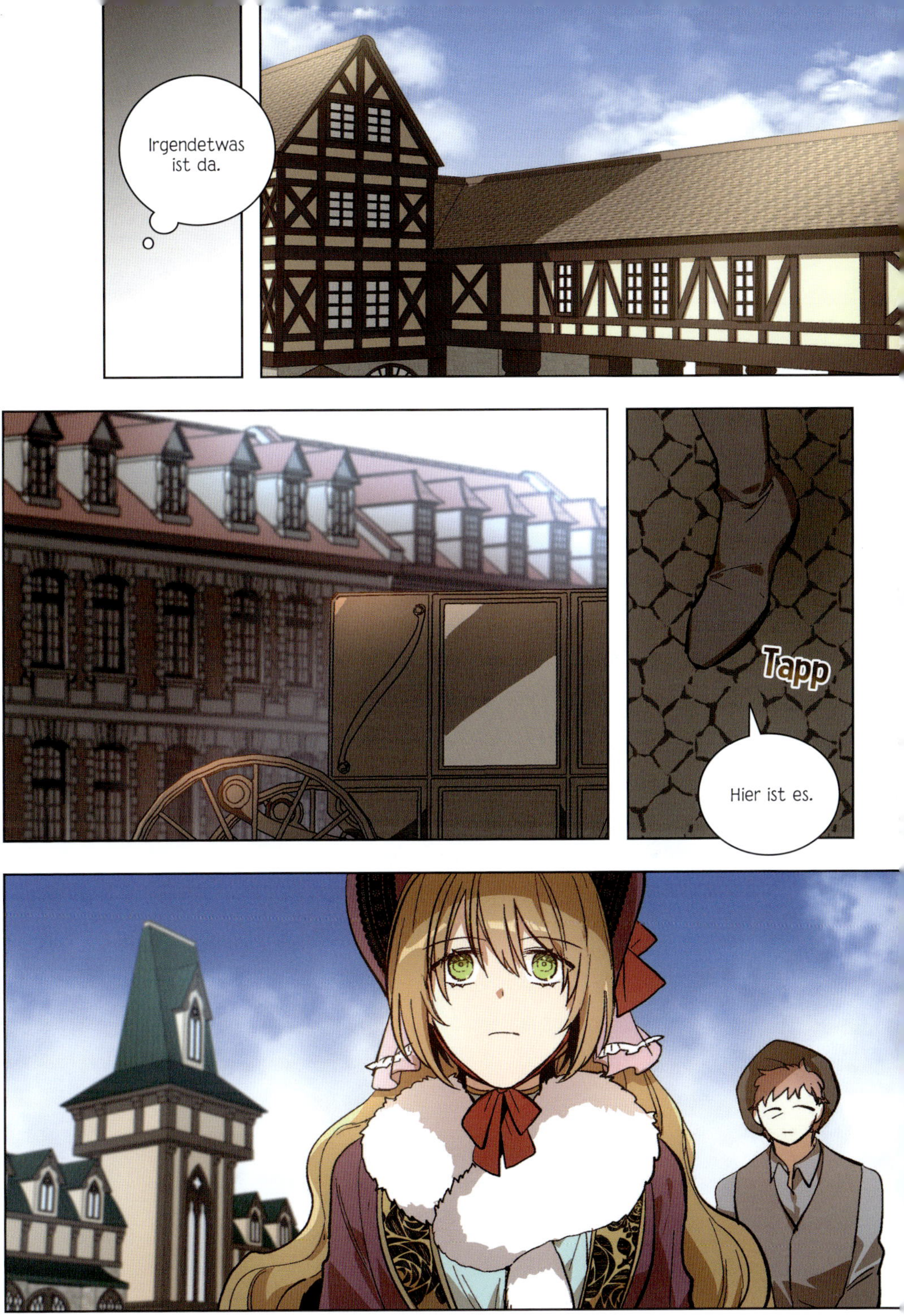
Irgendetwas ist da.
Tapp
Hier ist es.

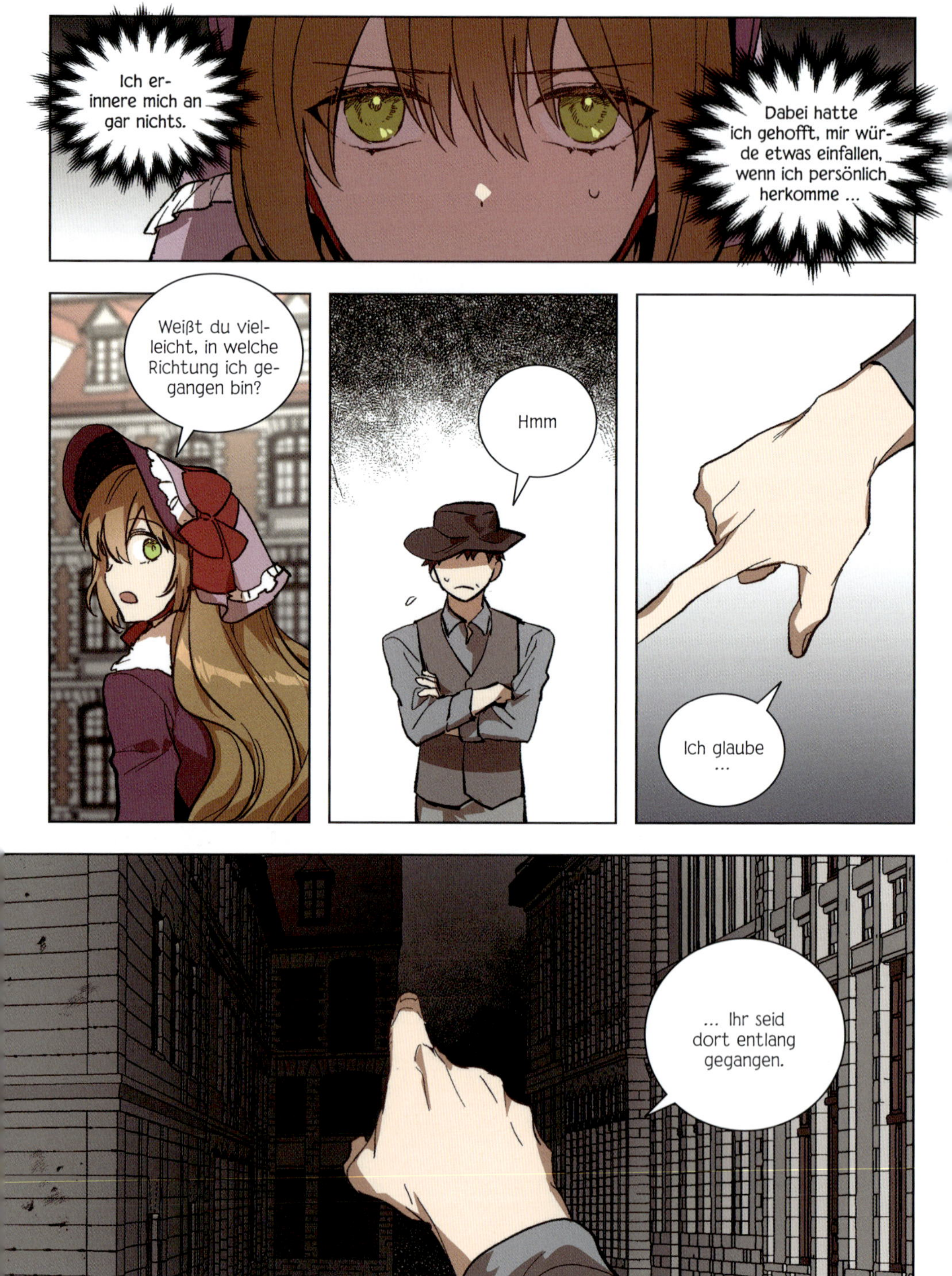
Ich erinnere mich an gar nichts.
Dabei hatte ich gehofft, mir würde etwas einfallen, wenn ich persönlich herkomme ...
Weißt du vielleicht, in welche Richtung ich gegangen bin?
Hmm
Ich glaube ...
... Ihr seid dort entlang gegangen.

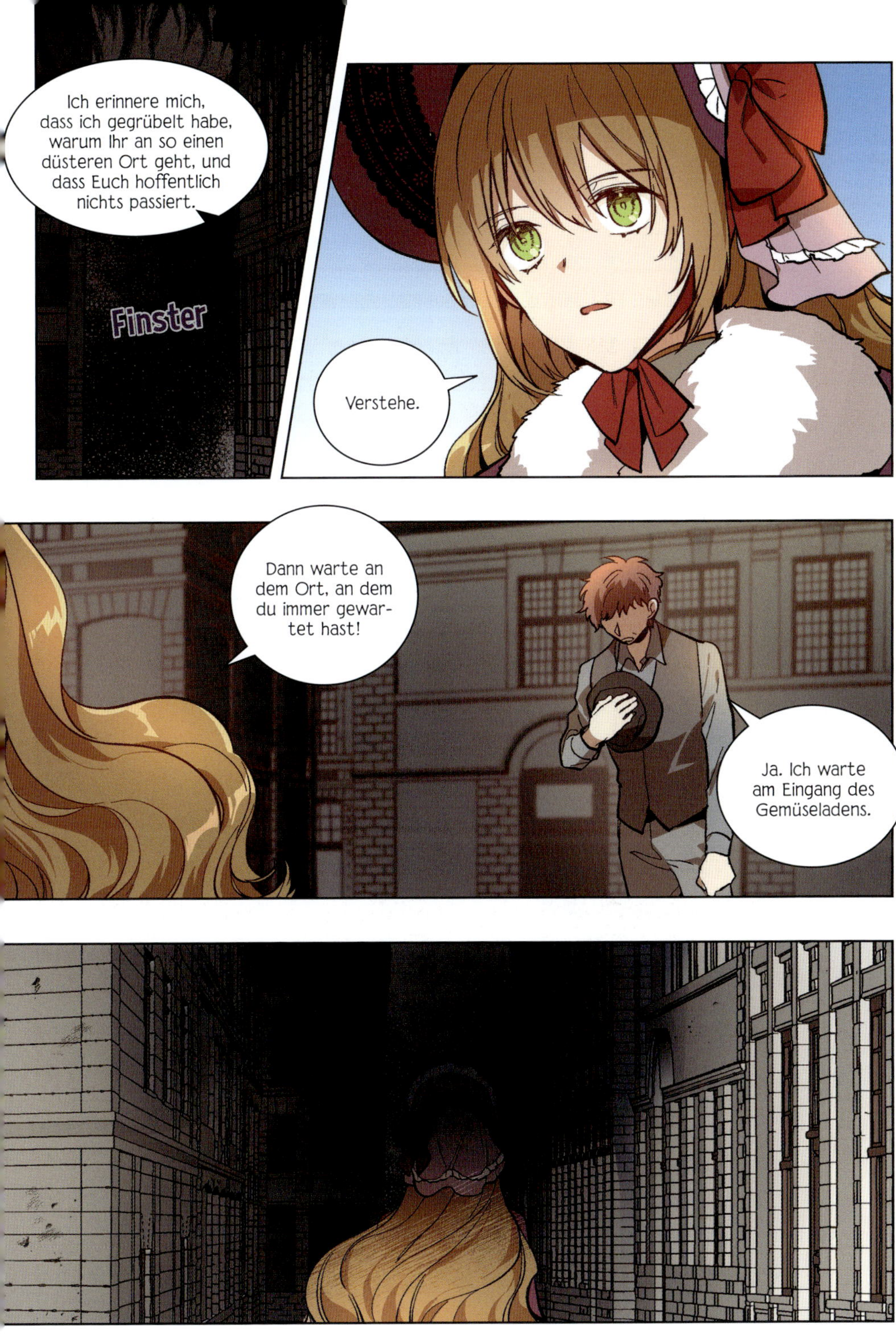
Ich erinnere mich, dass ich gegrübelt habe, warum Ihr an so einen düsteren Ort geht, und dass Euch hoffentlich nichts passiert.
Finster
Verstehe.
Dann warte an dem Ort, an dem du immer gewartet hast!
Ja. Ich warte am Eingang des Gemüseladens.

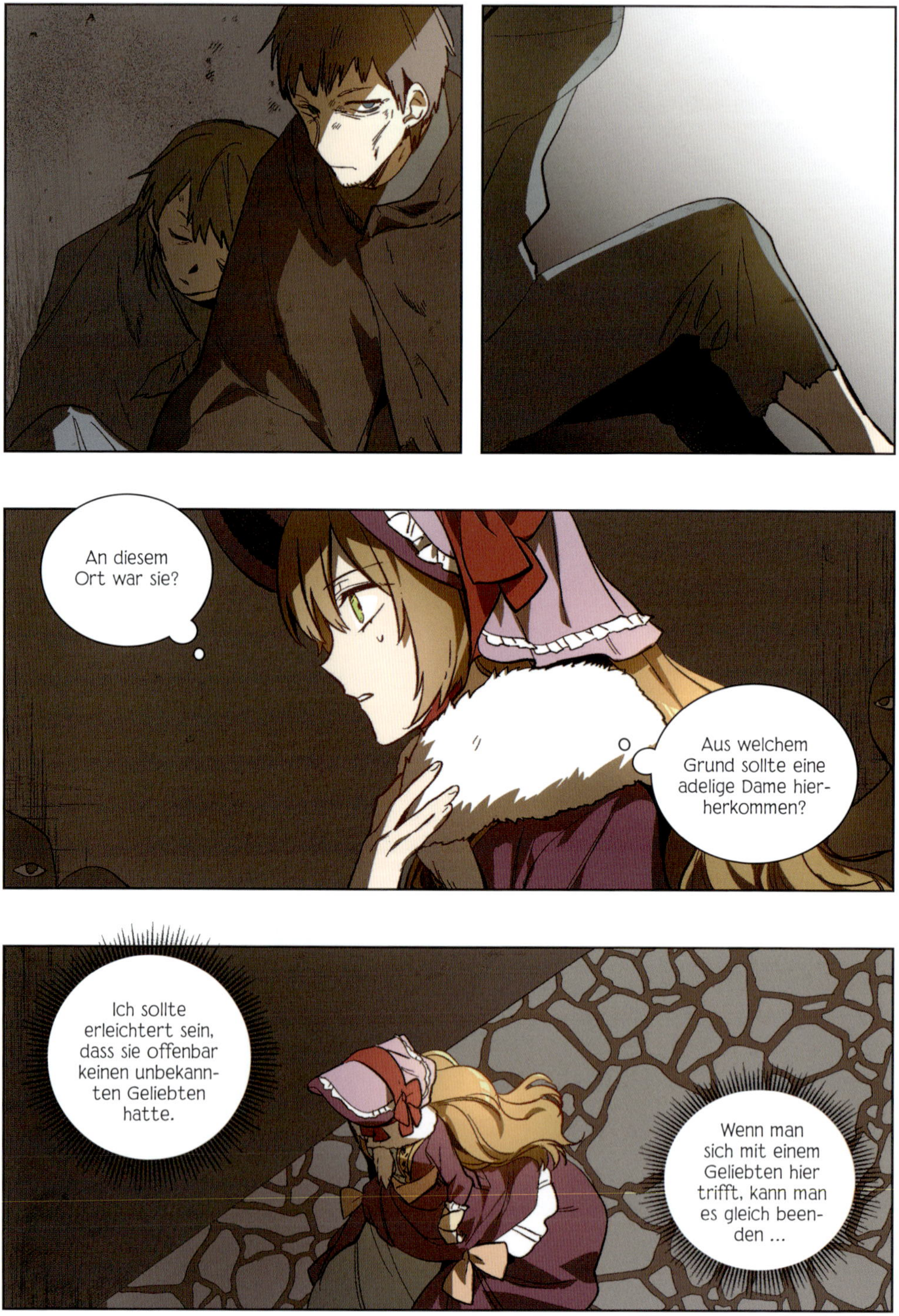
An diesem Ort war sie?
Aus welchem Grund sollte eine adelige Dame hierherkommen?
Ich sollte erleichtert sein, dass sie offenbar keinen unbekannten Geliebten hatte.
Wenn man sich mit einem Geliebten hier trifft, kann man es gleich beenden …

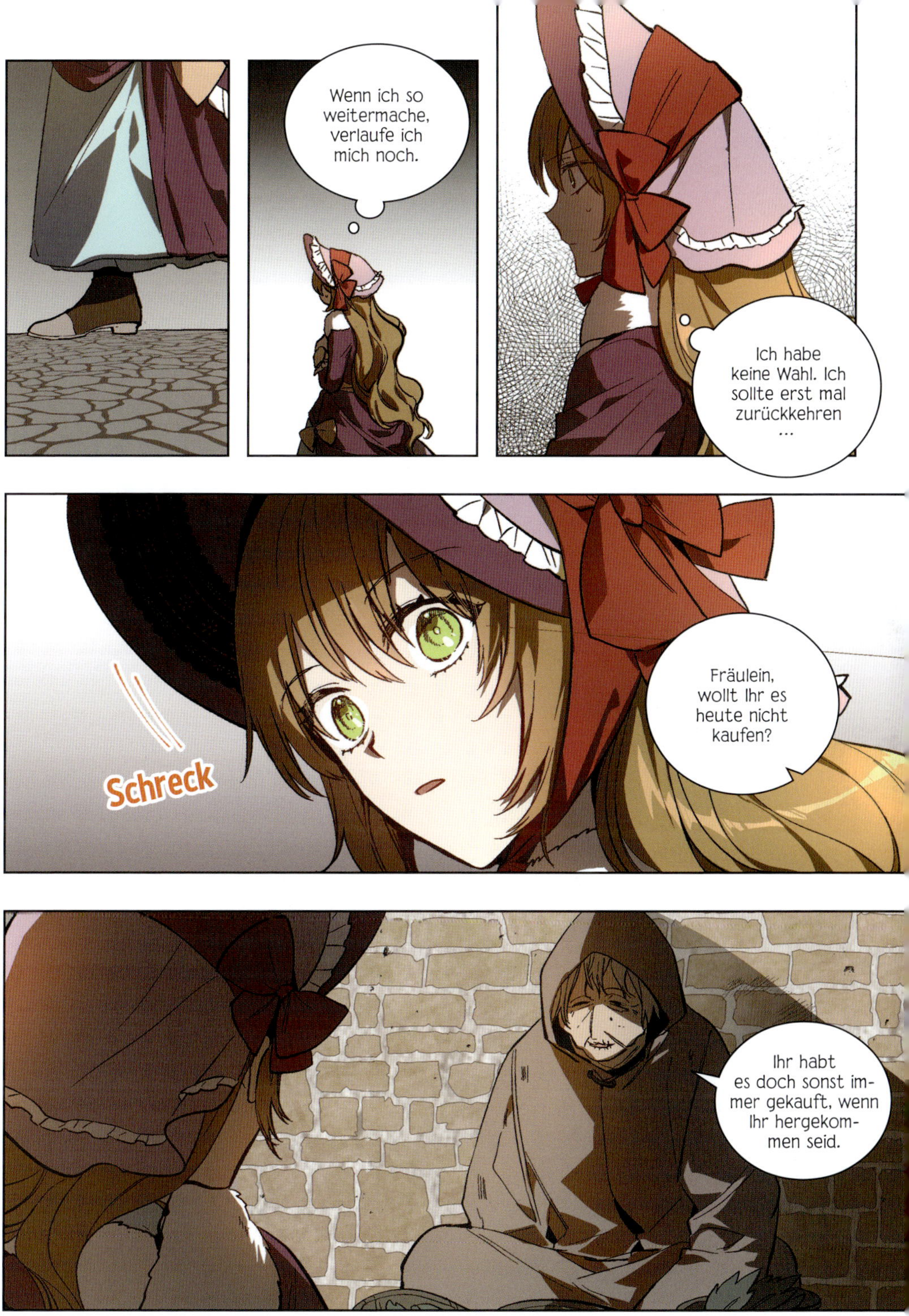
Wenn ich so weitermache, verlaufe ich mich noch.
Ich habe keine Wahl. Ich sollte erst mal zurückkehren ...
Schreck
Fräulein, wollt Ihr es heute nicht kaufen?
Ihr habt es doch sonst immer gekauft, wenn Ihr hergekommen seid.

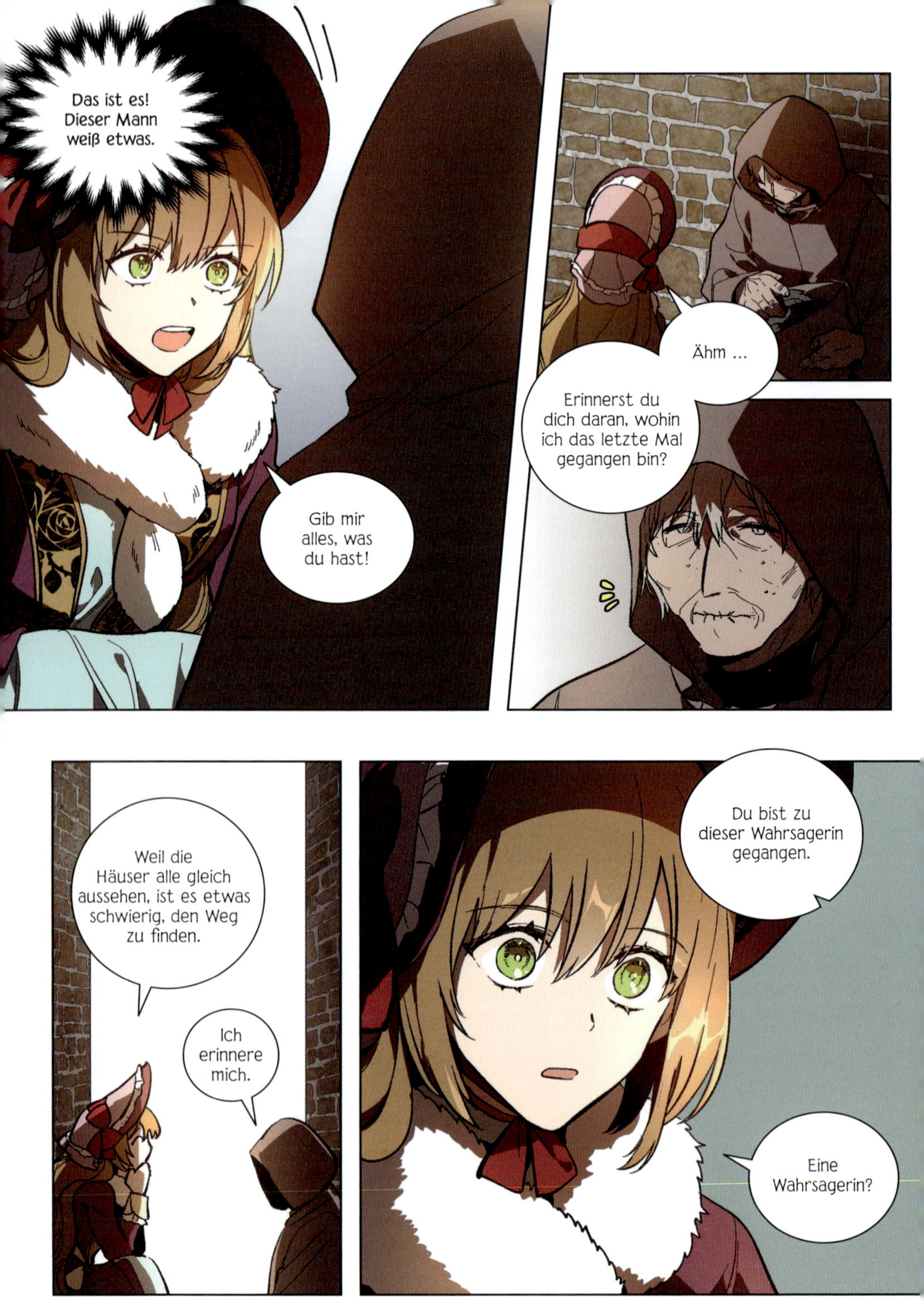
Das ist es! Dieser Mann weiß etwas.
Gib mir alles, was du hast!
Ähm ...
Erinnerst du dich daran, wohin ich das letzte Mal gegangen bin?
Weil die Häuser alle gleich aussehen, ist es etwas schwierig, den Weg zu finden.
Ich erinnere mich.
Du bist zu dieser Wahrsagerin gegangen.
Eine Wahrsagerin?

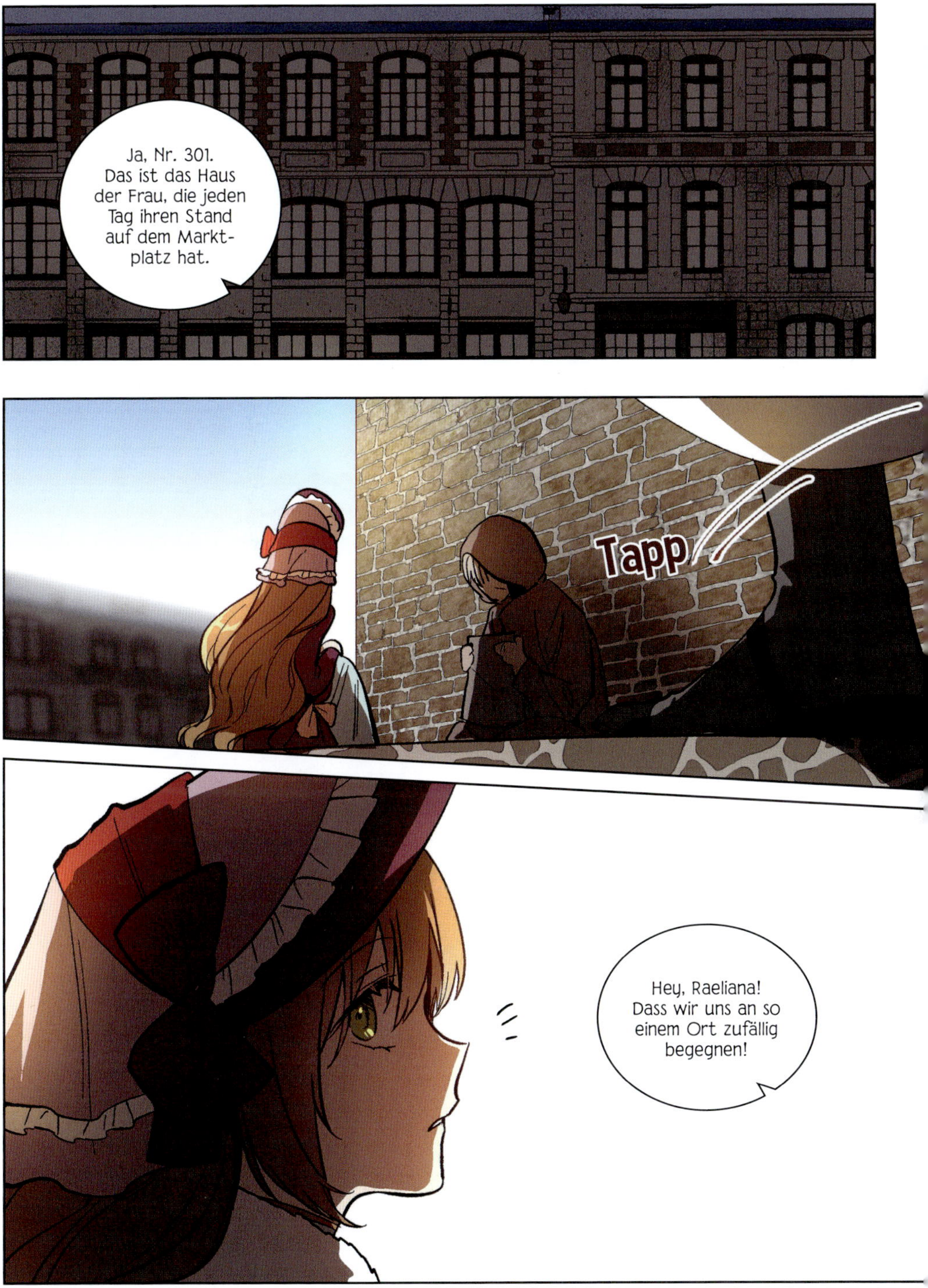
Ja, Nr. 301. Das ist das Haus der Frau, die jeden Tag ihren Stand auf dem Marktplatz hat.
Tapp
Hey, Raeliana! Dass wir uns an so einem Ort zufällig begegnen!

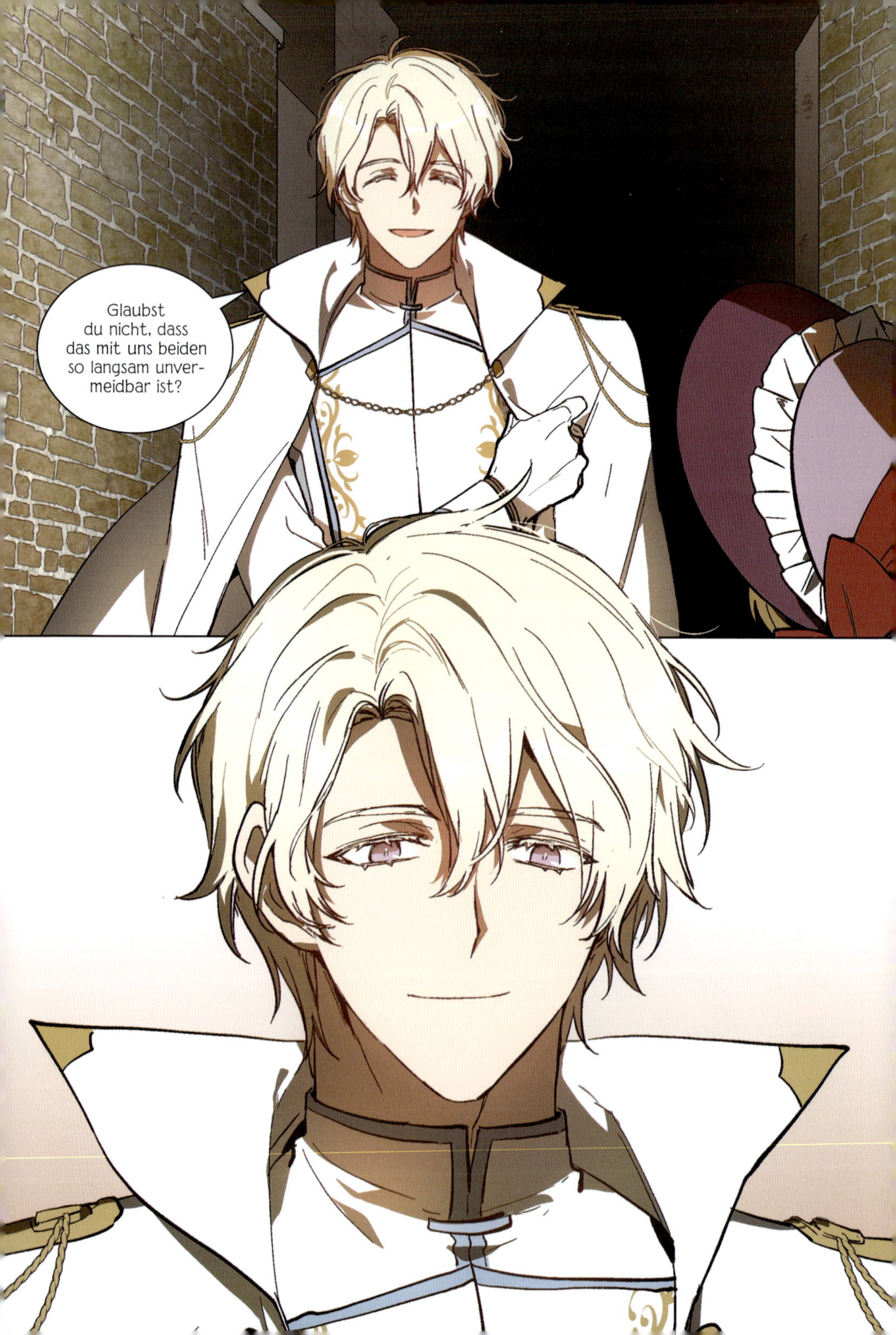
Glaubst du nicht, dass das mit uns beiden so langsam unvermeidbar ist?

RAELIANA

Warum sie die Verlobte
des Dukes wurde

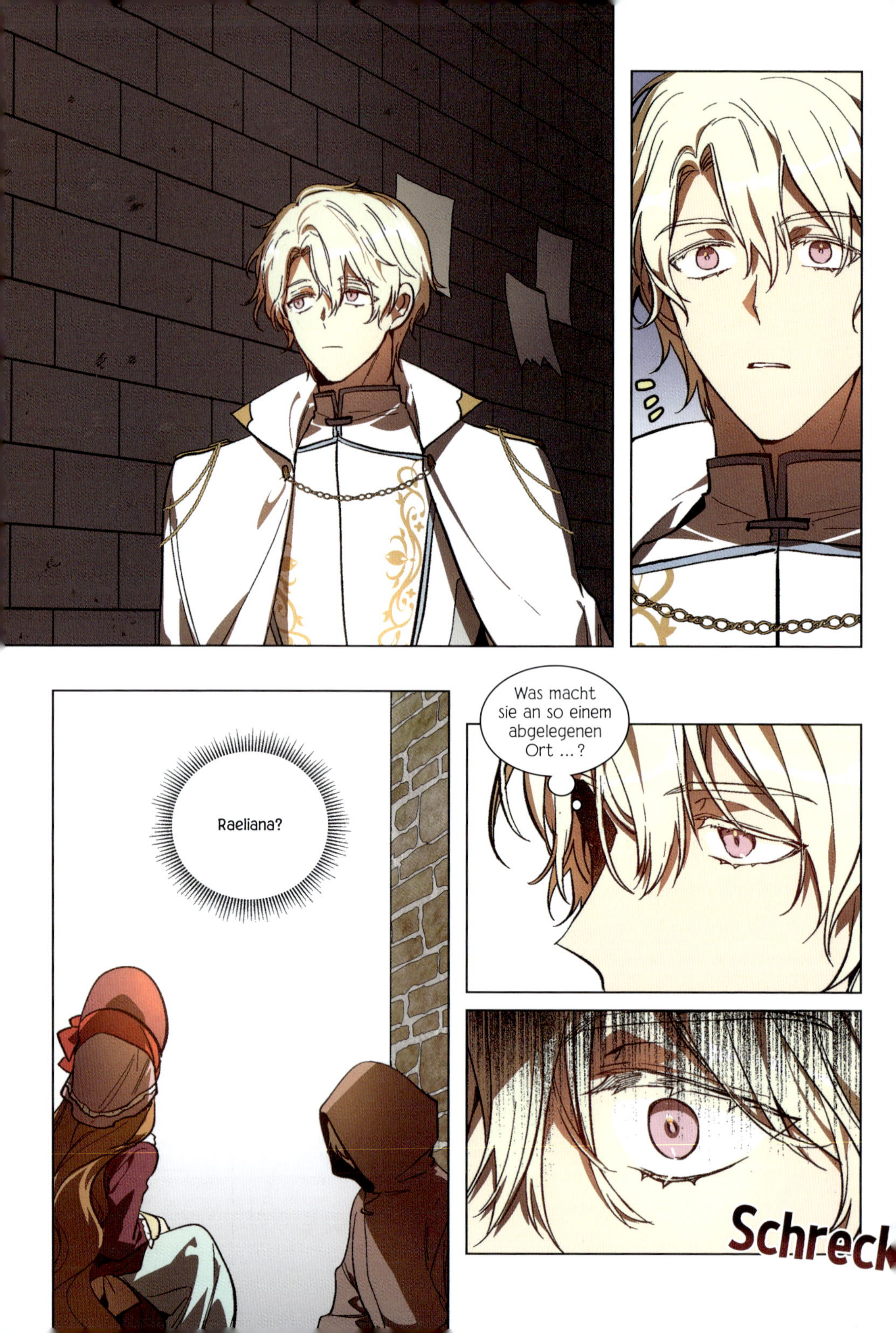
Raeliana?
Was macht sie an so einem abgelegenen Ort ...?
Schreck

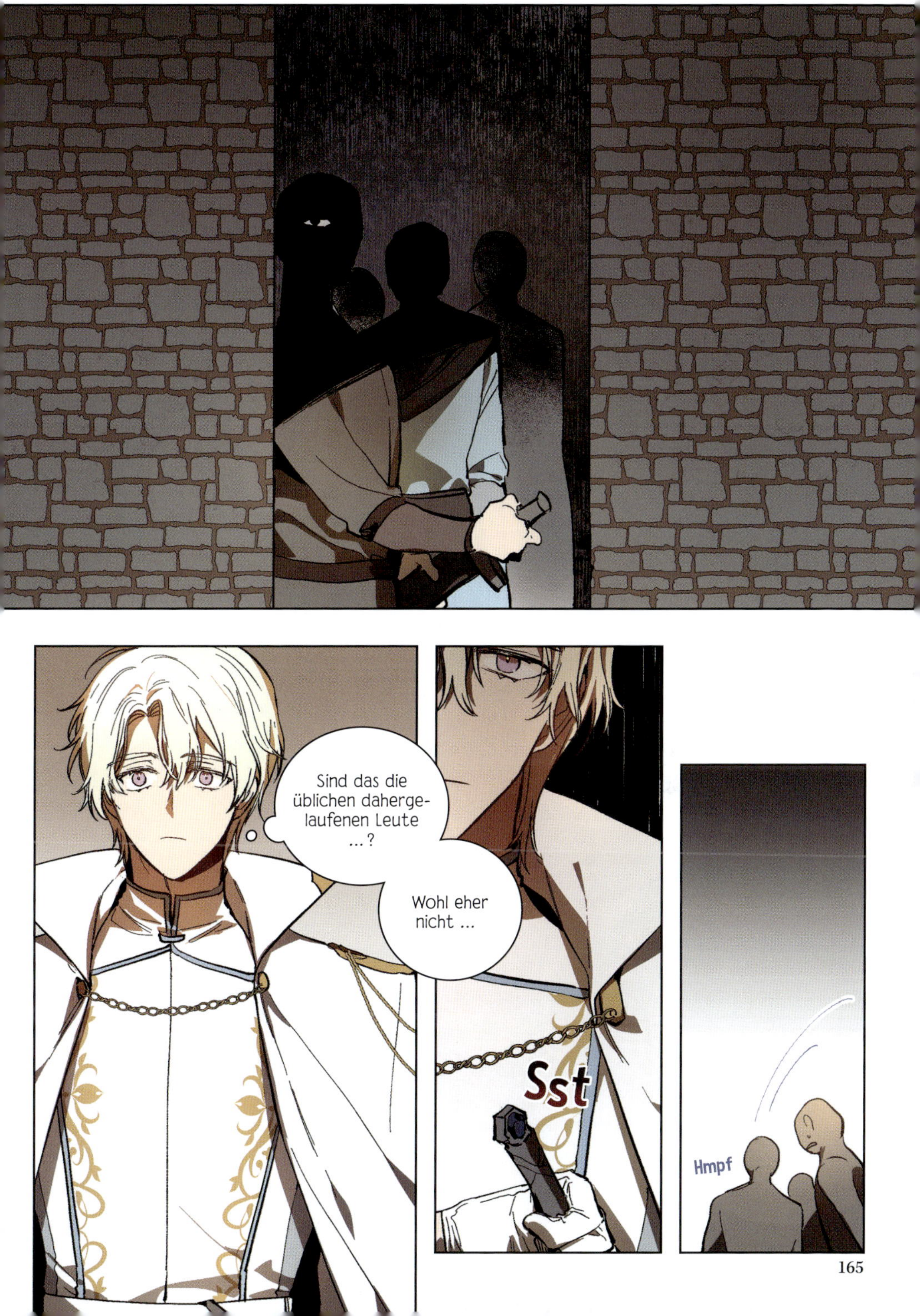
Sind das die üblichen dahergelaufenen Leute ...?
Wohl eher nicht ...
Sst
Hmpf

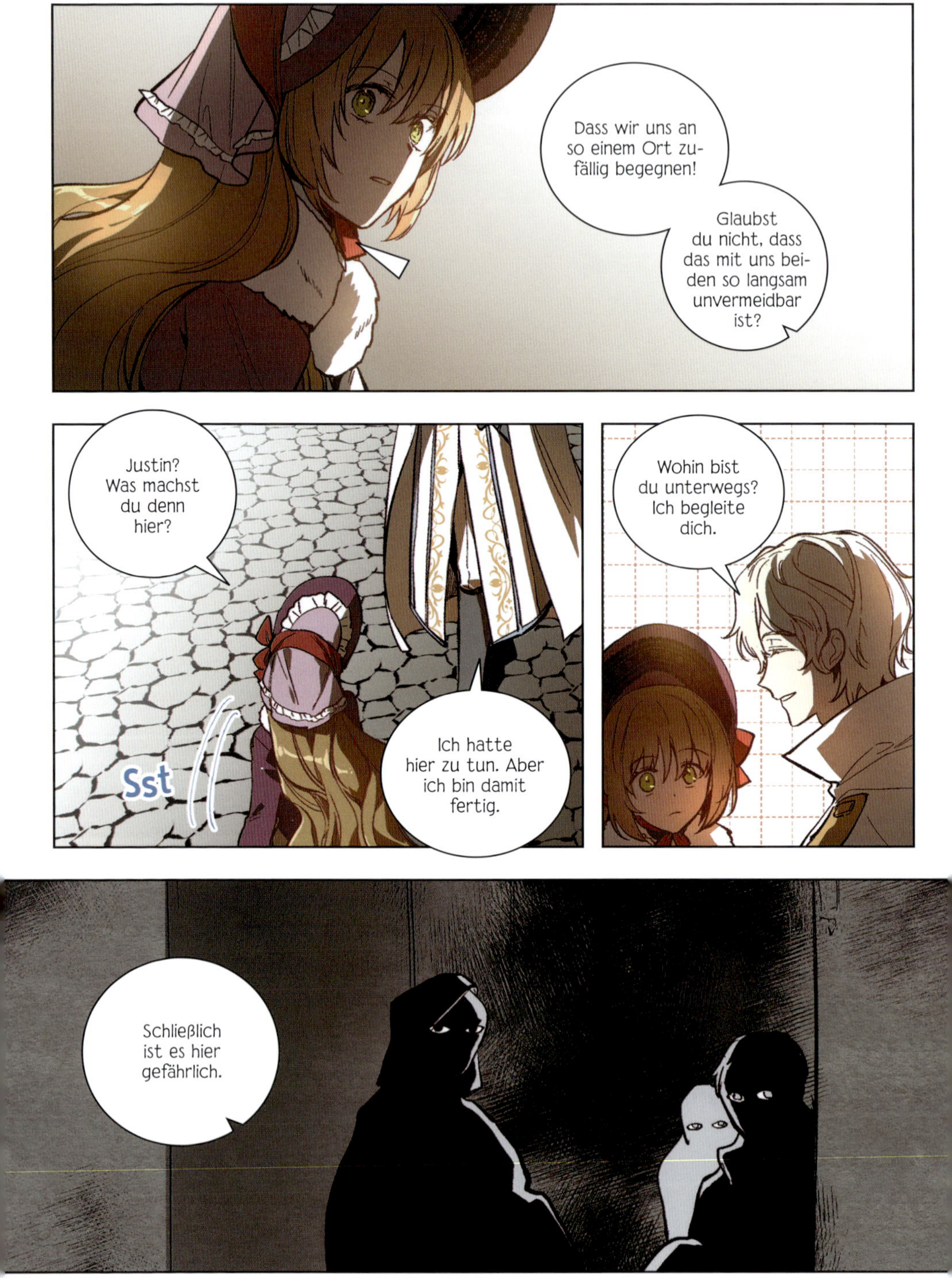
Dass wir uns an so einem Ort zufällig begegnen!
Glaubst du nicht, dass das mit uns beiden so langsam unvermeidbar ist?
Justin? Was machst du denn hier?
Sst
Ich hatte hier zu tun. Aber ich bin damit fertig.
Wohin bist du unterwegs? Ich begleite dich.
Schließlich ist es hier gefährlich.

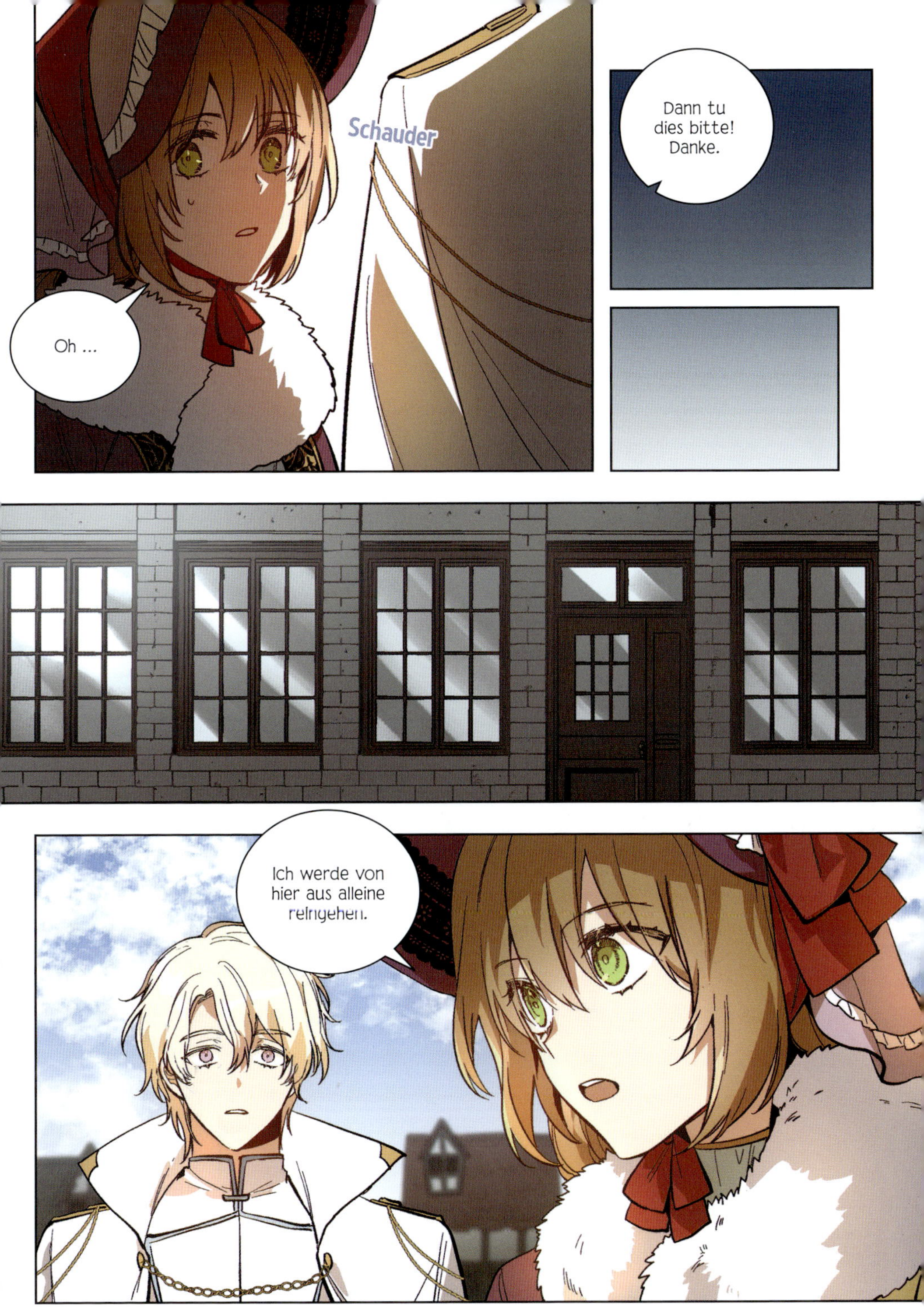
Schauder
Oh ...
Dann tu dies bitte! Danke.
Ich werde von hier aus alleine reingehen.

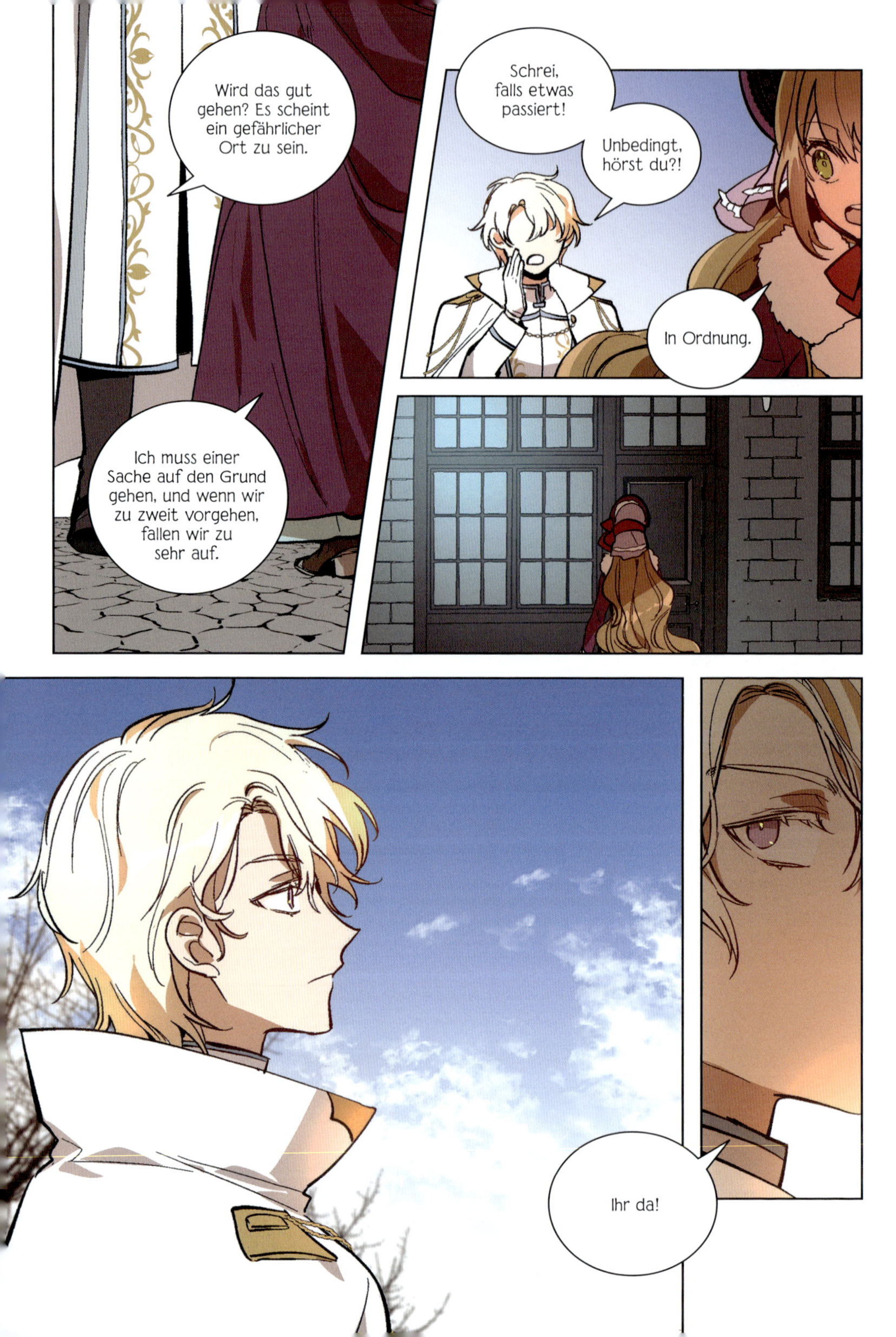
Wird das gut gehen? Es scheint ein gefährlicher Ort zu sein.
Ich muss einer Sache auf den Grund gehen, und wenn wir zu zweit vorgehen, fallen wir zu sehr auf.
Schrei, falls etwas passiert!
Unbedingt, hörst du?!
In Ordnung.
Ihr da!

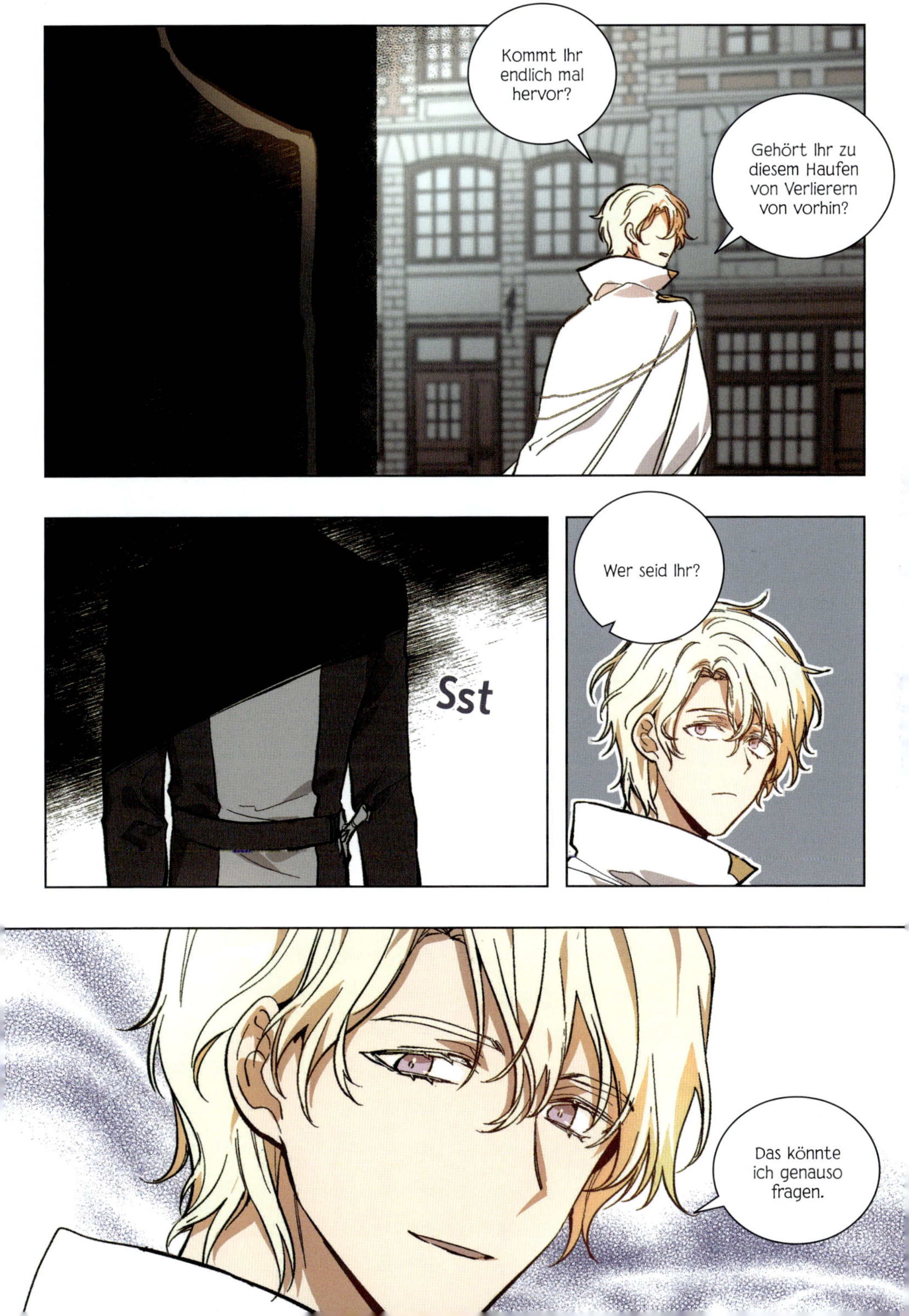
Kommt Ihr endlich mal hervor?
Gehört Ihr zu diesem Haufen von Verlierern von vorhin?
Sst
Wer seid Ihr?
Das könnte ich genauso fragen.

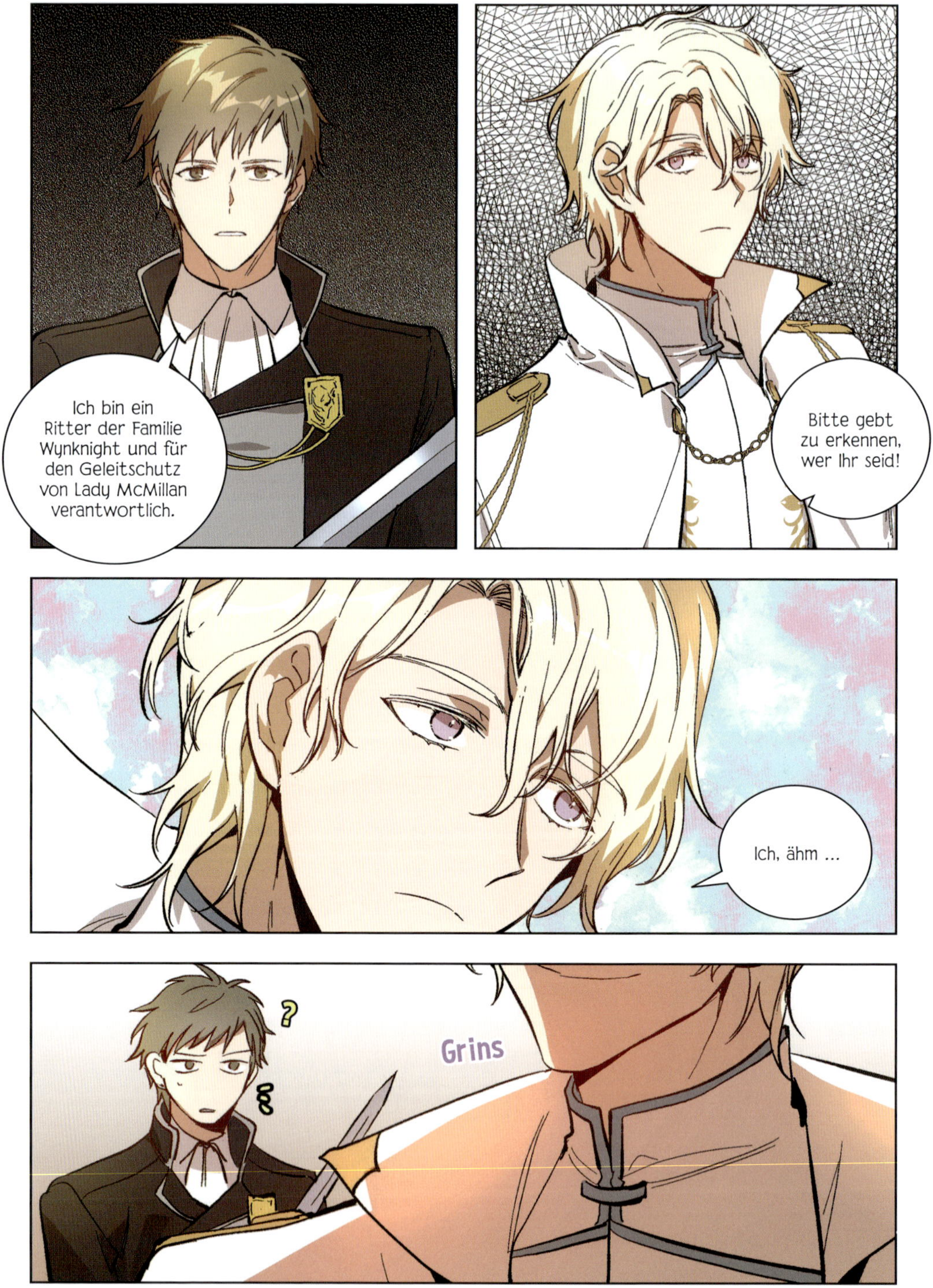
Ich bin ein Ritter der Familie Wynknight und für den Geleitschutz von Lady McMillan verantwortlich.
Bitte gebt zu erkennen, wer Ihr seid!
Ich, ähm ...
?
Grins

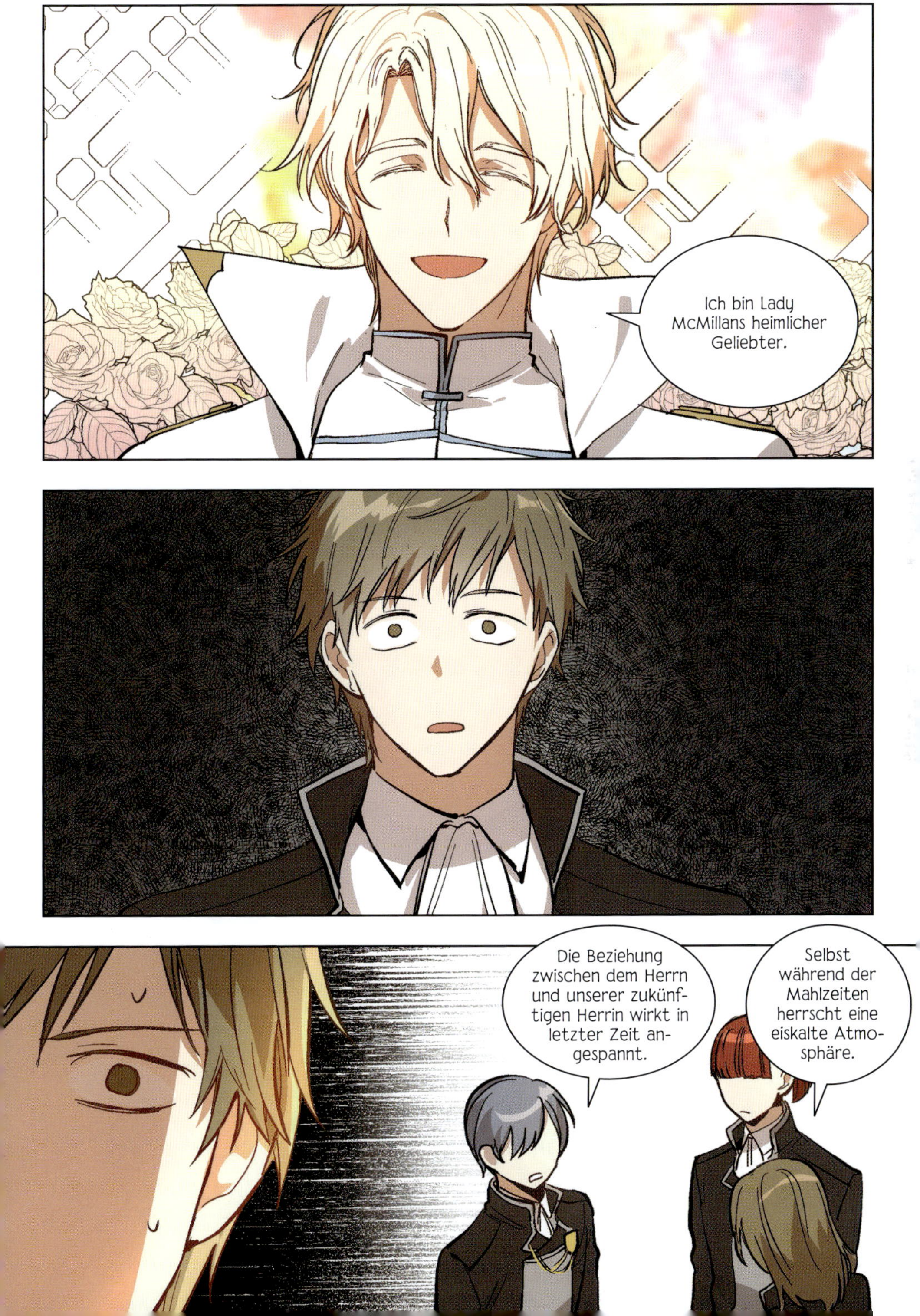
Ich bin Lady McMillans heimlicher Geliebter.
Die Beziehung zwischen dem Herrn und unserer zukünftigen Herrin wirkt in letzter Zeit angespannt.
Selbst während der Mahlzeiten herrscht eine eiskalte Atmosphäre.

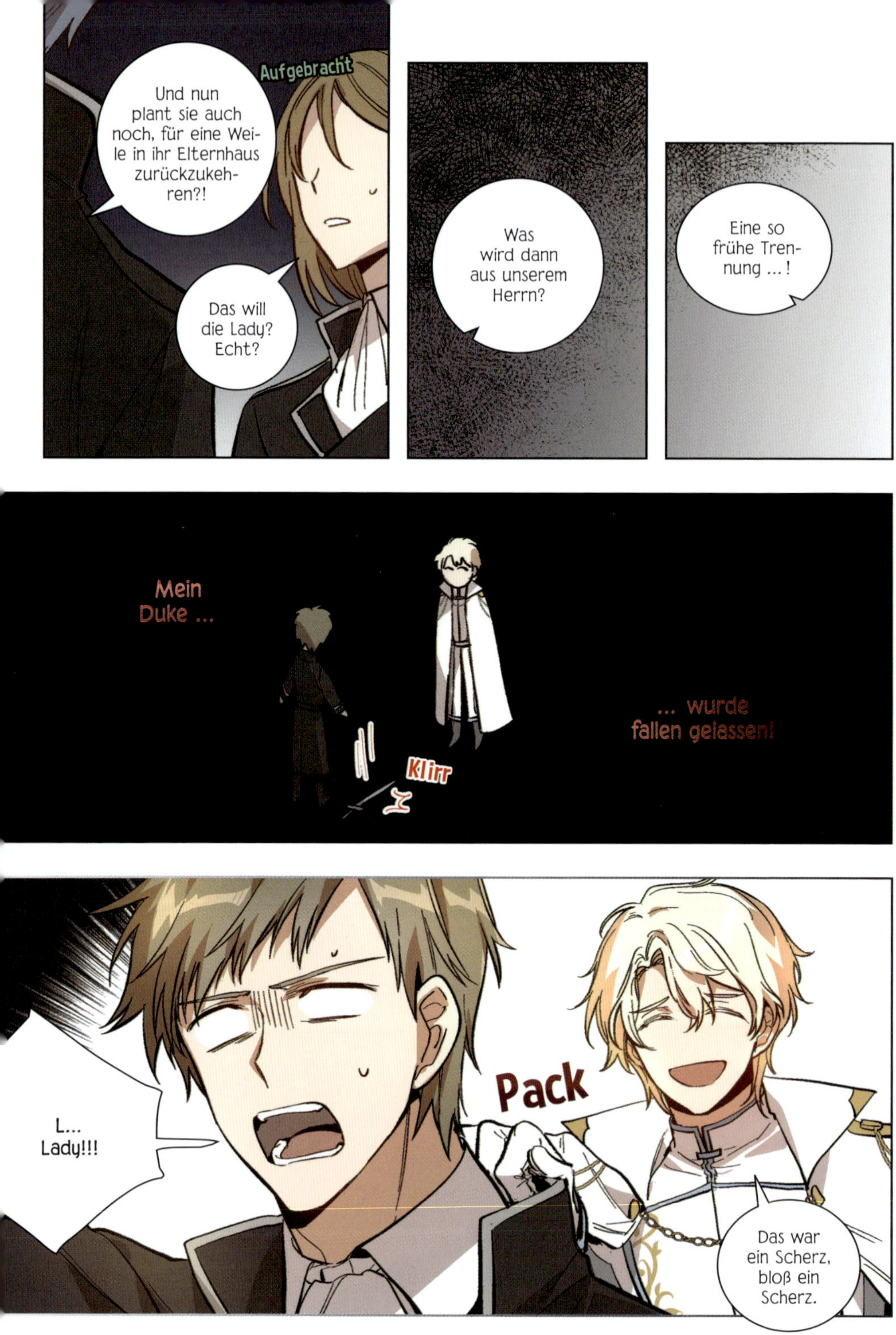
Aufgebracht
Und nun plant sie auch noch, für eine Weile in ihr Elternhaus zurückzukehren?!
Das will die Lady? Echt?
Was wird dann aus unserem Herrn?
Eine so frühe Trennung …!
Mein Duke …
… wurde fallen gelassen!
Klirr
Pack
L... Lady!!!
Das war ein Scherz, bloß ein Scherz.

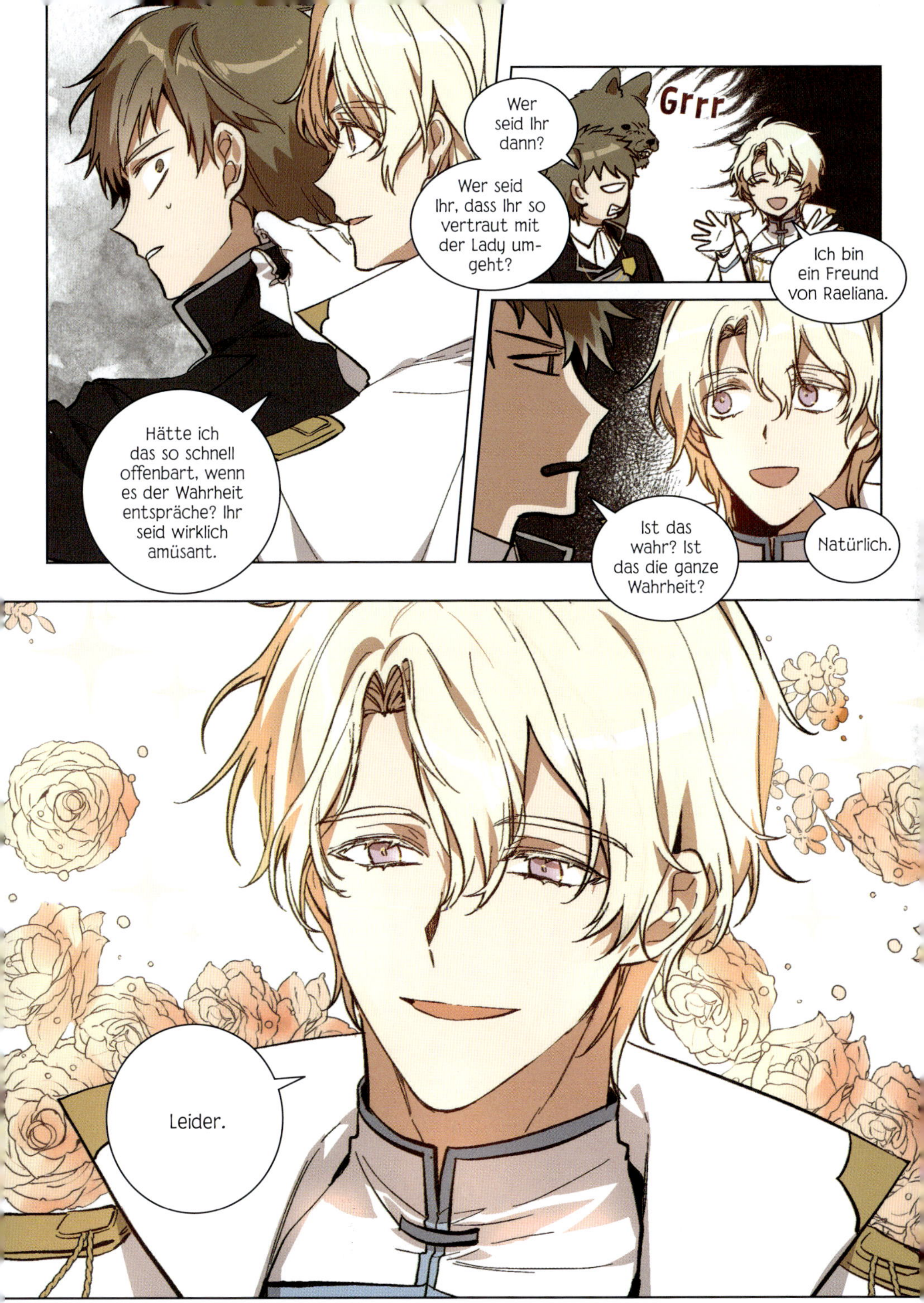
Wer seid Ihr dann?
Wer seid Ihr, dass Ihr so vertraut mit der Lady umgeht?
Grrr
Ich bin ein Freund von Raeliana.
Hätte ich das so schnell offenbart, wenn es der Wahrheit entspräche? Ihr seid wirklich amüsant.
Ist das wahr? Ist das die ganze Wahrheit?
Natürlich.
Leider.

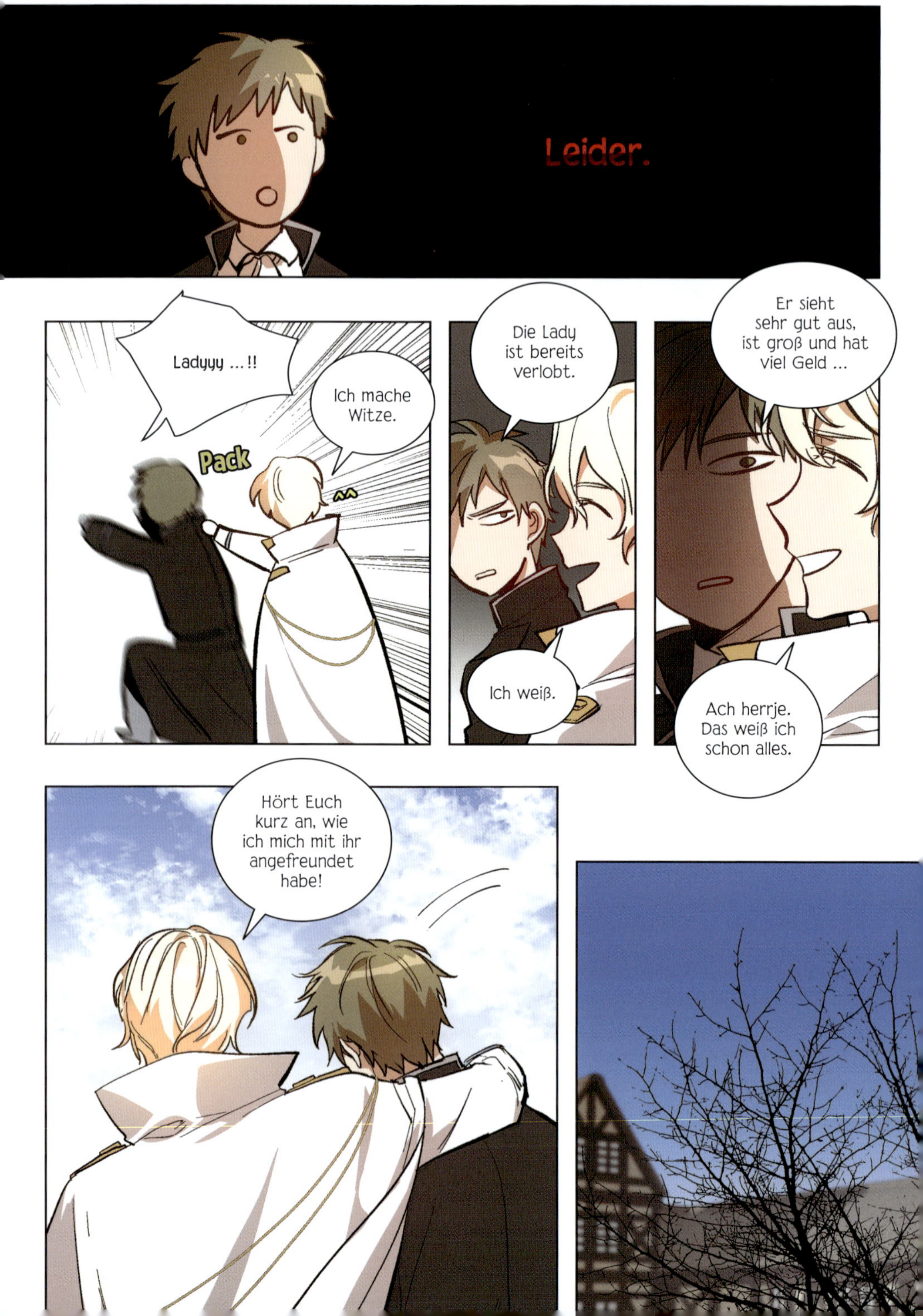
Leider.
Ladyyy ...!!
Pack
Ich mache Witze.
^^
Die Lady ist bereits verlobt.
Ich weiß.
Er sieht sehr gut aus, ist groß und hat viel Geld ...
Ach herrje. Das weiß ich schon alles.
Hört Euch kurz an, wie ich mich mit ihr angefreundet habe!

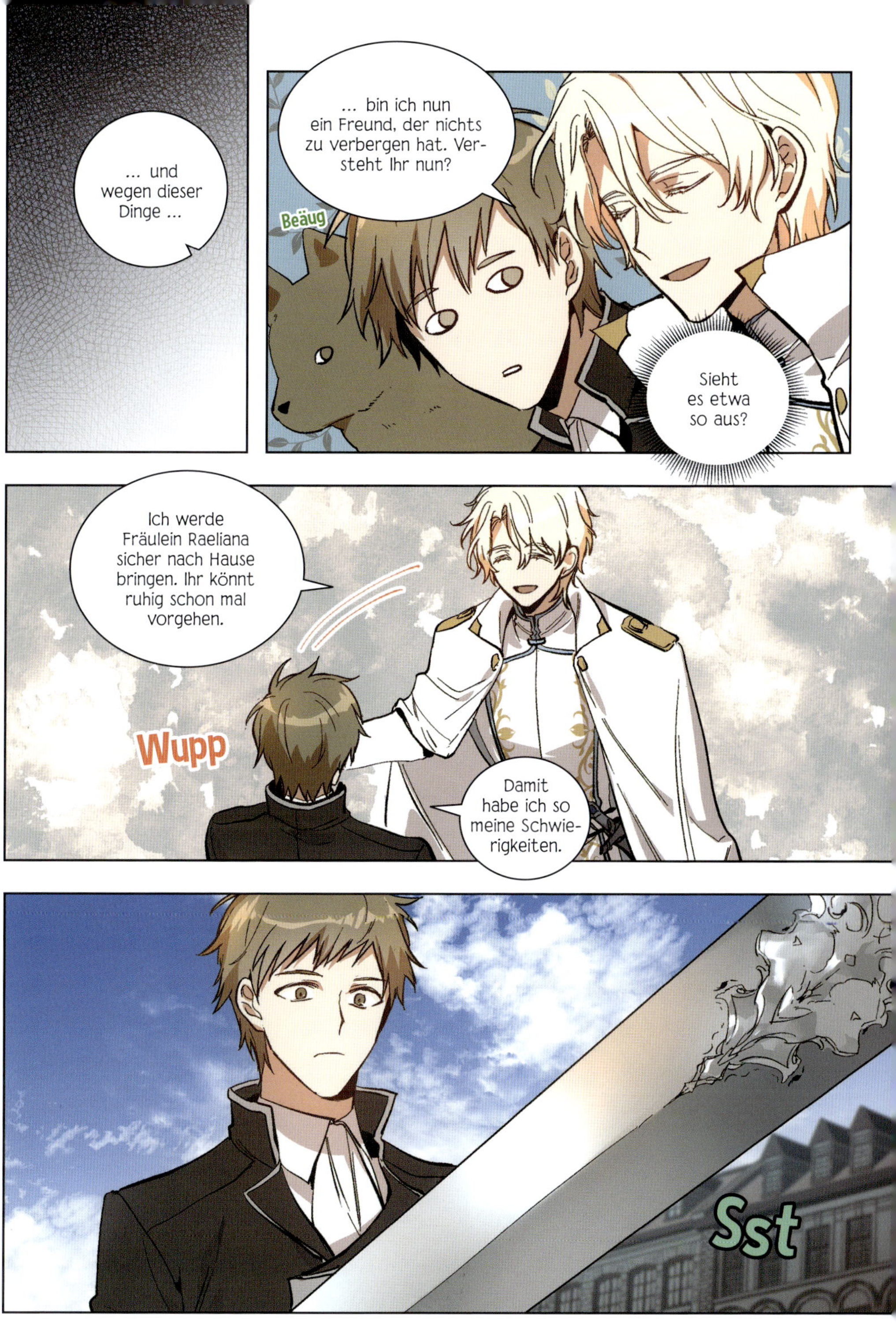
... und wegen dieser Dinge ...
... bin ich nun ein Freund, der nichts zu verbergen hat. Versteht Ihr nun?
Beäug
Sieht es etwa so aus?
Ich werde Fräulein Raeliana sicher nach Hause bringen. Ihr könnt ruhig schon mal vorgehen.
Wupp
Damit habe ich so meine Schwierigkeiten.
Sst

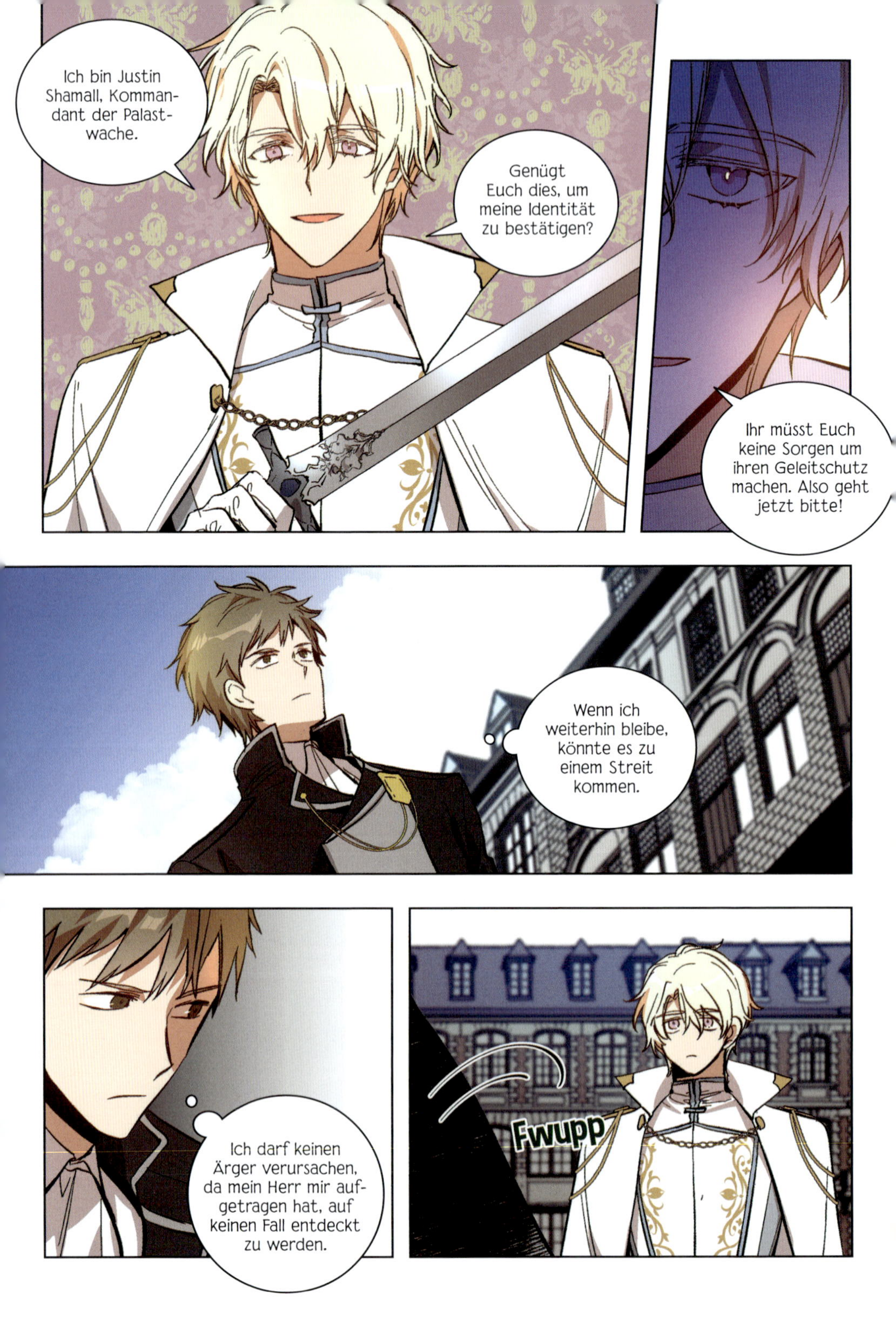

Ich bin Justin Shamall, Kommandant der Palastwache.
Genügt Euch dies, um meine Identität zu bestätigen?
Ihr müsst Euch keine Sorgen um ihren Geleitschutz machen. Also geht jetzt bitte!
Wenn ich weiterhin bleibe, könnte es zu einem Streit kommen.
Ich darf keinen Ärger verursachen, da mein Herr mir aufgetragen hat, auf keinen Fall entdeckt zu werden.
Fwupp

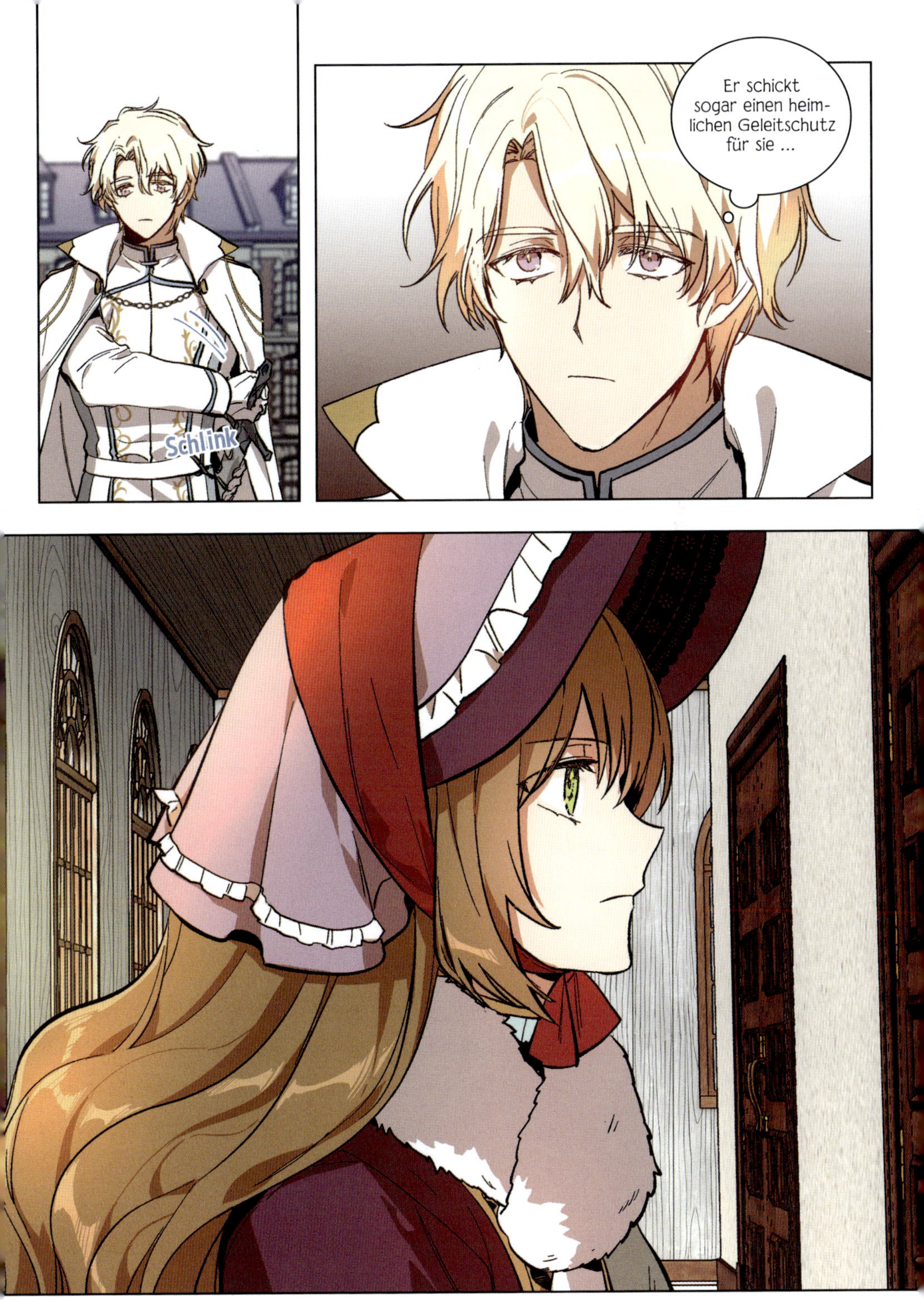
Schlink
Er schickt sogar einen heimlichen Geleitschutz für sie ...

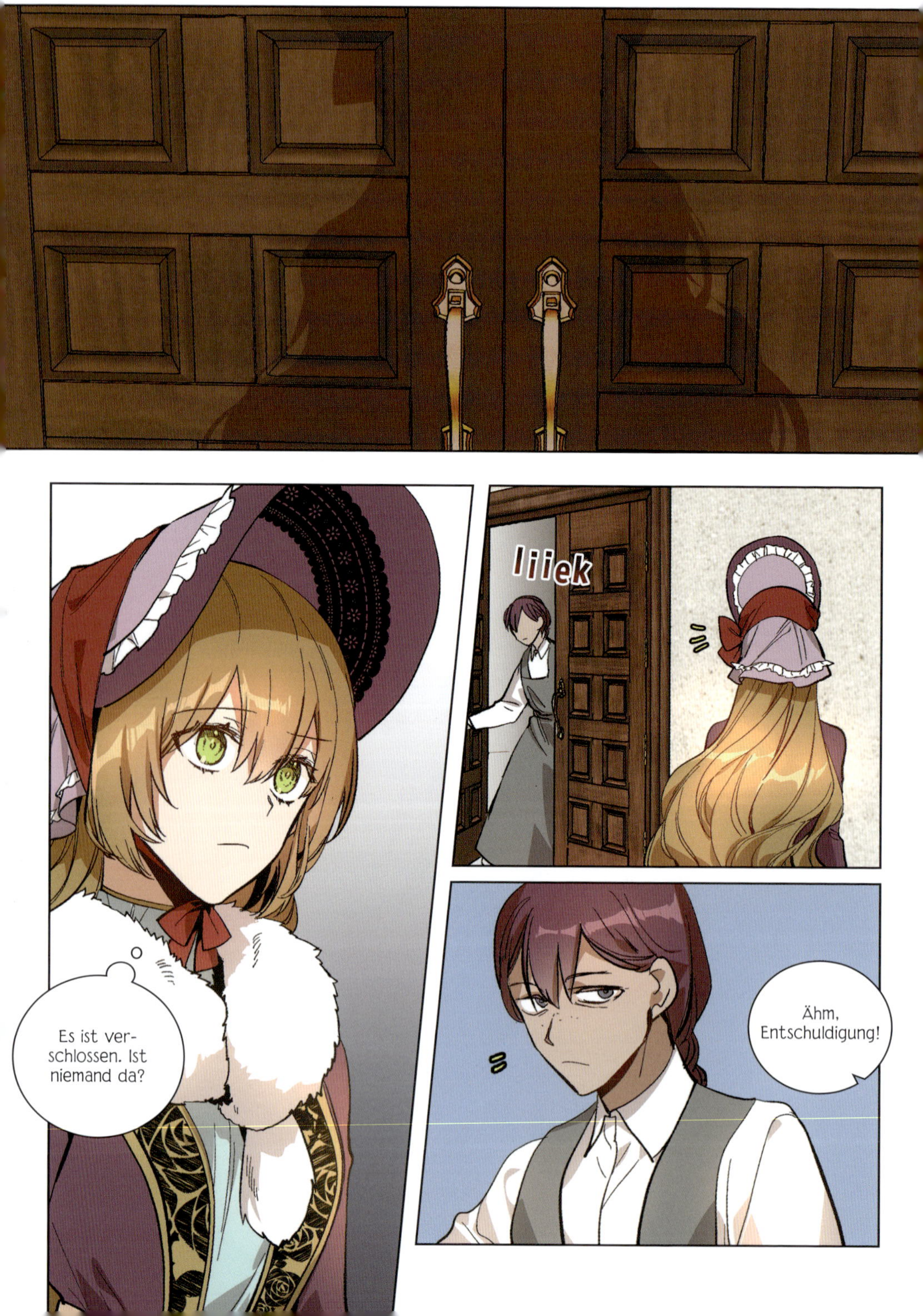
Iiiek
Es ist verschlossen. Ist niemand da?
Ähm, Entschuldigung!

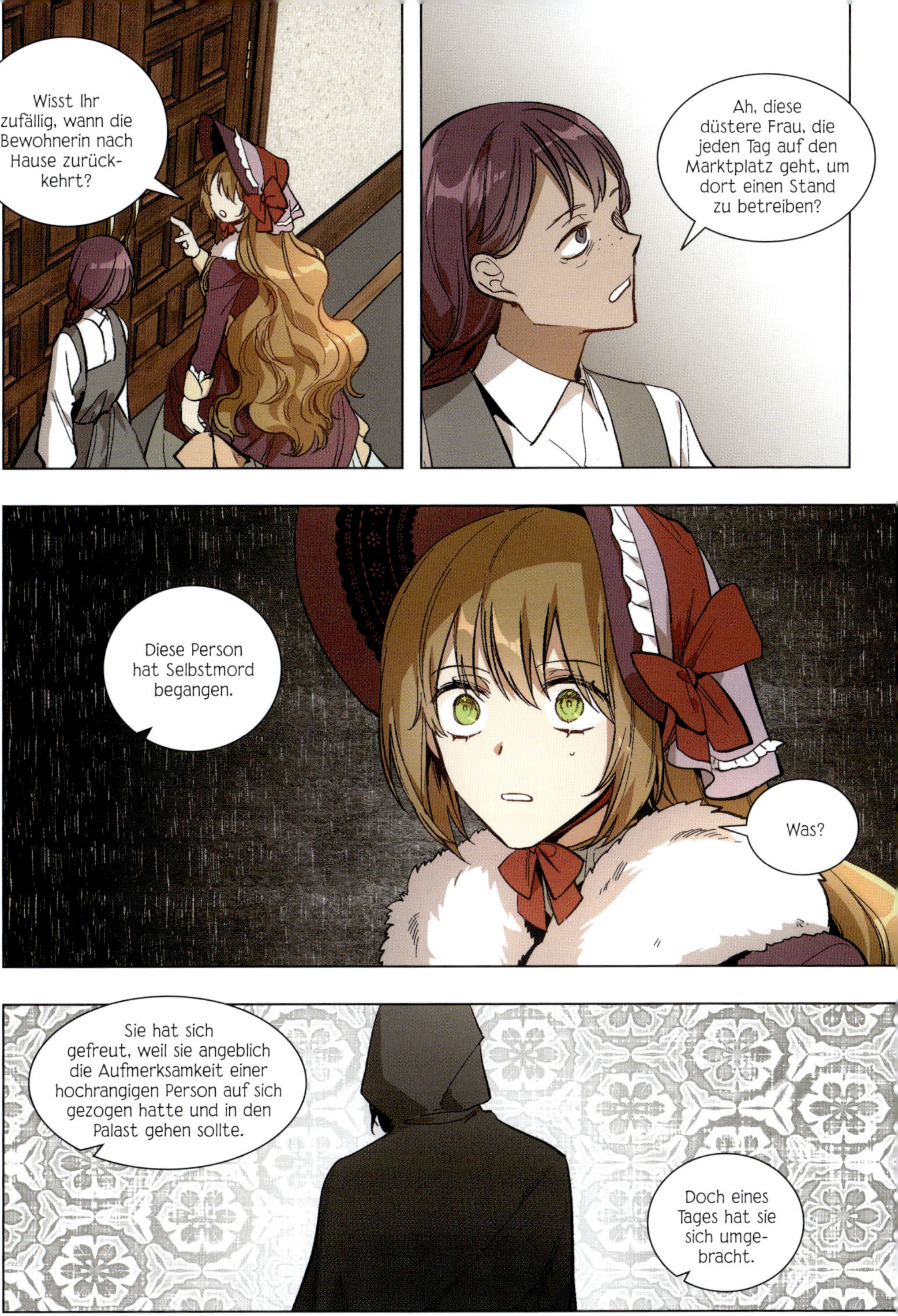

Wisst Ihr zufällig, wann die Bewohnerin nach Hause zurück-kehrt?
Ah, diese düstere Frau, die jeden Tag auf den Marktplatz geht, um dort einen Stand zu betreiben?
Diese Person hat Selbstmord begangen.
Was?
Sie hat sich gefreut, weil sie angeblich die Aufmerksamkeit einer hochrangigen Person auf sich gezogen hatte und in den Palast gehen sollte.
Doch eines Tages hat sie sich umge-bracht.

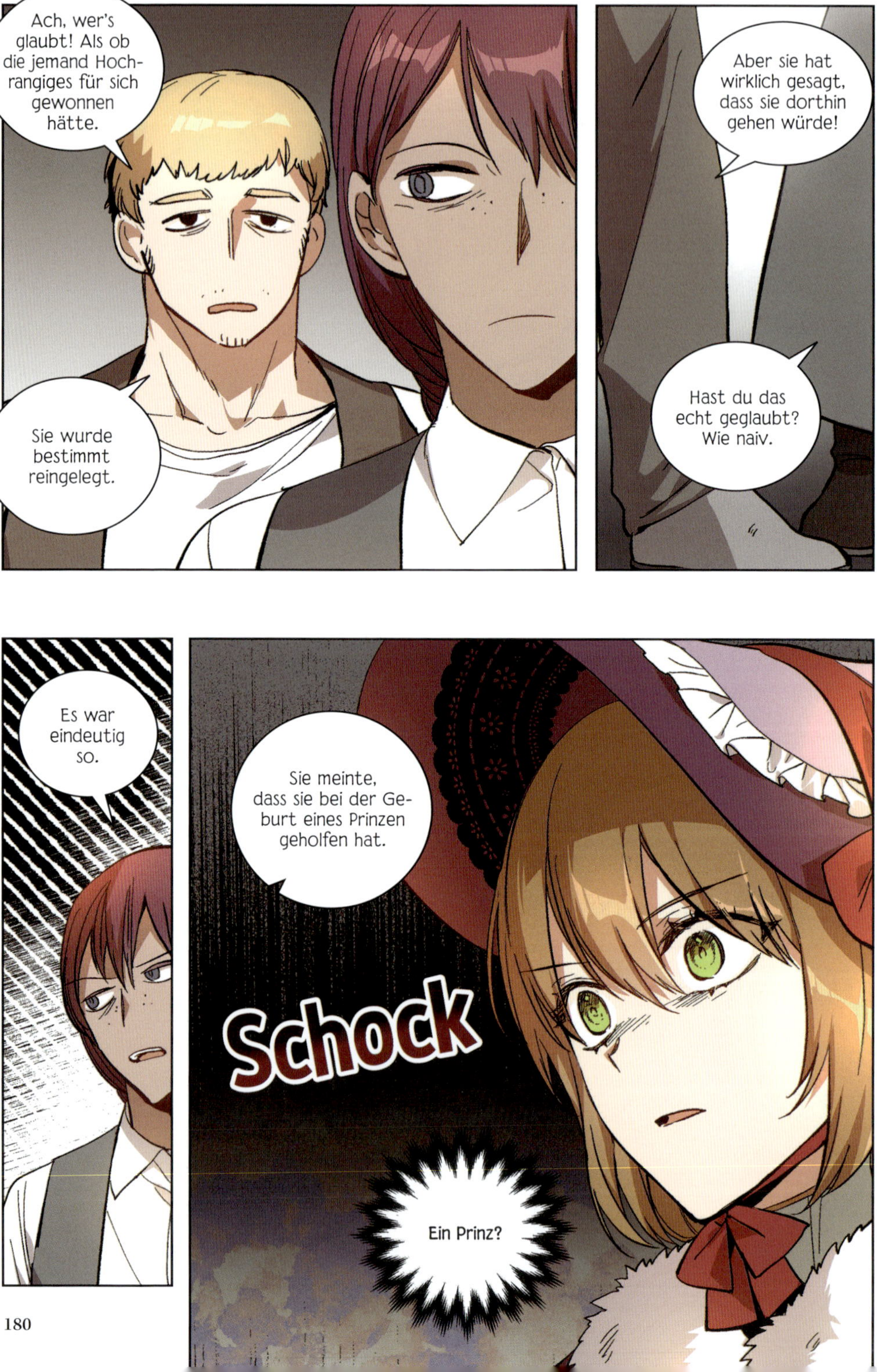
Ach, wer's glaubt! Als ob die jemand Hochrangiges für sich gewonnen hätte.
Sie wurde bestimmt reingelegt.
Aber sie hat wirklich gesagt, dass sie dorthin gehen würde!
Hast du das echt geglaubt? Wie naiv.
Es war eindeutig so.
Sie meinte, dass sie bei der Geburt eines Prinzen geholfen hat.
Schock
Ein Prinz?

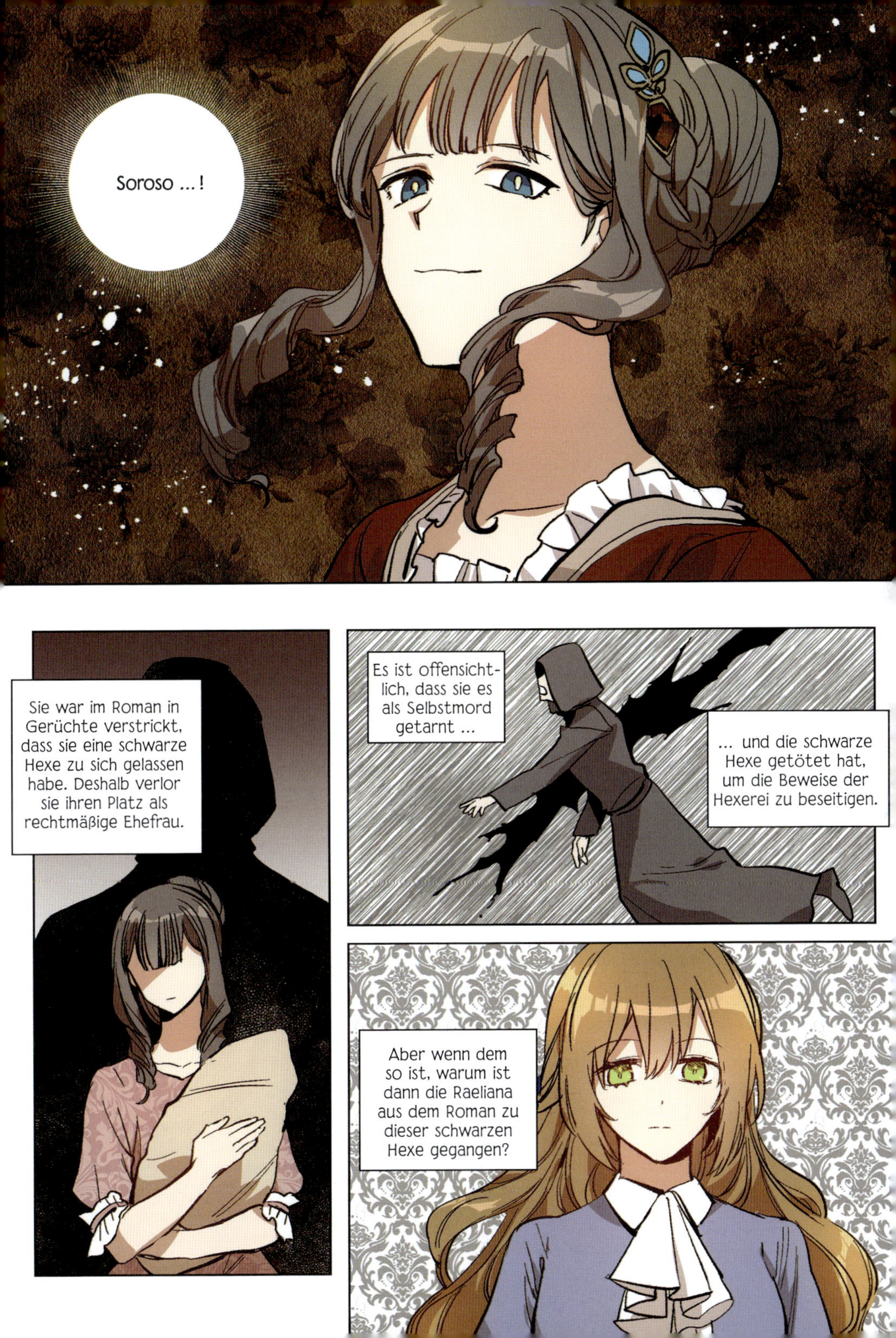
Soroso ... !
Sie war im Roman in Gerüchte verstrickt, dass sie eine schwarze Hexe zu sich gelassen habe. Deshalb verlor sie ihren Platz als rechtmäßige Ehefrau.
Es ist offensichtlich, dass sie es als Selbstmord getarnt ...
... und die schwarze Hexe getötet hat, um die Beweise der Hexerei zu beseitigen.
Aber wenn dem so ist, warum ist dann die Raeliana aus dem Roman zu dieser schwarzen Hexe gegangen?

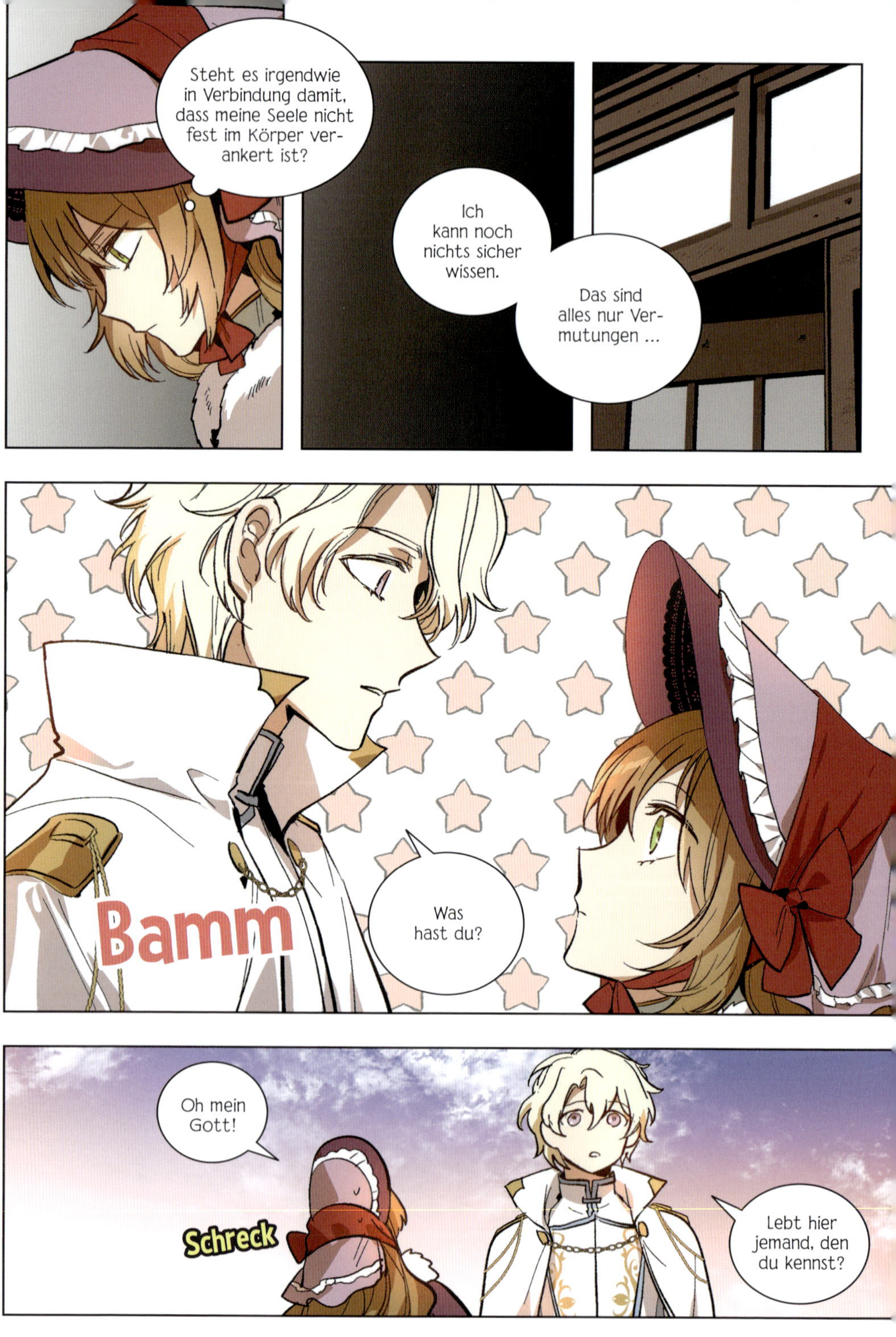
Steht es irgendwie in Verbindung damit, dass meine Seele nicht fest im Körper ver- ankert ist?
Ich kann noch nichts sicher wissen.
Das sind alles nur Ver- mutungen ...
Bamm
Was hast du?
Oh mein Gott!
Schreck
Lebt hier jemand, den du kennst?

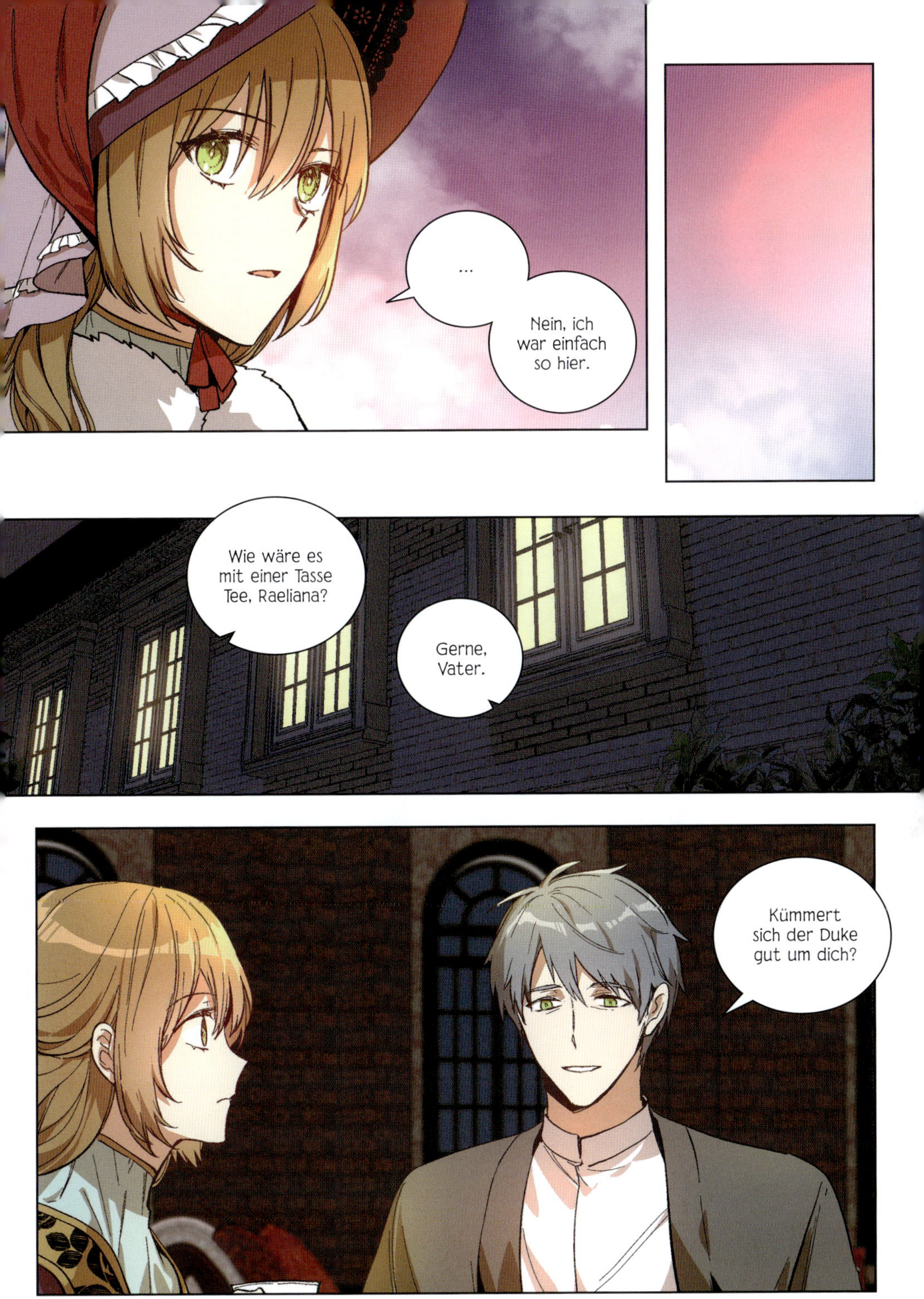
...
Nein, ich war einfach so hier.
Wie wäre es mit einer Tasse Tee, Raeliana?
Gerne, Vater.
Kümmert sich der Duke gut um dich?

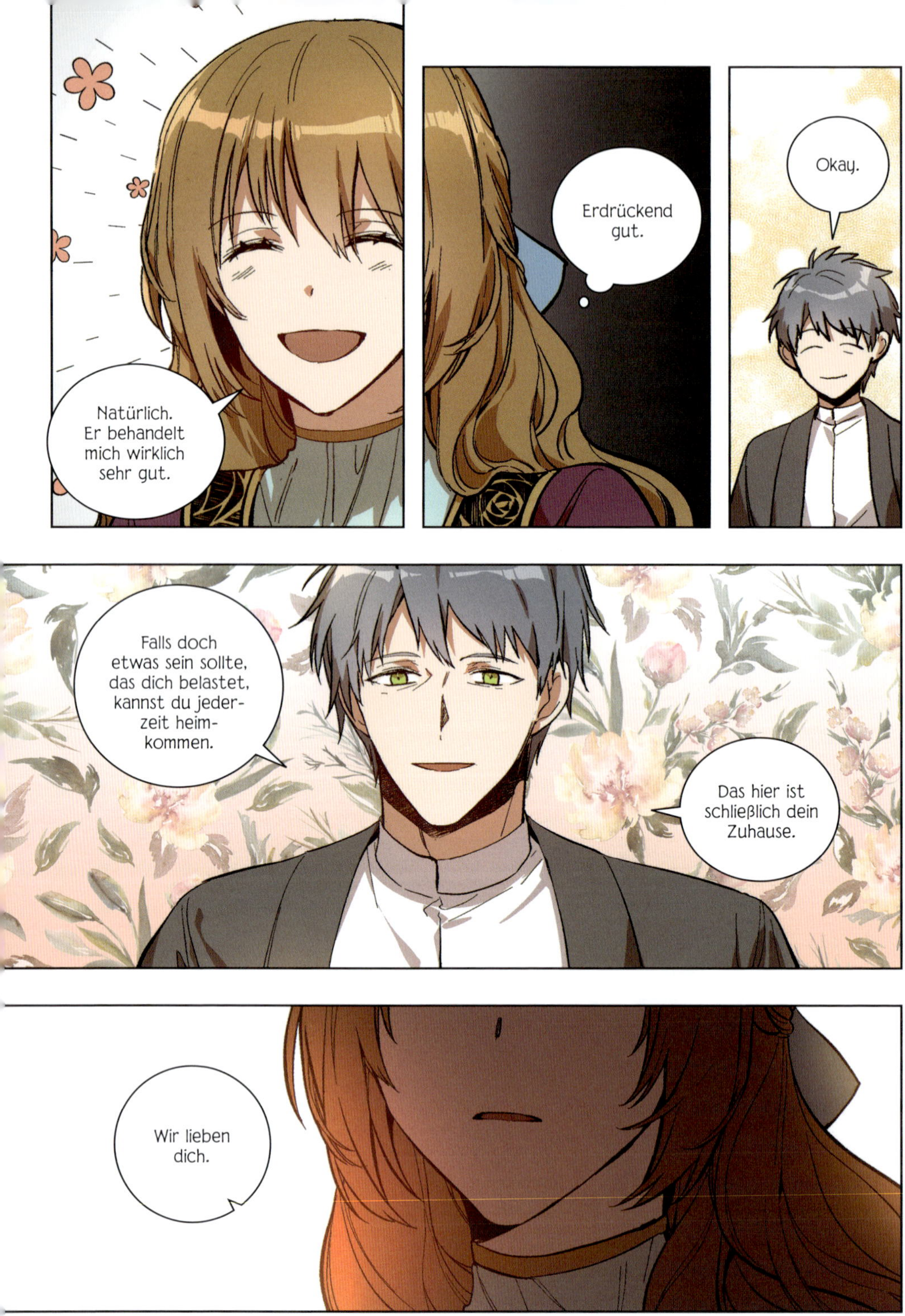
Natürlich. Er behandelt mich wirklich sehr gut.
Erdrückend gut.
Okay.
Falls doch etwas sein sollte, das dich belastet, kannst du jederzeit heimkommen.
Das hier ist schließlich dein Zuhause.
Wir lieben dich.

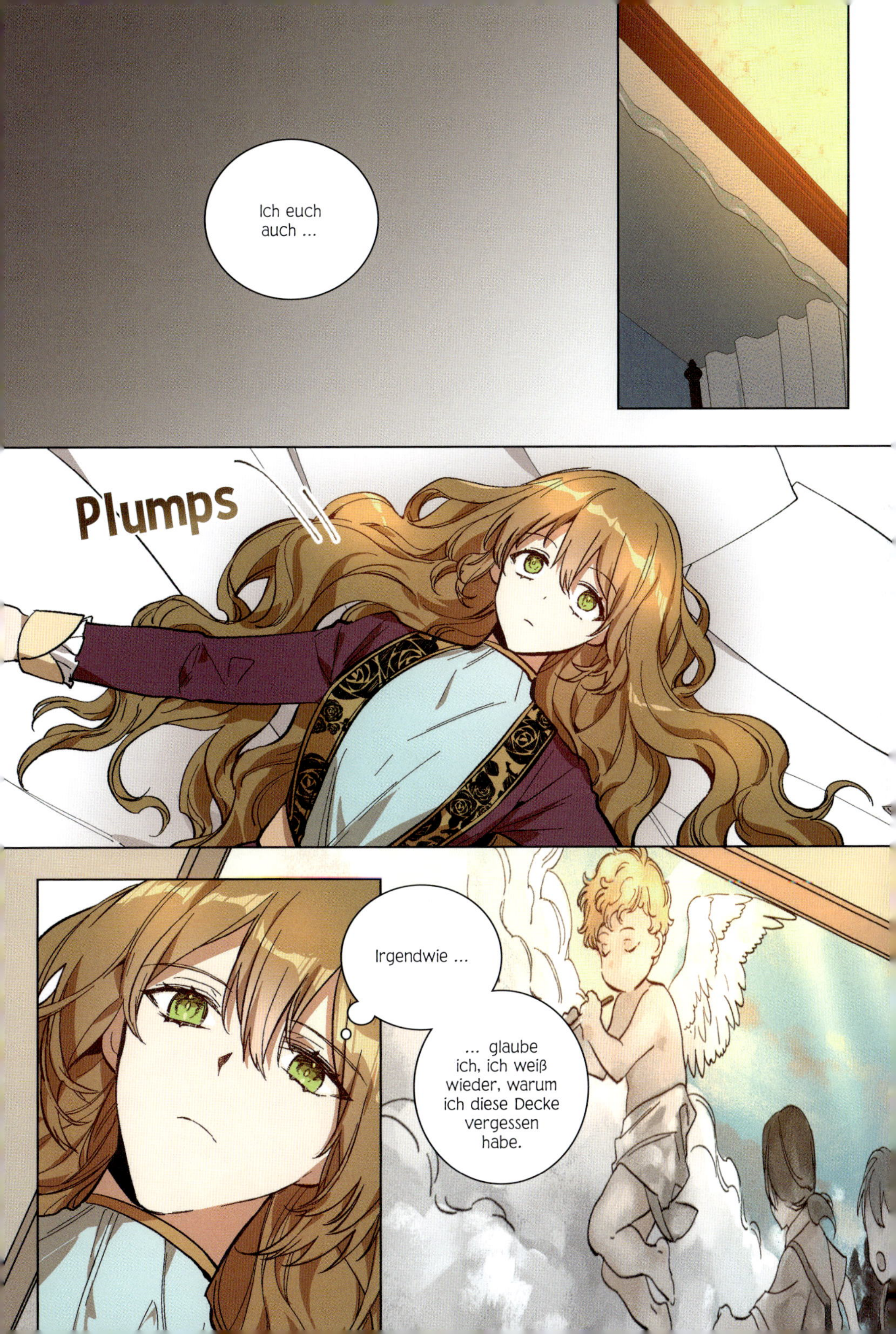
Ich euch auch ...
Plumps
Irgendwie ...
... glaube ich, ich weiß wieder, warum ich diese Decke vergessen habe.

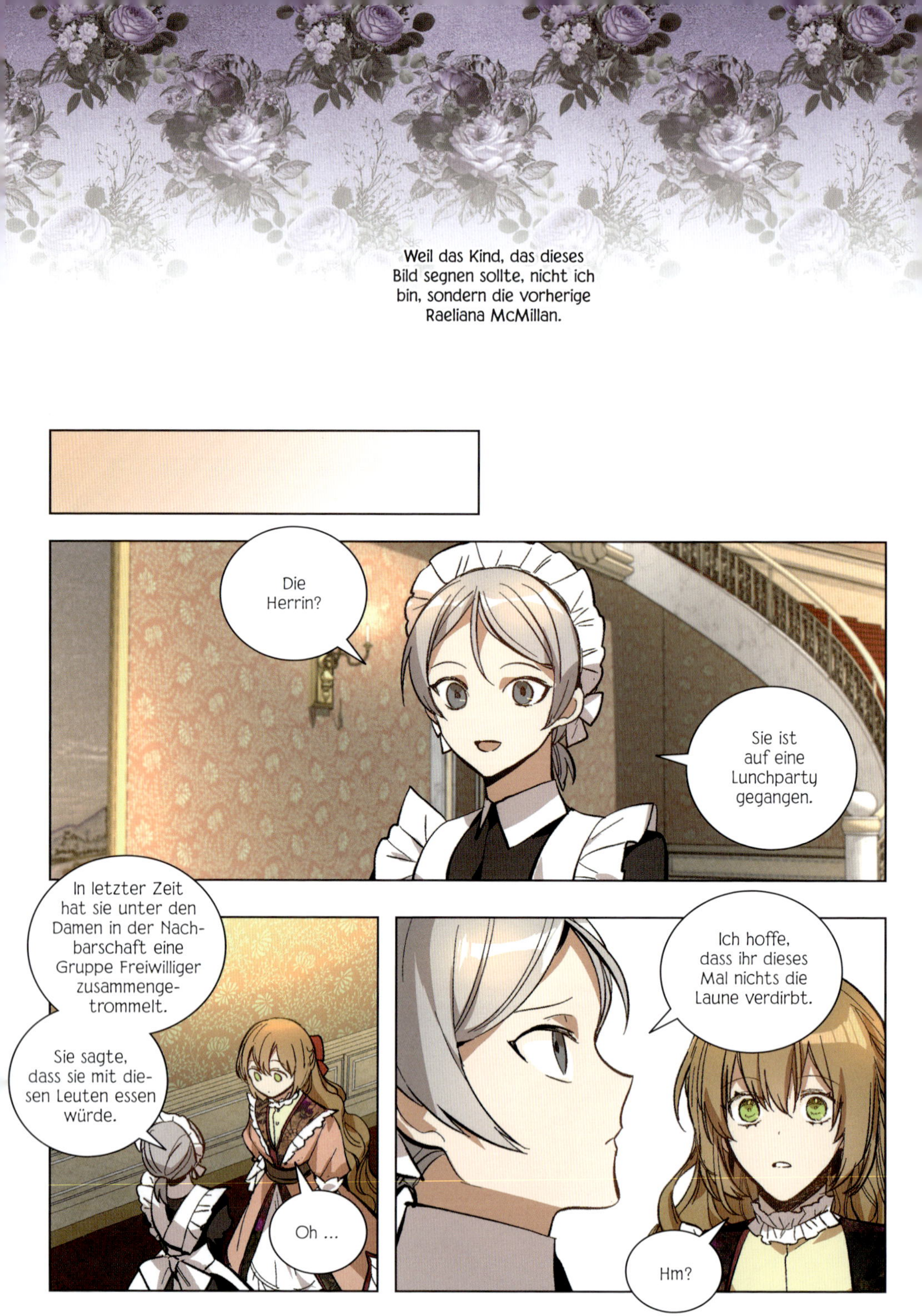
Weil das Kind, das dieses Bild segnen sollte, nicht ich bin, sondern die vorherige Raeliana McMillan.
Die Herrin?
Sie ist auf eine Lunchparty gegangen.
In letzter Zeit hat sie unter den Damen in der Nachbarschaft eine Gruppe Freiwilliger zusammengetrommelt.
Sie sagte, dass sie mit diesen Leuten essen würde.
Oh ...
Ich hoffe, dass ihr dieses Mal nichts die Laune verdirbt.
Hm?

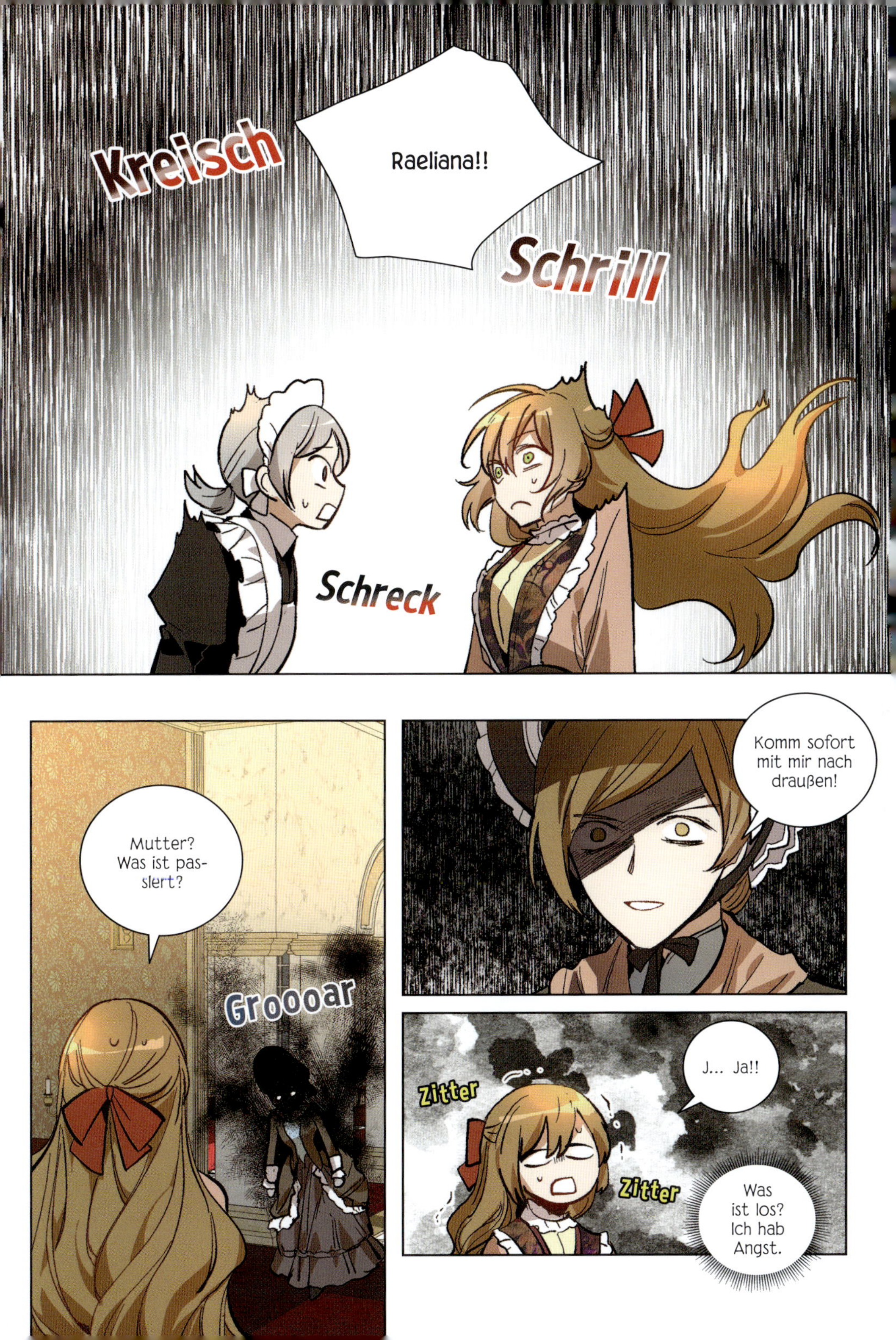
Kreisch
Raeliana!!
Schrill
Schreck
Mutter? Was ist pas-siert?
Groooar
Komm sofort mit mir nach draußen!
Zitter
J... Ja!!
Zitter
Was ist los? Ich hab Angst.

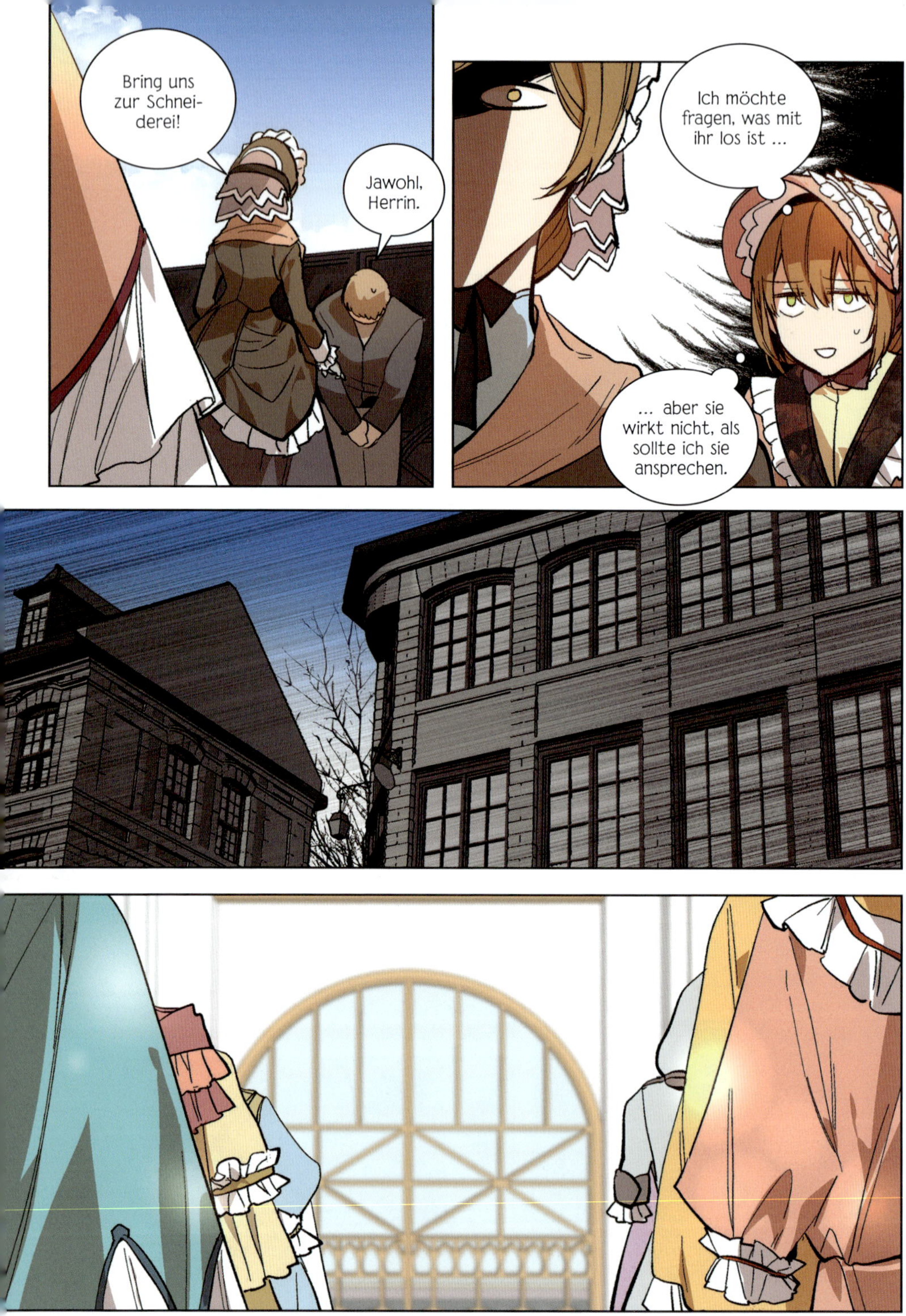
Bring uns zur Schnei-derei!
Jawohl, Herrin.
Ich möchte fragen, was mit ihr los ist ...
... aber sie wirkt nicht, als sollte ich sie ansprechen.

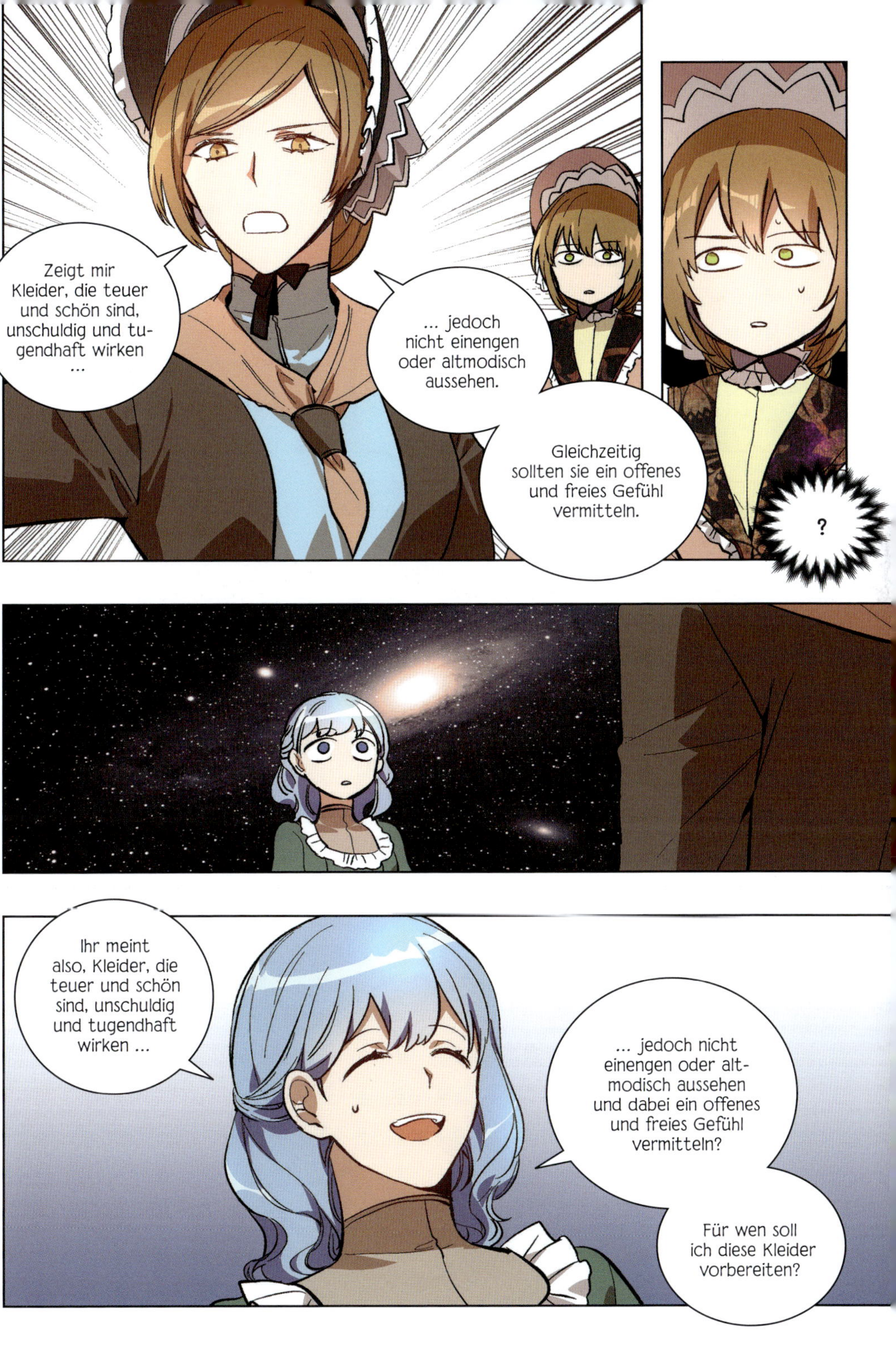
Zeigt mir Kleider, die teuer und schön sind, unschuldig und tugendhaft wirken ...
... jedoch nicht einengen oder altmodisch aussehen.
Gleichzeitig sollten sie ein offenes und freies Gefühl vermitteln.
?
Ihr meint also, Kleider, die teuer und schön sind, unschuldig und tugendhaft wirken ...
... jedoch nicht einengen oder altmodisch aussehen und dabei ein offenes und freies Gefühl vermitteln?
Für wen soll ich diese Kleider vorbereiten?

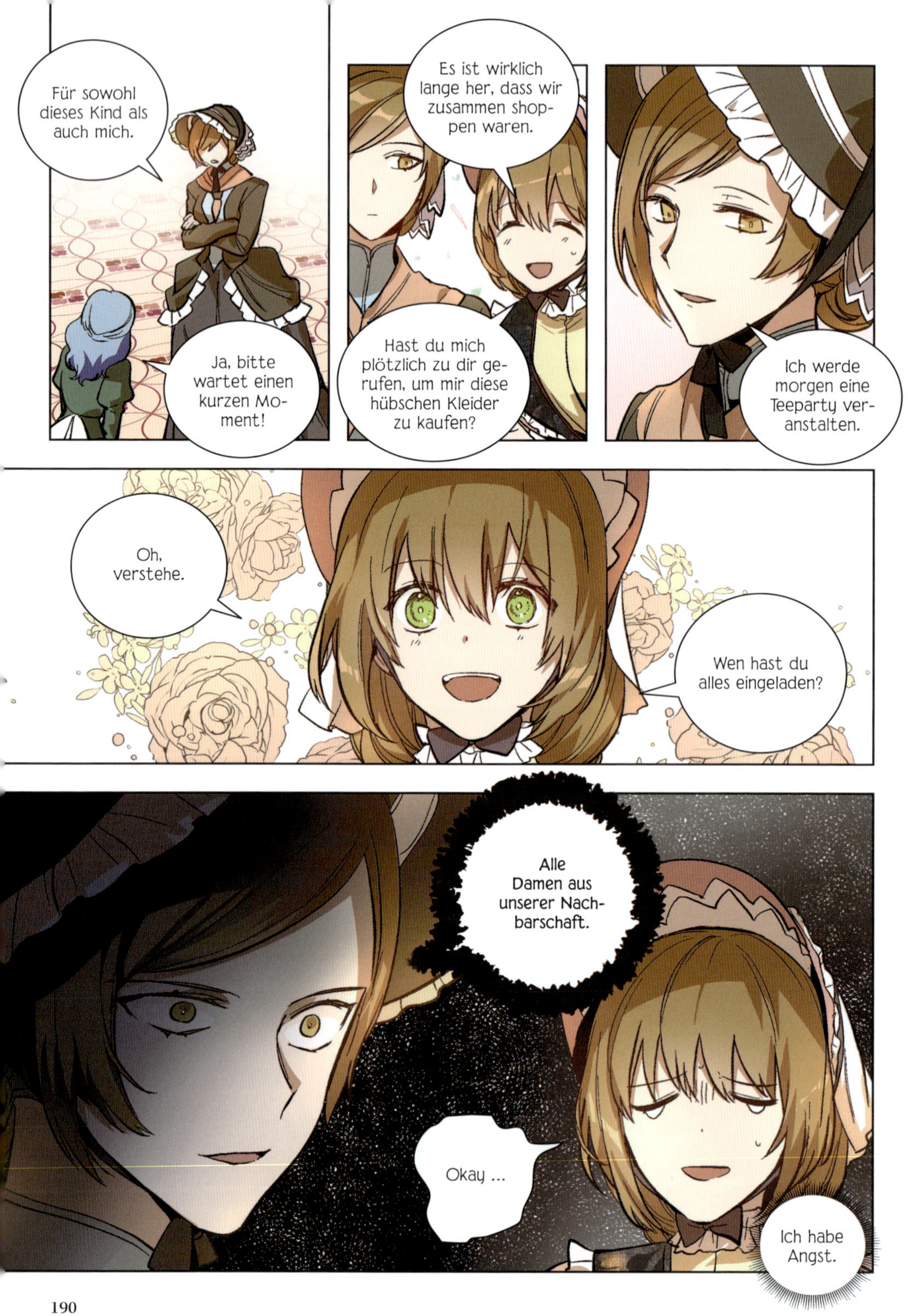
Für sowohl dieses Kind als auch mich.
Ja, bitte wartet einen kurzen Moment!
Es ist wirklich lange her, dass wir zusammen shoppen waren.
Hast du mich plötzlich zu dir gerufen, um mir diese hübschen Kleider zu kaufen?
Ich werde morgen eine Teeparty veranstalten.
Oh, verstehe.
Wen hast du alles eingeladen?
Alle Damen aus unserer Nachbarschaft.
Okay ...
Ich habe Angst.

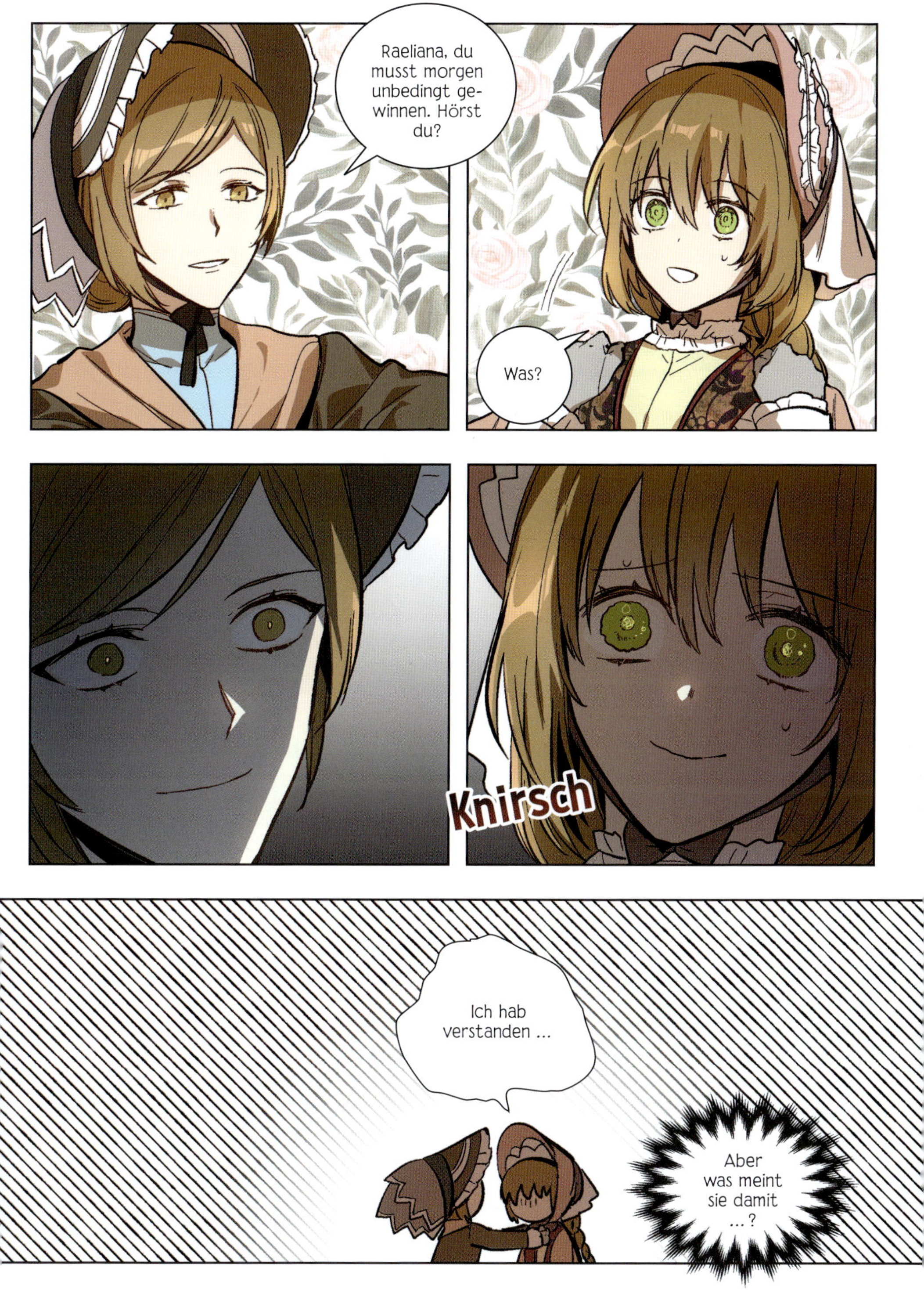
Raeliana, du musst morgen unbedingt gewinnen. Hörst du?
Was?
Knirsch
Ich hab verstanden ...
Aber was meint sie damit ...?

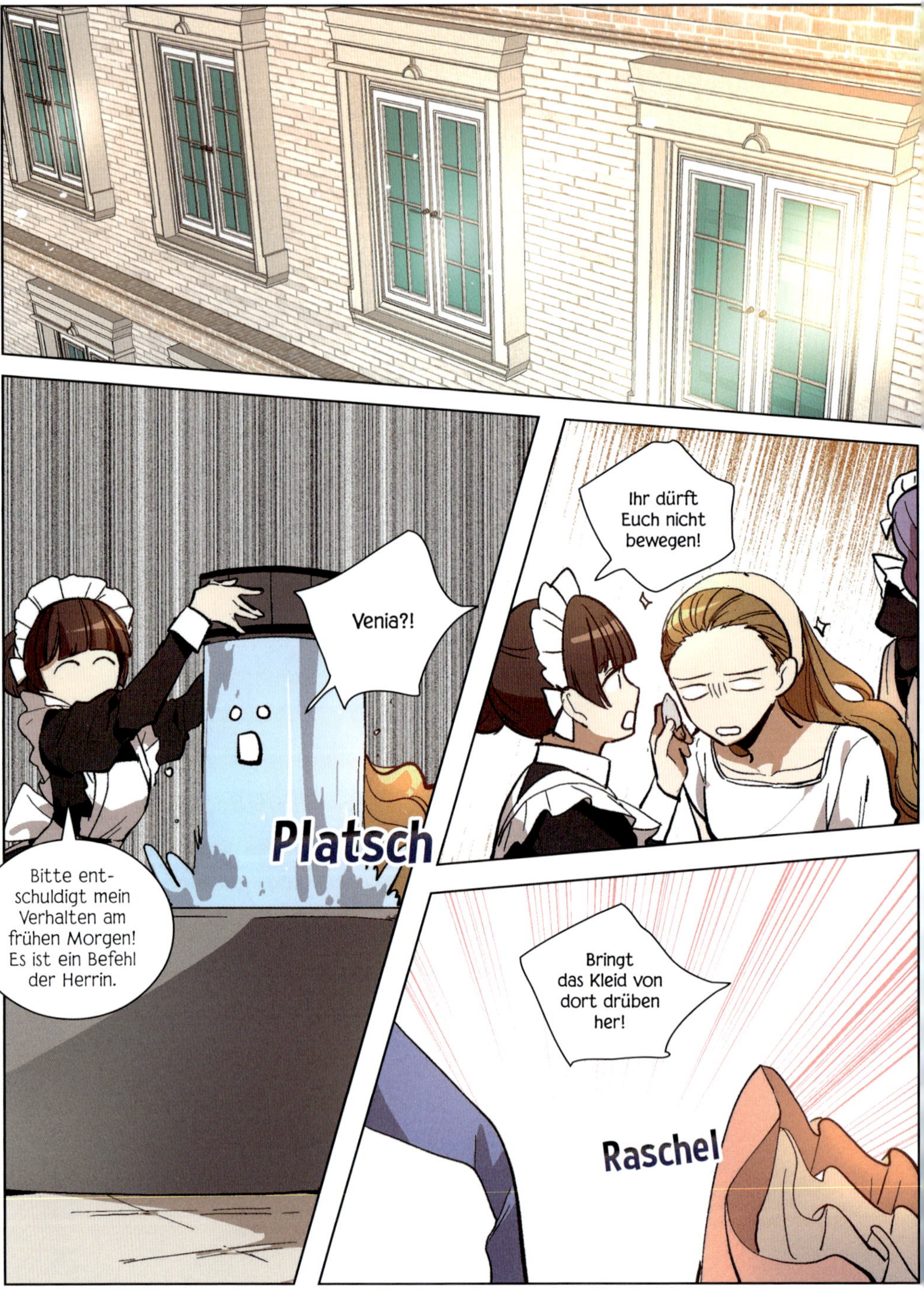
Venia?!
Bitte entschuldigt mein Verhalten am frühen Morgen! Es ist ein Befehl der Herrin.
Platsch
Ihr dürft Euch nicht bewegen!
Bringt das Kleid von dort drüben her!
Raschel

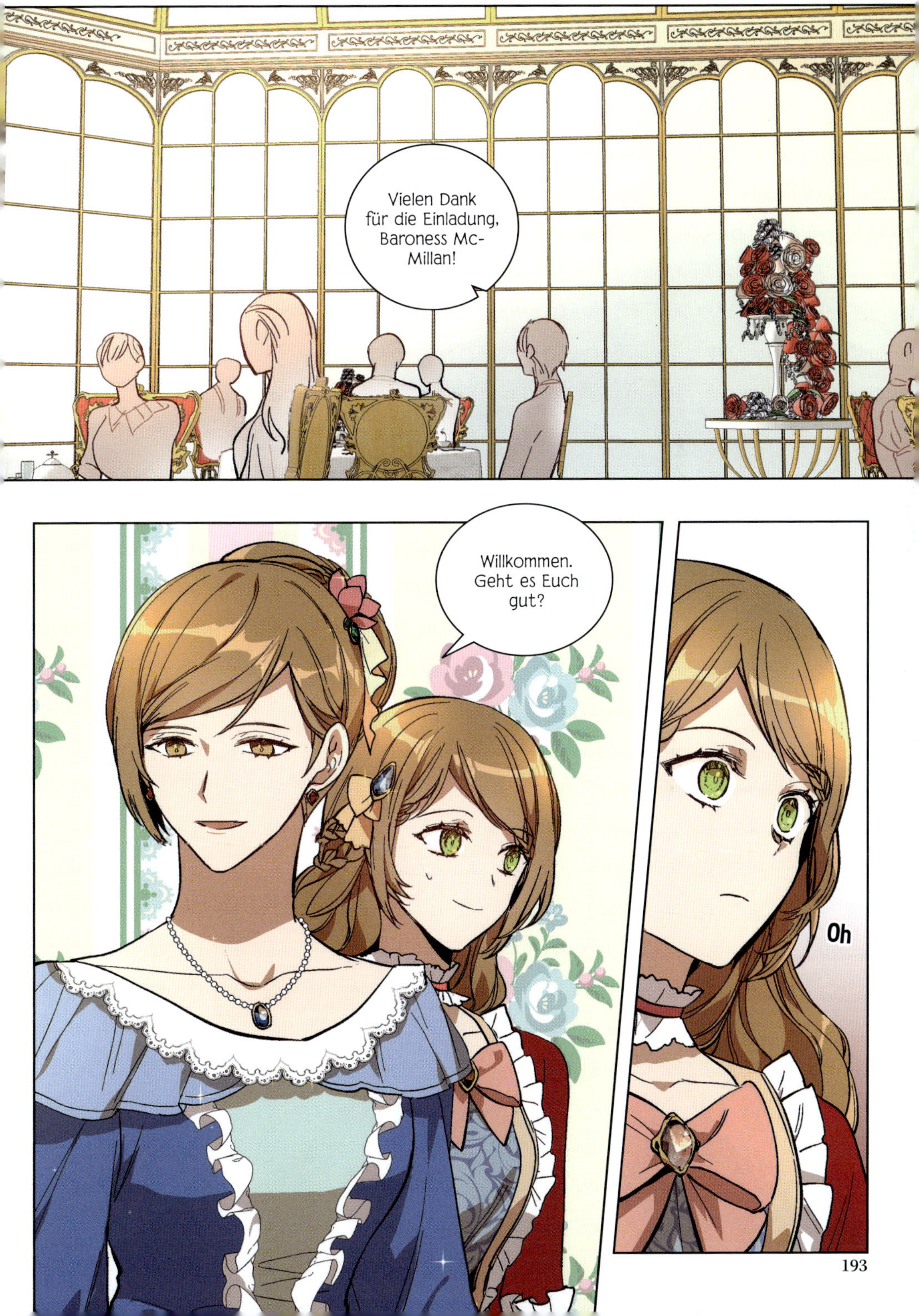
Vielen Dank für die Einladung, Baroness Mc-Millan!
Willkommen. Geht es Euch gut?
Oh

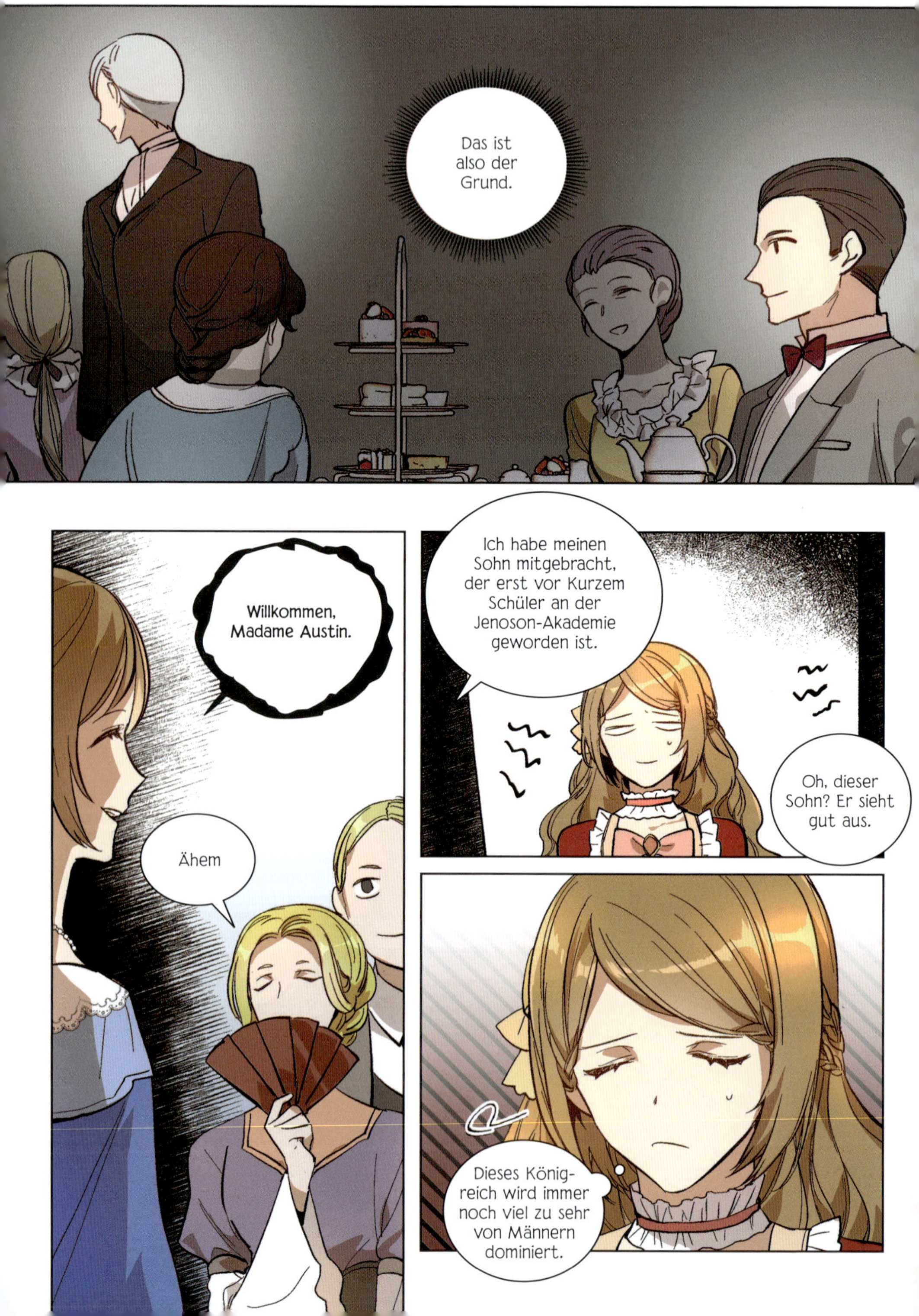
Das ist also der Grund.
Willkommen, Madame Austin.
Ähem
Ich habe meinen Sohn mitgebracht, der erst vor Kurzem Schüler an der Jenoson-Akademie geworden ist.
Oh, dieser Sohn? Er sieht gut aus.
Dieses Königreich wird immer noch viel zu sehr von Männern dominiert.

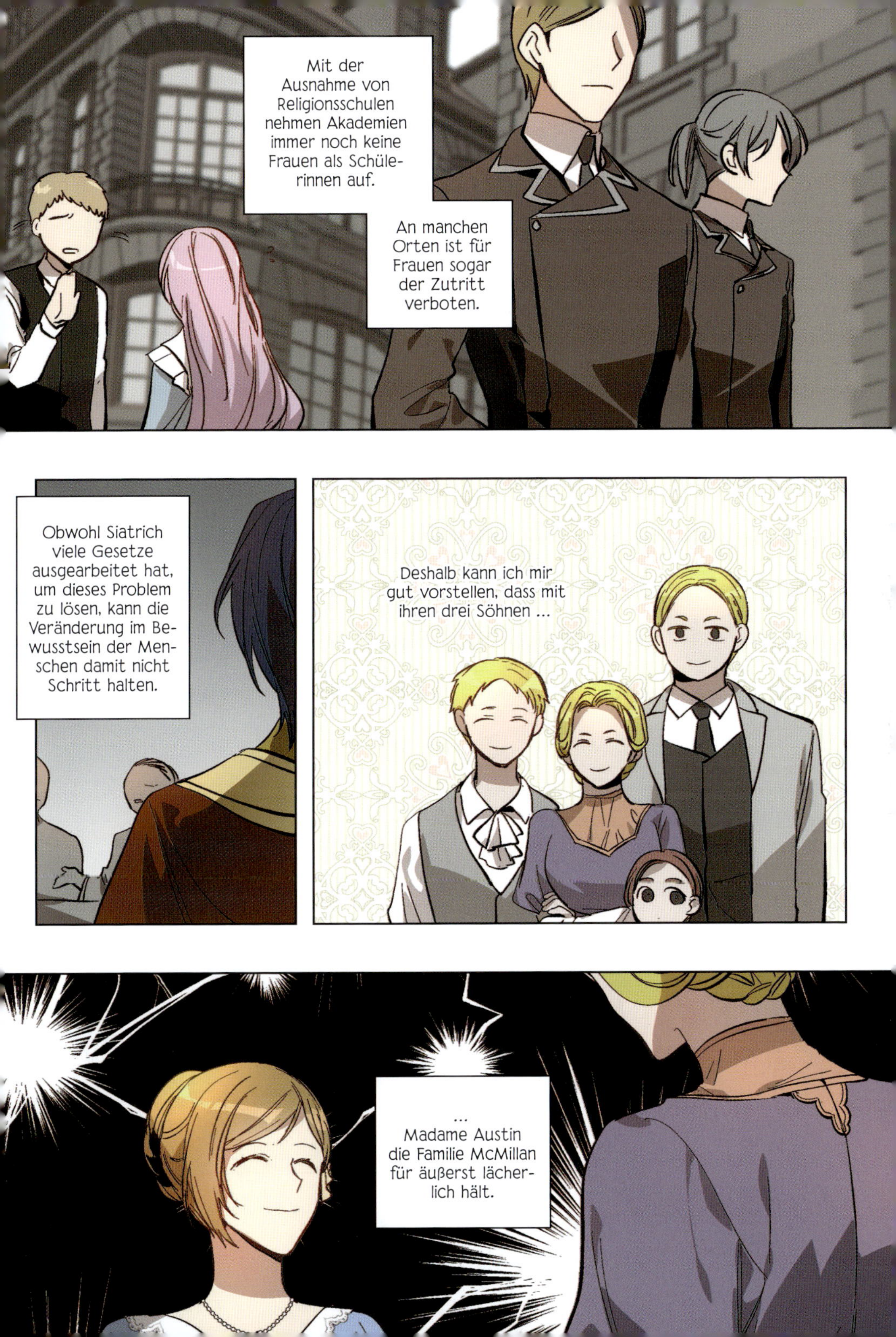
Mit der Ausnahme von Religionsschulen nehmen Akademien immer noch keine Frauen als Schülerinnen auf.
An manchen Orten ist für Frauen sogar der Zutritt verboten.
Obwohl Siatrich viele Gesetze ausgearbeitet hat, um dieses Problem zu lösen, kann die Veränderung im Bewusstsein der Menschen damit nicht Schritt halten.
Deshalb kann ich mir gut vorstellen, dass mit ihren drei Söhnen ...
... Madame Austin die Familie McMillan für äußerst lächerlich hält.

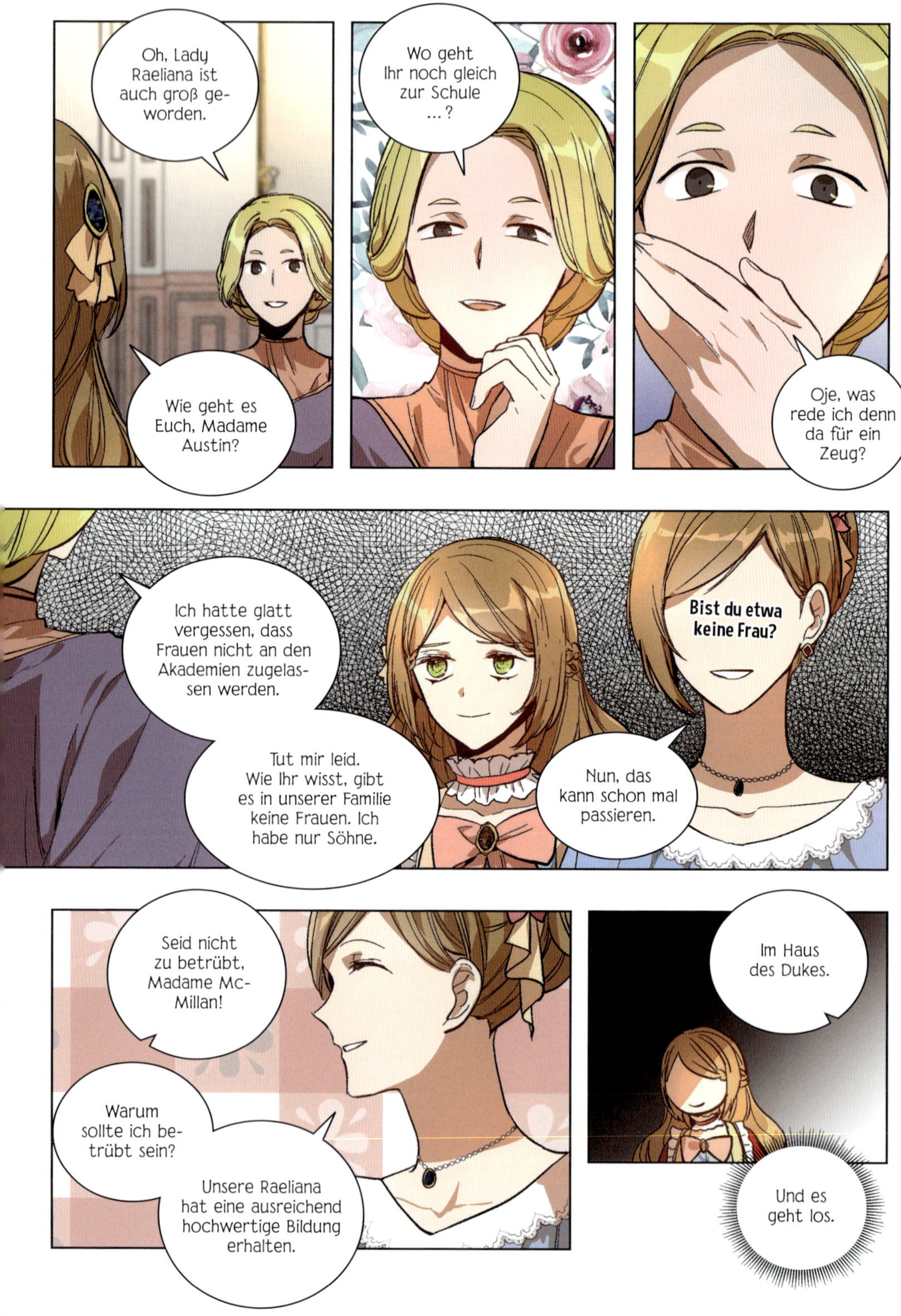
Oh, Lady Raeliana ist auch groß geworden.
Wie geht es Euch, Madame Austin?
Wo geht Ihr noch gleich zur Schule ...?
Oje, was rede ich denn da für ein Zeug?
Ich hatte glatt vergessen, dass Frauen nicht an den Akademien zugelassen werden.
Tut mir leid. Wie Ihr wisst, gibt es in unserer Familie keine Frauen. Ich habe nur Söhne.
Bist du etwa keine Frau?
Nun, das kann schon mal passieren.
Seid nicht zu betrübt, Madame McMillan!
Warum sollte ich betrübt sein?
Unsere Raeliana hat eine ausreichend hochwertige Bildung erhalten.
Im Haus des Dukes.
Und es geht los.

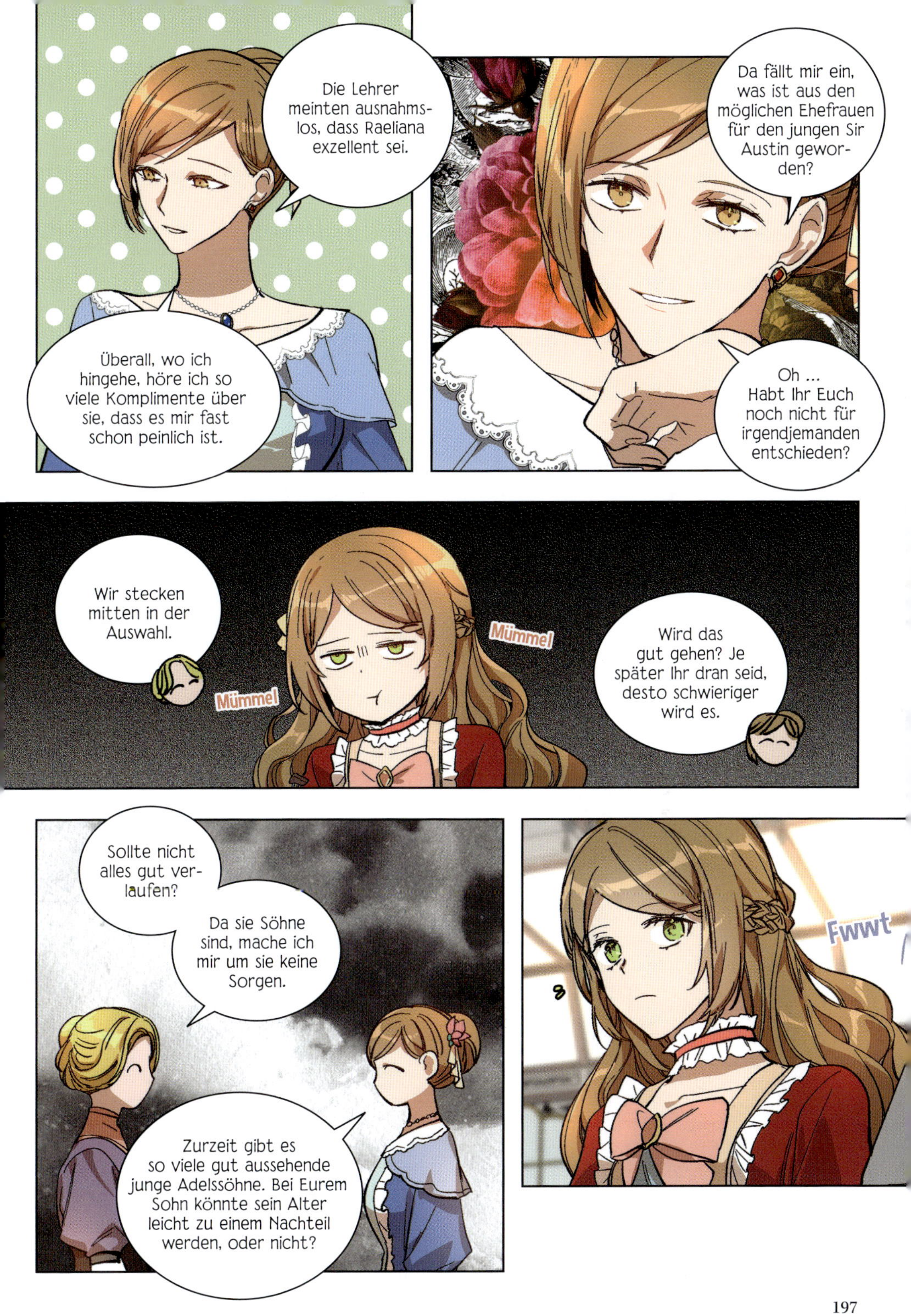

Die Lehrer meinten ausnahmslos, dass Raeliana exzellent sei.
Überall, wo ich hingehe, höre ich so viele Komplimente über sie, dass es mir fast schon peinlich ist.
Da fällt mir ein, was ist aus den möglichen Ehefrauen für den jungen Sir Austin geworden?
Oh ... Habt Ihr Euch noch nicht für irgendjemanden entschieden?
Wir stecken mitten in der Auswahl.
Mümmel
Mümmel
Wird das gut gehen? Je später Ihr dran seid, desto schwieriger wird es.
Sollte nicht alles gut verlaufen?
Da sie Söhne sind, mache ich mir um sie keine Sorgen.
Zurzeit gibt es so viele gut aussehende junge Adelssöhne. Bei Eurem Sohn könnte sein Alter leicht zu einem Nachteil werden, oder nicht?
Fwwt

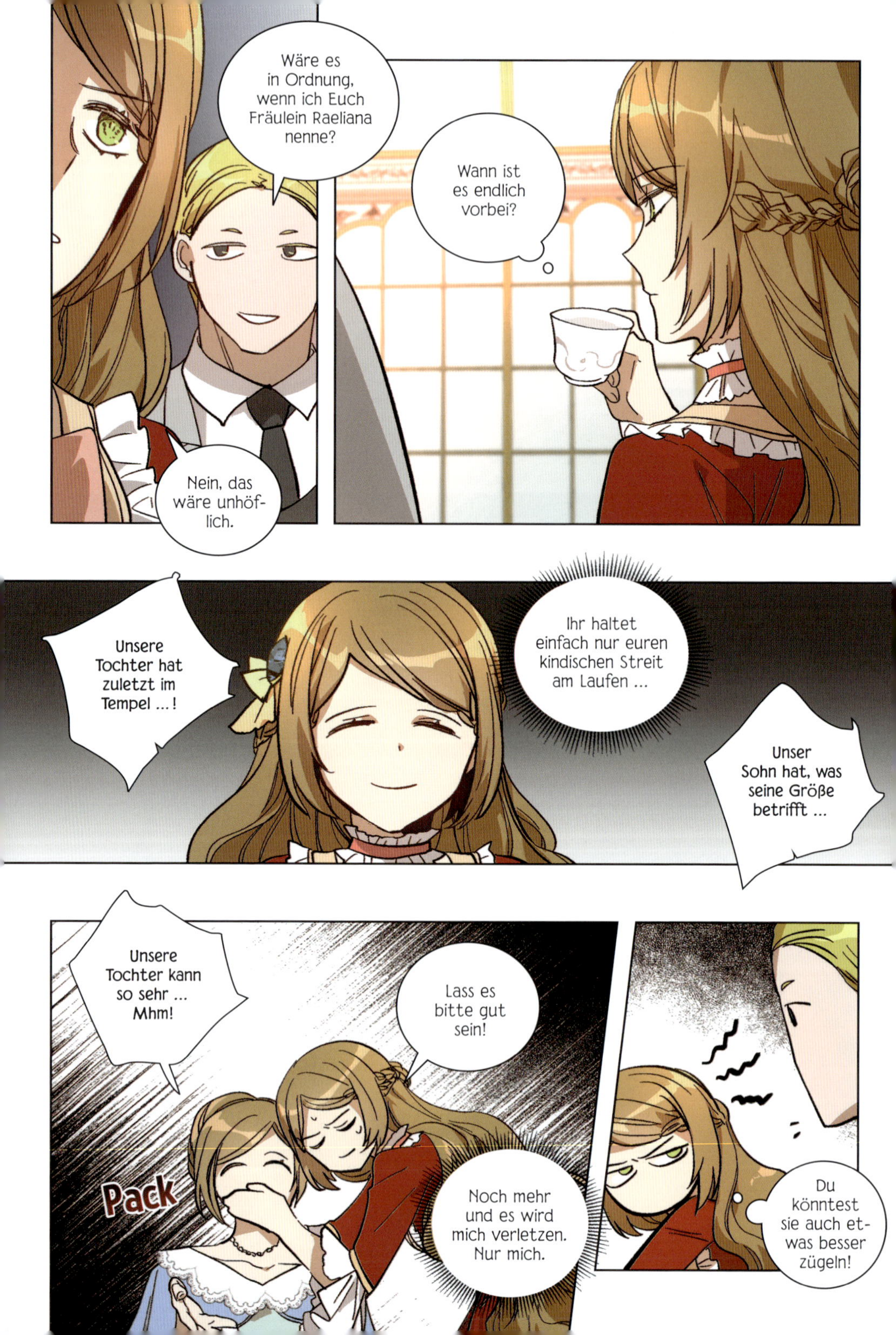
Wäre es in Ordnung, wenn ich Euch Fräulein Raeliana nenne?
Nein, das wäre unhöflich.
Wann ist es endlich vorbei?
Unsere Tochter hat zuletzt im Tempel ...!
Ihr haltet einfach nur euren kindischen Streit am Laufen ...
Unser Sohn hat, was seine Größe betrifft ...
Unsere Tochter kann so sehr ... Mhm!
Lass es bitte gut sein!
Pack
Noch mehr und es wird mich verletzen. Nur mich.
Du könntest sie auch etwas besser zügeln!

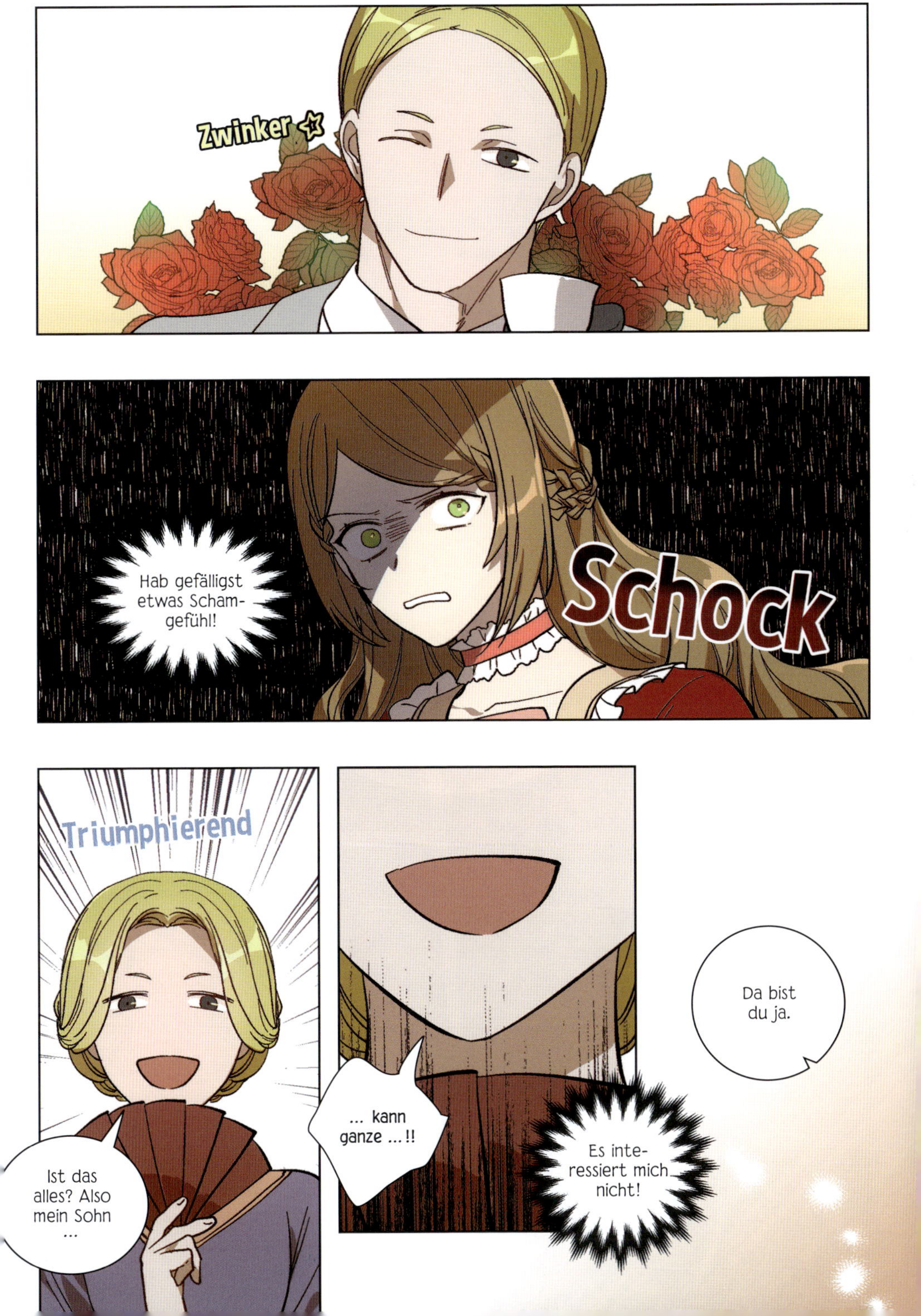
Zwinker
Hab gefälligst etwas Schamgefühl!
Schock
Triumphierend
Ist das alles? Also mein Sohn ...
... kann ganze ...!!
Es interessiert mich nicht!
Da bist du ja.

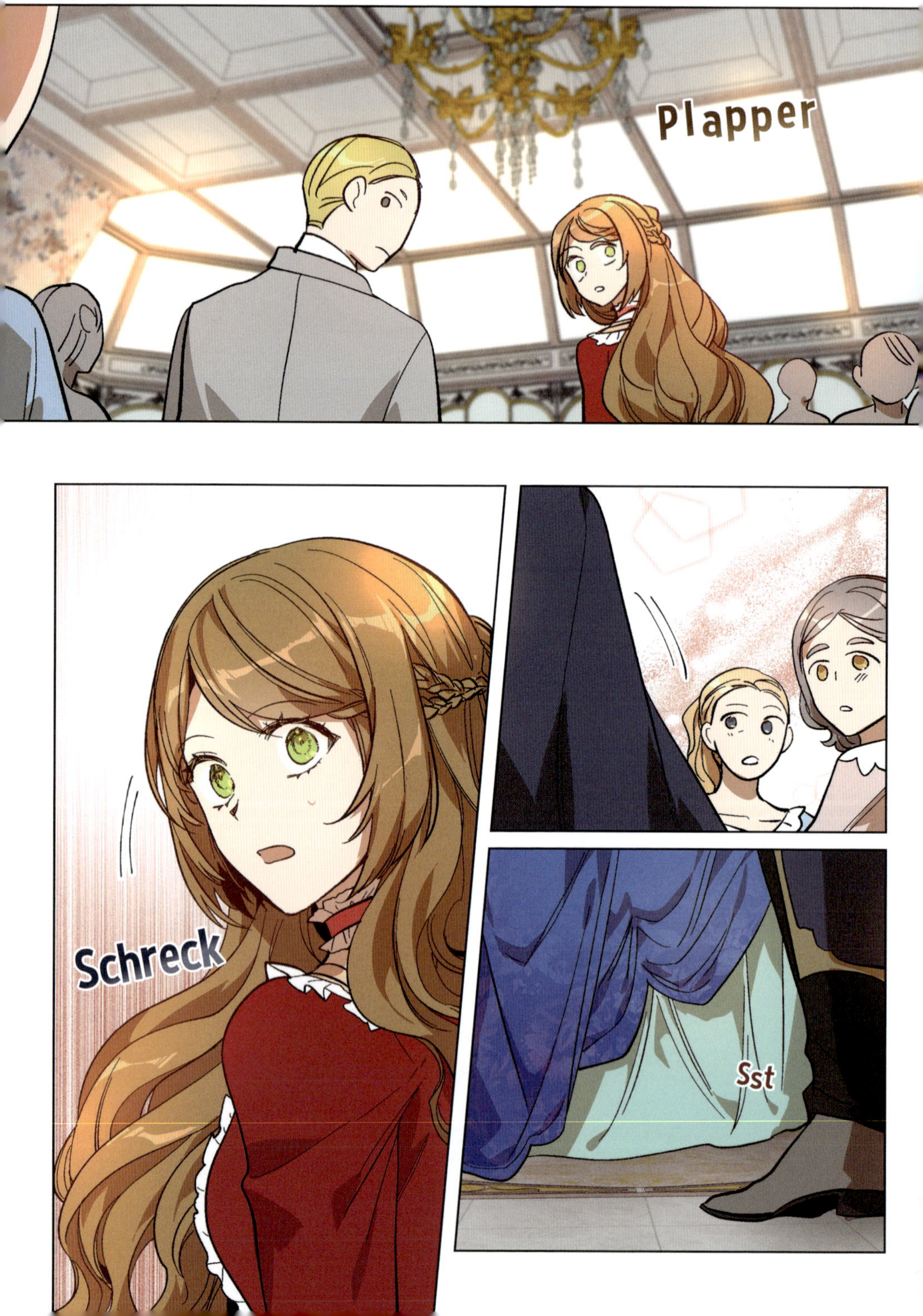
Plapper
Schreck
Sst

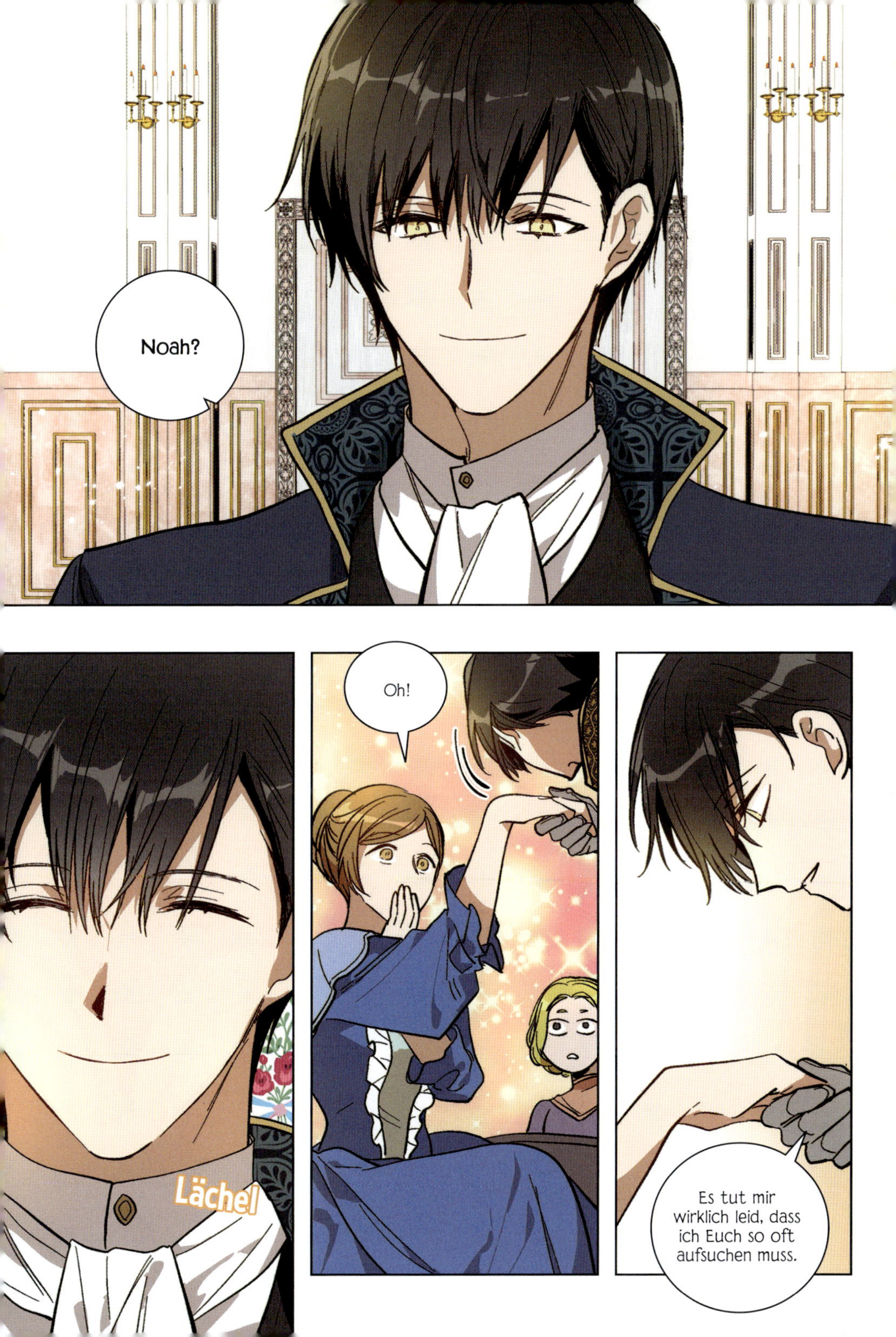
Noah?
Lächel
Oh!
Es tut mir wirklich leid, dass ich Euch so oft aufsuchen muss.

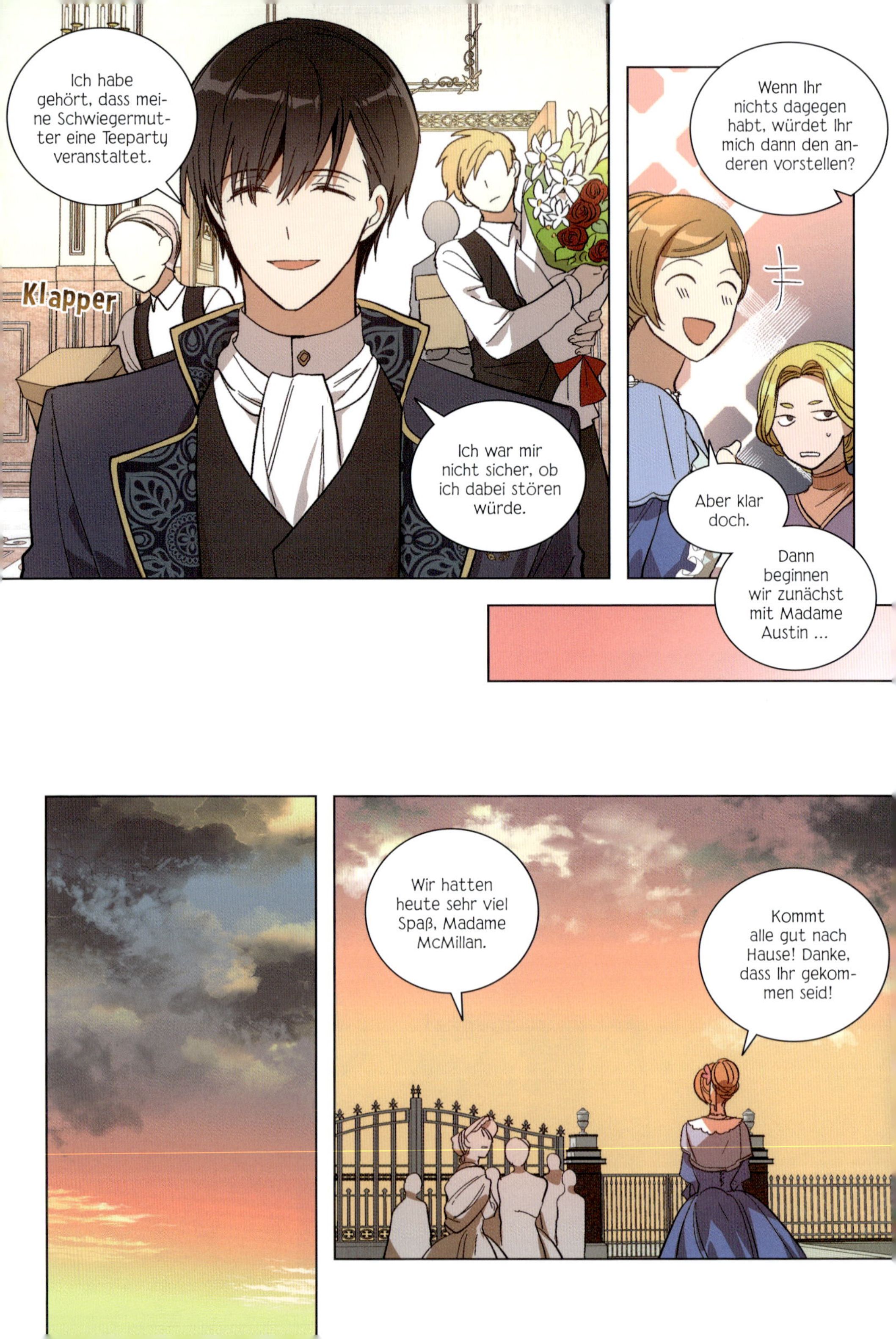
Ich habe gehört, dass meine Schwiegermutter eine Teeparty veranstaltet.
Klapper
Ich war mir nicht sicher, ob ich dabei stören würde.
Wenn Ihr nichts dagegen habt, würdet Ihr mich dann den anderen vorstellen?
Aber klar doch.
Dann beginnen wir zunächst mit Madame Austin ...
Wir hatten heute sehr viel Spaß, Madame McMillan.
Kommt alle gut nach Hause! Danke, dass Ihr gekommen seid!

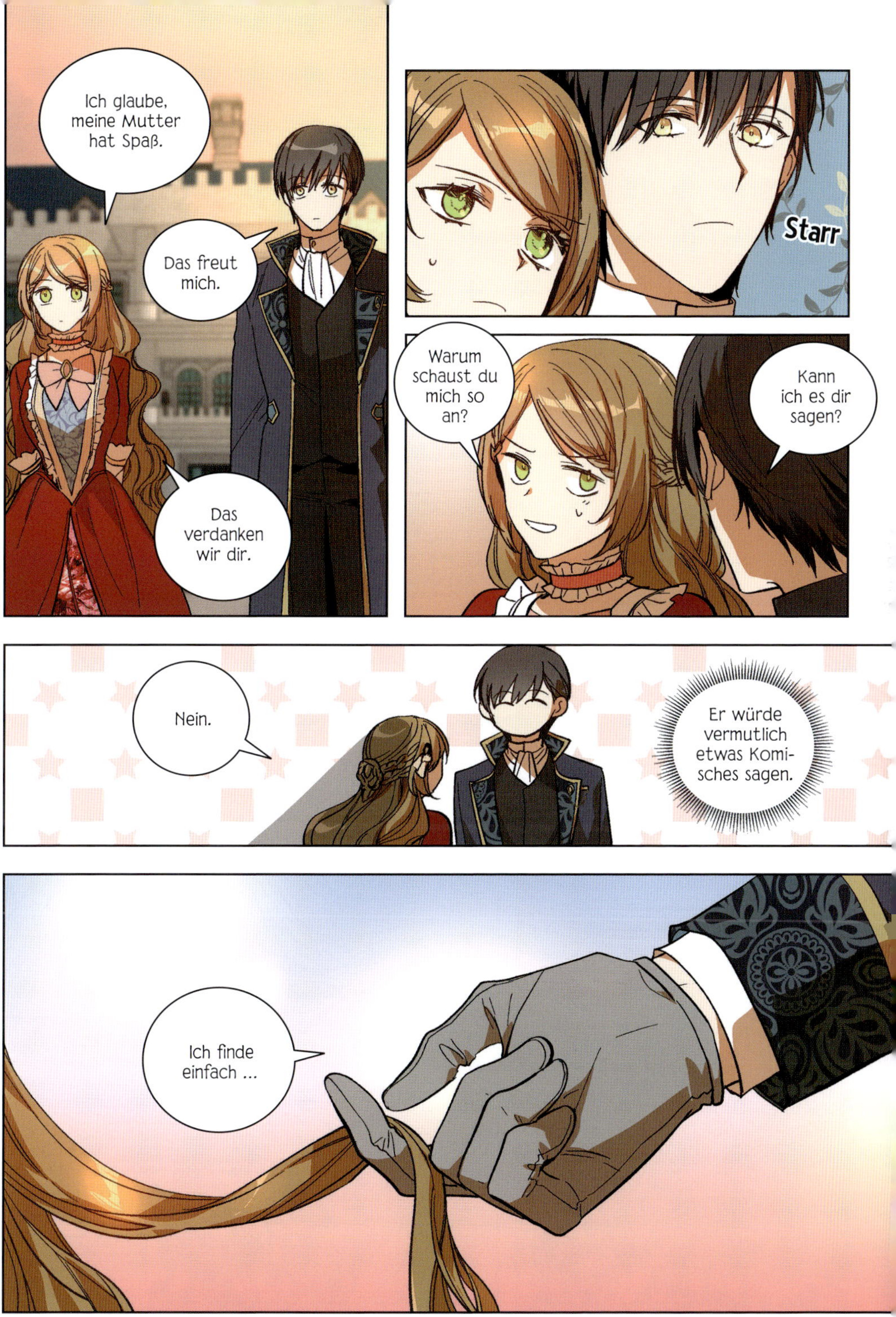
Ich glaube, meine Mutter hat Spaß.
Das freut mich.
Das verdanken wir dir.
Starr
Warum schaust du mich so an?
Kann ich es dir sagen?
Nein.
Er würde vermutlich etwas Komisches sagen.
Ich finde einfach ...

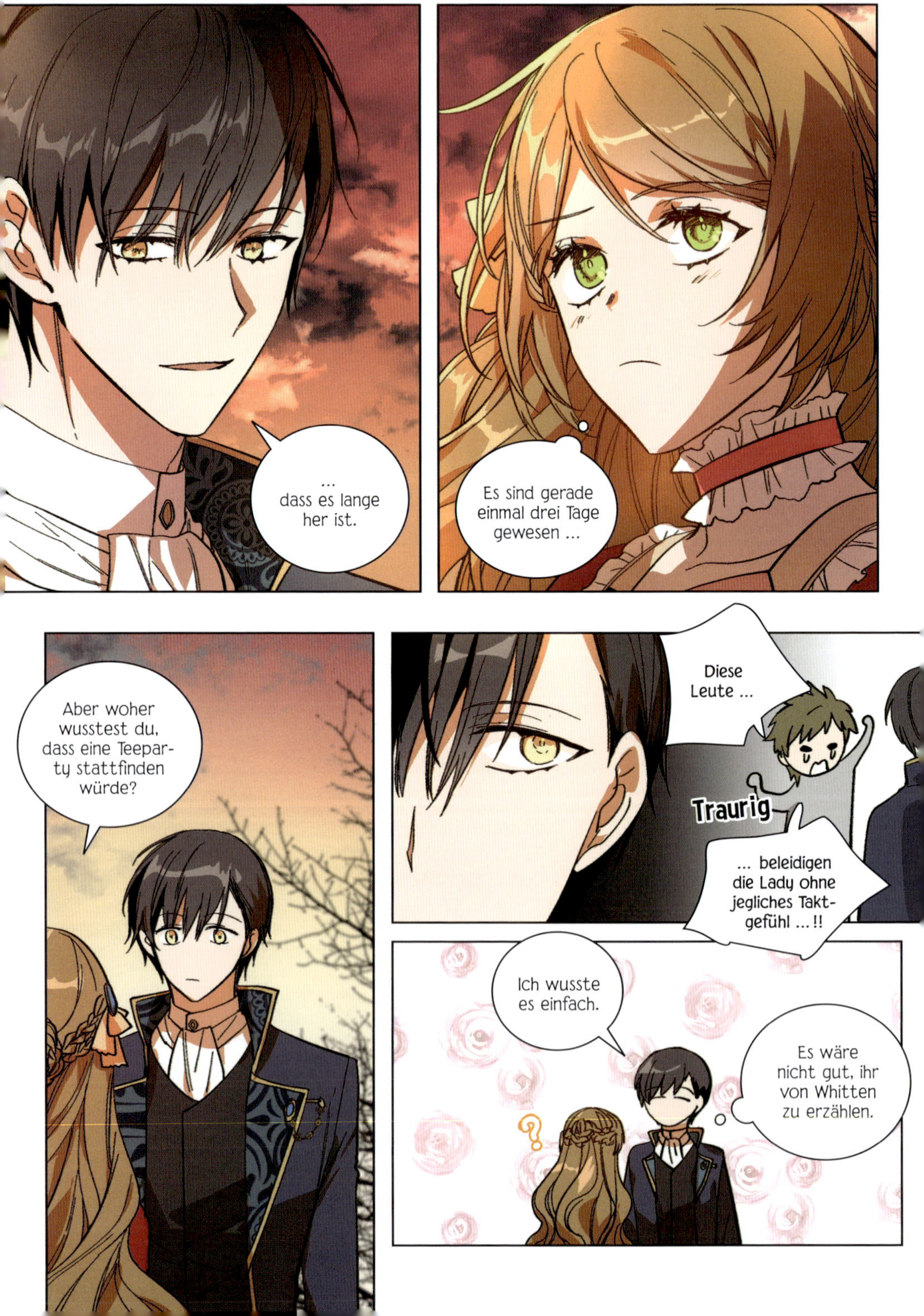
... dass es lange her ist.
Es sind gerade einmal drei Tage gewesen ...
Aber woher wusstest du, dass eine Teeparty stattfinden würde?
Diese Leute ...
Traurig
... beleidigen die Lady ohne jegliches Taktgefühl ...!!
Ich wusste es einfach.
Es wäre nicht gut, ihr von Whitten zu erzählen.

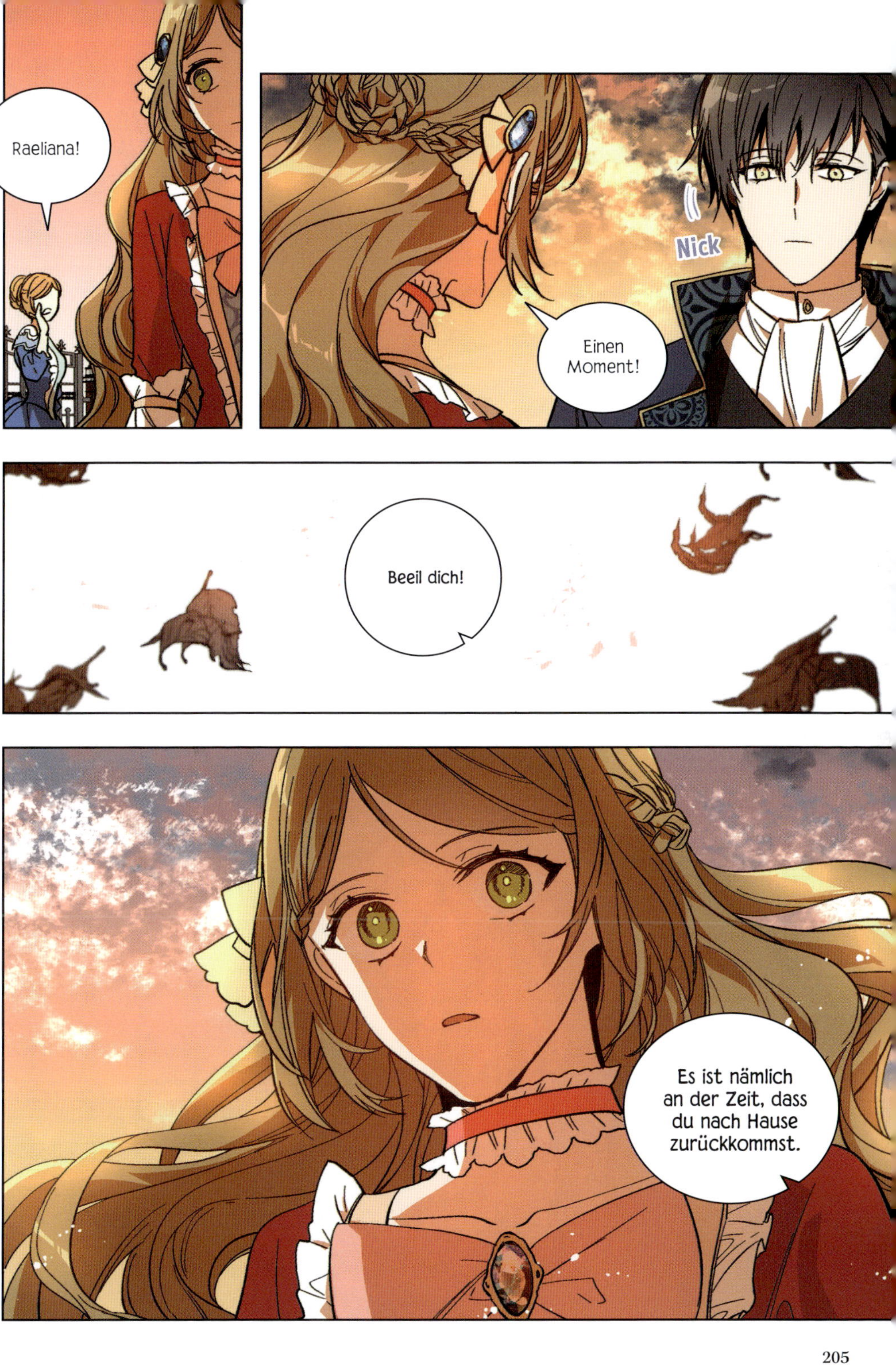
Raeliana!
Nick
Einen Moment!
Beeil dich!
Es ist nämlich an der Zeit, dass du nach Hause zurückkommst.

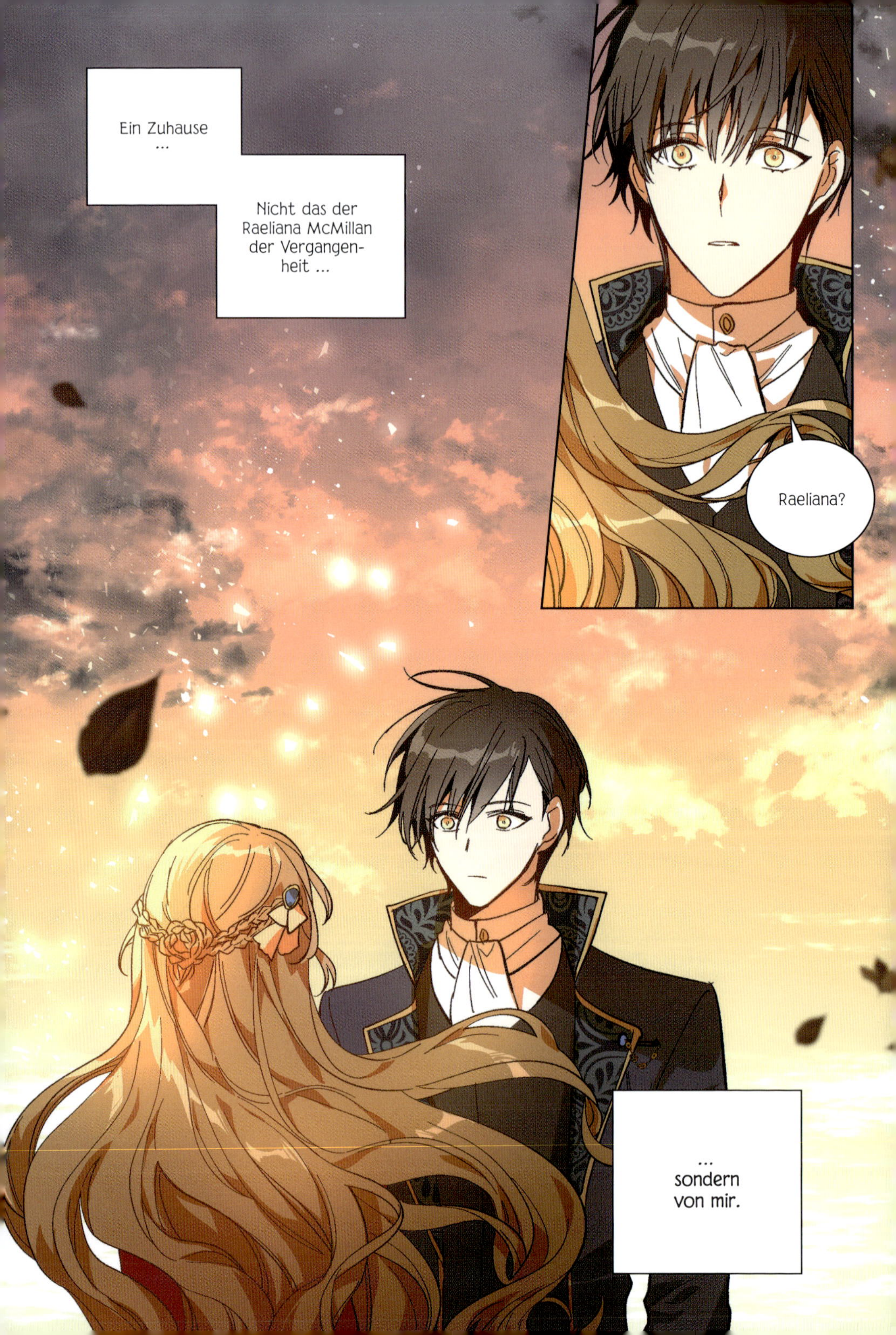
Ein Zuhause ...
Nicht das der Raeliana McMillan der Vergangenheit ...
Raeliana?
... sondern von mir.

Raeliana

Warum sie die Verlobte des Dukes wurde

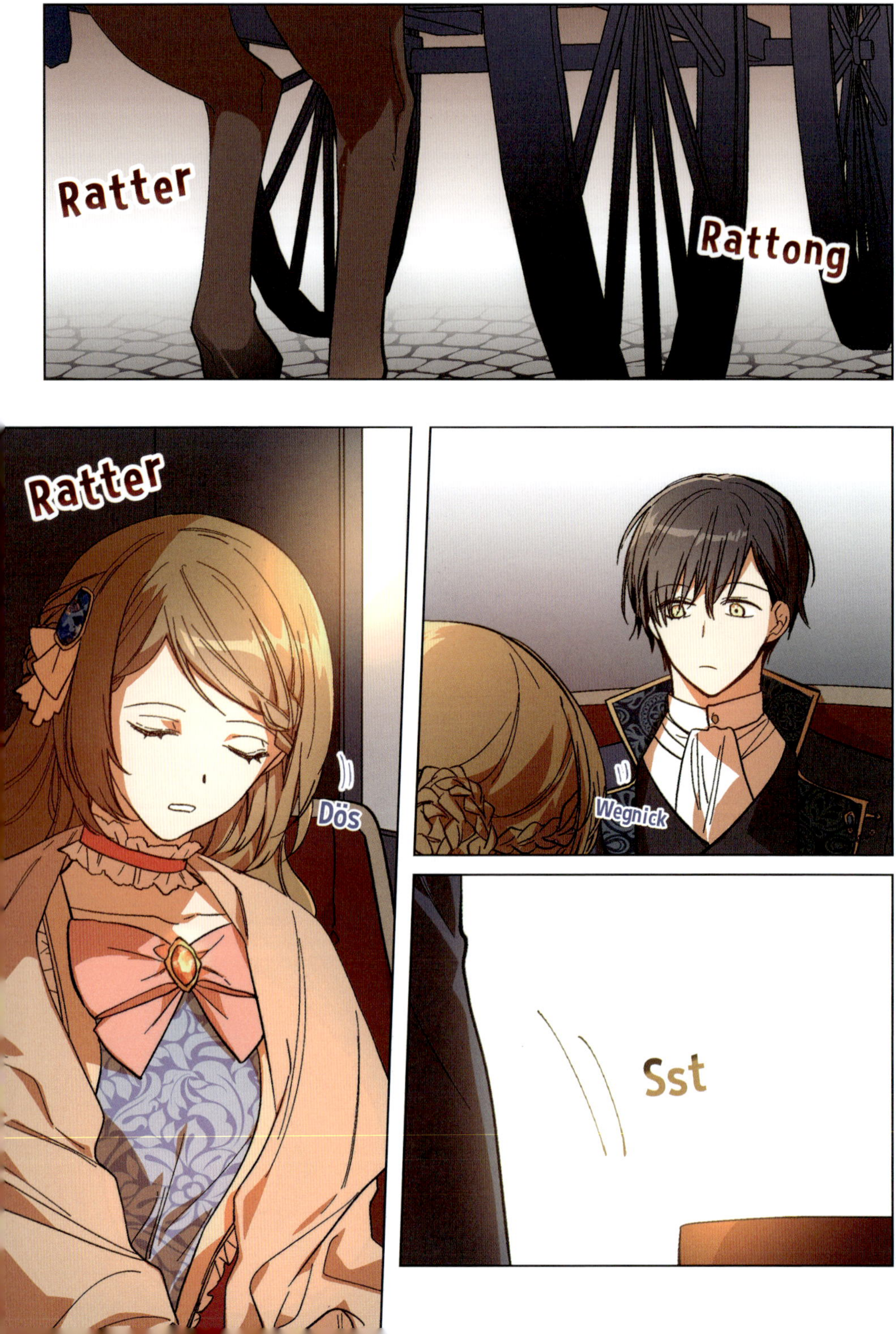
Ratter
Rattong
Ratter
Dös
Wegnick
Sst

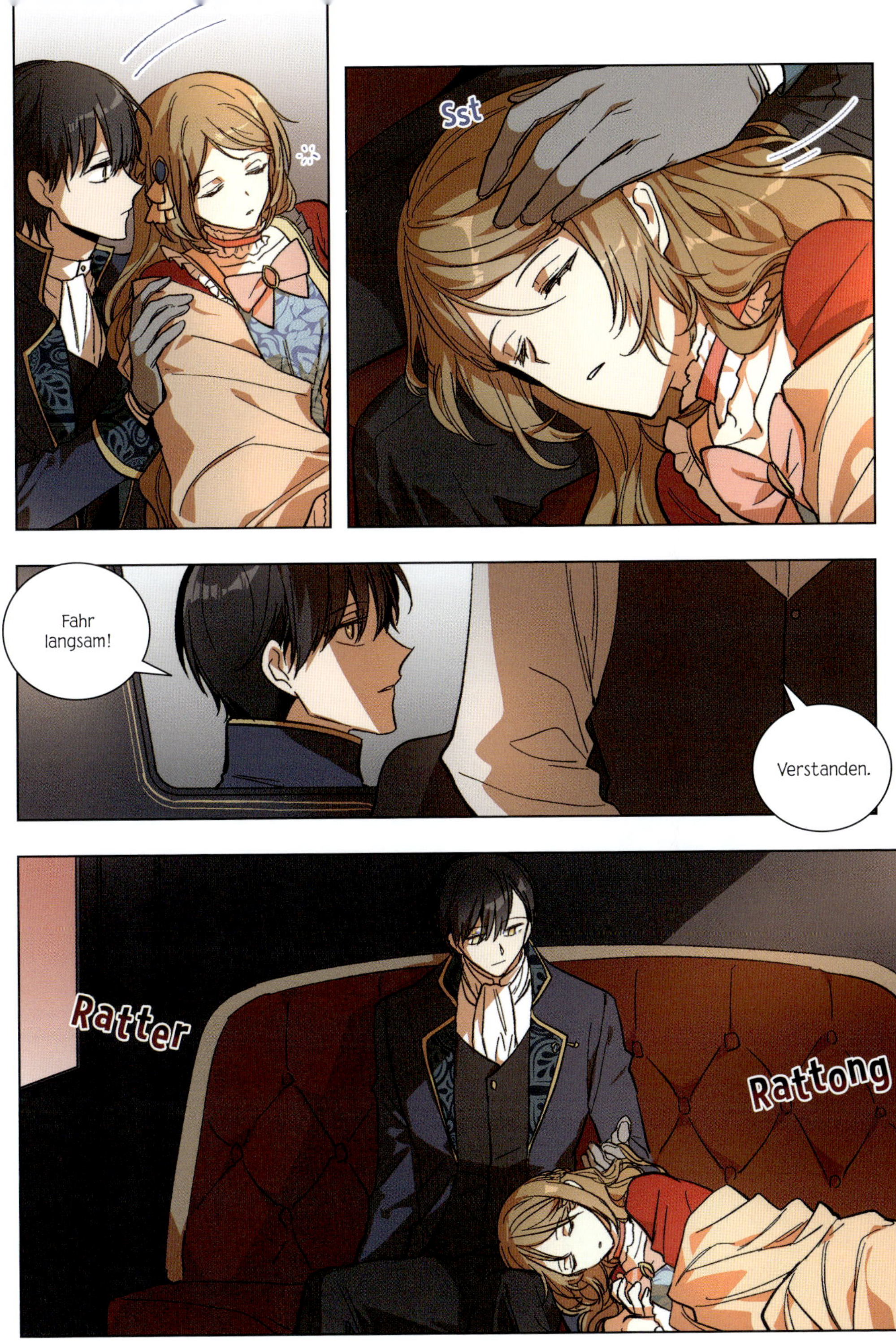
Sst
Fahr langsam!
Verstanden.
Ratter
Rattong

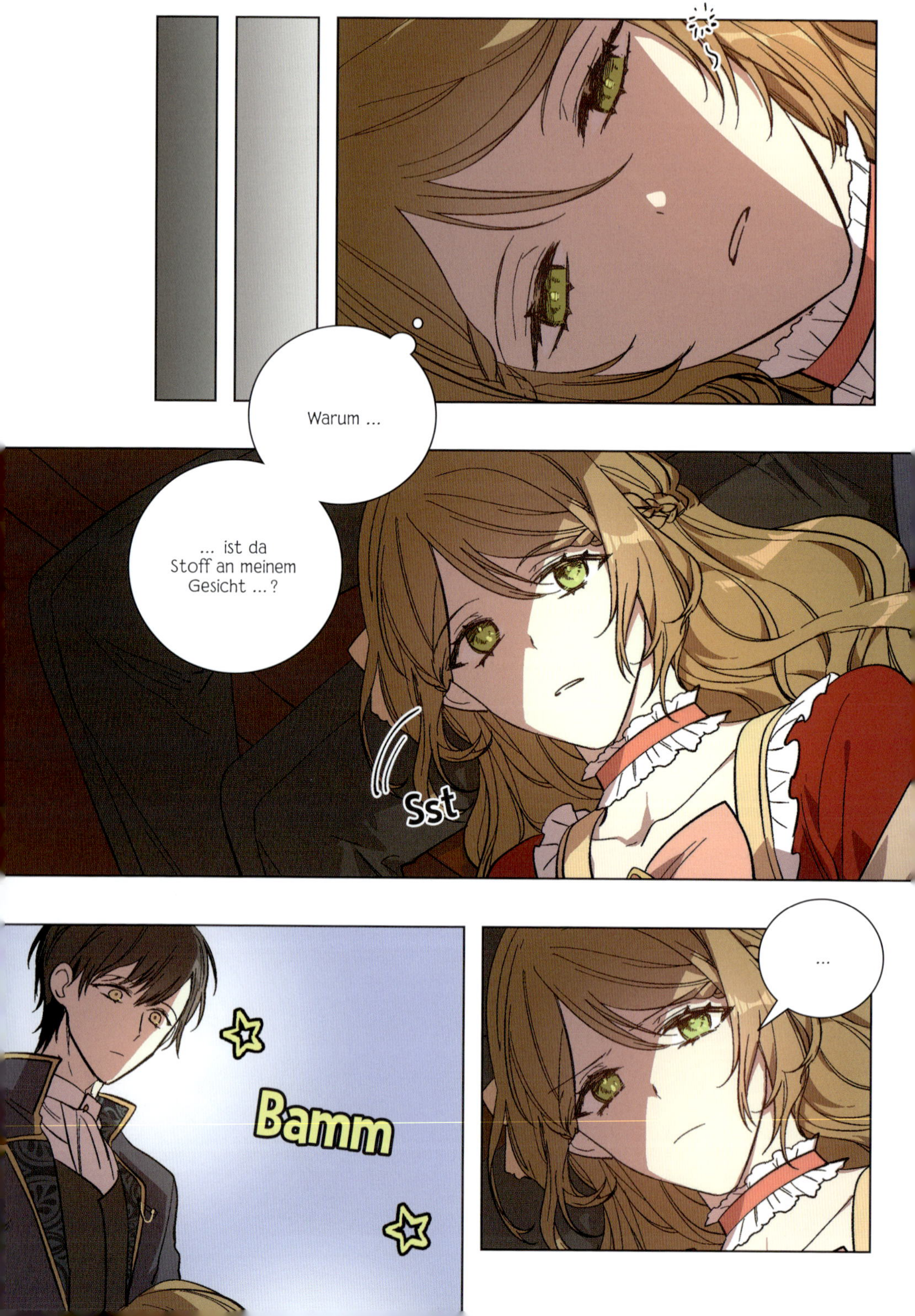
Warum ...
... ist da Stoff an meinem Gesicht ...?
Sst
Bamm
...

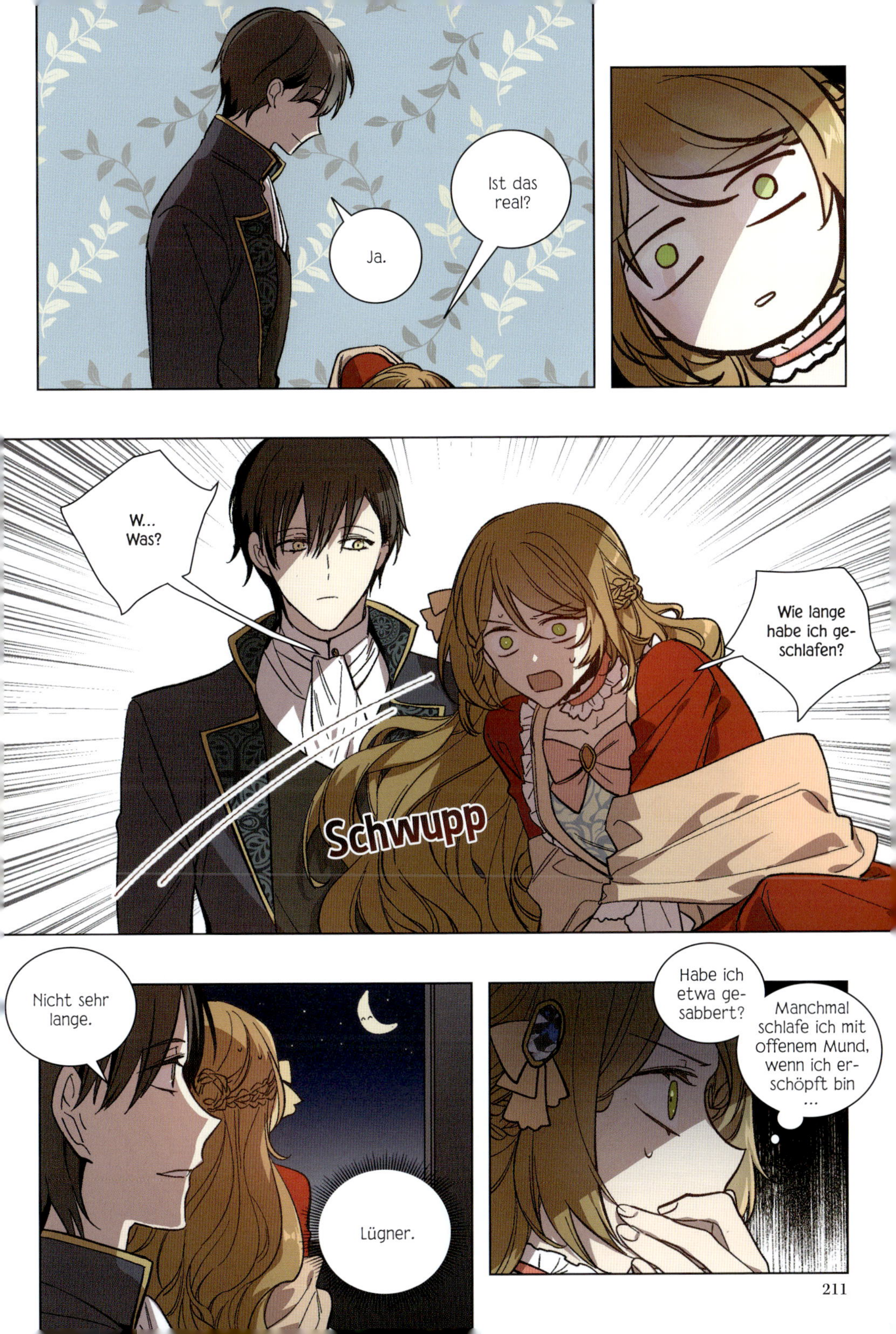
Ist das real?
Ja.
W... Was?
Wie lange habe ich geschlafen?
Schwupp
Nicht sehr lange.
Lügner.
Habe ich etwa gesabbert?
Manchmal schlafe ich mit offenem Mund, wenn ich erschöpft bin ...

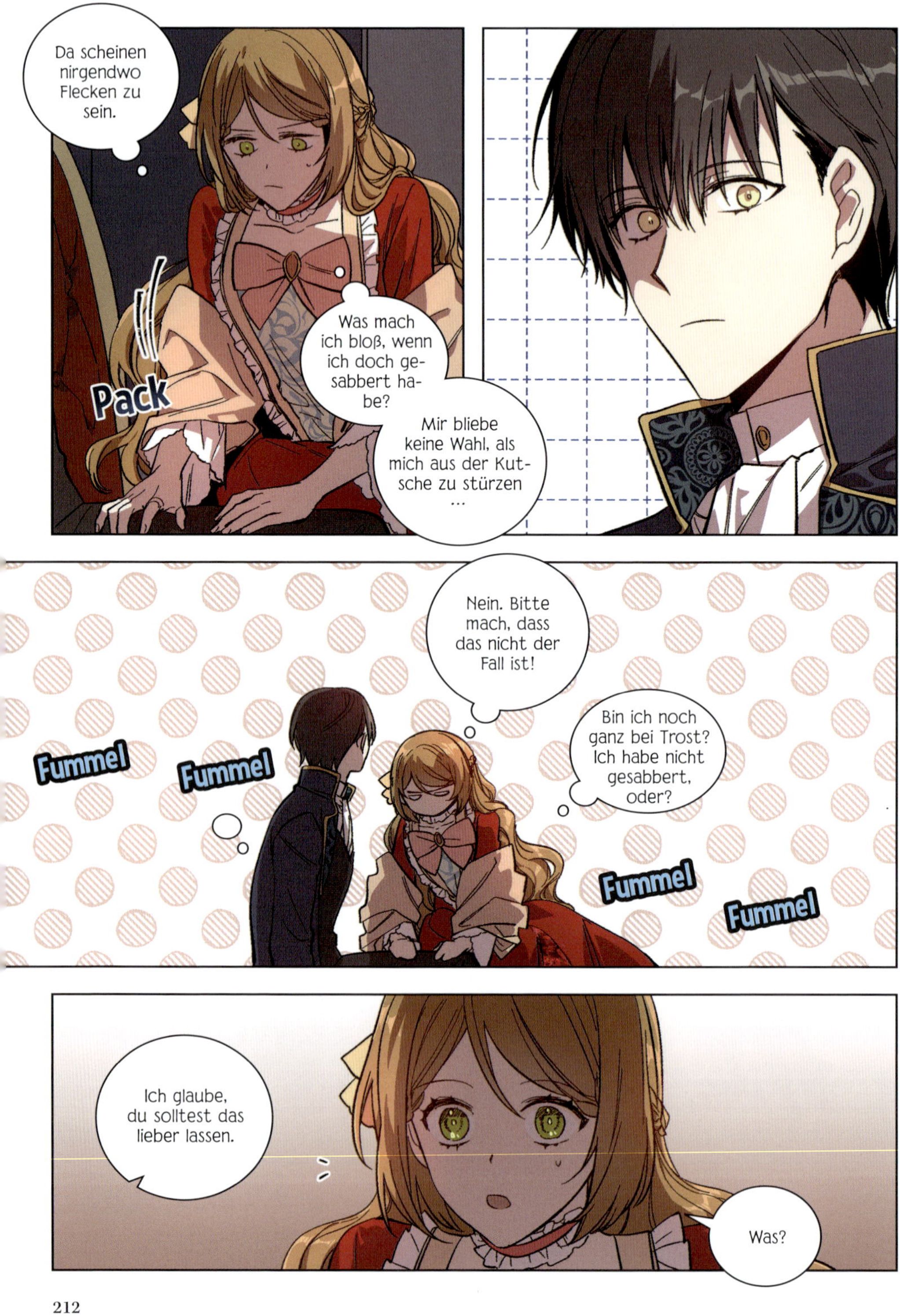
Da scheinen nirgendwo Flecken zu sein.
Pack
Was mach ich bloß, wenn ich doch gesabbert habe?
Mir bliebe keine Wahl, als mich aus der Kutsche zu stürzen …
Nein. Bitte mach, dass das nicht der Fall ist!
Bin ich noch ganz bei Trost? Ich habe nicht gesabbert, oder?
Fummel
Fummel
Fummel
Fummel
Ich glaube, du solltest das lieber lassen.
Was?

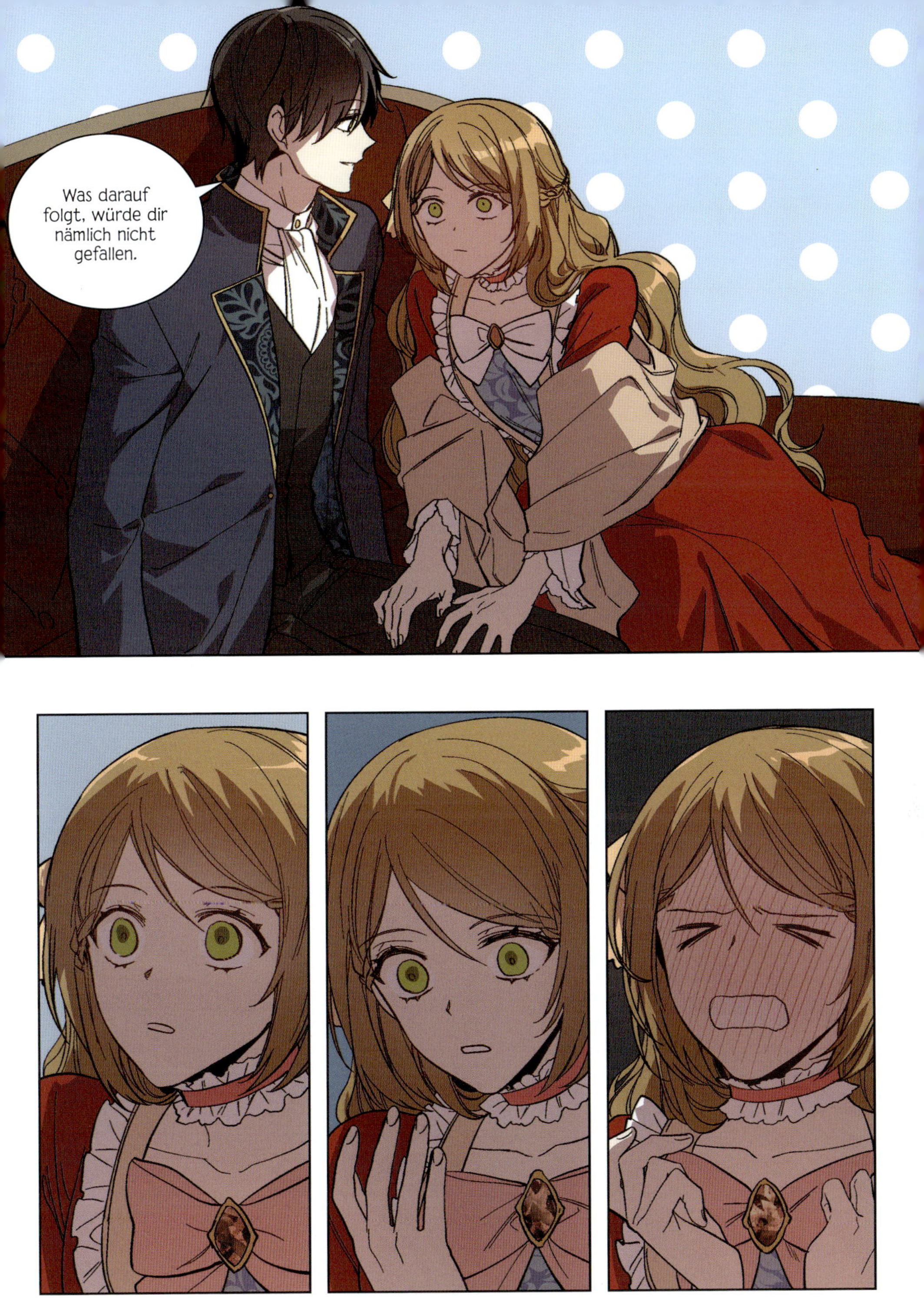
Was darauf folgt, würde dir nämlich nicht gefallen.

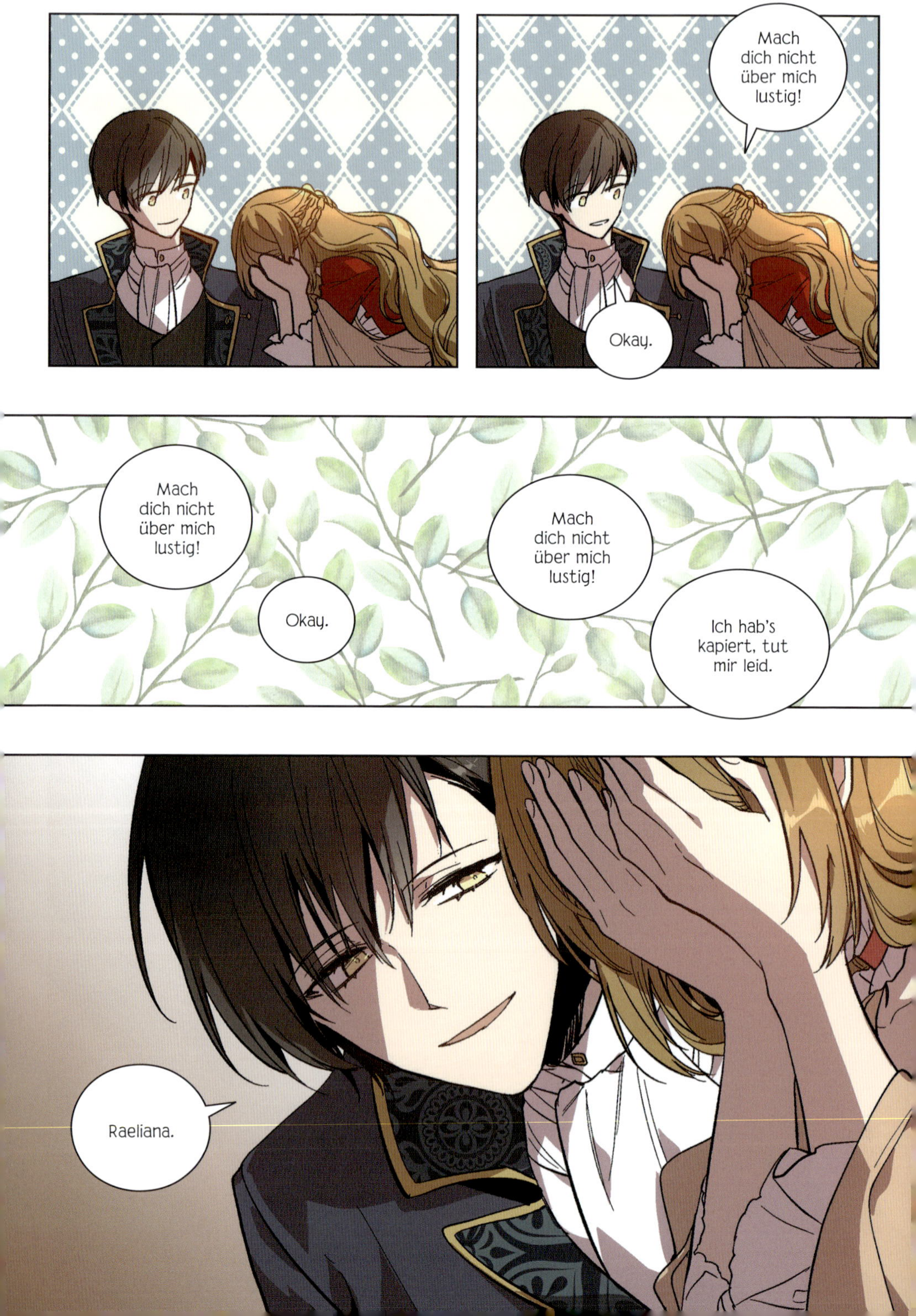

Mach dich nicht über mich lustig!
Okay.
Mach dich nicht über mich lustig!
Okay.
Mach dich nicht über mich lustig!
Ich hab's kapiert, tut mir leid.
Raeliana.

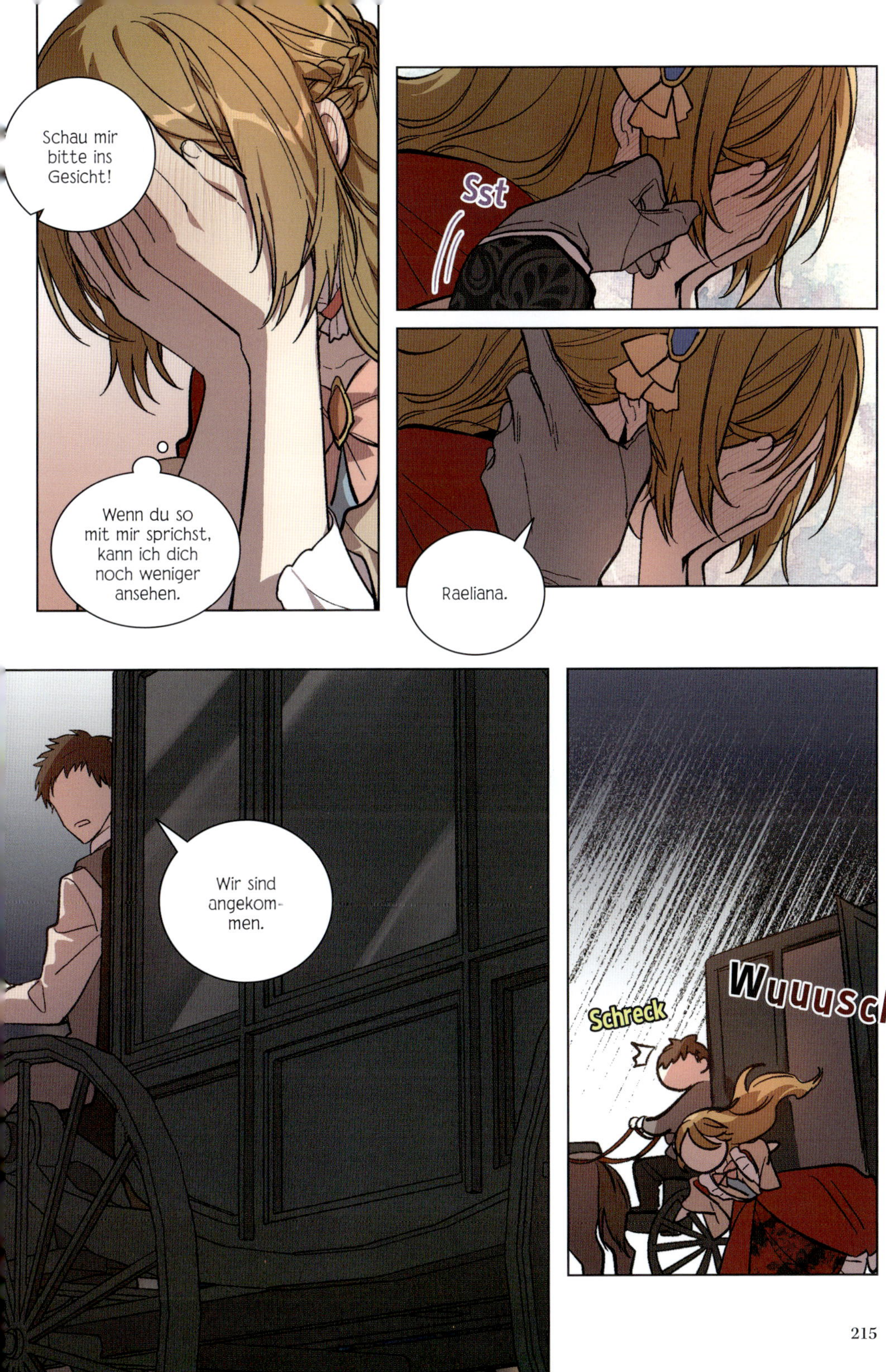
Schau mir bitte ins Gesicht!
Sst
Wenn du so mit mir sprichst, kann ich dich noch weniger ansehen.
Raeliana.
Wir sind angekommen.
Wuuusch
Schreck

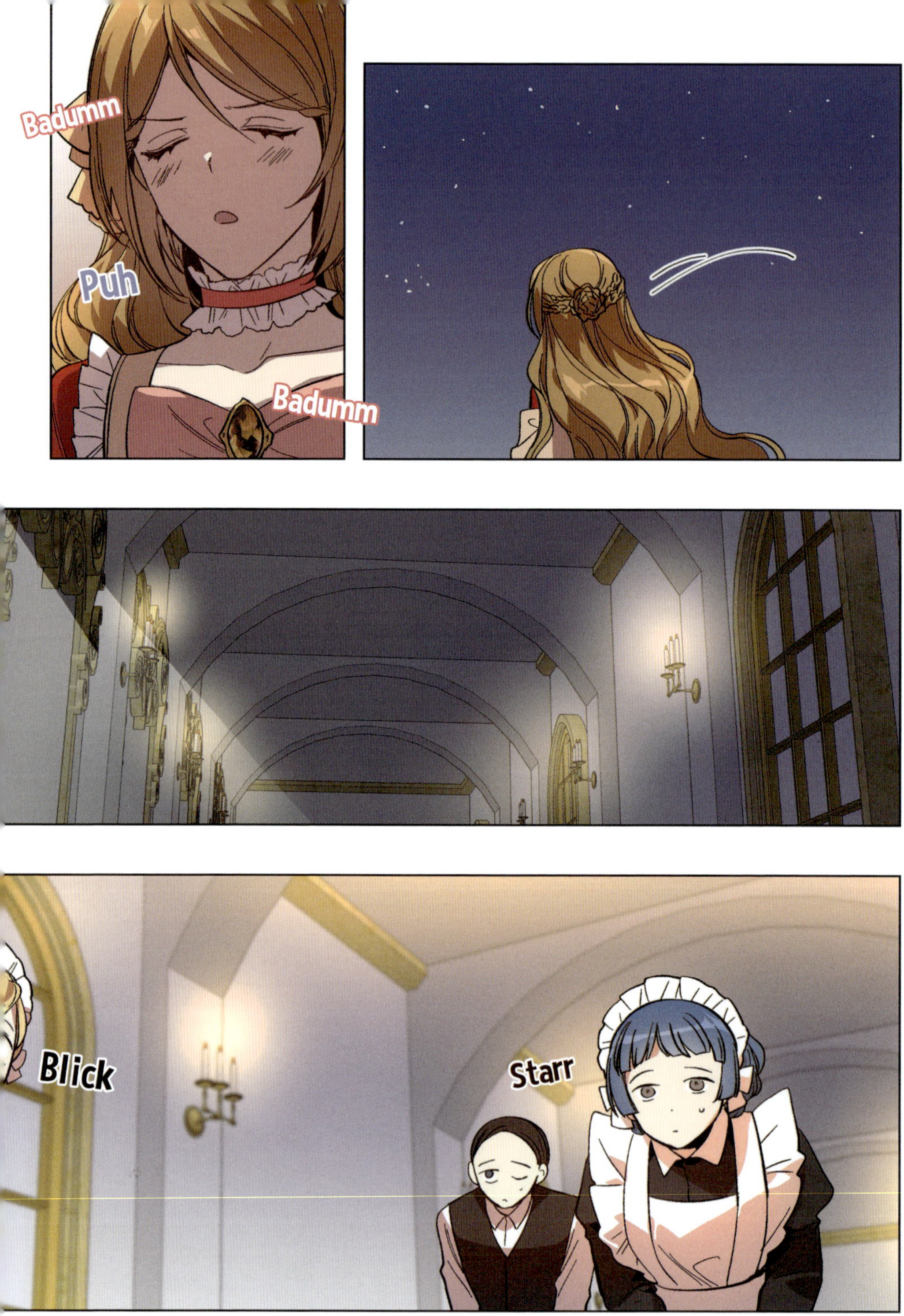
Badumm
Puh
Badumm
Blick
Starr

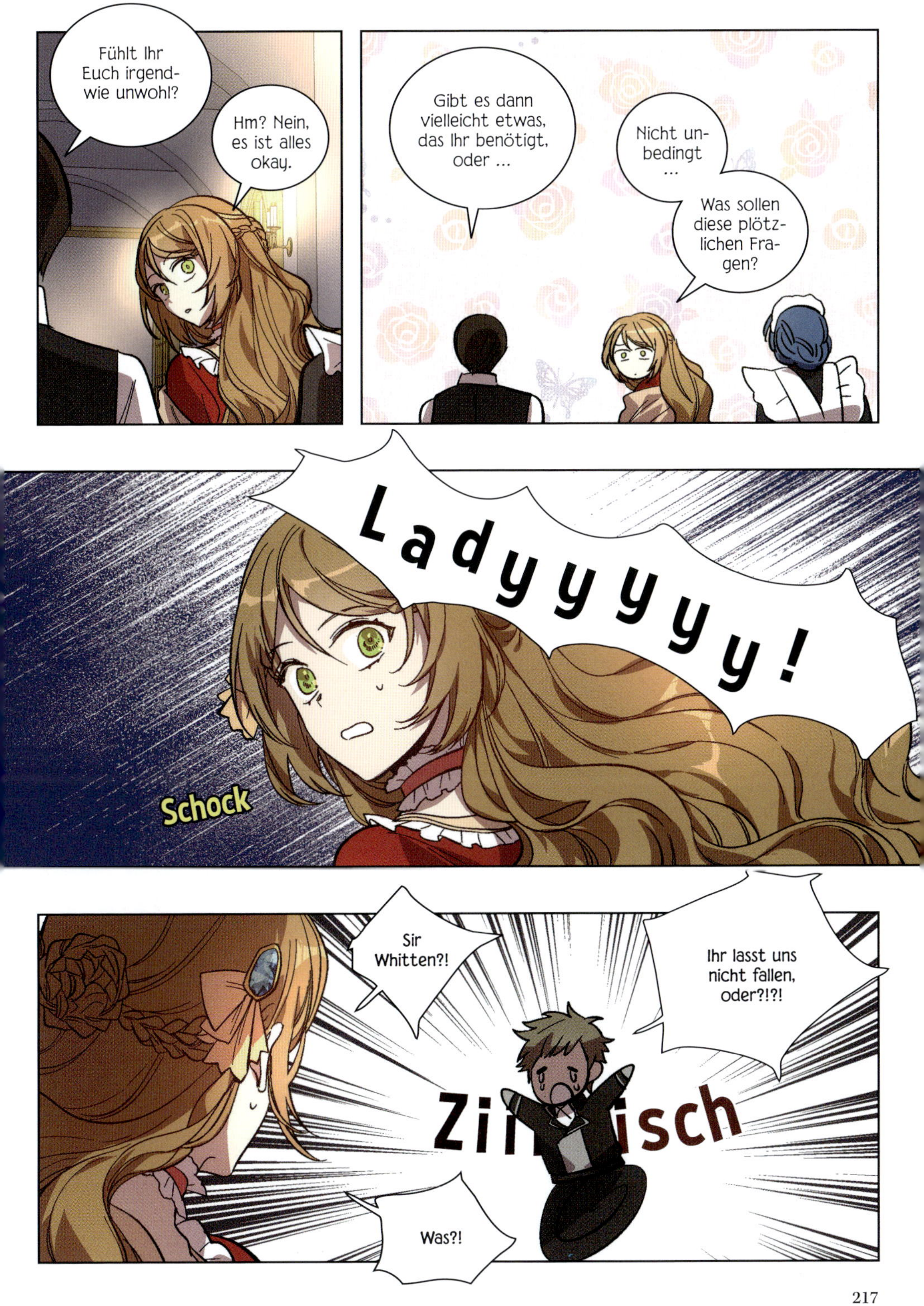
Fühlt Ihr Euch irgendwie unwohl?
Hm? Nein, es ist alles okay.
Gibt es dann vielleicht etwas, das Ihr benötigt, oder …
Nicht unbedingt …
Was sollen diese plötzlichen Fragen?
Ladyyyyyy!
Schock
Sir Whitten?!
Ihr lasst uns nicht fallen, oder?!?!
Was?!

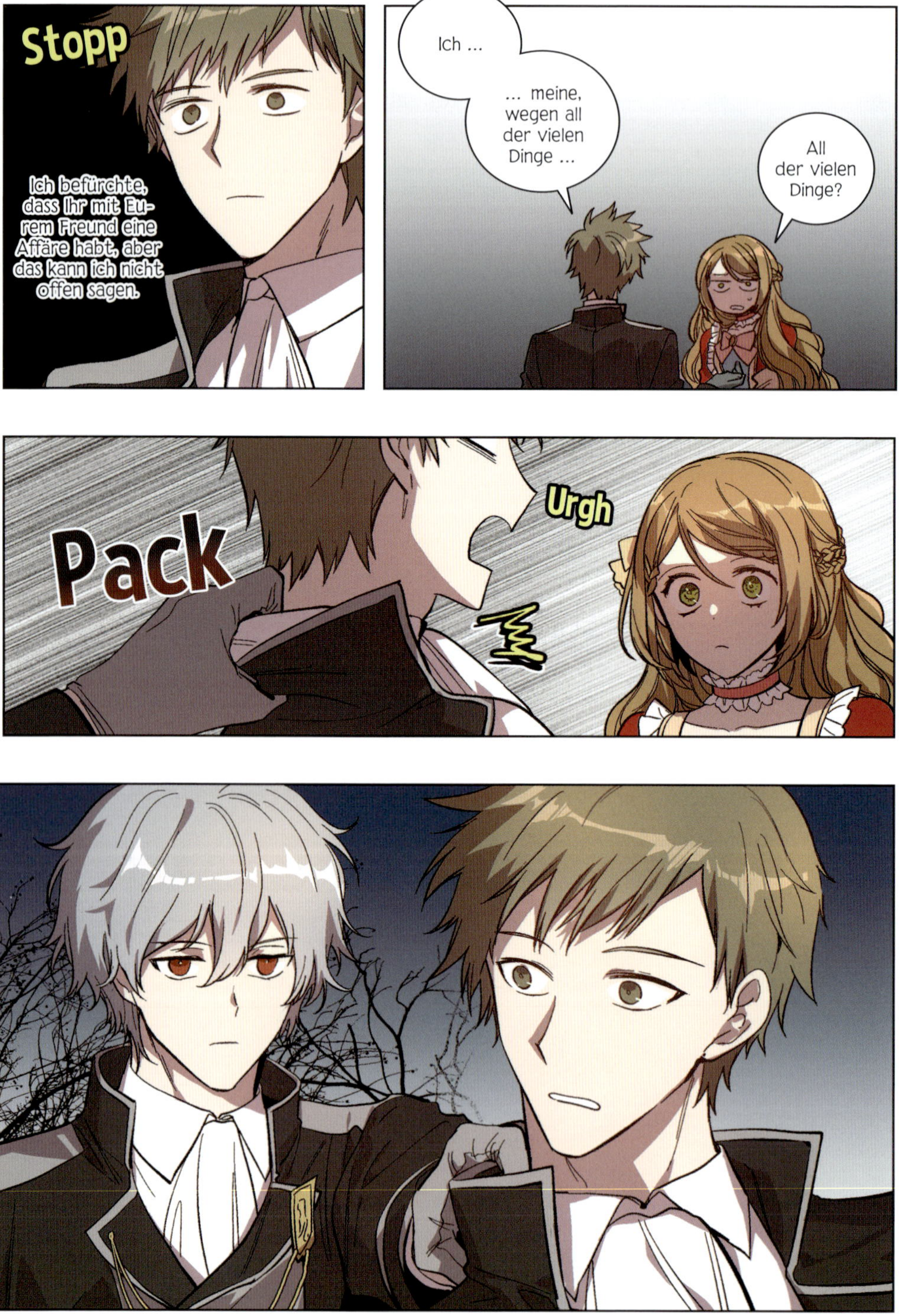
Stopp
Ich befürchte, dass Ihr mit Eurem Freund eine Affäre habt, aber das kann ich nicht offen sagen.
Ich …
… meine, wegen all der vielen Dinge …
All der vielen Dinge?
Pack
Urgh

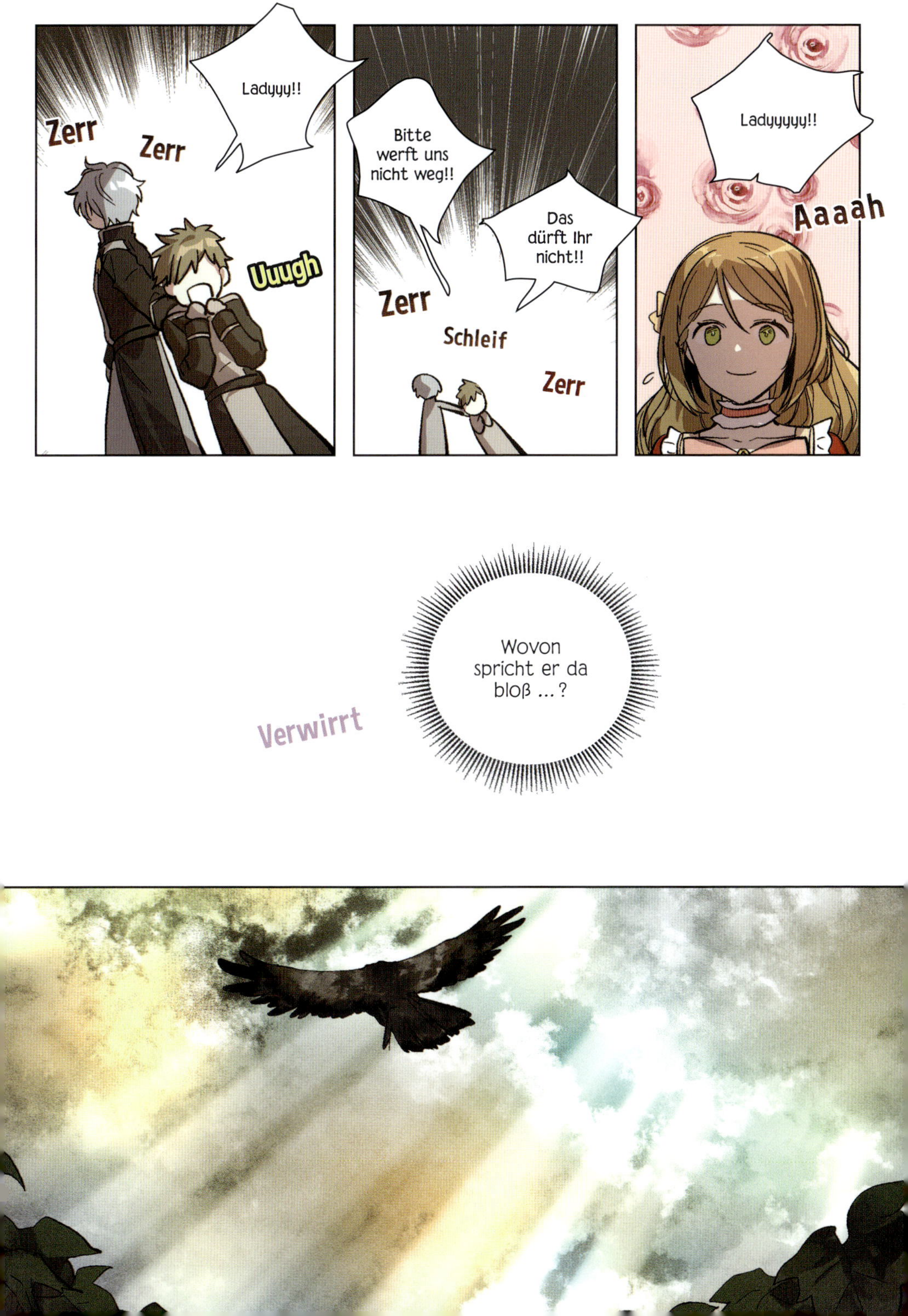
Ladyyy!!
Zerr
Zerr
Uuugh
Bitte werft uns nicht weg!!
Das dürft Ihr nicht!!
Zerr
Schleif
Zerr
Ladyyyyy!!
Aaaah
Wovon spricht er da bloß ...?
Verwirrt

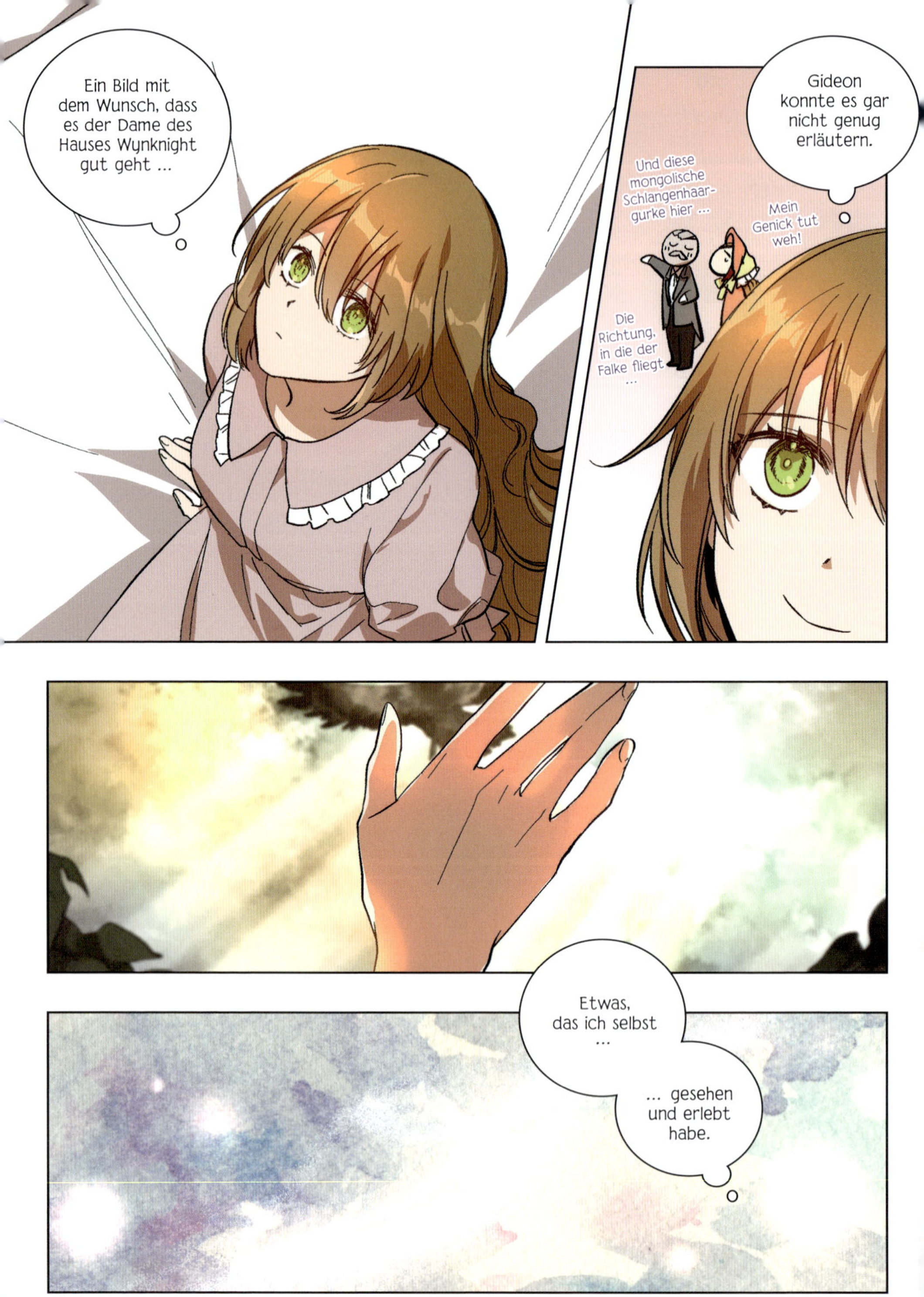
Ein Bild mit dem Wunsch, dass es der Dame des Hauses Wynknight gut geht …
Gideon konnte es gar nicht genug erläutern.
Und diese mongolische Schlangenhaar-gurke hier …
Mein Genick tut weh!
Die Richtung, in die der Falke fliegt …
Etwas, das ich selbst …
… gesehen und erlebt habe.

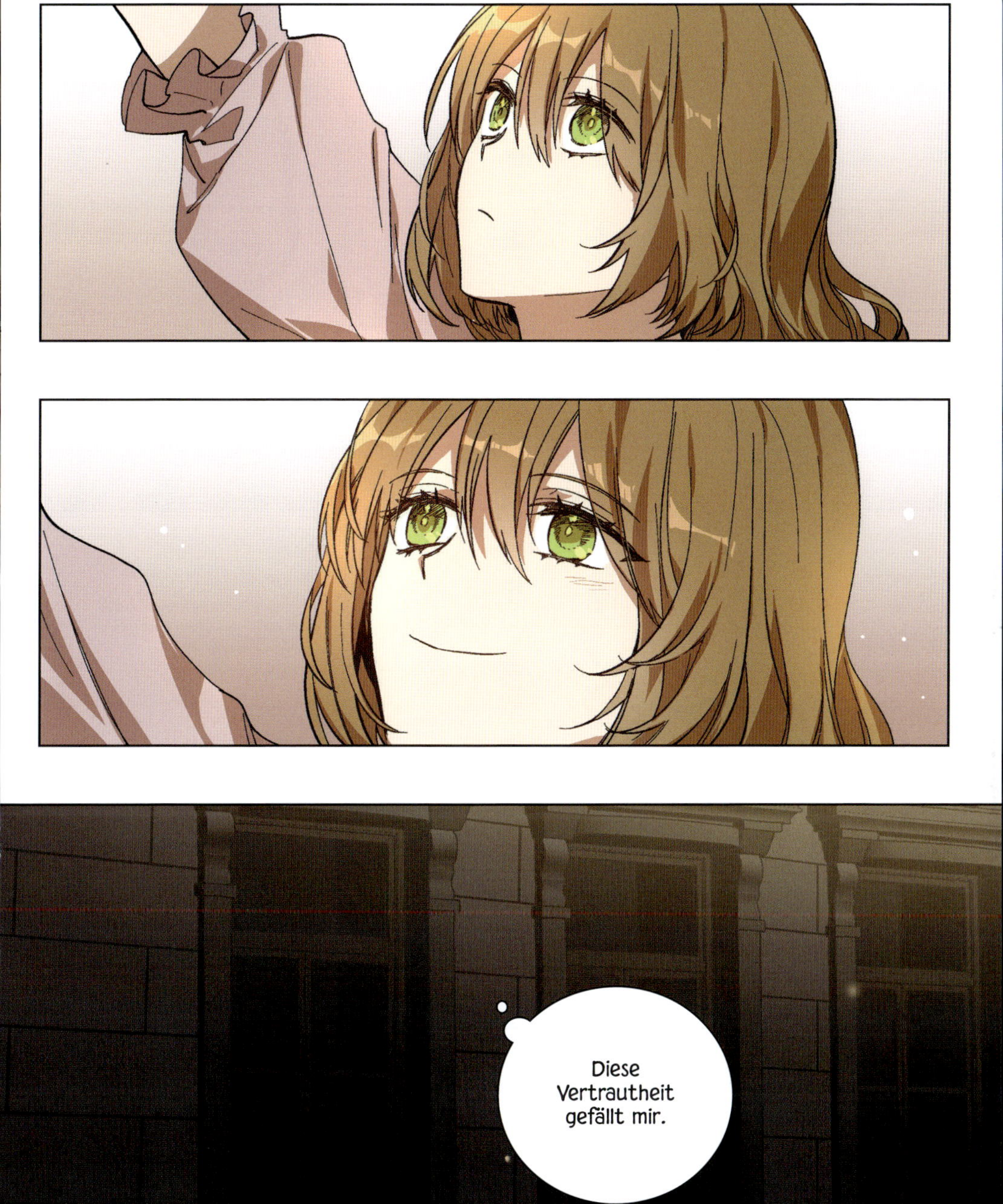
Diese Vertrautheit gefällt mir.

Kapitel 14

Der Verbleib ihrer Erinnerungen

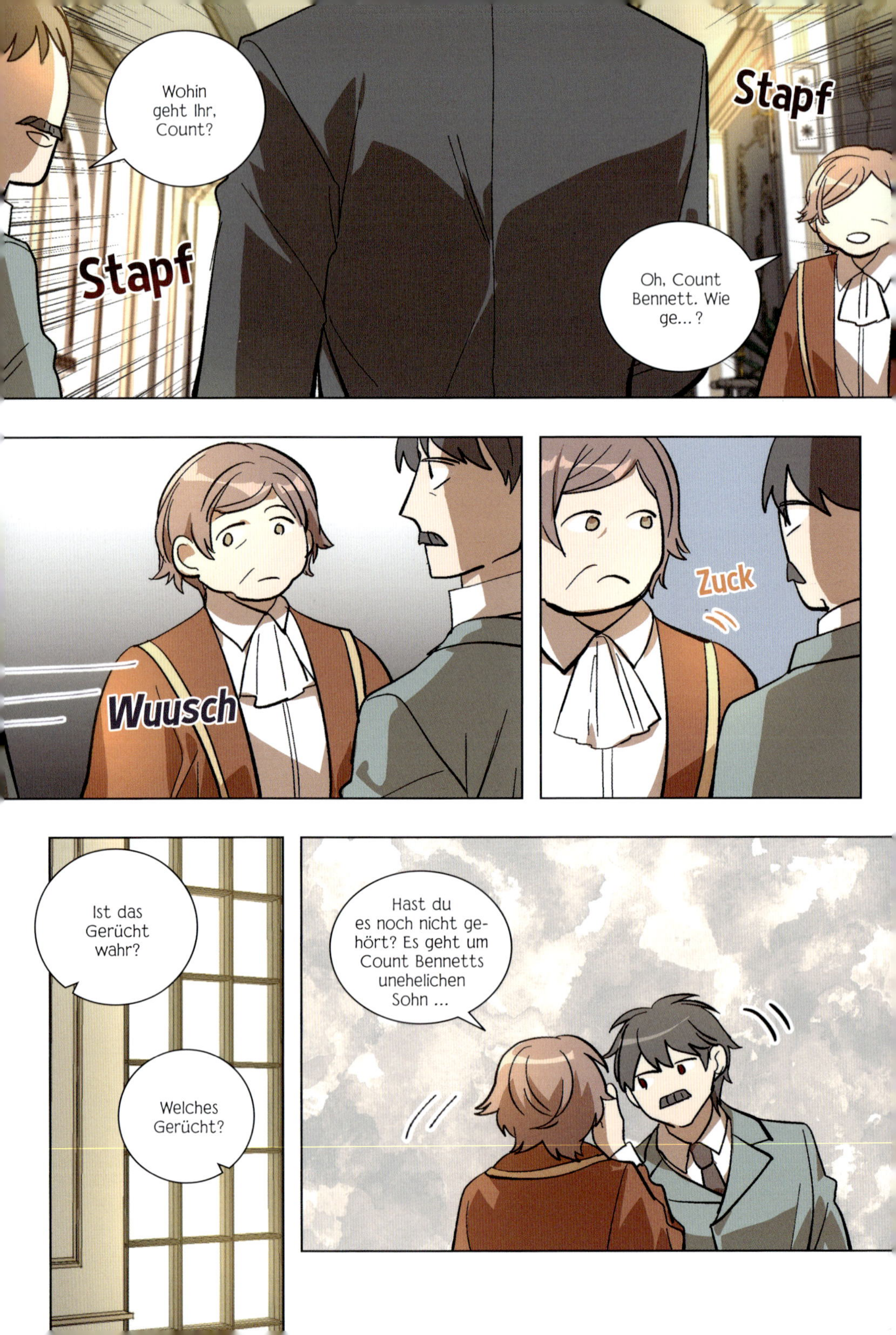
Wohin geht Ihr, Count?
Stapf
Stapf
Oh, Count Bennett. Wie ge...?
Wuusch
Zuck
Ist das Gerücht wahr?
Welches Gerücht?
Hast du es noch nicht gehört? Es geht um Count Bennetts unehelichen Sohn ...

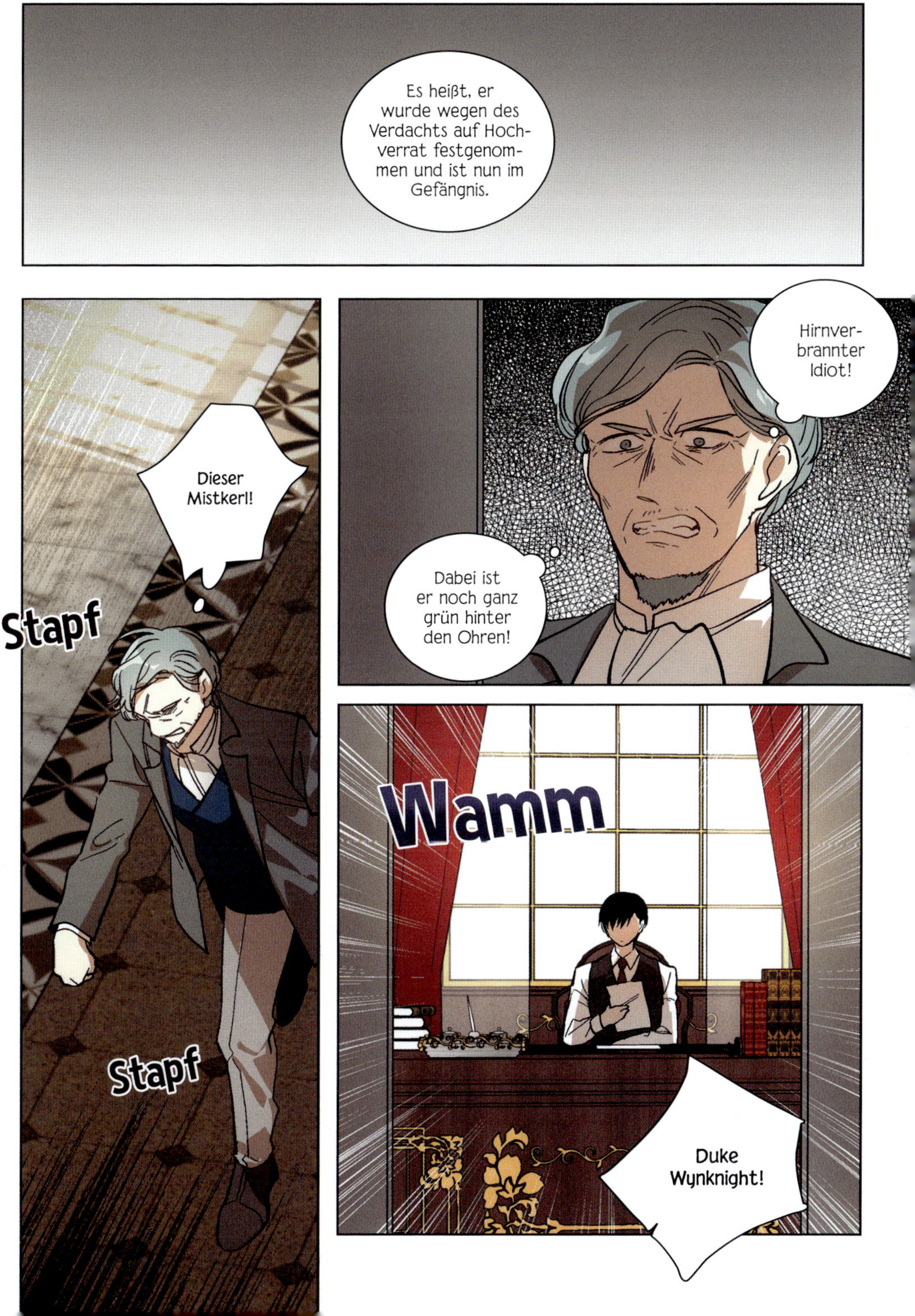
Es heißt, er wurde wegen des Verdachts auf Hoch-verrat festgenom-men und ist nun im Gefängnis.
Dieser Mistkerl!
Stapf
Stapf
Hirnver-brannter Idiot!
Dabei ist er noch ganz grün hinter den Ohren!
Wamm
Duke Wynknight!

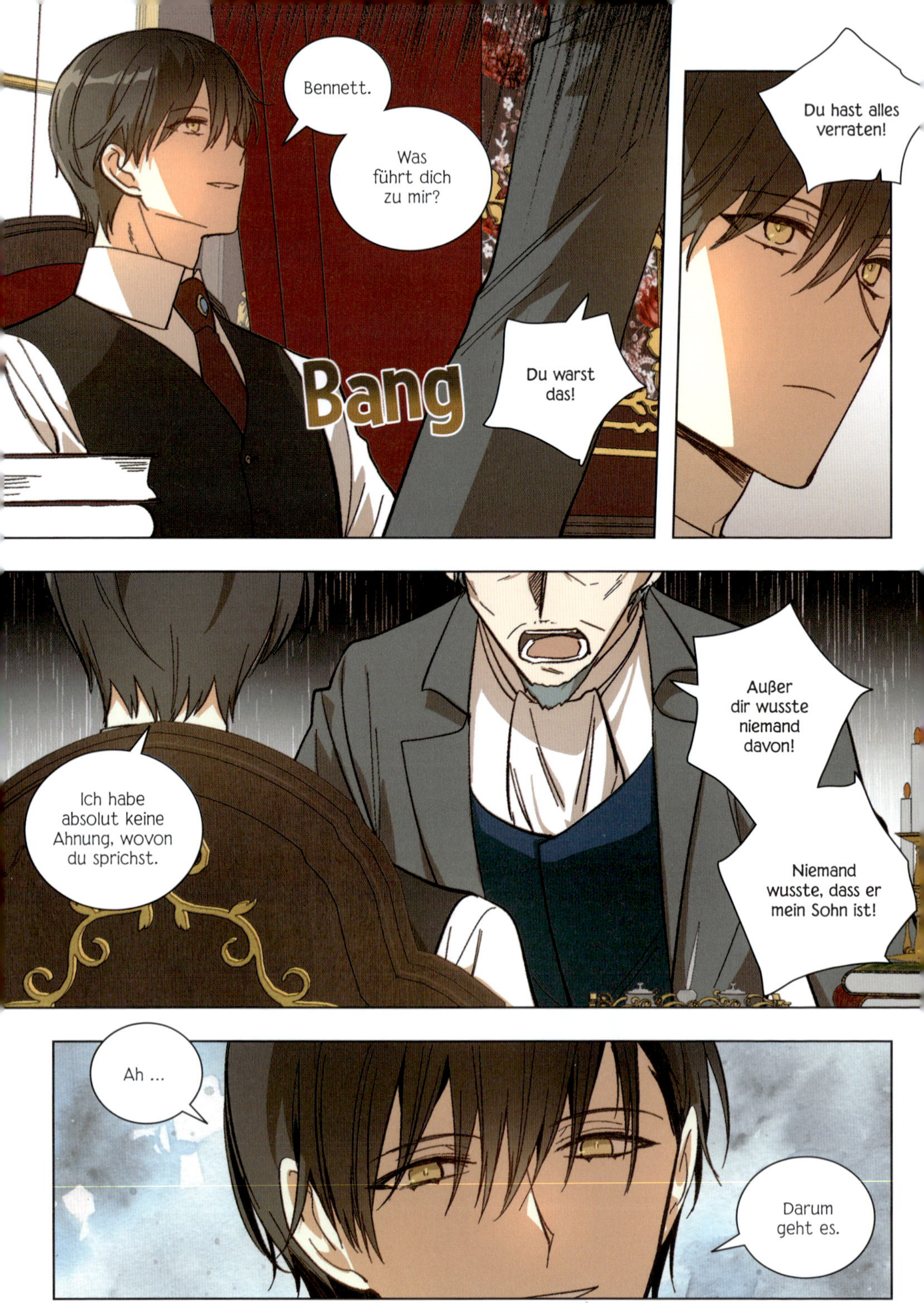
Bennett.
Was führt dich zu mir?
Bang
Du warst das!
Du hast alles verraten!
Außer dir wusste niemand davon!
Niemand wusste, dass er mein Sohn ist!
Ich habe absolut keine Ahnung, wovon du sprichst.
Ah ...
Darum geht es.

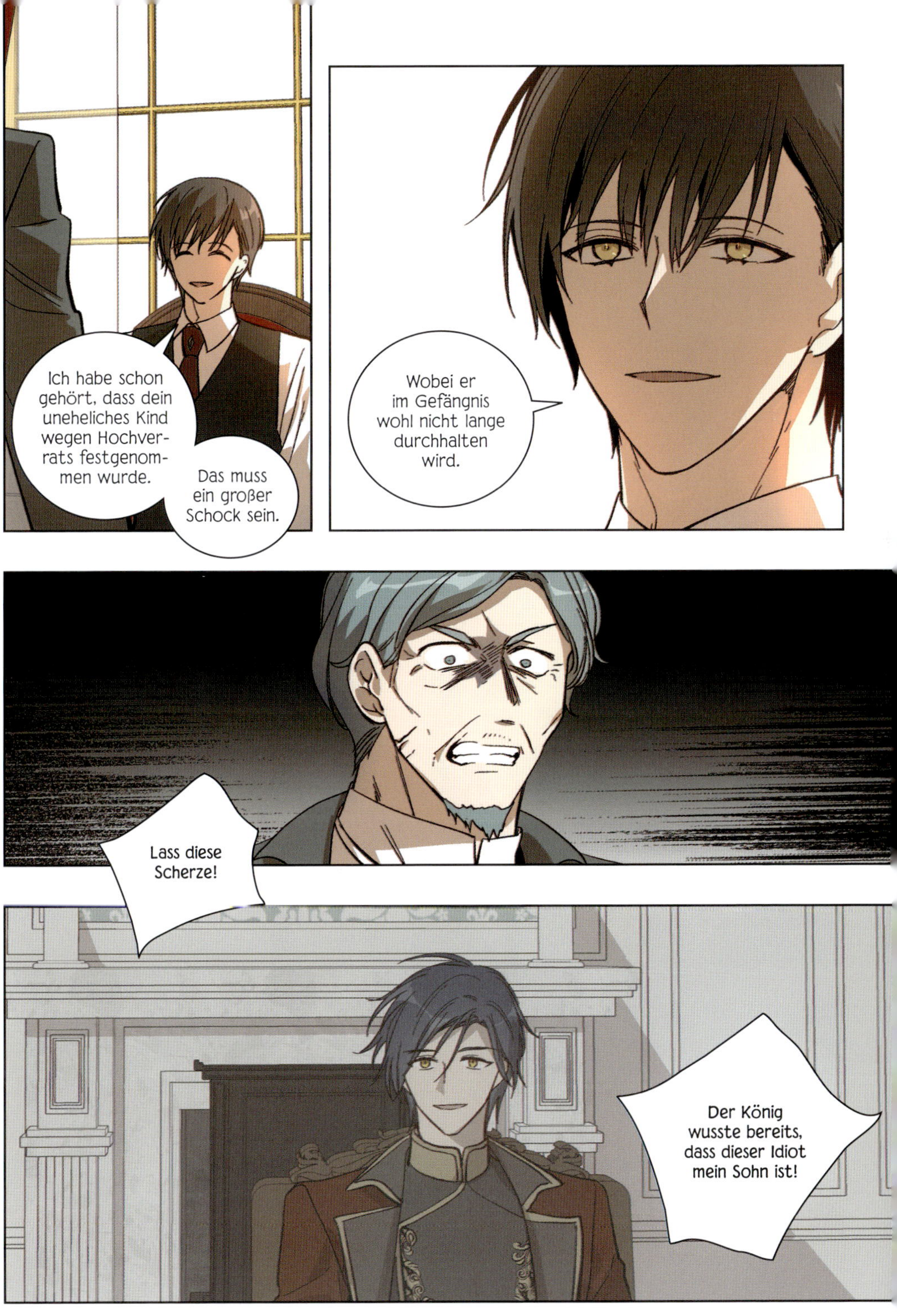
Ich habe schon gehört, dass dein uneheliches Kind wegen Hochverrats festgenommen wurde.
Das muss ein großer Schock sein.
Wobei er im Gefängnis wohl nicht lange durchhalten wird.
Lass diese Scherze!
Der König wusste bereits, dass dieser Idiot mein Sohn ist!

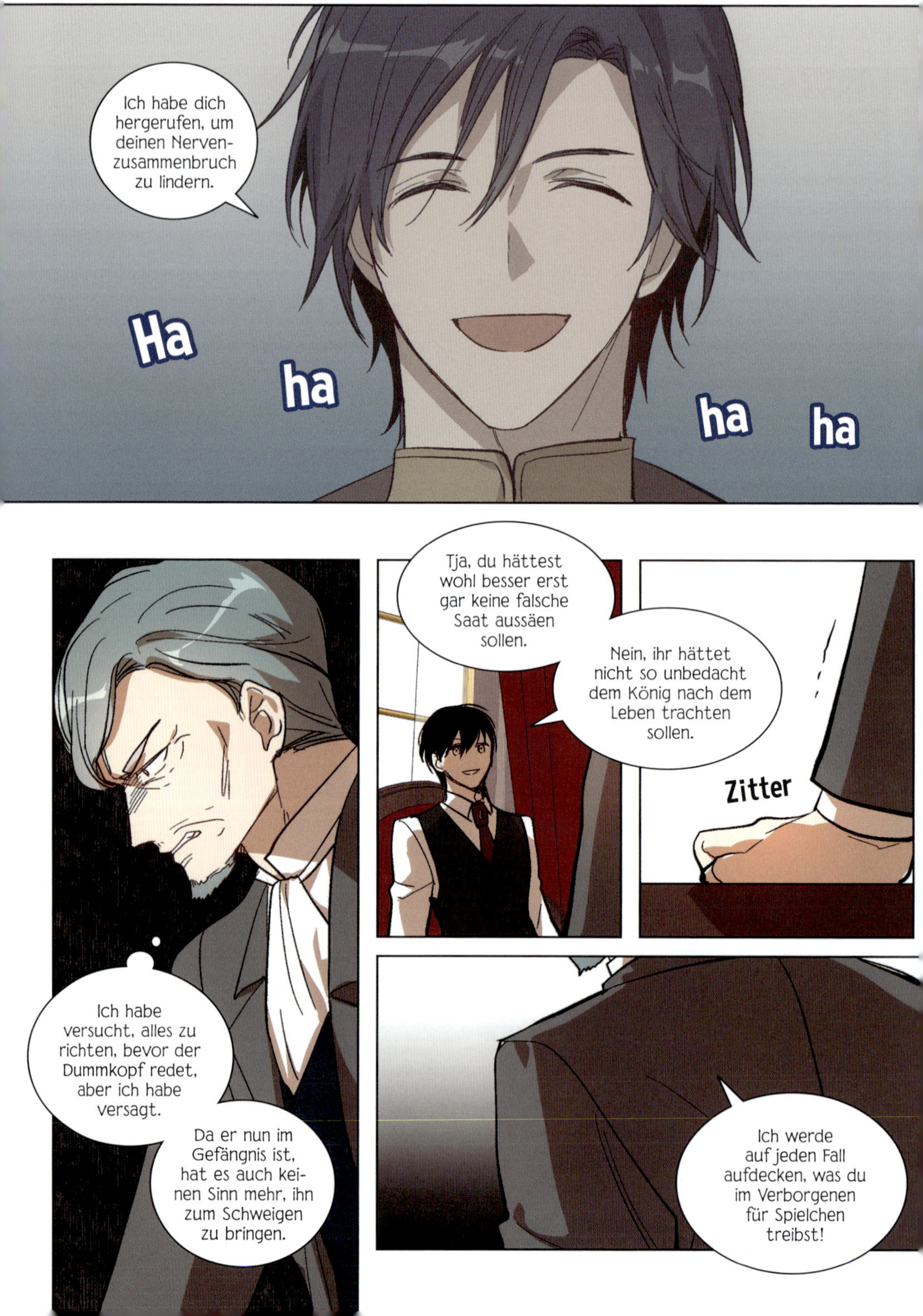
Ich habe dich hergerufen, um deinen Nervenzusammenbruch zu lindern.
Ha ha ha ha
Tja, du hättest wohl besser erst gar keine falsche Saat aussäen sollen.
Nein, ihr hättet nicht so unbedacht dem König nach dem Leben trachten sollen.
Zitter
Ich habe versucht, alles zu richten, bevor der Dummkopf redet, aber ich habe versagt.
Da er nun im Gefängnis ist, hat es auch keinen Sinn mehr, ihn zum Schweigen zu bringen.
Ich werde auf jeden Fall aufdecken, was du im Verborgenen für Spielchen treibst!

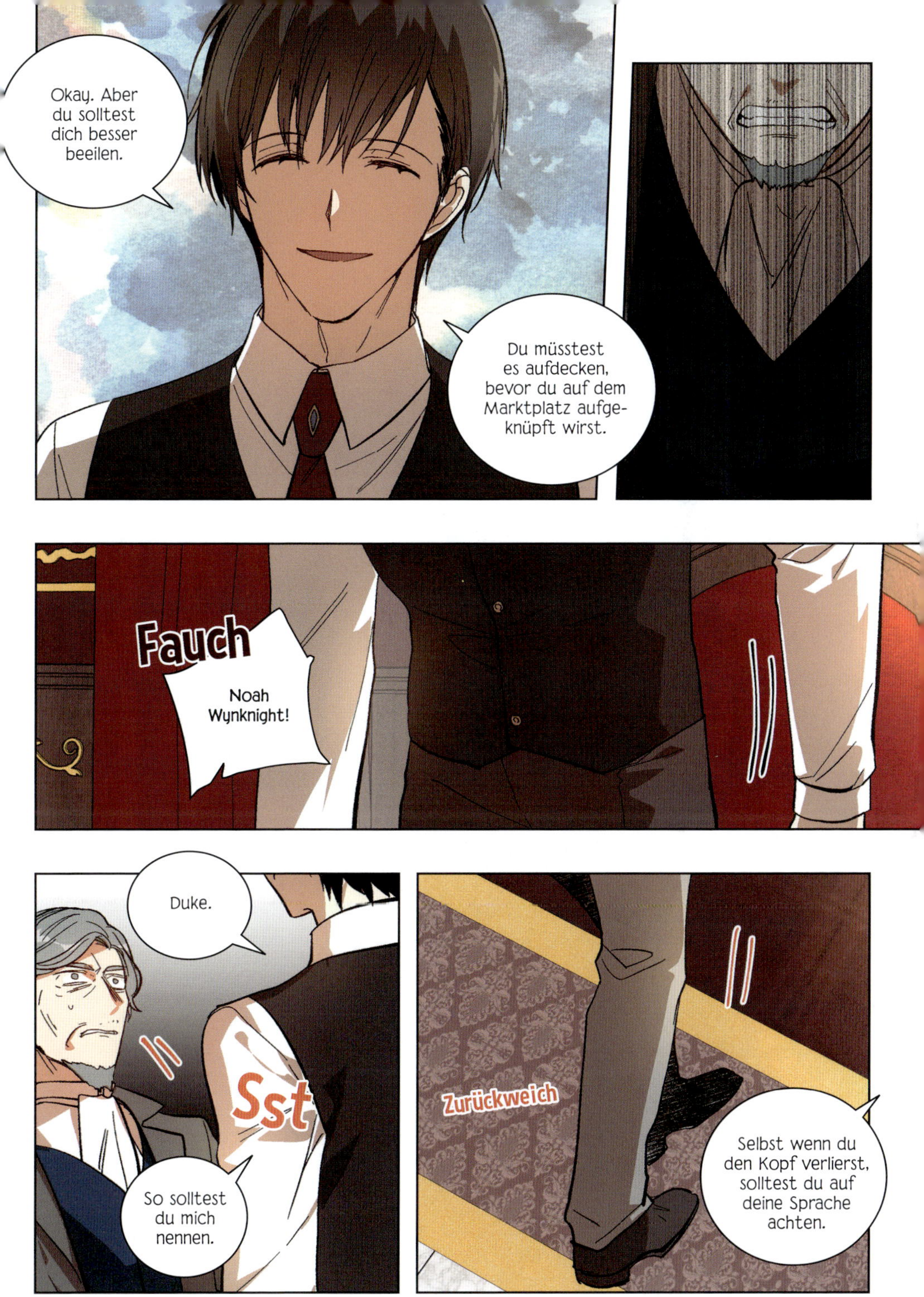
Okay. Aber du solltest dich besser beeilen.
Du müsstest es aufdecken, bevor du auf dem Marktplatz aufgeknüpft wirst.
Fauch
Noah Wynknight!
Duke.
Sst
So solltest du mich nennen.
Zurückweich
Selbst wenn du den Kopf verlierst, solltest du auf deine Sprache achten.

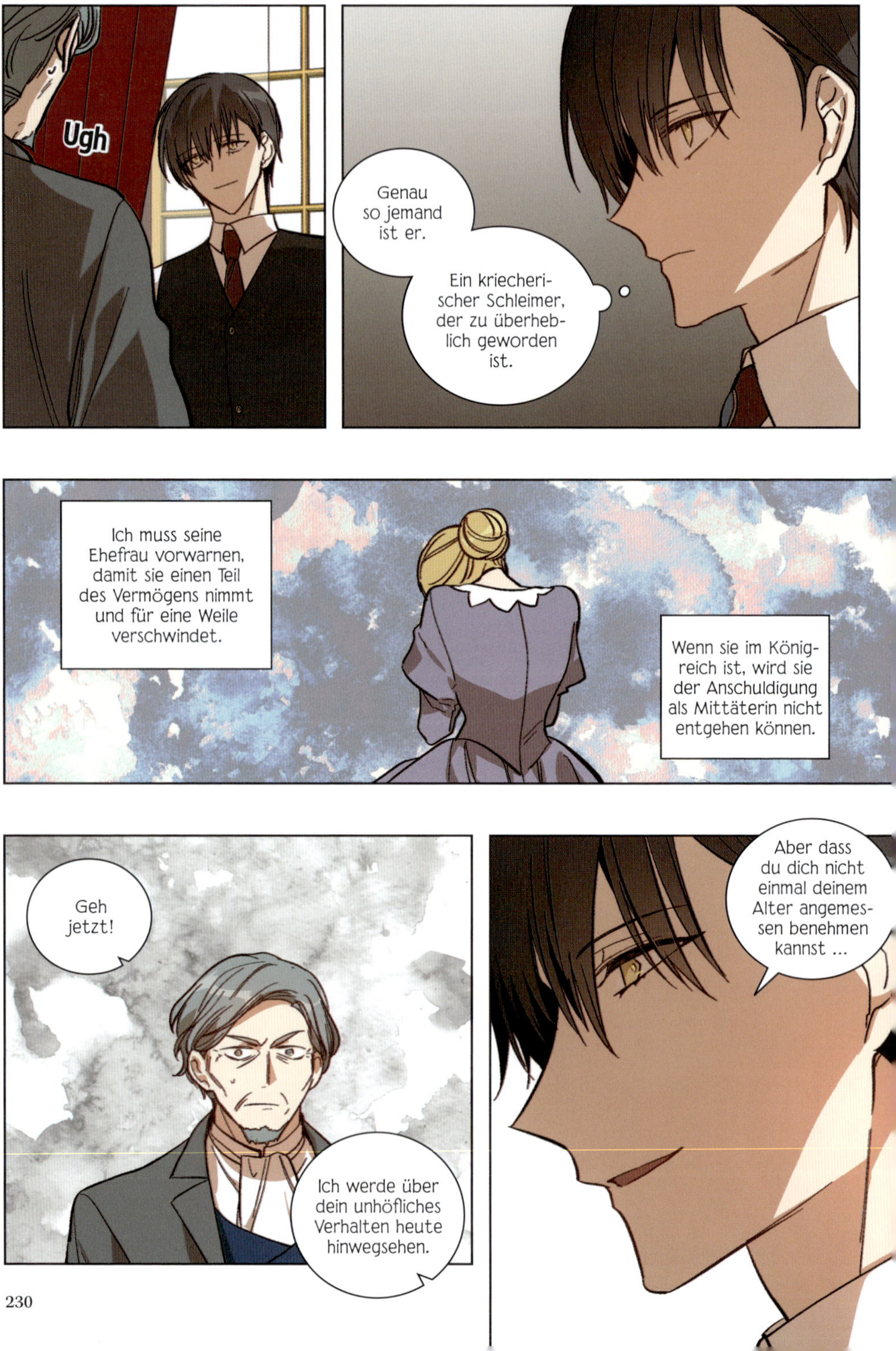
Ugh
Genau so jemand ist er.
Ein kriecherischer Schleimer, der zu überheblich geworden ist.
Ich muss seine Ehefrau vorwarnen, damit sie einen Teil des Vermögens nimmt und für eine Weile verschwindet.
Wenn sie im Königreich ist, wird sie der Anschuldigung als Mittäterin nicht entgehen können.
Geh jetzt!
Ich werde über dein unhöfliches Verhalten heute hinwegsehen.
Aber dass du dich nicht einmal deinem Alter angemessen benehmen kannst ...

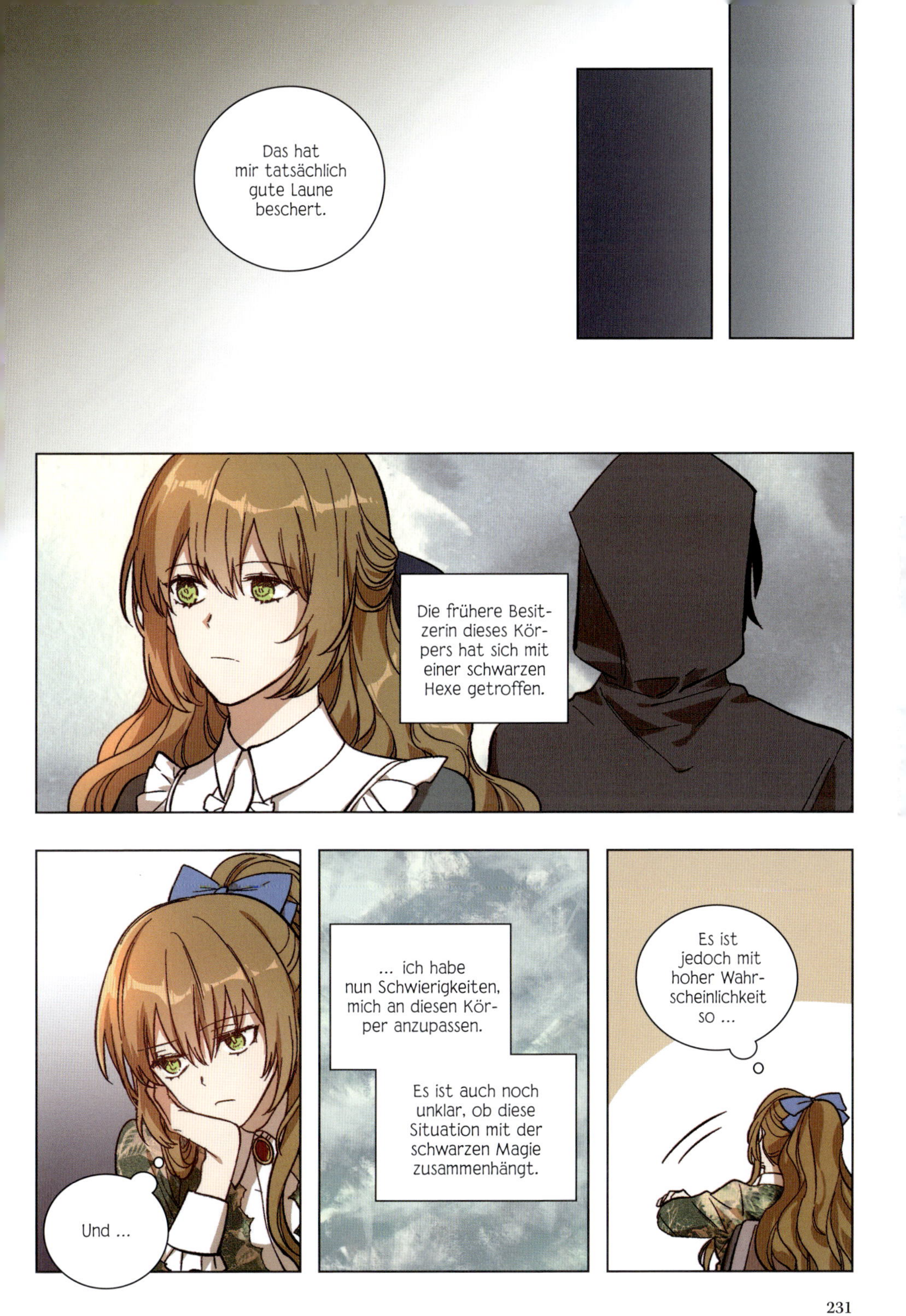
Das hat mir tatsächlich gute Laune beschert.
Die frühere Besitzerin dieses Körpers hat sich mit einer schwarzen Hexe getroffen.
Und ...
... ich habe nun Schwierigkeiten, mich an diesen Körper anzupassen.
Es ist auch noch unklar, ob diese Situation mit der schwarzen Magie zusammenhängt.
Es ist jedoch mit hoher Wahrscheinlichkeit so ...

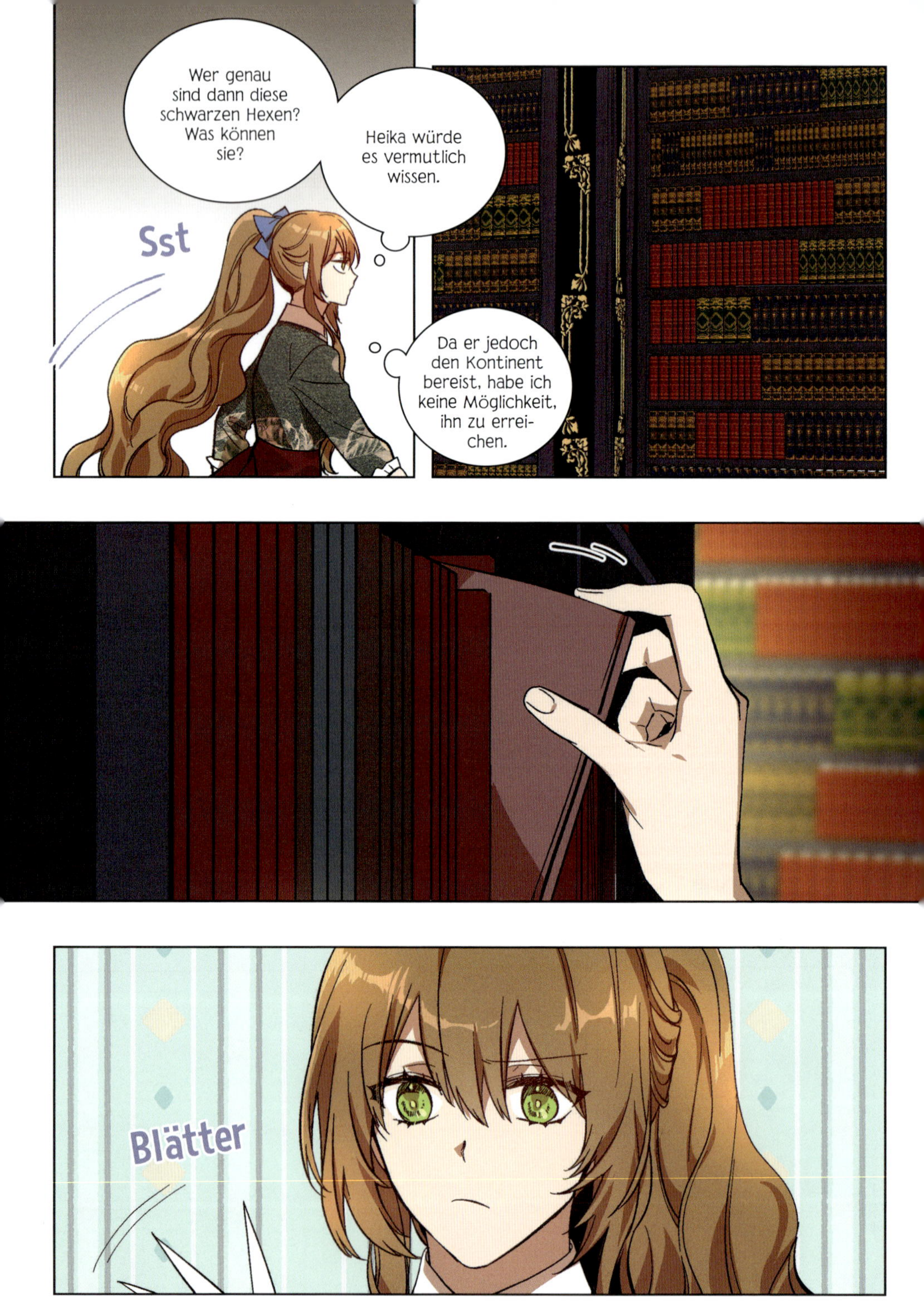
Wer genau sind dann diese schwarzen Hexen? Was können sie?
Heika würde es vermutlich wissen.
Sst
Da er jedoch den Kontinent bereist, habe ich keine Möglichkeit, ihn zu errei-chen.
Blätter

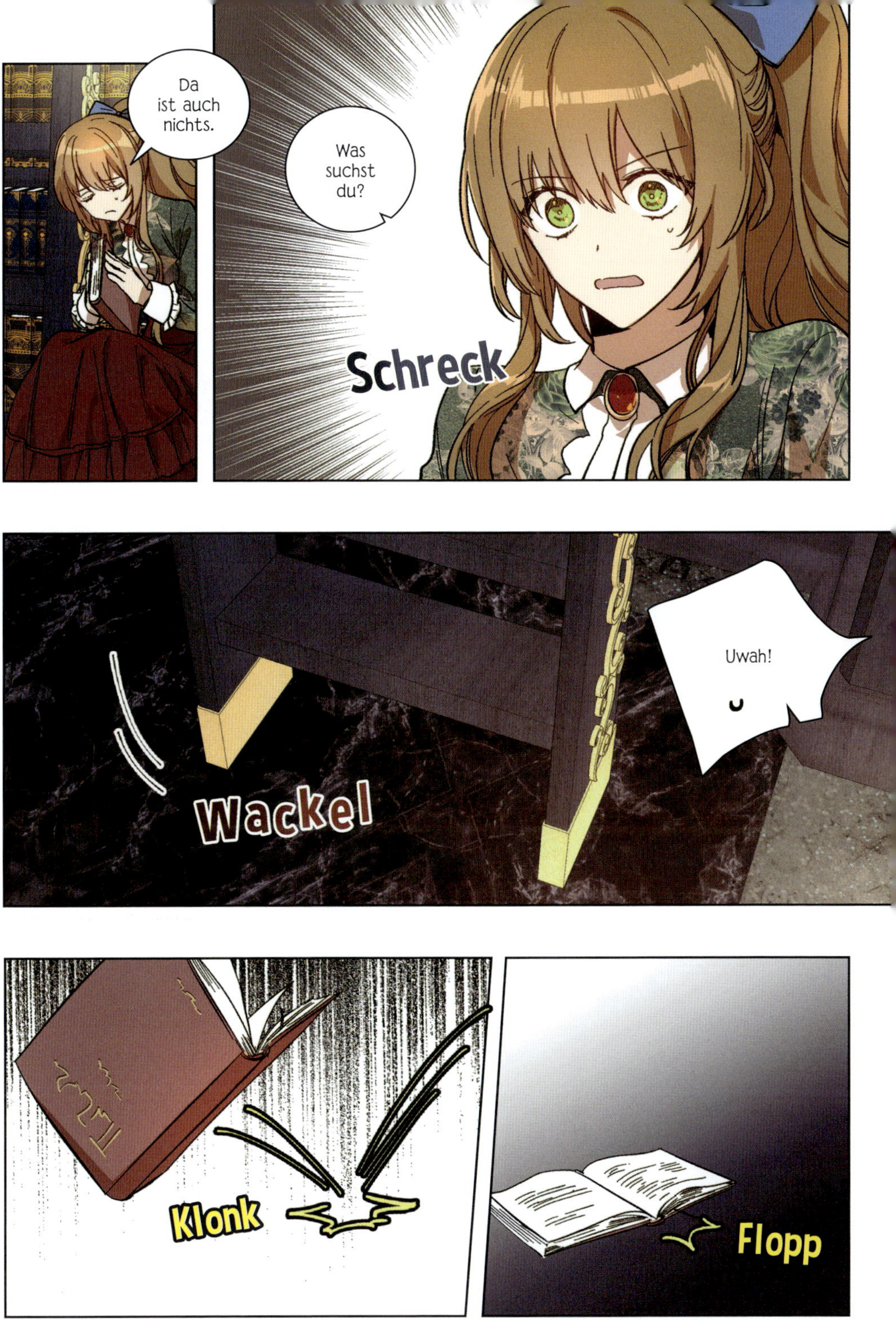
Da ist auch nichts.
Was suchst du?
Schreck
Uwah!
Wackel
Klonk
Flopp

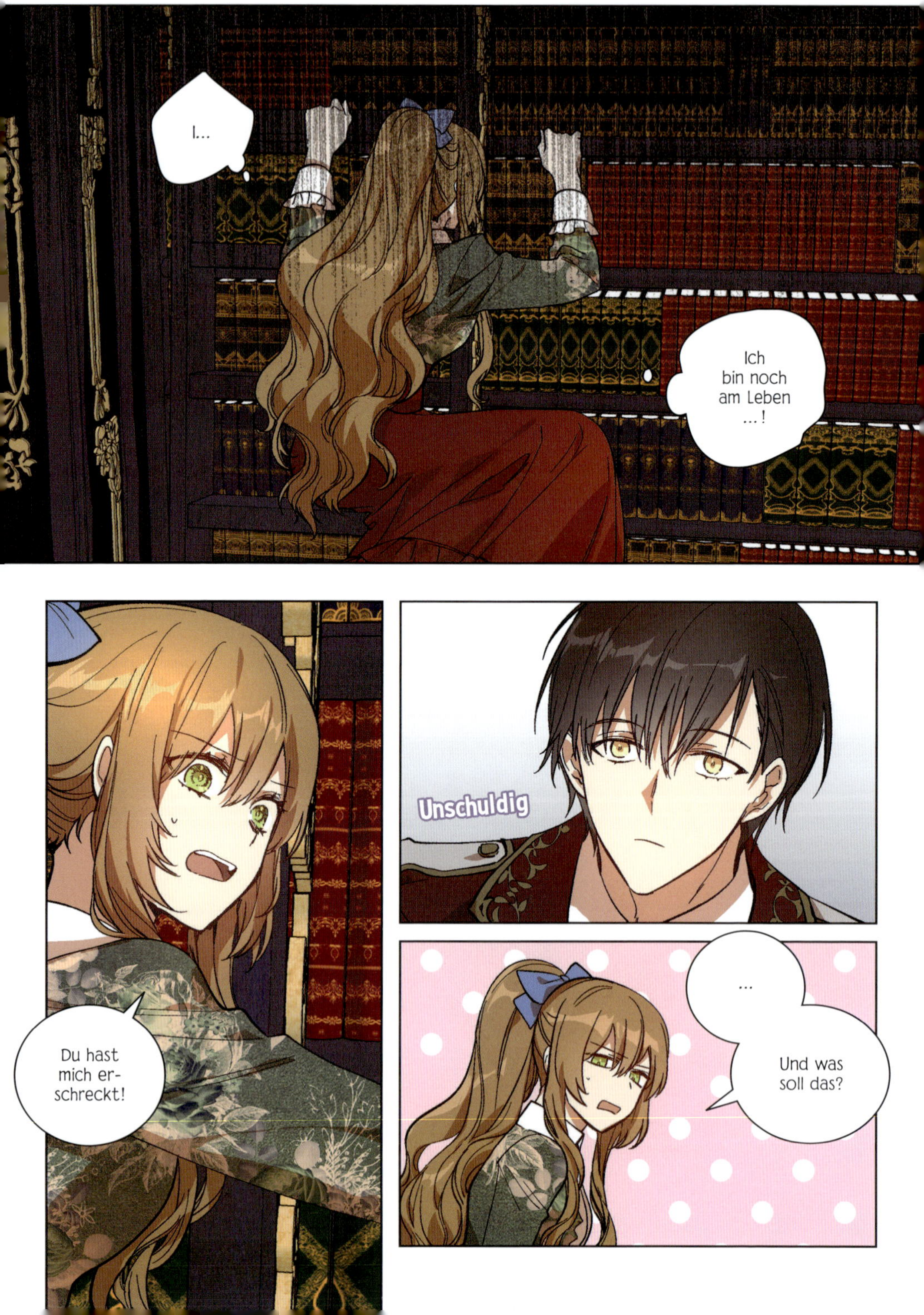
I...
Ich bin noch am Leben ...!
Du hast mich er-schreckt!
Unschuldig
...
Und was soll das?

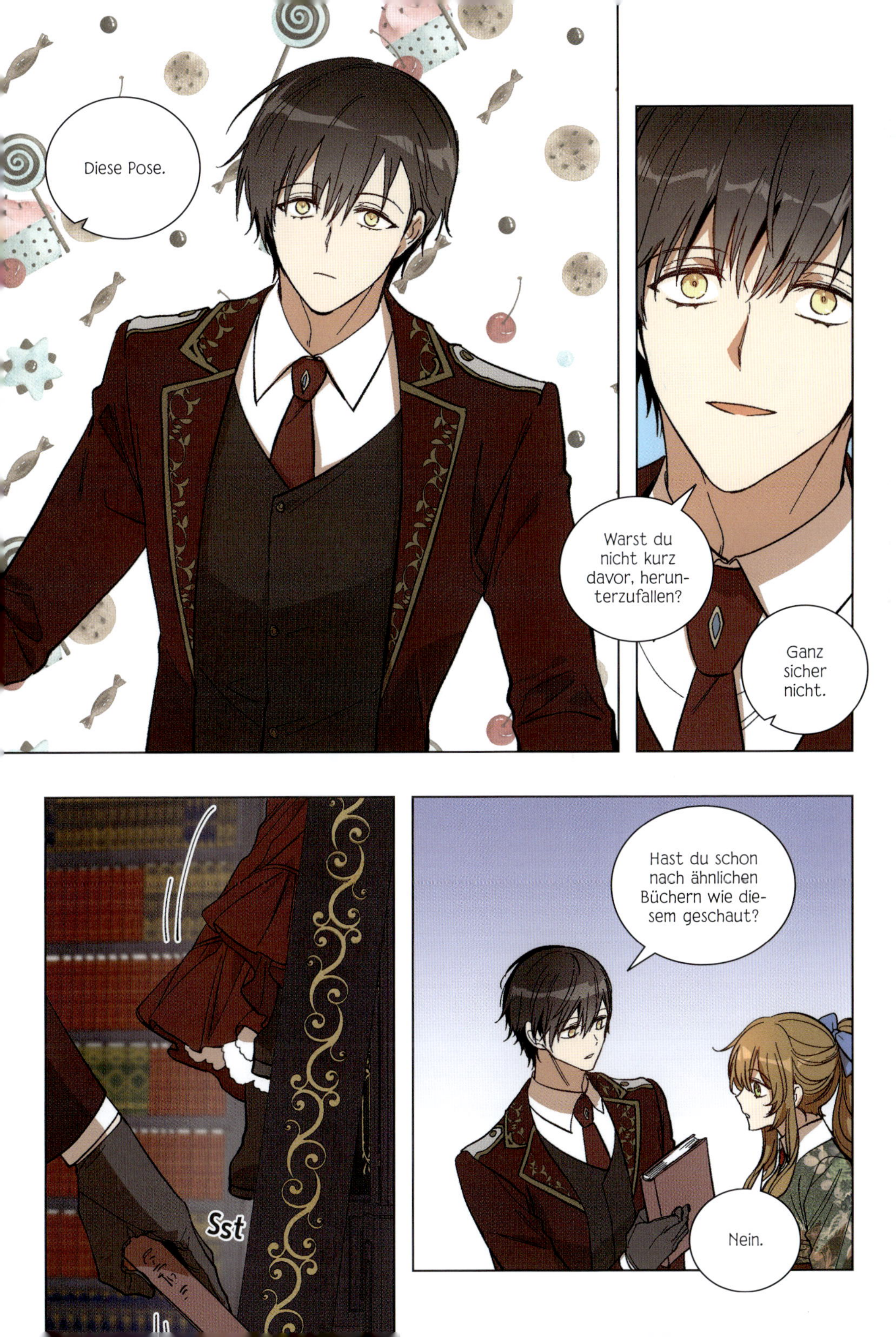
Diese Pose.
Warst du nicht kurz davor, herunterzufallen?
Ganz sicher nicht.
Sst
Hast du schon nach ähnlichen Büchern wie diesem geschaut?
Nein.

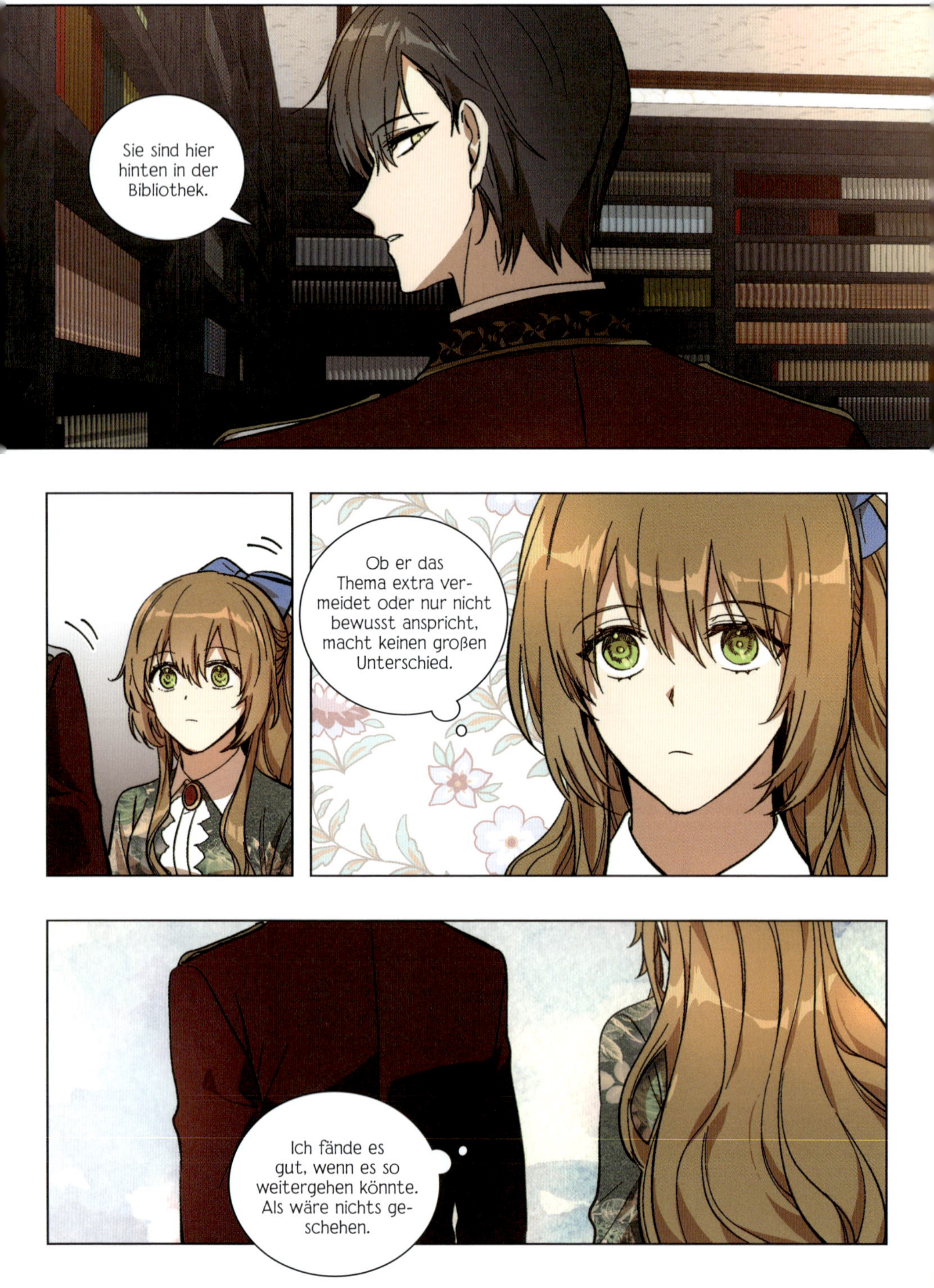
Sie sind hier hinten in der Bibliothek.
Ob er das Thema extra vermeidet oder nur nicht bewusst anspricht, macht keinen großen Unterschied.
Ich fände es gut, wenn es so weitergehen könnte. Als wäre nichts geschehen.

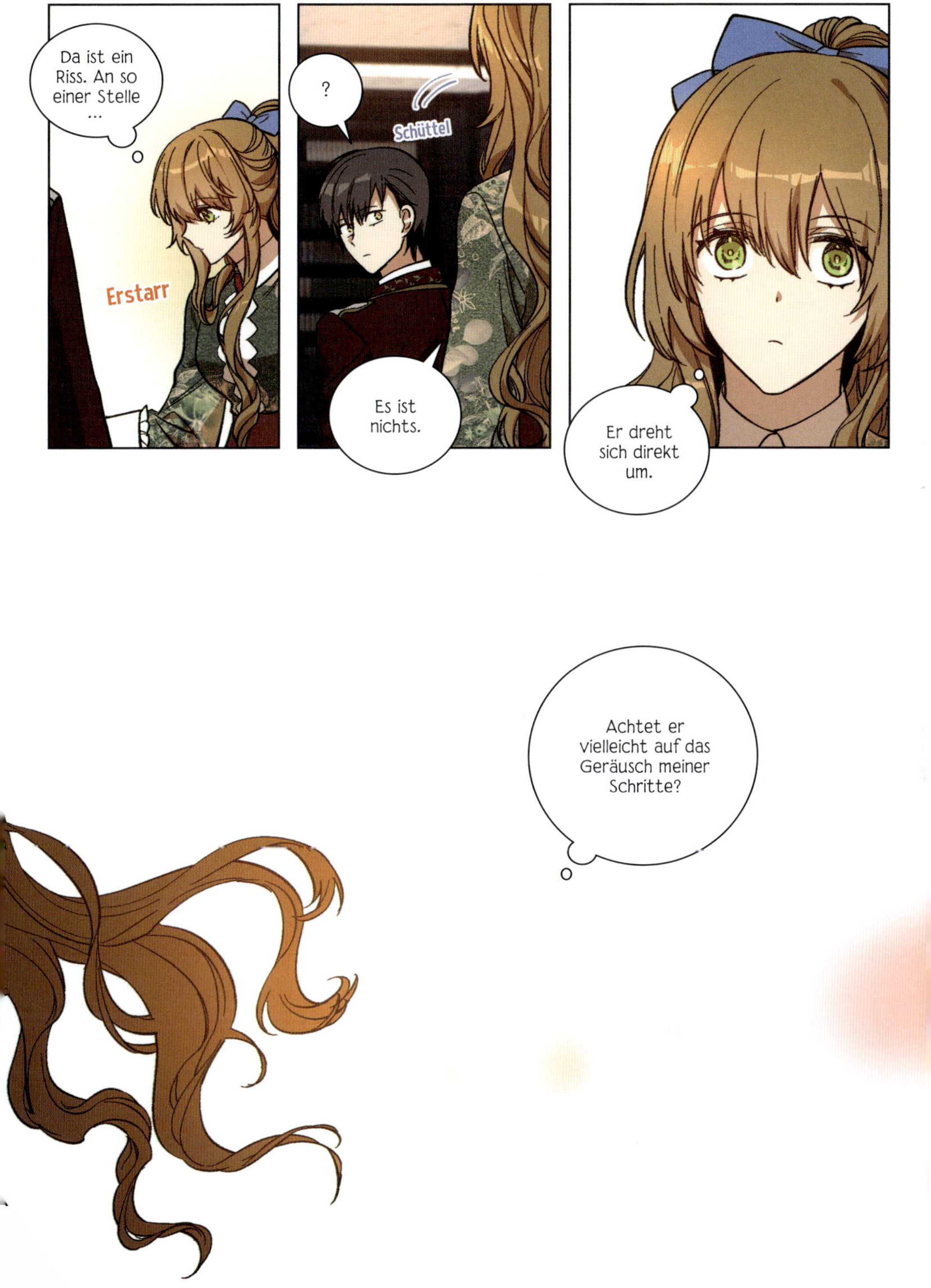
Da ist ein Riss. An so einer Stelle …
Erstarr
?
Schüttel
Es ist nichts.
Er dreht sich direkt um.
Achtet er vielleicht auf das Geräusch meiner Schritte?

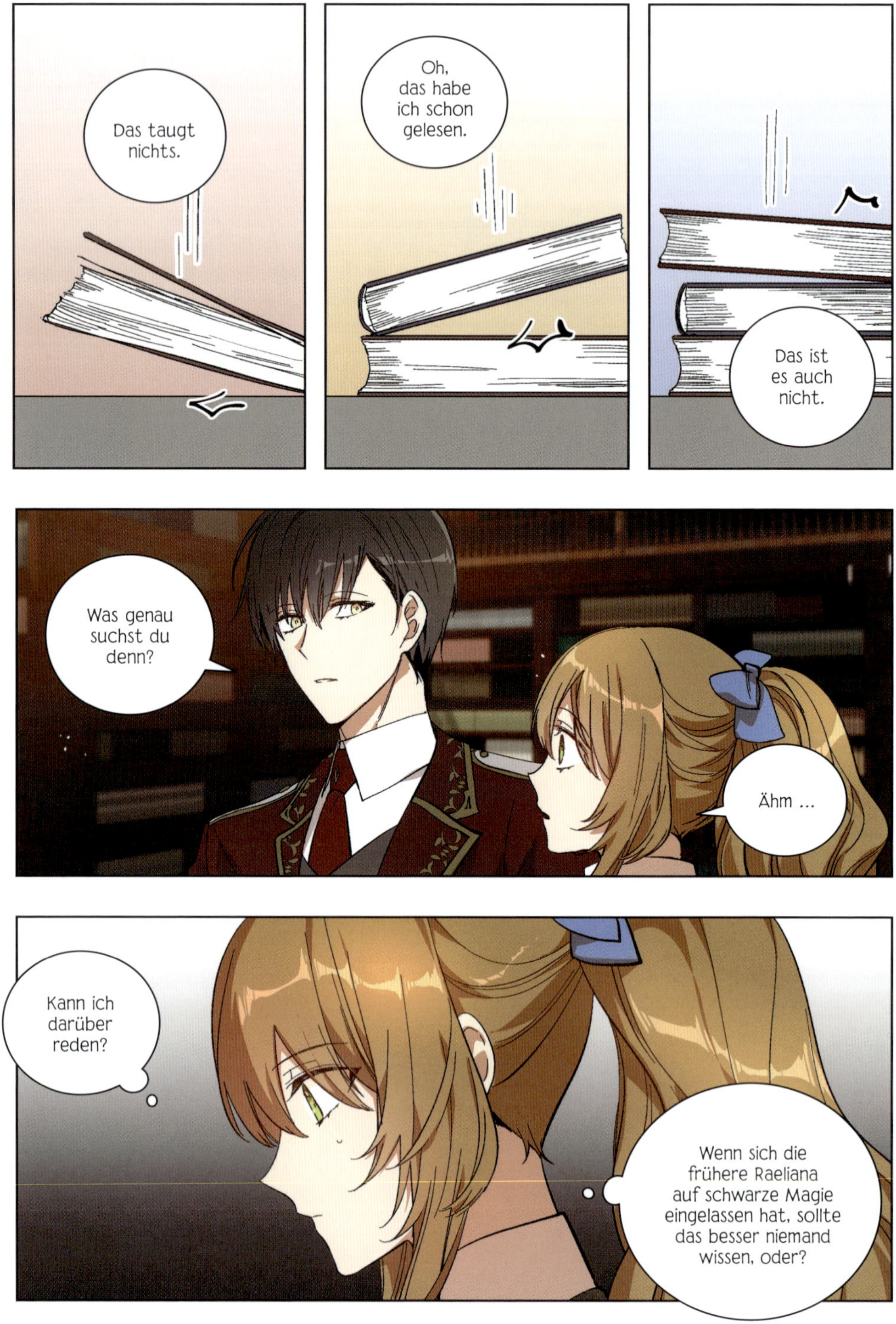
Das taugt nichts.
Oh, das habe ich schon gelesen.
Das ist es auch nicht.
Was genau suchst du denn?
Ähm ...
Kann ich darüber reden?
Wenn sich die frühere Raeliana auf schwarze Magie eingelassen hat, sollte das besser niemand wissen, oder?

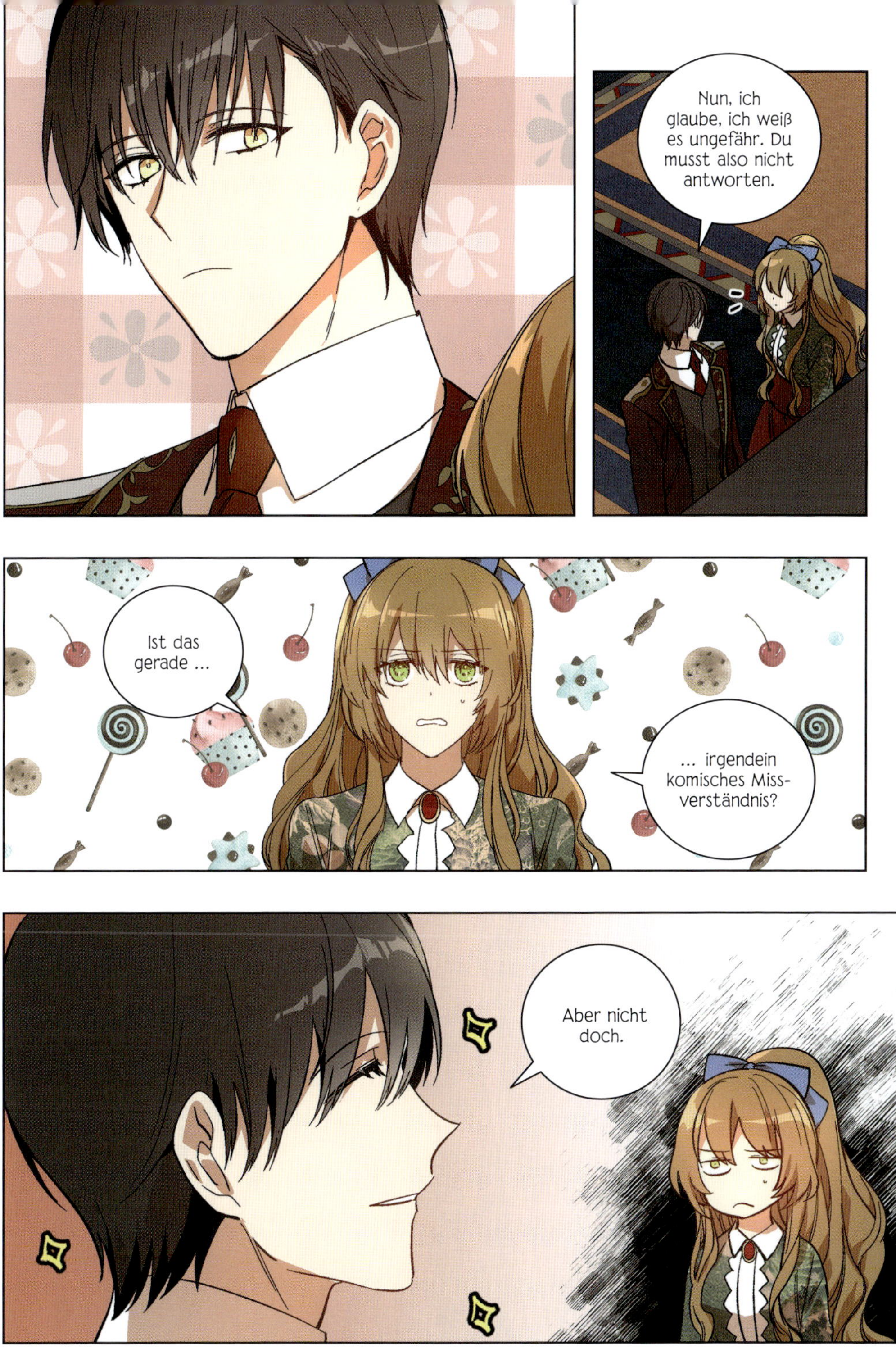
Nun, ich glaube, ich weiß es ungefähr. Du musst also nicht antworten.
Ist das gerade ...
... irgendein komisches Missverständnis?
Aber nicht doch.

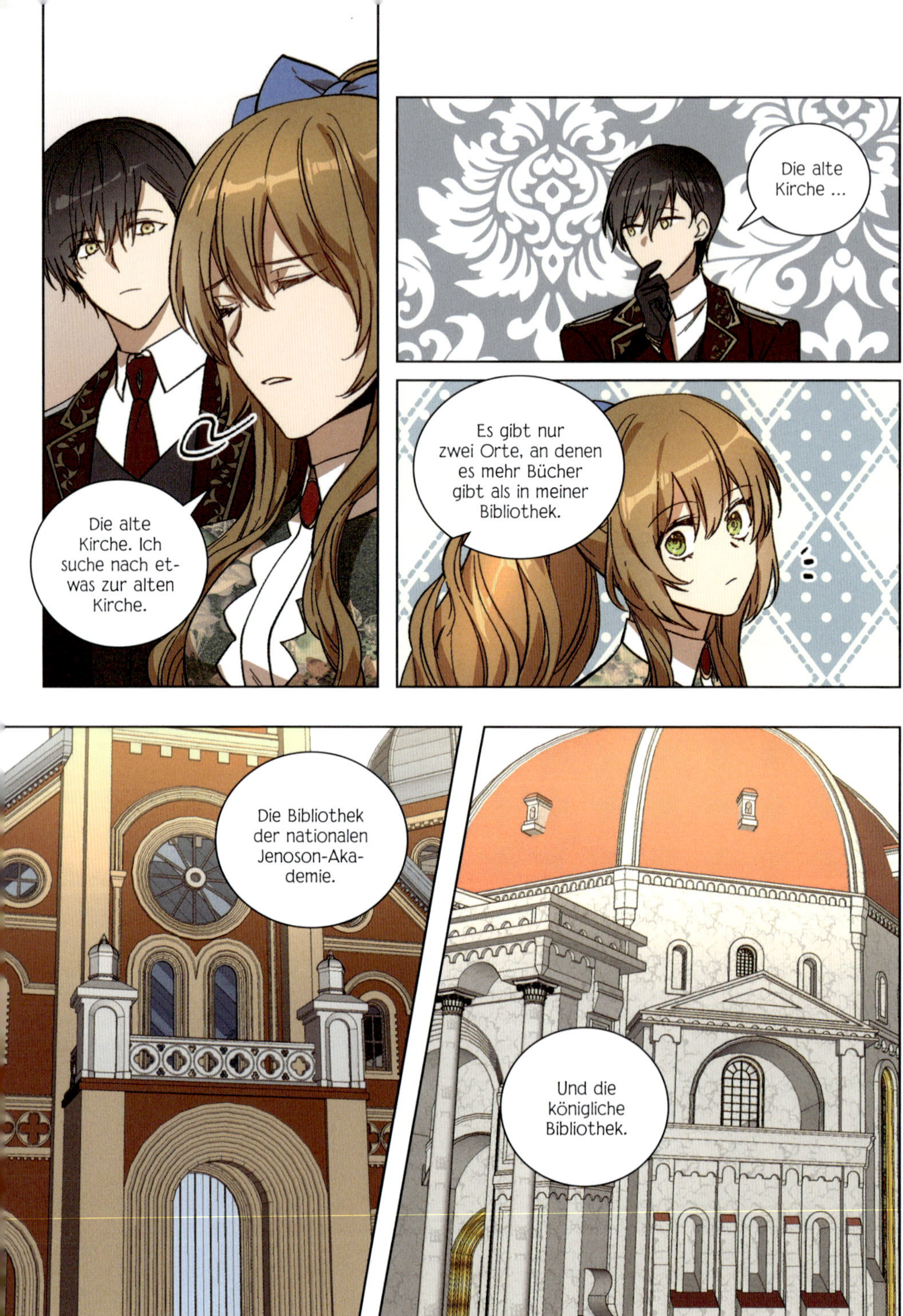
Die alte Kirche. Ich suche nach etwas zur alten Kirche.
Die alte Kirche ...
Es gibt nur zwei Orte, an denen es mehr Bücher gibt als in meiner Bibliothek.
Die Bibliothek der nationalen Jenoson-Akademie.
Und die königliche Bibliothek.

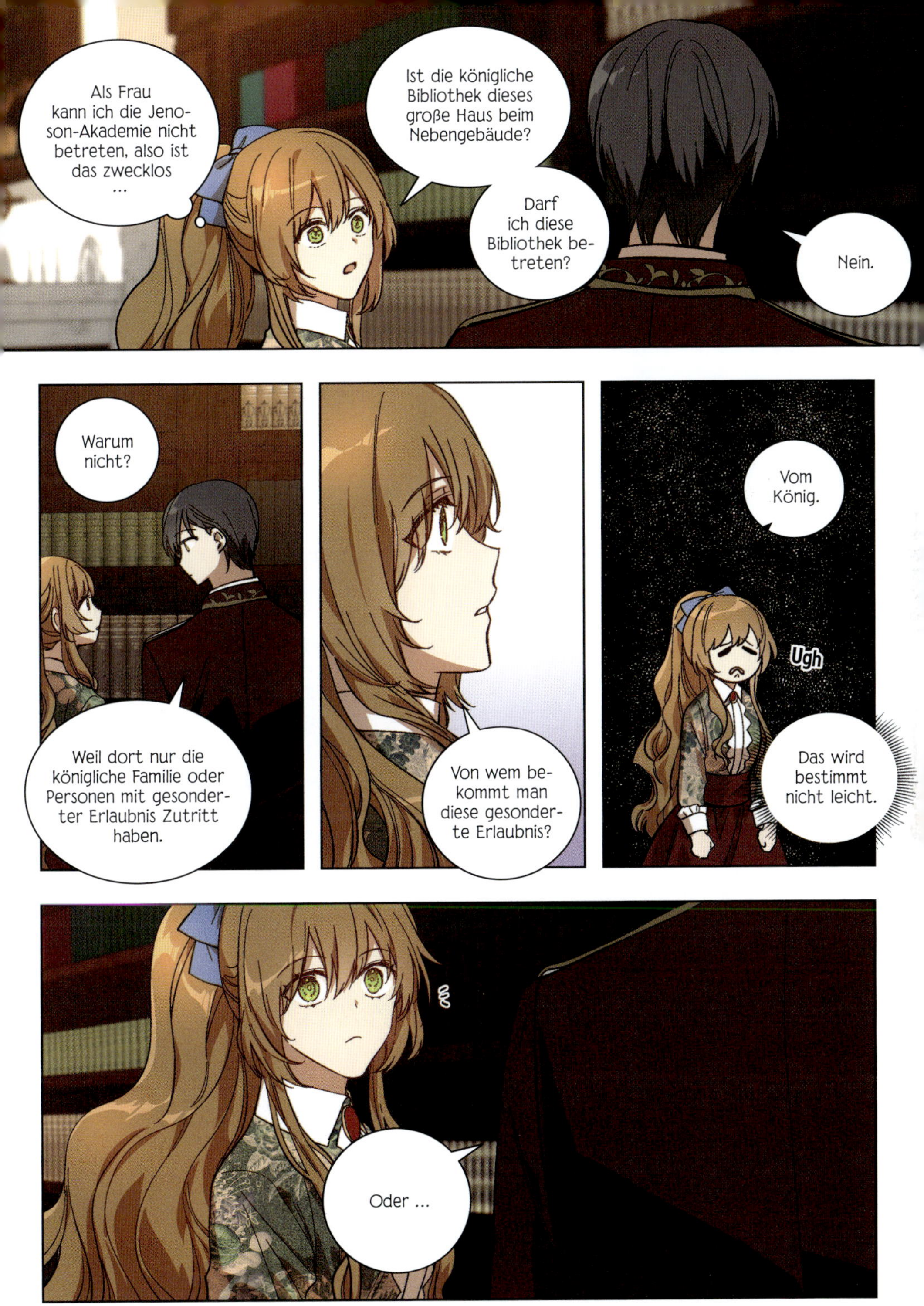
Als Frau kann ich die Jenoson-Akademie nicht betreten, also ist das zwecklos ...
Ist die königliche Bibliothek dieses große Haus beim Nebengebäude?
Darf ich diese Bibliothek betreten?
Nein.
Warum nicht?
Weil dort nur die königliche Familie oder Personen mit gesonderter Erlaubnis Zutritt haben.
Von wem bekommt man diese gesonderte Erlaubnis?
Vom König.
Ugh
Das wird bestimmt nicht leicht.
Oder ...

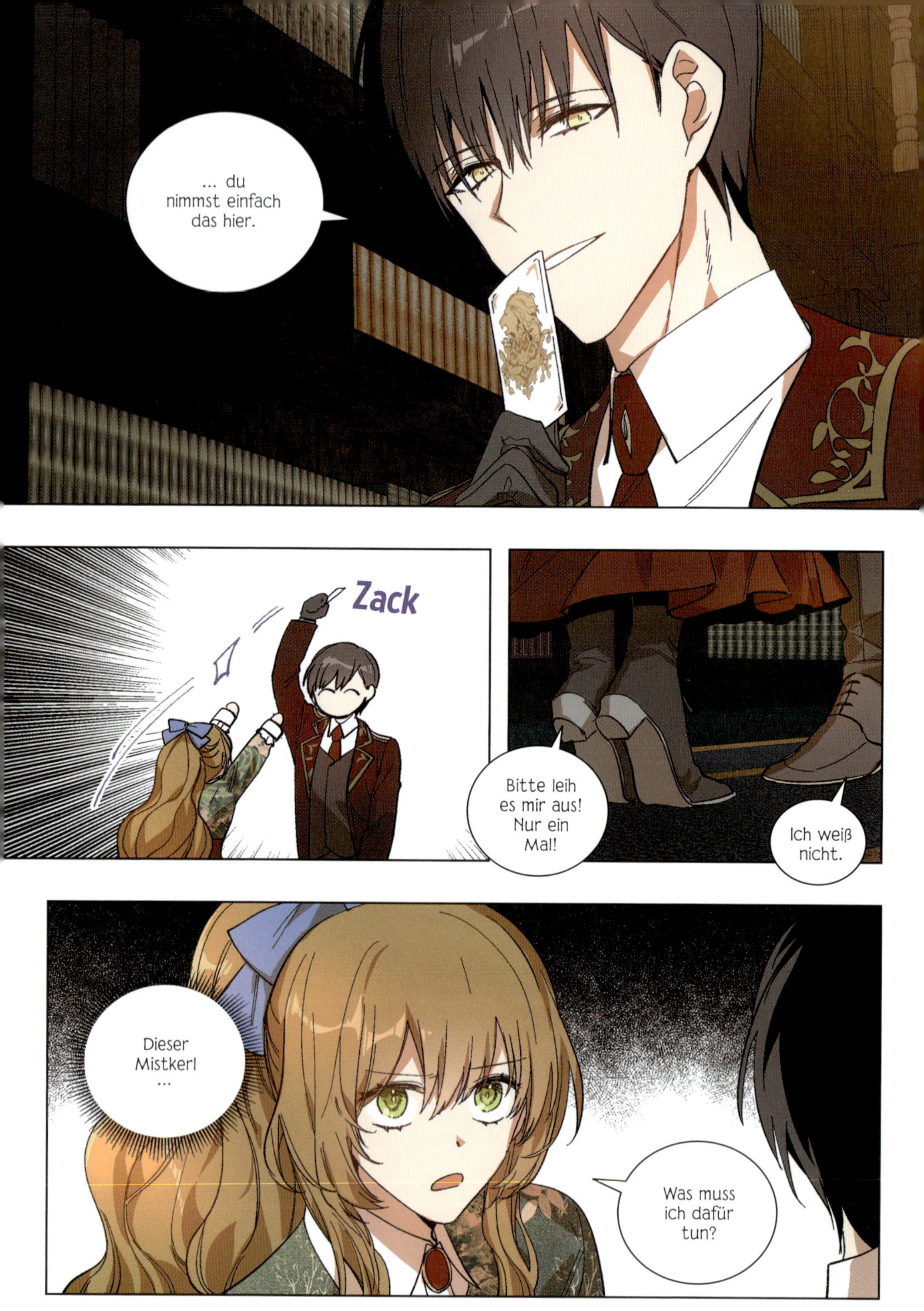

... du nimmst einfach das hier.
Zack
Bitte leih es mir aus! Nur ein Mal!
Ich weiß nicht.
Dieser Mistkerl ...
Was muss ich dafür tun?

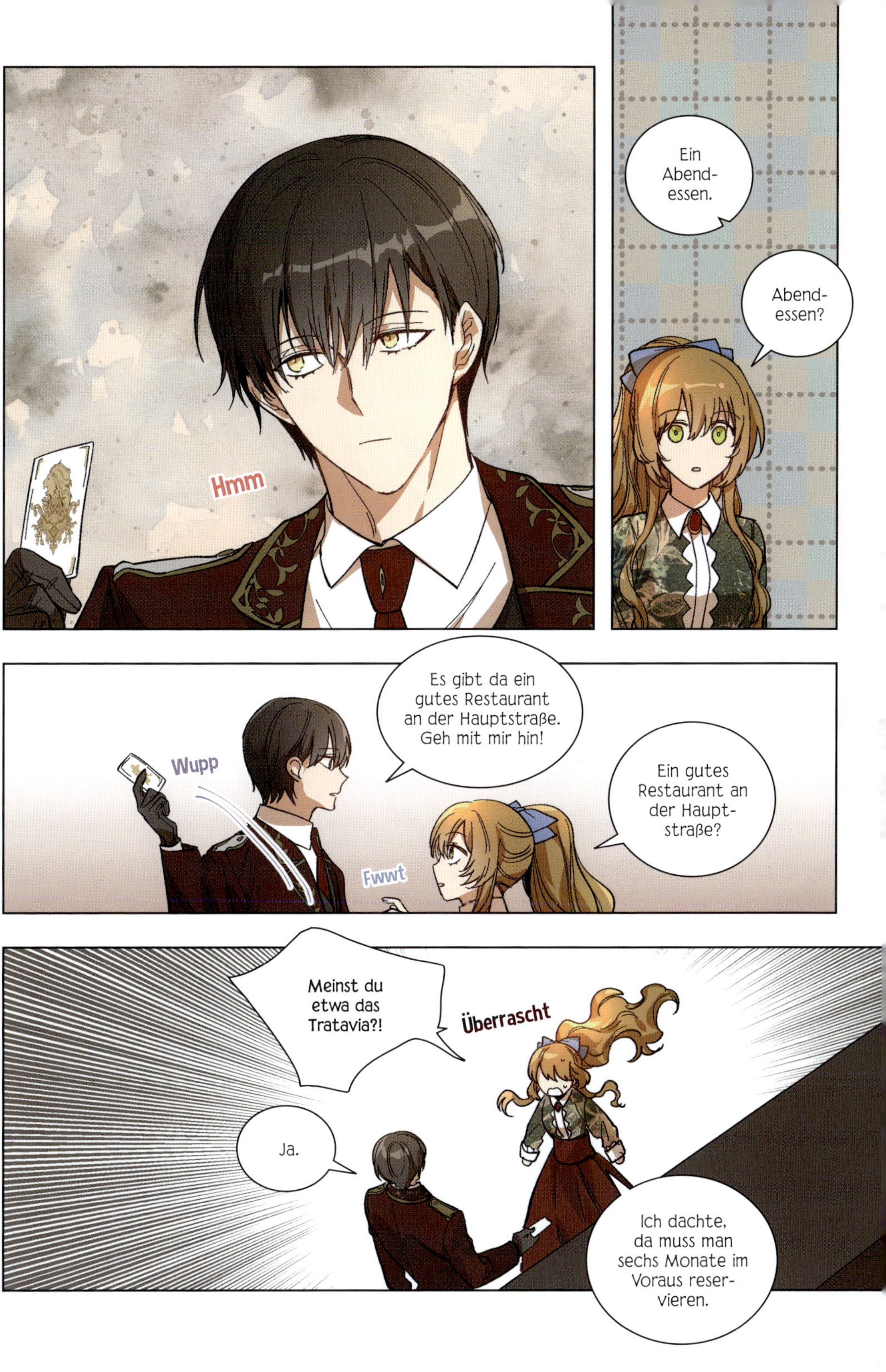

Hmm
Ein Abendessen.
Abendessen?
Es gibt da ein gutes Restaurant an der Hauptstraße. Geh mit mir hin!
Wupp
Fwwt
Ein gutes Restaurant an der Hauptstraße?
Meinst du etwa das Tratavia?!
Überrascht
Ja.
Ich dachte, da muss man sechs Monate im Voraus reservieren.

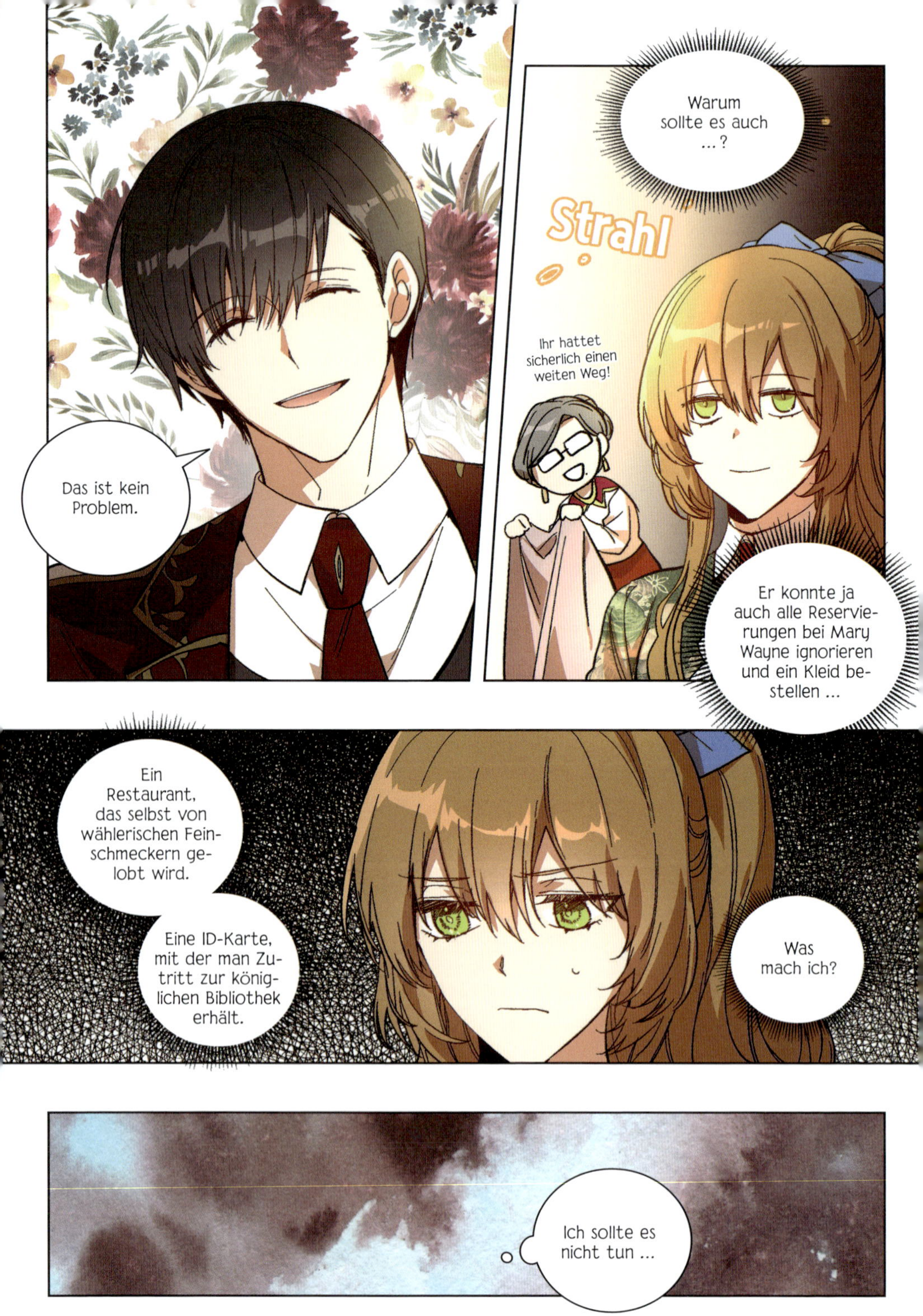
Das ist kein Problem.
Warum sollte es auch ...?
Strahl
Ihr hattet sicherlich einen weiten Weg!
Er konnte ja auch alle Reservierungen bei Mary Wayne ignorieren und ein Kleid bestellen ...
Ein Restaurant, das selbst von wählerischen Feinschmeckern gelobt wird.
Eine ID-Karte, mit der man Zutritt zur königlichen Bibliothek erhält.
Was mach ich?
Ich sollte es nicht tun ...

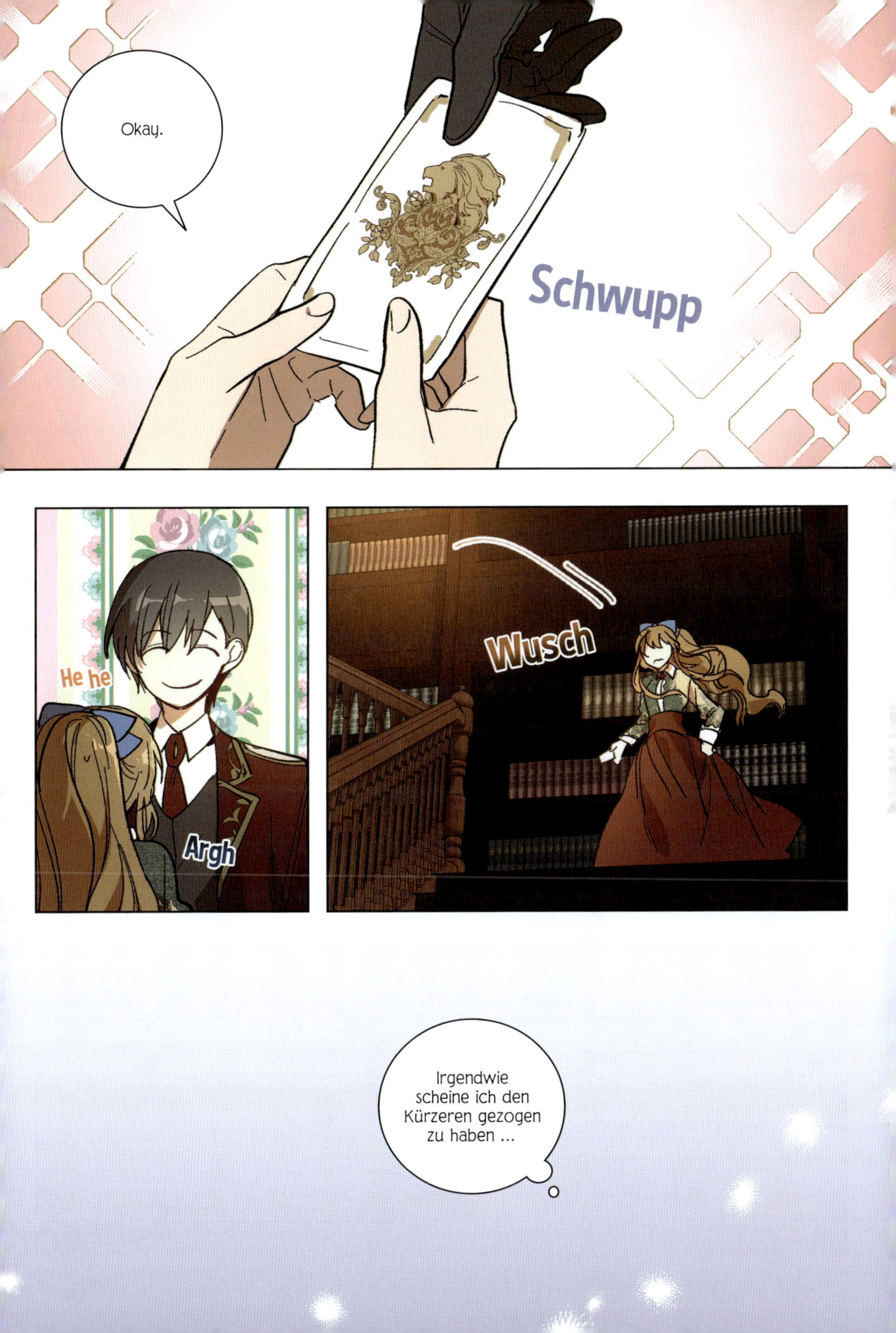
Okay.
Schwupp
He he
Argh
Wusch
Irgendwie scheine ich den Kürzeren gezogen zu haben ...

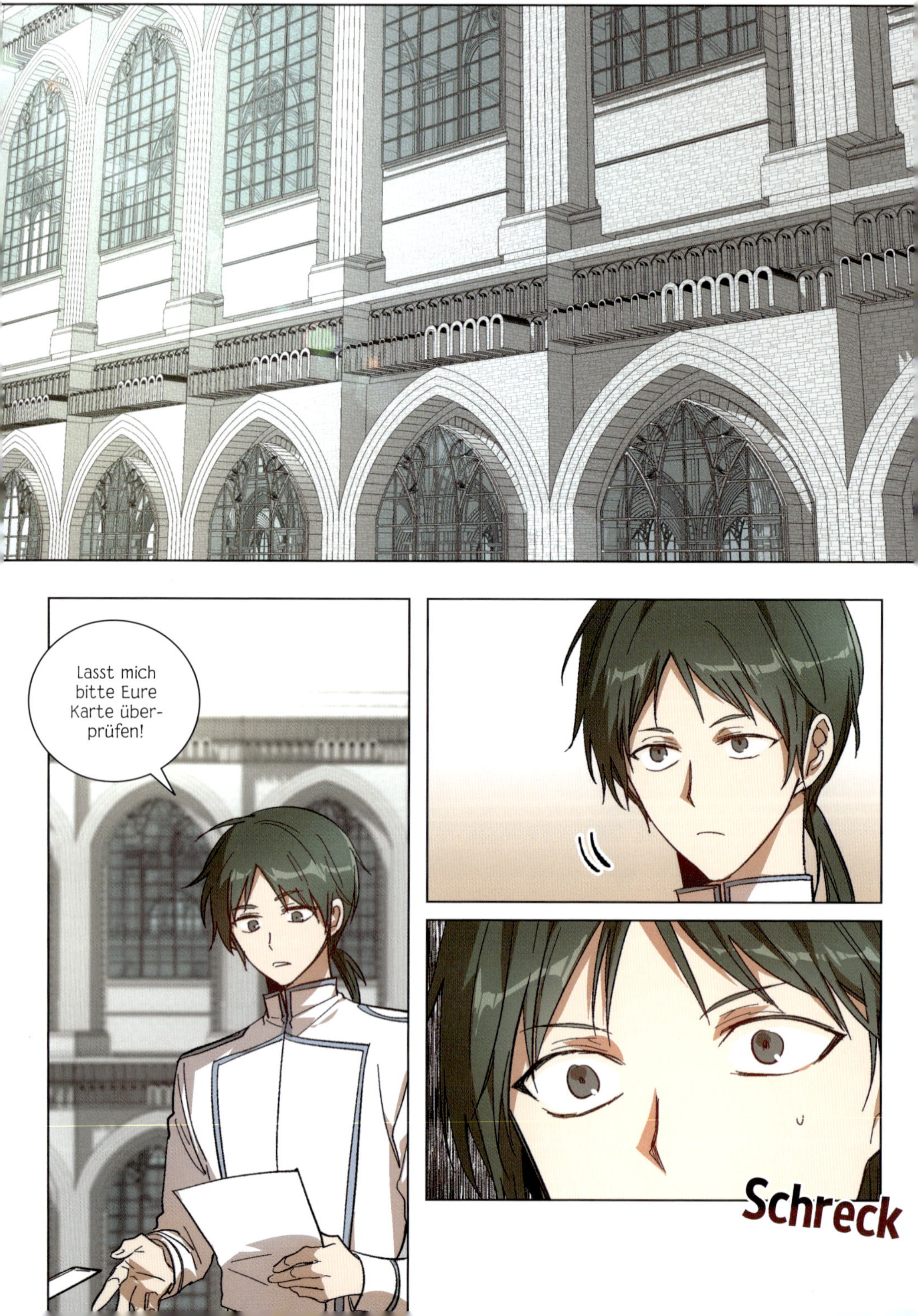
Lasst mich bitte Eure Karte über-prüfen!
Schreck

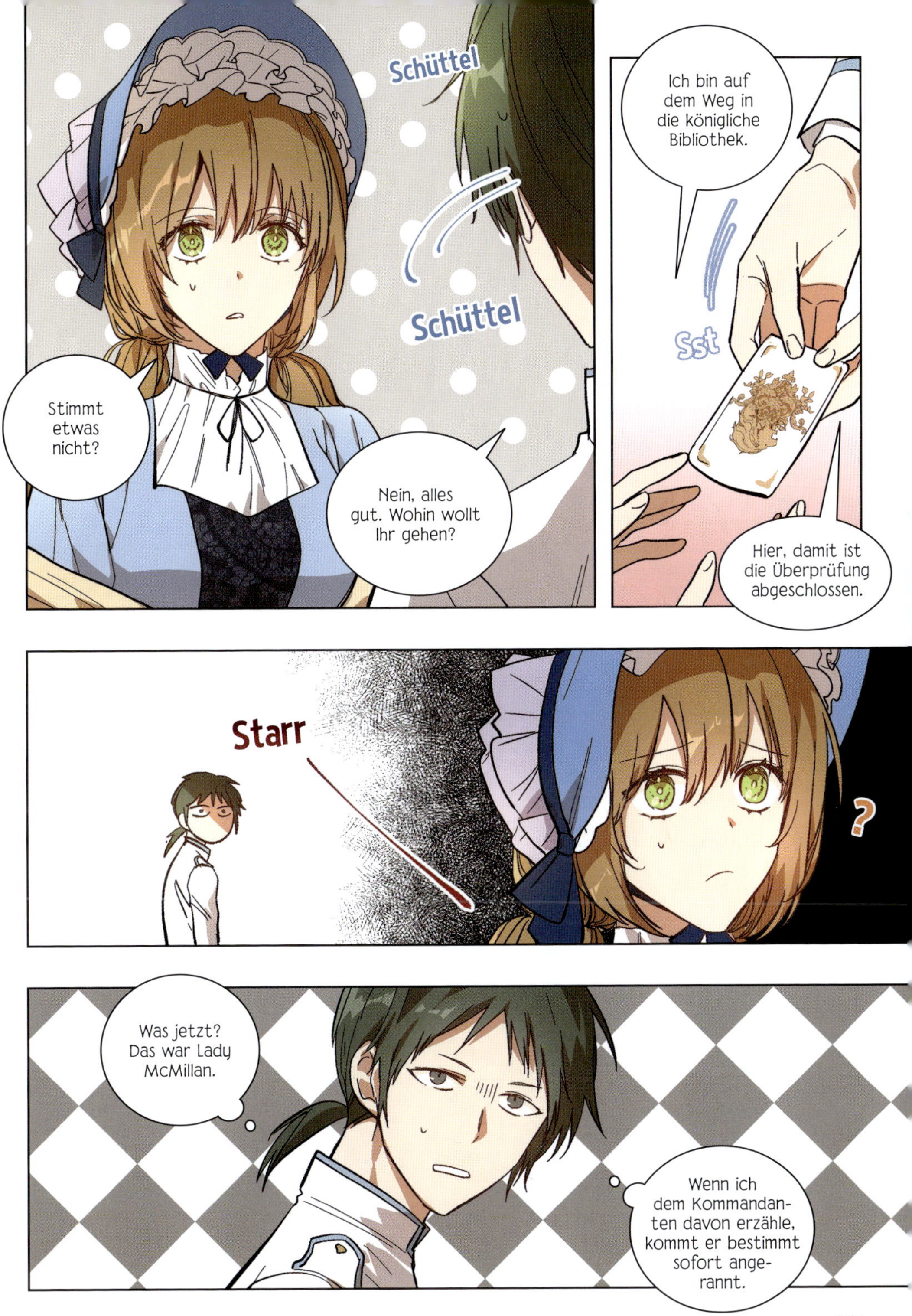
Schüttel
Schüttel
Stimmt etwas nicht?
Nein, alles gut. Wohin wollt Ihr gehen?
Ich bin auf dem Weg in die königliche Bibliothek.
Sst
Hier, damit ist die Überprüfung abgeschlossen.
Starr
?
Was jetzt? Das war Lady McMillan.
Wenn ich dem Kommandanten davon erzähle, kommt er bestimmt sofort angerannt.

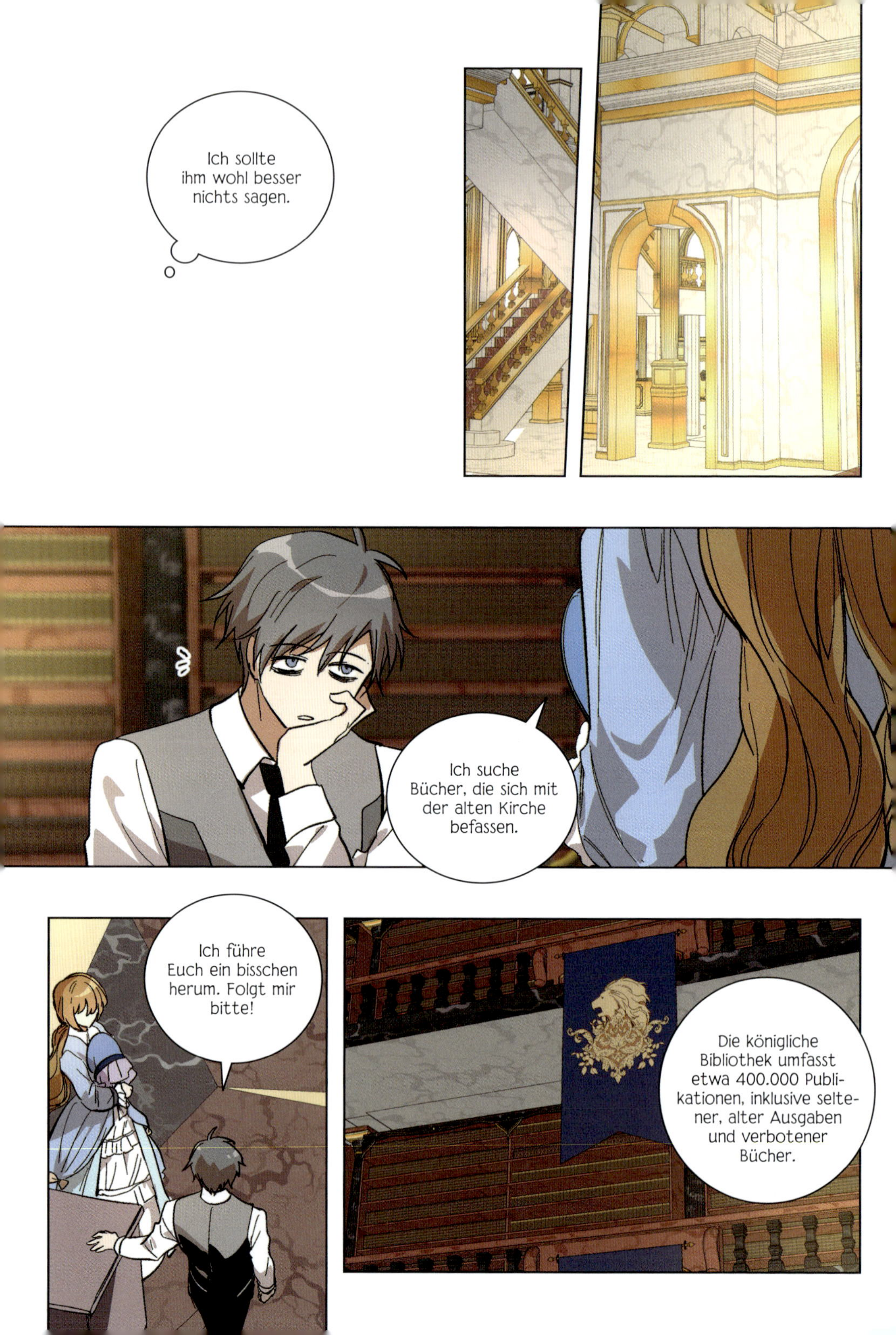
Ich sollte ihm wohl besser nichts sagen.
Ich suche Bücher, die sich mit der alten Kirche befassen.
Ich führe Euch ein bisschen herum. Folgt mir bitte!
Die königliche Bibliothek umfasst etwa 400.000 Publikationen, inklusive seltener, alter Ausgaben und verbotener Bücher.

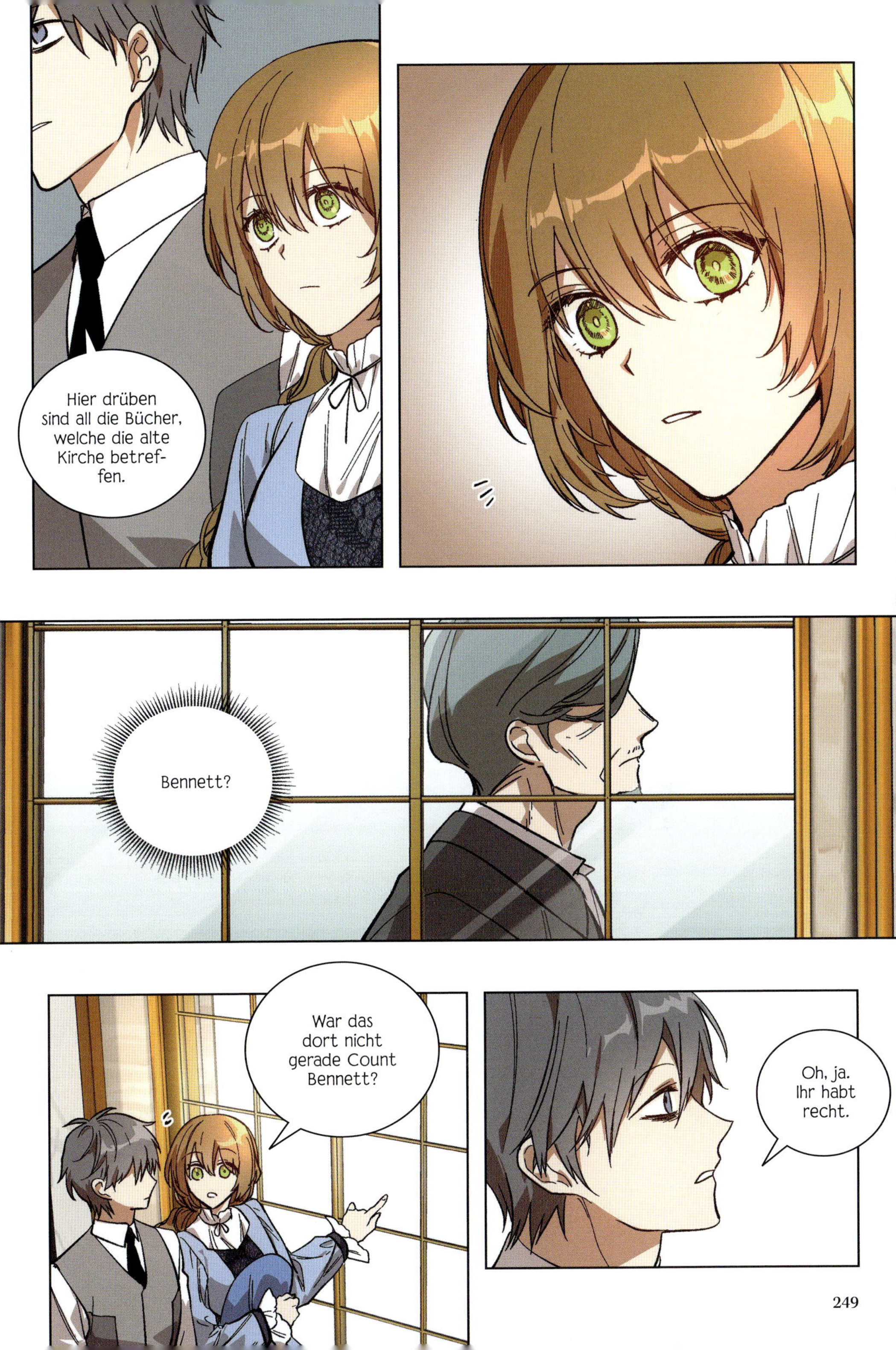
Hier drüben sind all die Bücher, welche die alte Kirche betref-fen.
Bennett?
War das dort nicht gerade Count Bennett?
Oh, ja. Ihr habt recht.

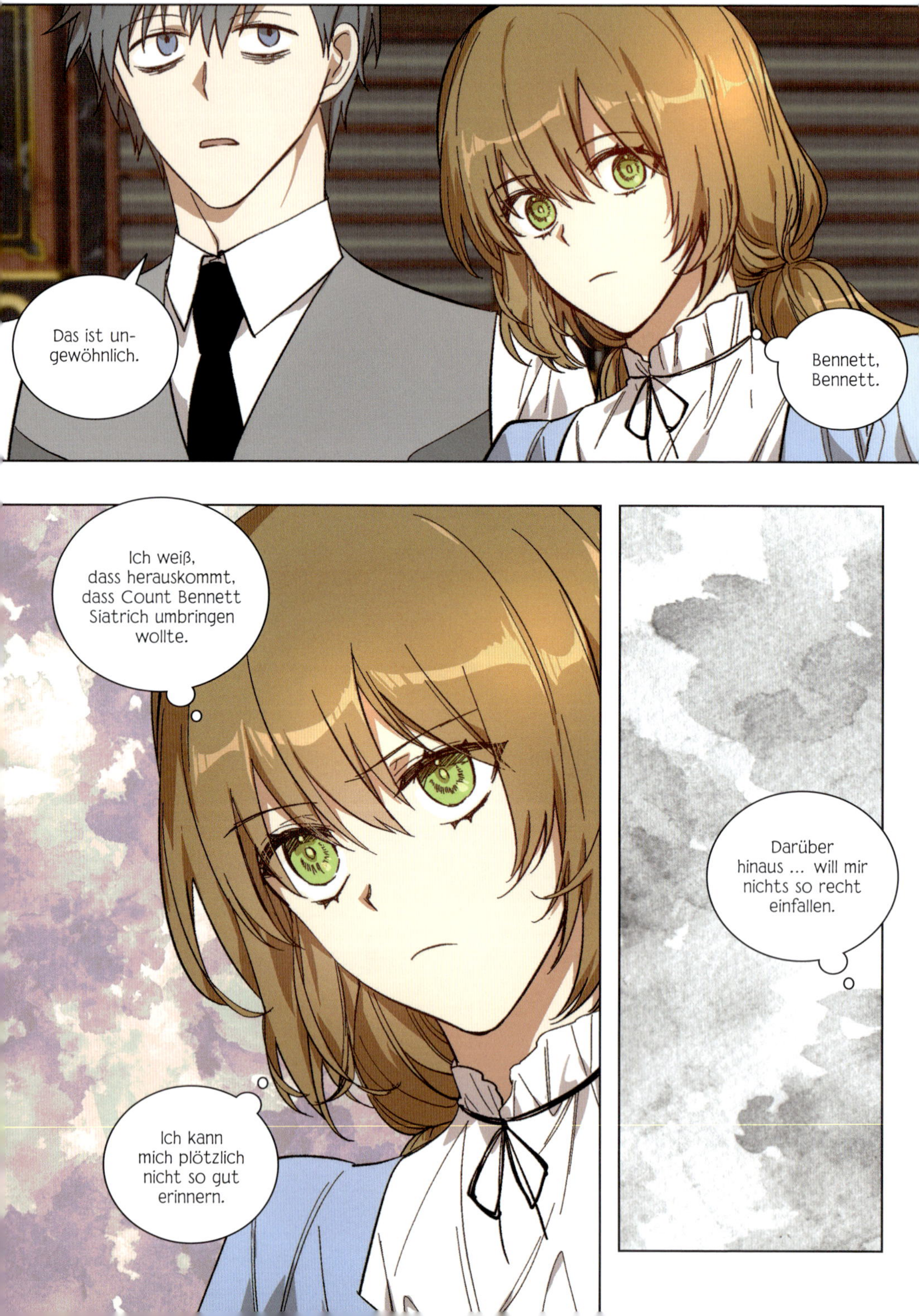
Das ist ungewöhnlich.
Bennett, Bennett.
Ich weiß, dass herauskommt, dass Count Bennett Siatrich umbringen wollte.
Ich kann mich plötzlich nicht so gut erinnern.
Darüber hinaus ... will mir nichts so recht einfallen.

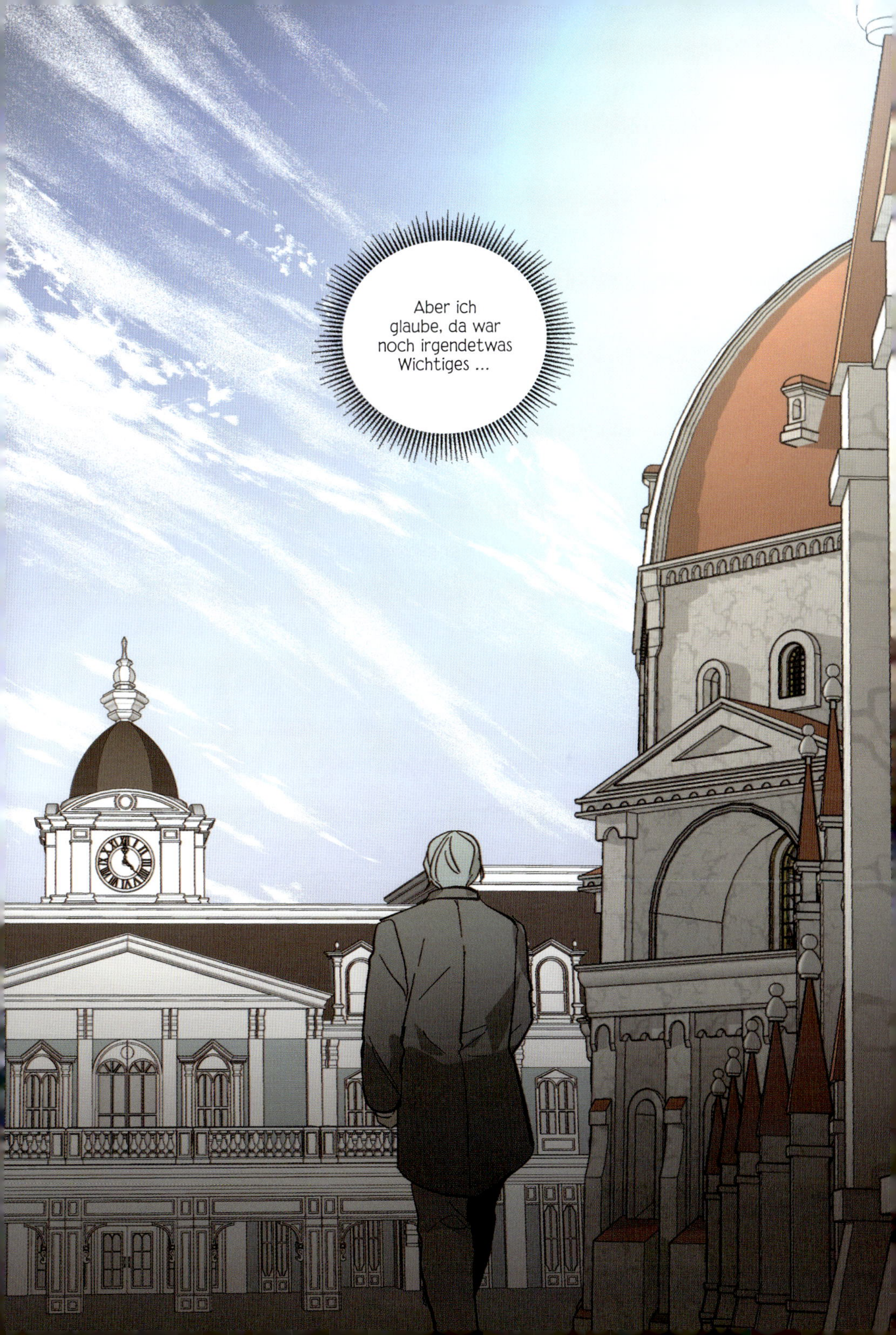
Aber ich glaube, da war noch irgendetwas Wichtiges ...

RAELIANA

Warum sie die Verlobte
des Dukes wurde

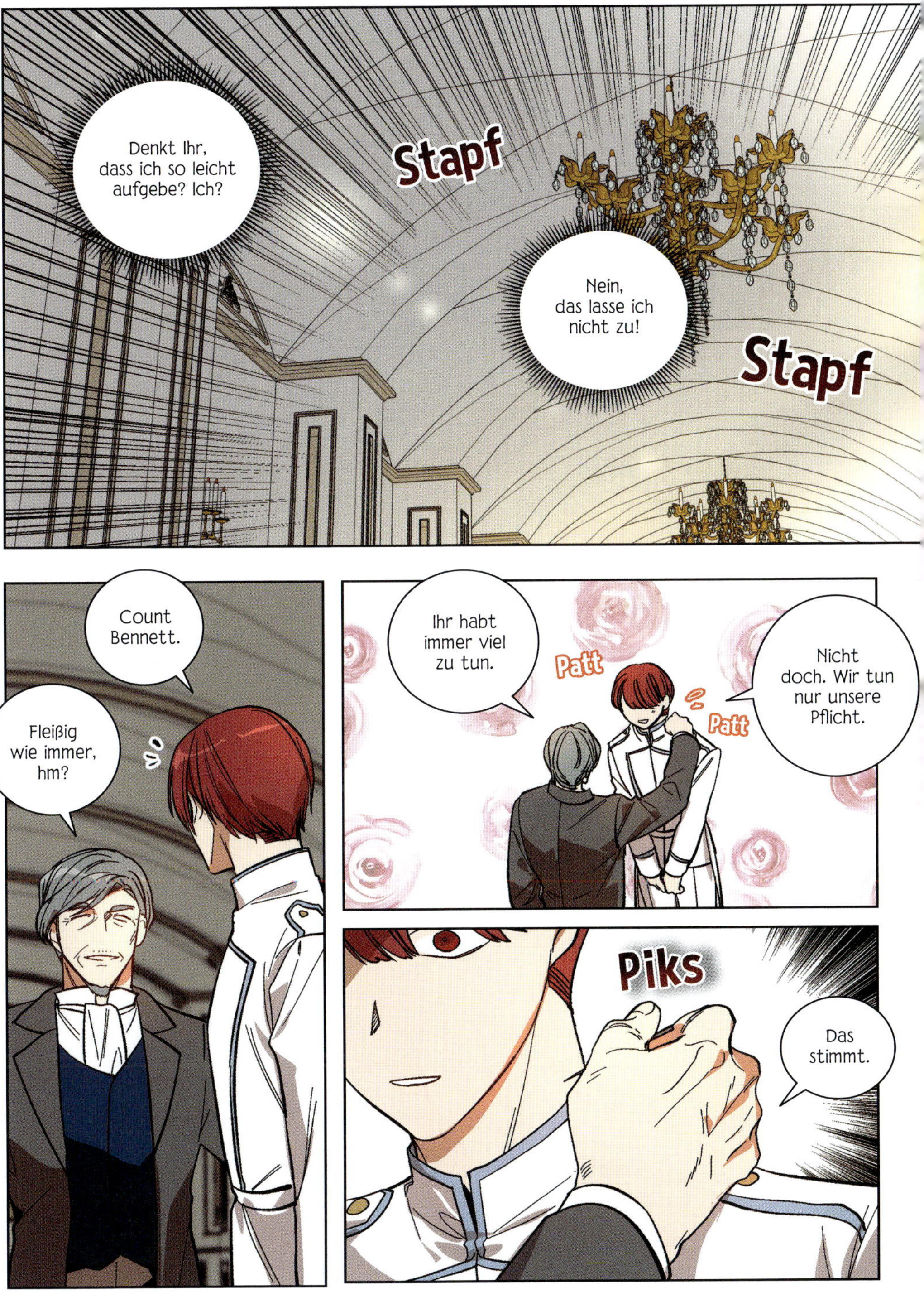
Denkt Ihr, dass ich so leicht aufgebe? Ich?
Stapf
Nein, das lasse ich nicht zu!
Stapf
Count Bennett.
Fleißig wie immer, hm?
Ihr habt immer viel zu tun.
Patt
Patt
Nicht doch. Wir tun nur unsere Pflicht.
Piks
Das stimmt.

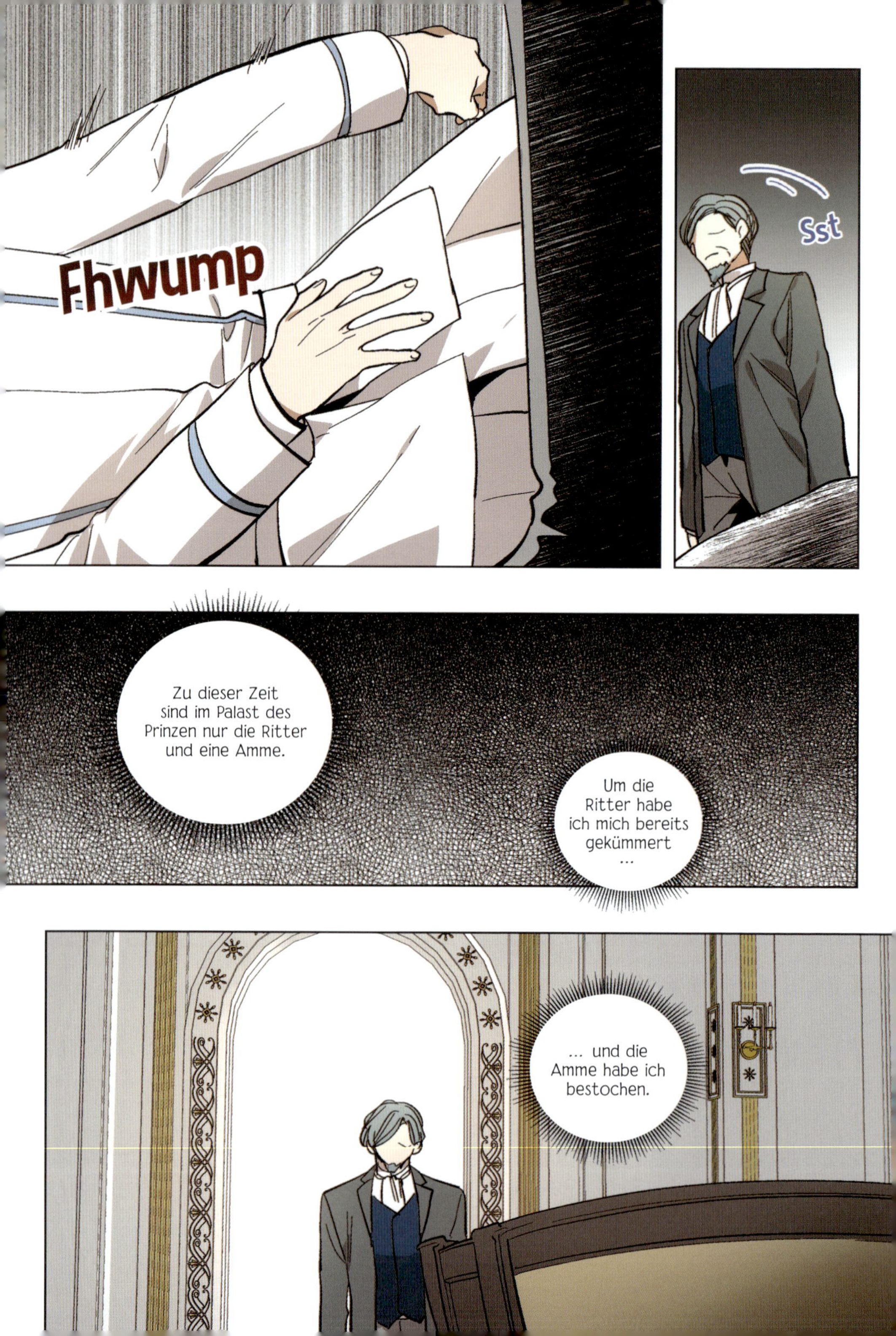
Fhwump
Sst
Zu dieser Zeit sind im Palast des Prinzen nur die Ritter und eine Amme.
Um die Ritter habe ich mich bereits gekümmert ...
... und die Amme habe ich bestochen.

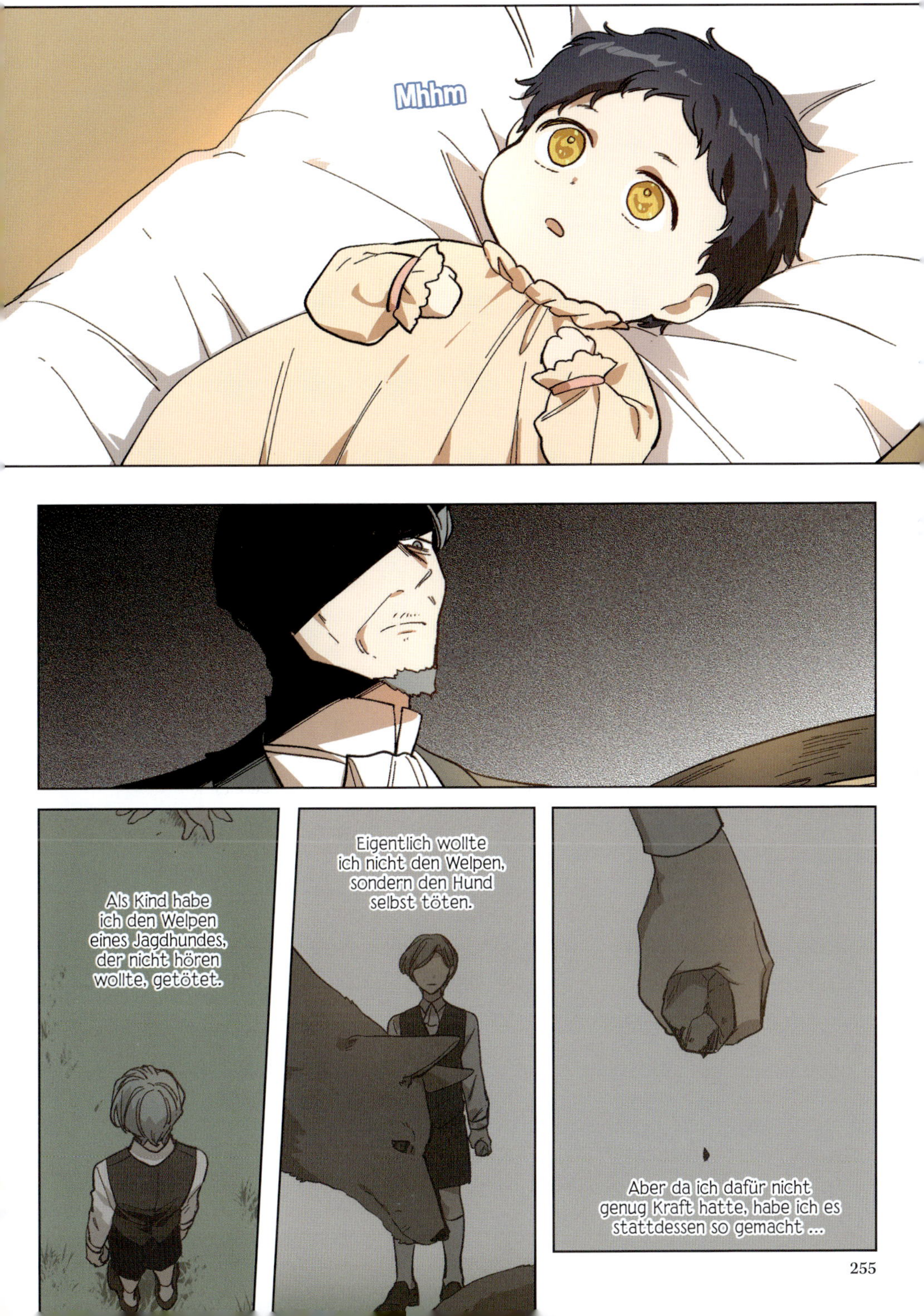
Mhhm
Als Kind habe ich den Welpen eines Jagdhundes, der nicht hören wollte, getötet.
Eigentlich wollte ich nicht den Welpen, sondern den Hund selbst töten.
Aber da ich dafür nicht genug Kraft hatte, habe ich es stattdessen so gemacht ...

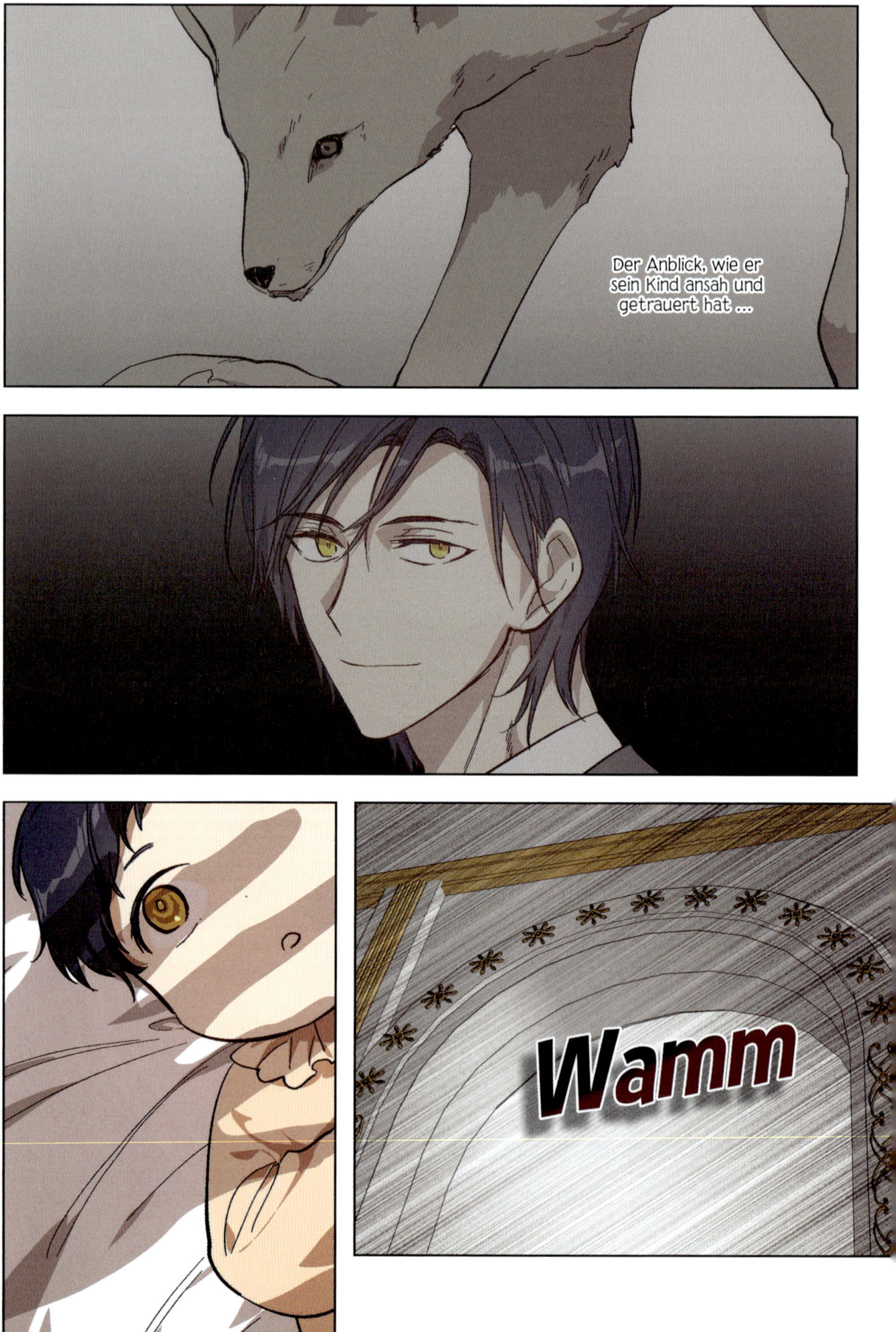
Der Anblick, wie er sein Kind ansah und getrauert hat ...
Wamm

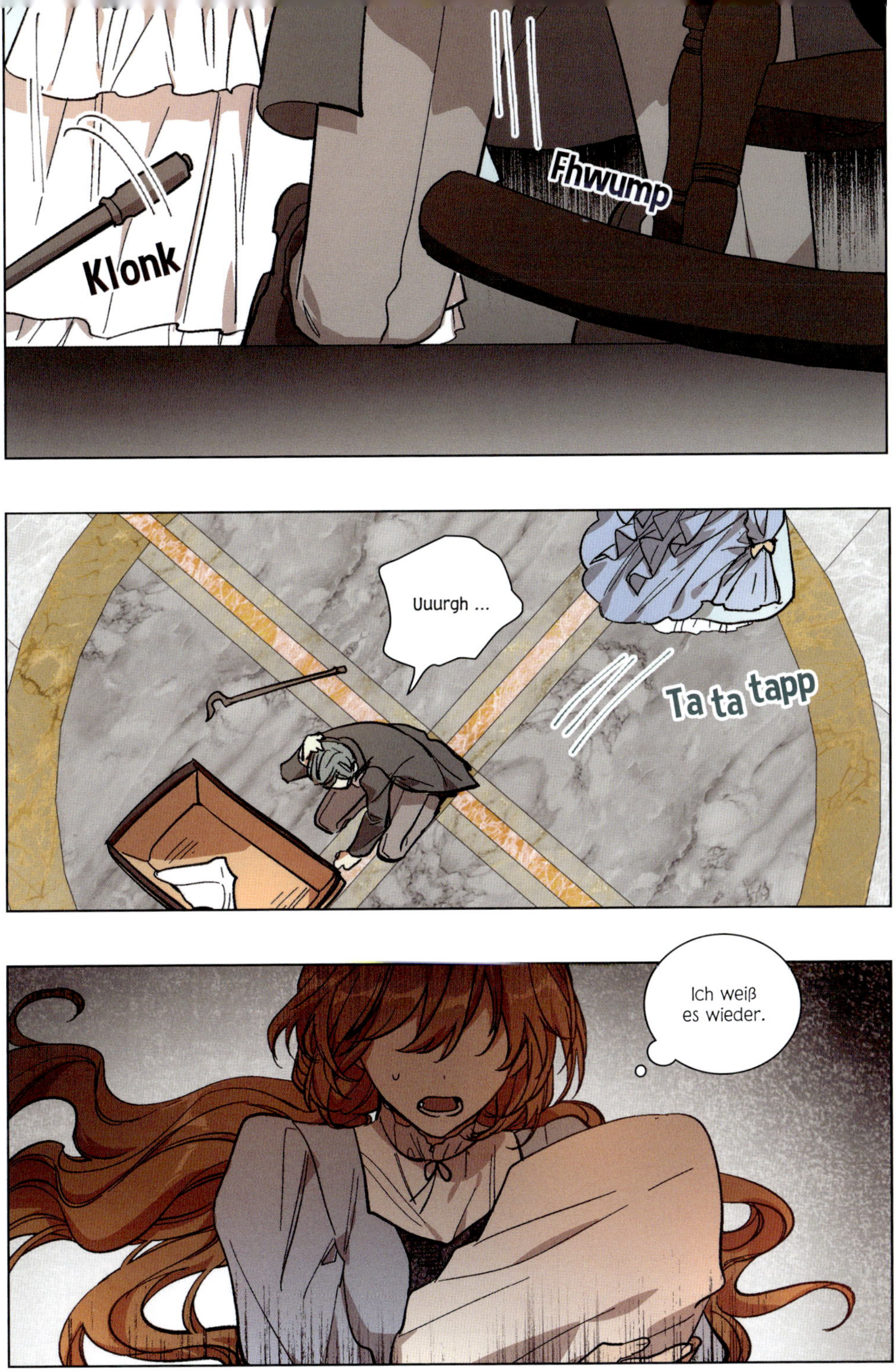
Klonk
Fhwump
Uuurgh ...
Ta ta tapp
Ich weiß
es wieder.

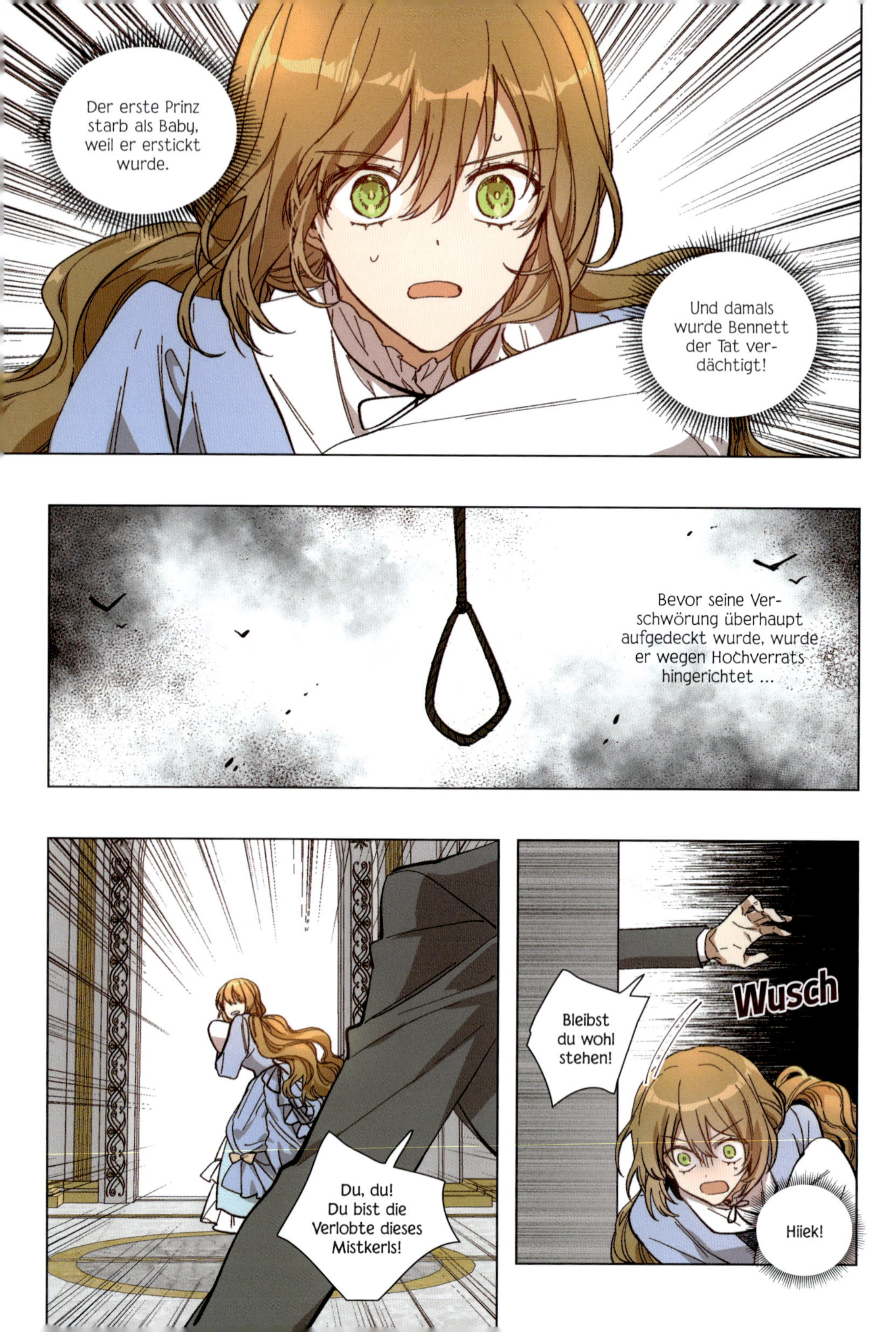
Der erste Prinz starb als Baby, weil er erstickt wurde.
Und damals wurde Bennett der Tat verdächtigt!
Bevor seine Verschwörung überhaupt aufgedeckt wurde, wurde er wegen Hochverrats hingerichtet ...
Du, du! Du bist die Verlobte dieses Mistkerls!
Wusch
Bleibst du wohl stehen!
Hiiek!

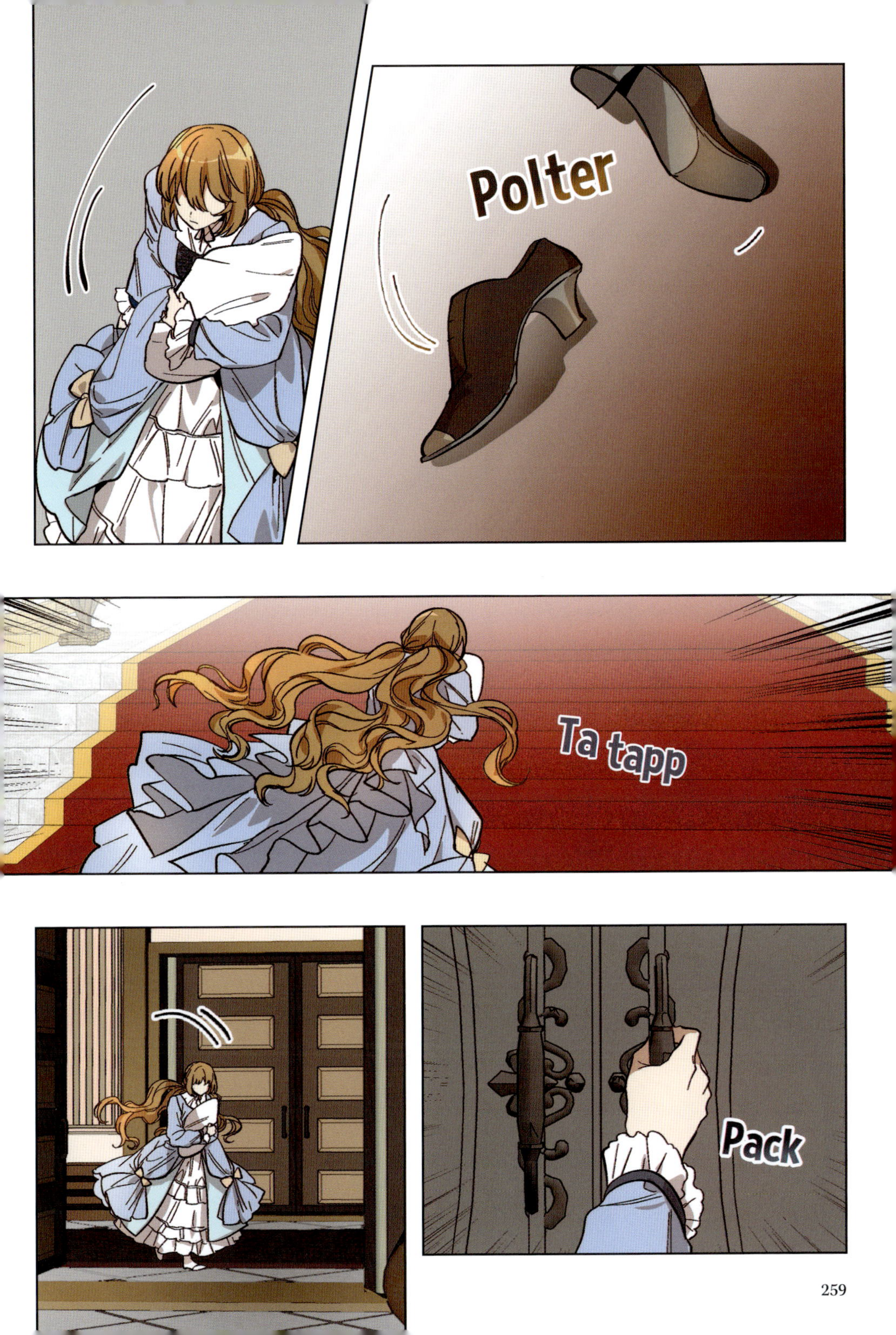
Polter
Ta tapp
Pack

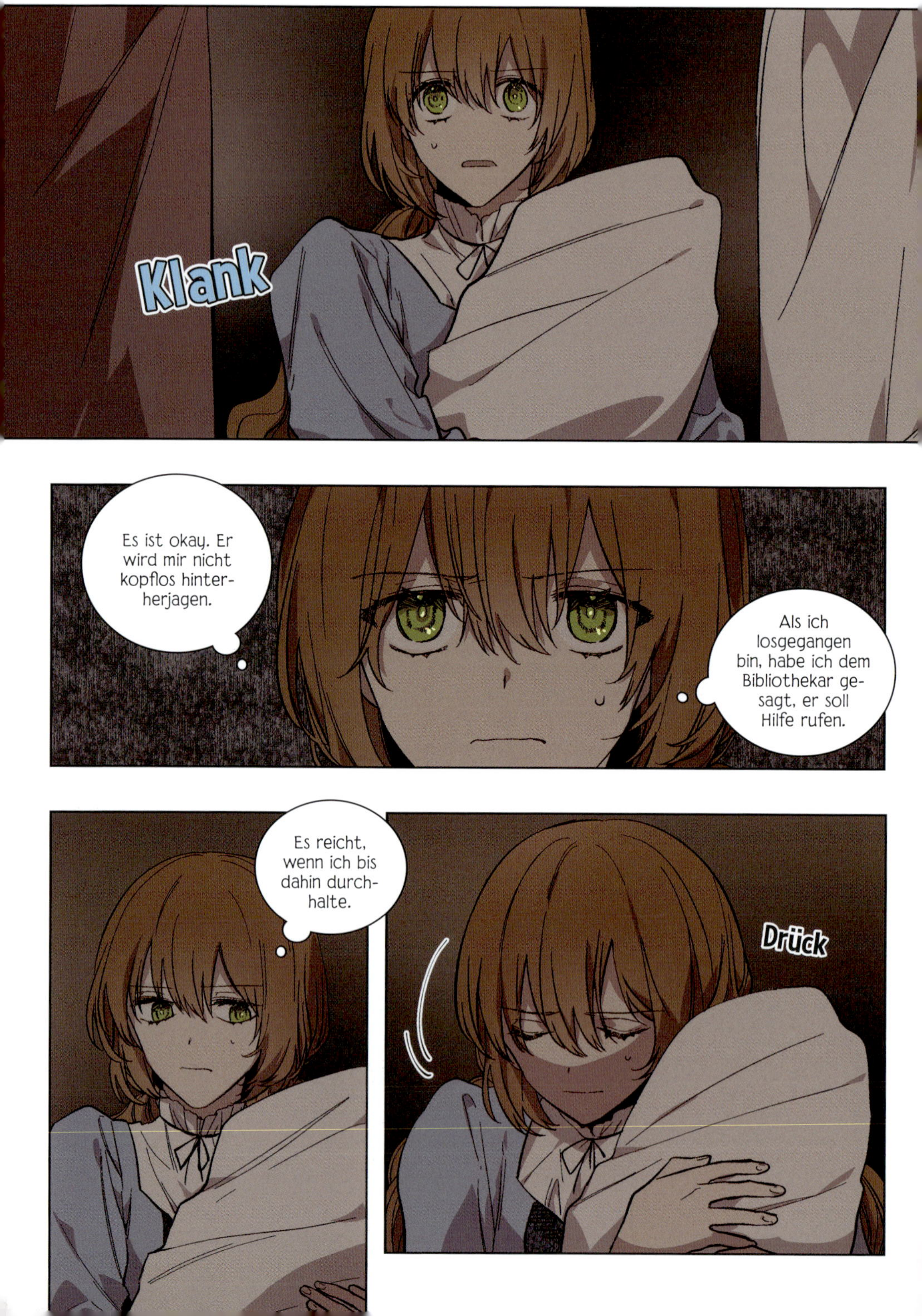
Klank
Es ist okay. Er wird mir nicht kopflos hinterherjagen.
Als ich losgegangen bin, habe ich dem Bibliothekar gesagt, er soll Hilfe rufen.
Es reicht, wenn ich bis dahin durchhalte.
Drück

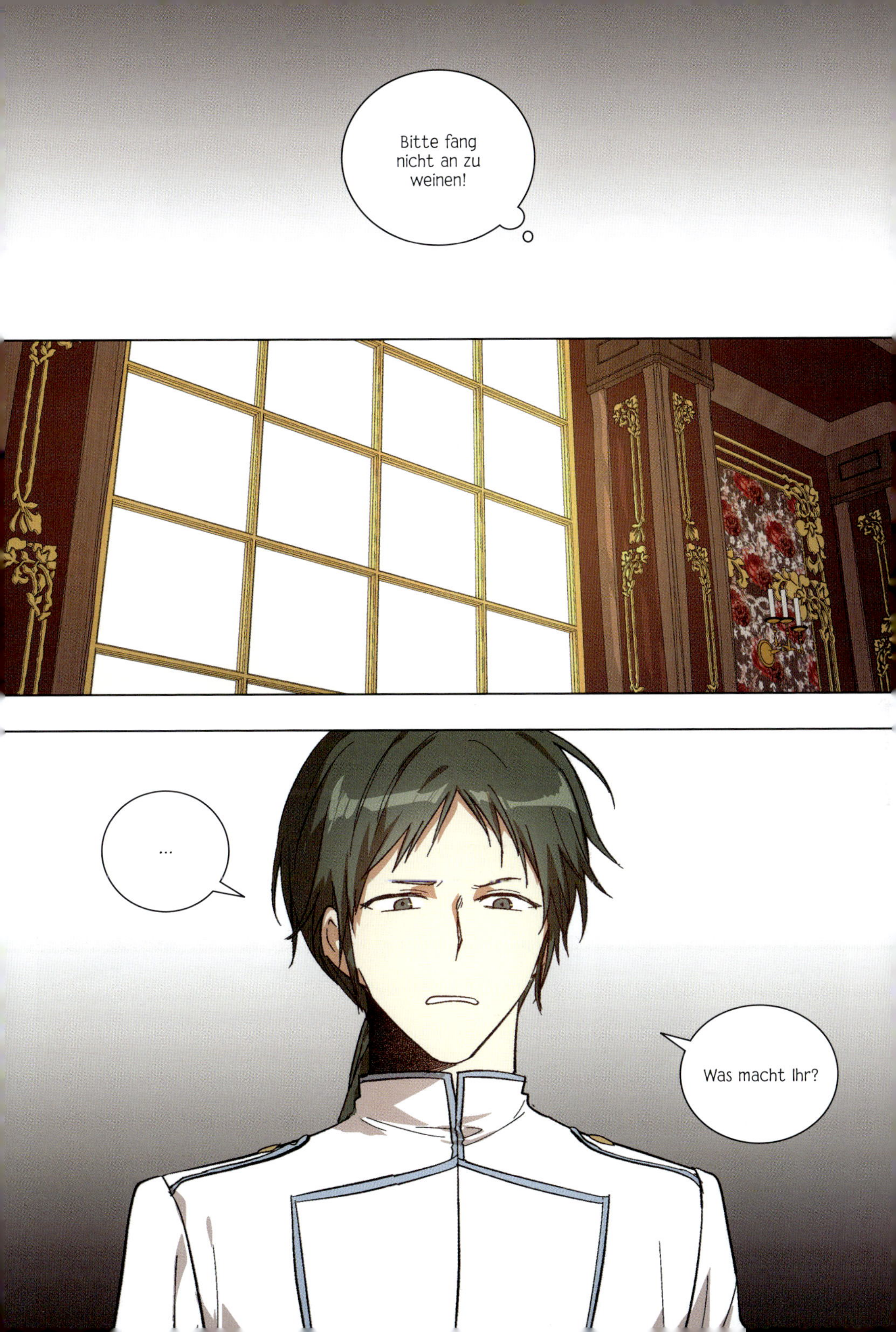

Bitte fang nicht an zu weinen!
...
Was macht Ihr?

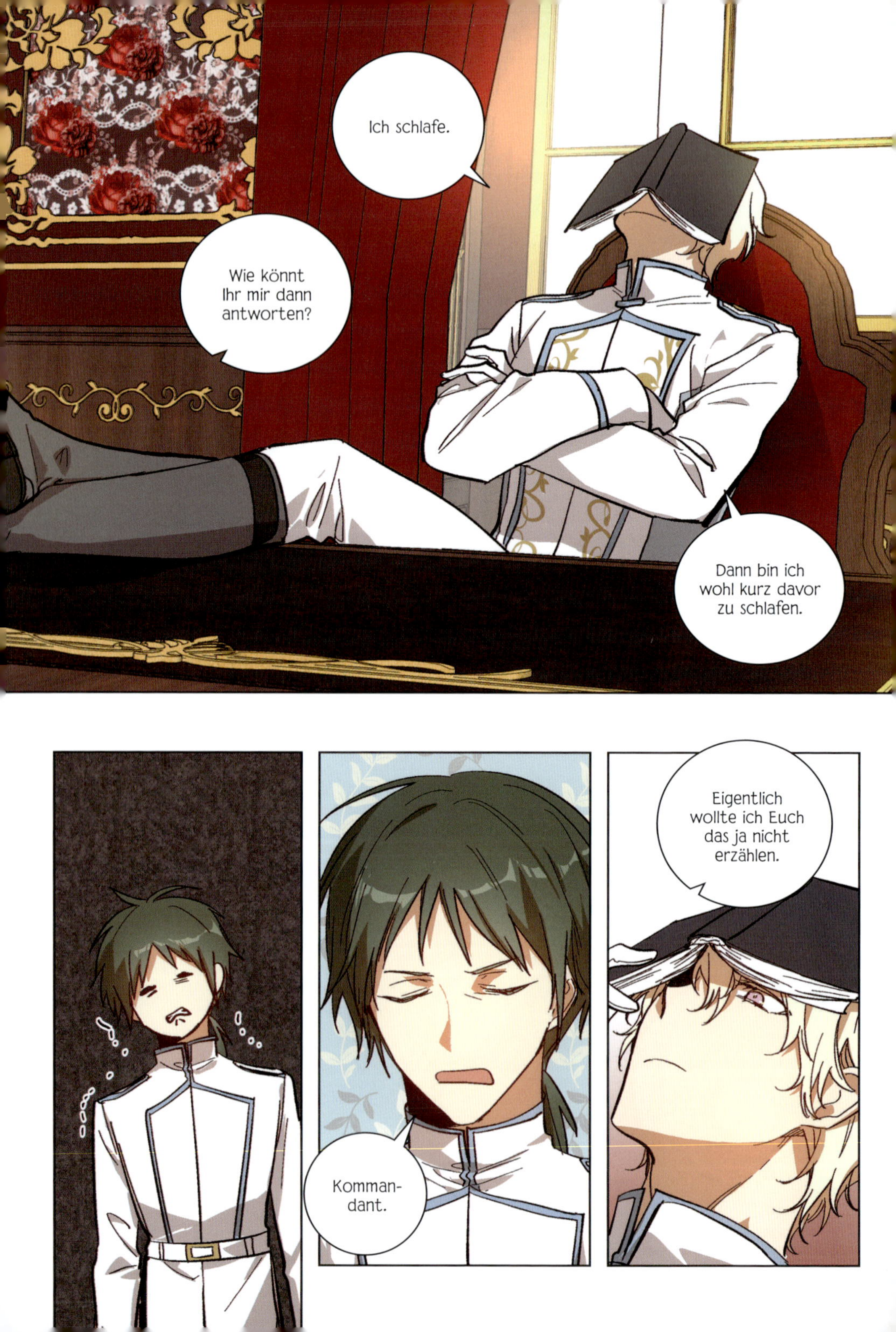
Ich schlafe.
Wie könnt Ihr mir dann antworten?
Dann bin ich wohl kurz davor zu schlafen.
Kommandant.
Eigentlich wollte ich Euch das ja nicht erzählen.

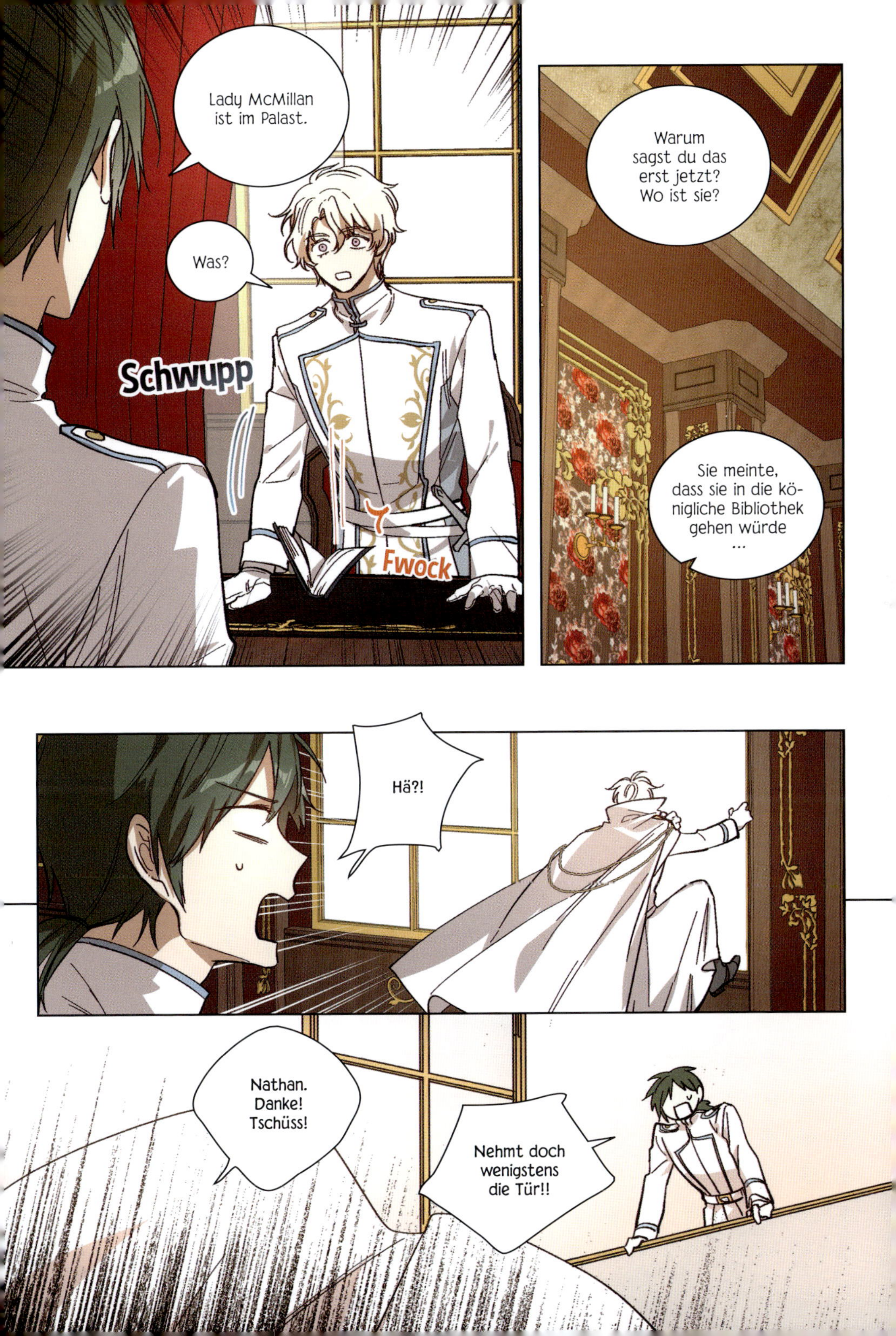
Lady McMillan ist im Palast.
Was?
Schwupp
Fwock
Warum sagst du das erst jetzt? Wo ist sie?
Sie meinte, dass sie in die königliche Bibliothek gehen würde …
Hä?!
Nathan. Danke! Tschüss!
Nehmt doch wenigstens die Tür!!

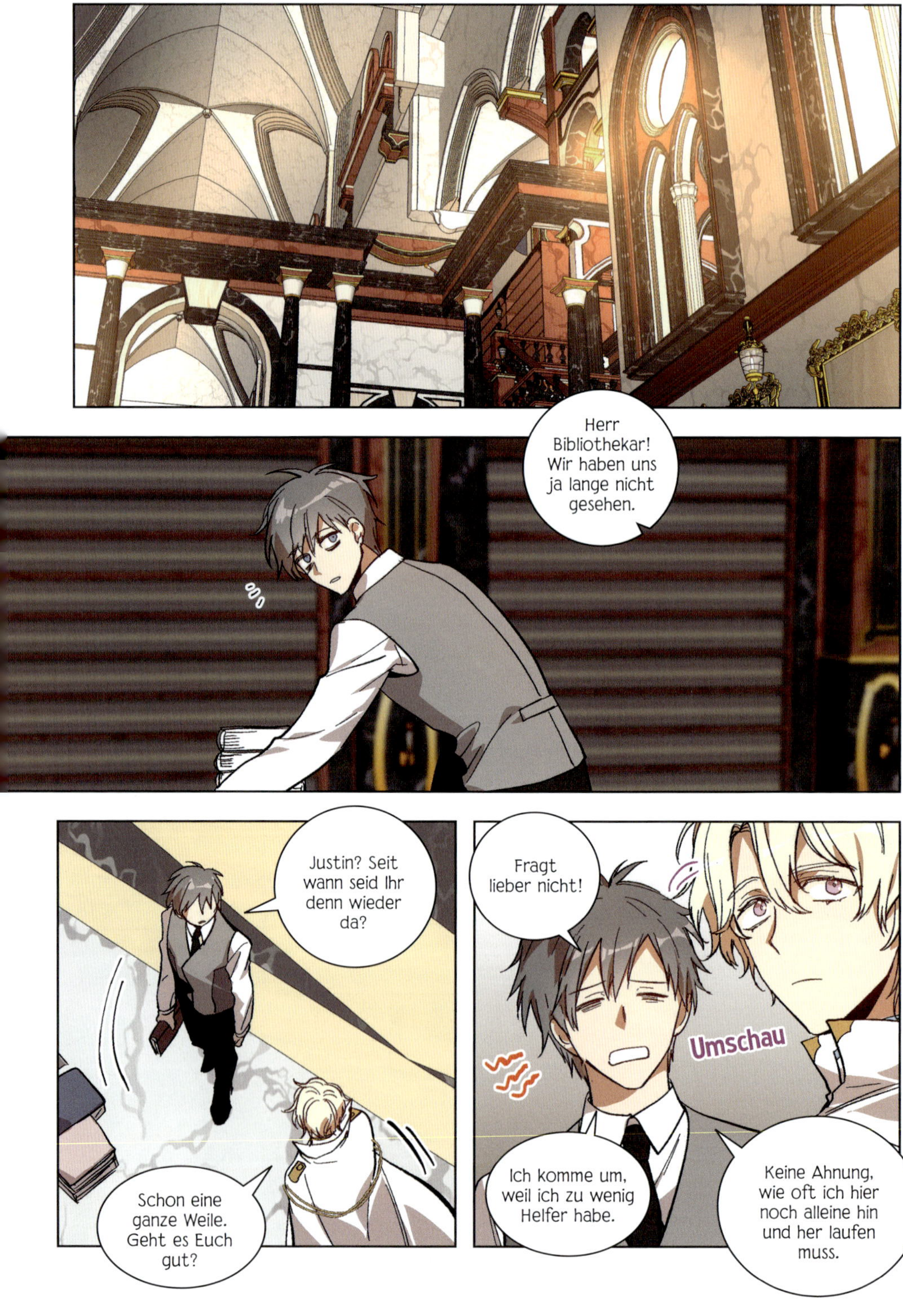
Herr Bibliothekar! Wir haben uns ja lange nicht gesehen.
Justin? Seit wann seid Ihr denn wieder da?
Schon eine ganze Weile. Geht es Euch gut?
Fragt lieber nicht!
Umschau
Ich komme um, weil ich zu wenig Helfer habe.
Keine Ahnung, wie oft ich hier noch alleine hin und her laufen muss.

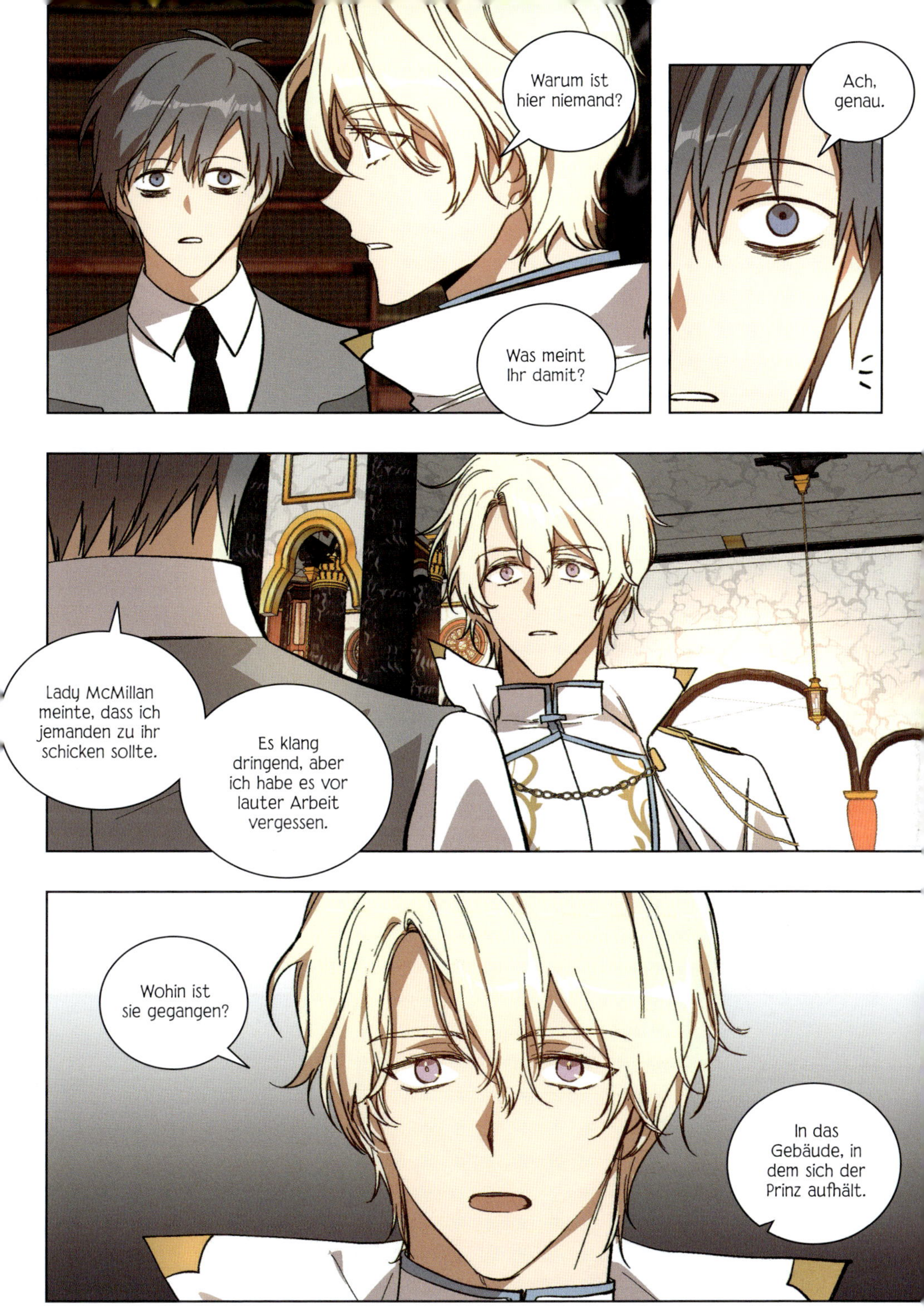
Warum ist hier niemand?
Was meint Ihr damit?
Ach, genau.
Lady McMillan meinte, dass ich jemanden zu ihr schicken sollte.
Es klang dringend, aber ich habe es vor lauter Arbeit vergessen.
Wohin ist sie gegangen?
In das Gebäude, in dem sich der Prinz aufhält.

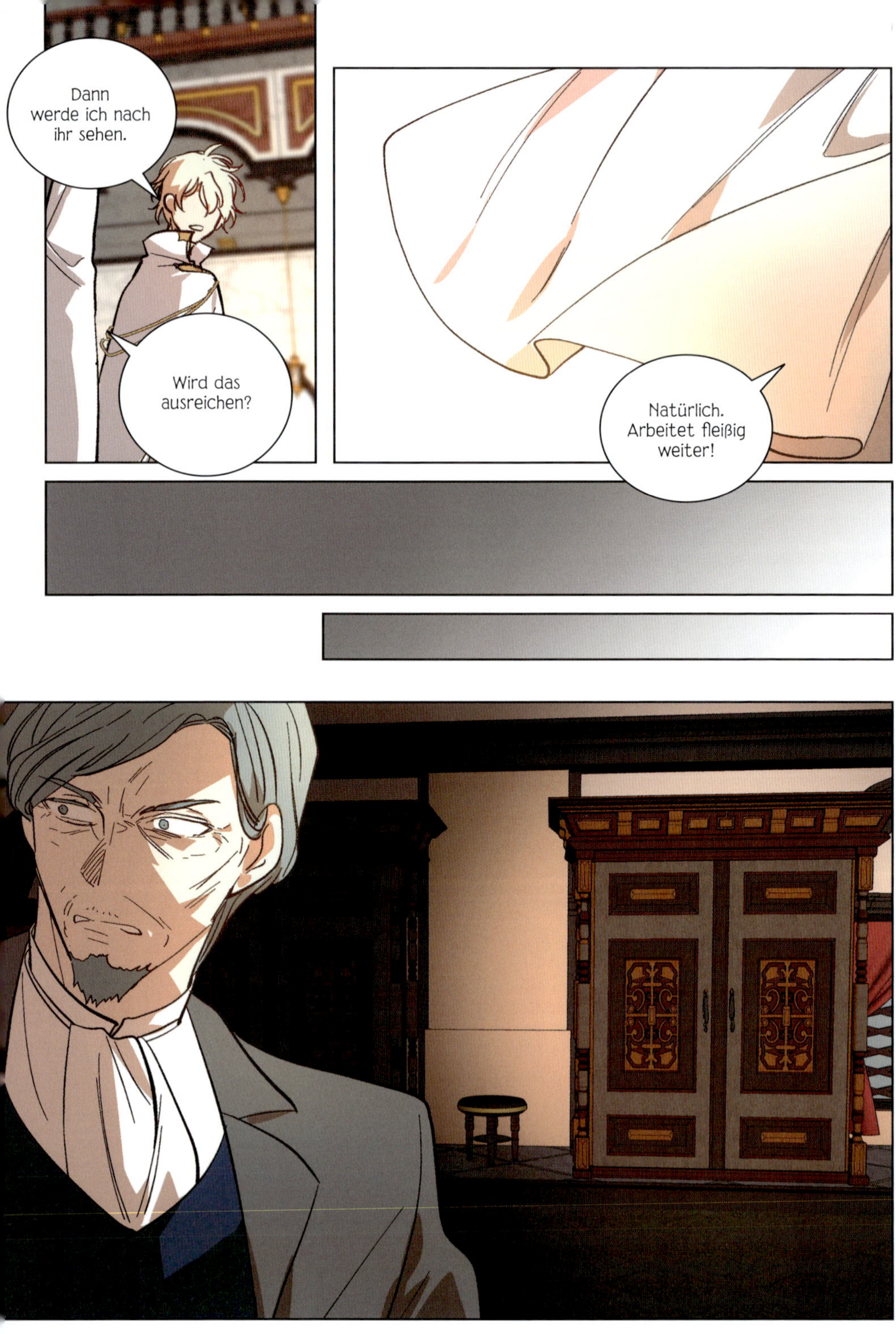
Dann werde ich nach ihr sehen.
Wird das ausreichen?
Natürlich. Arbeitet fleißig weiter!

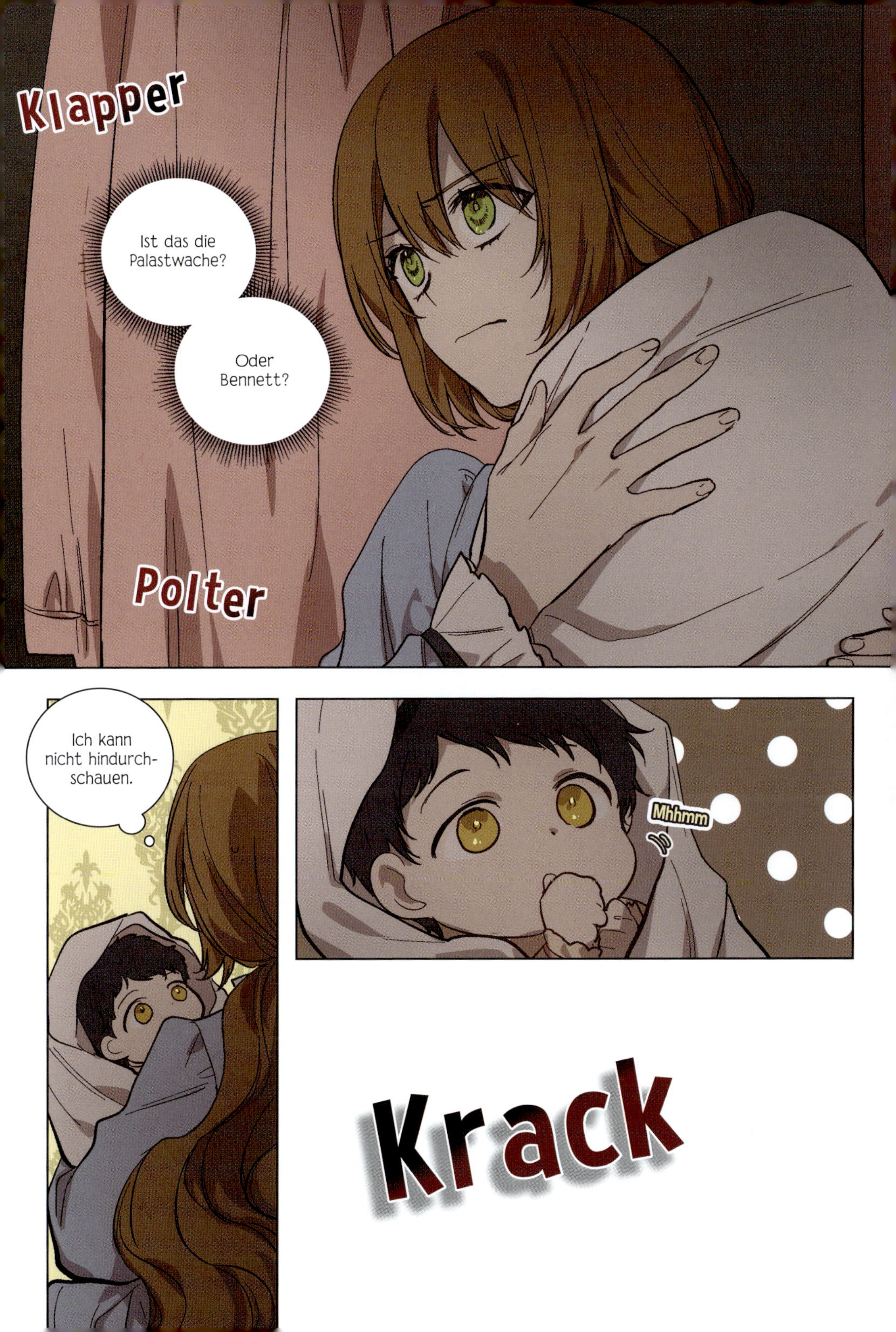
Klapper
Ist das die Palastwache?
Oder Bennett?
Polter
Ich kann nicht hindurchschauen.
Mhhmm
Krack

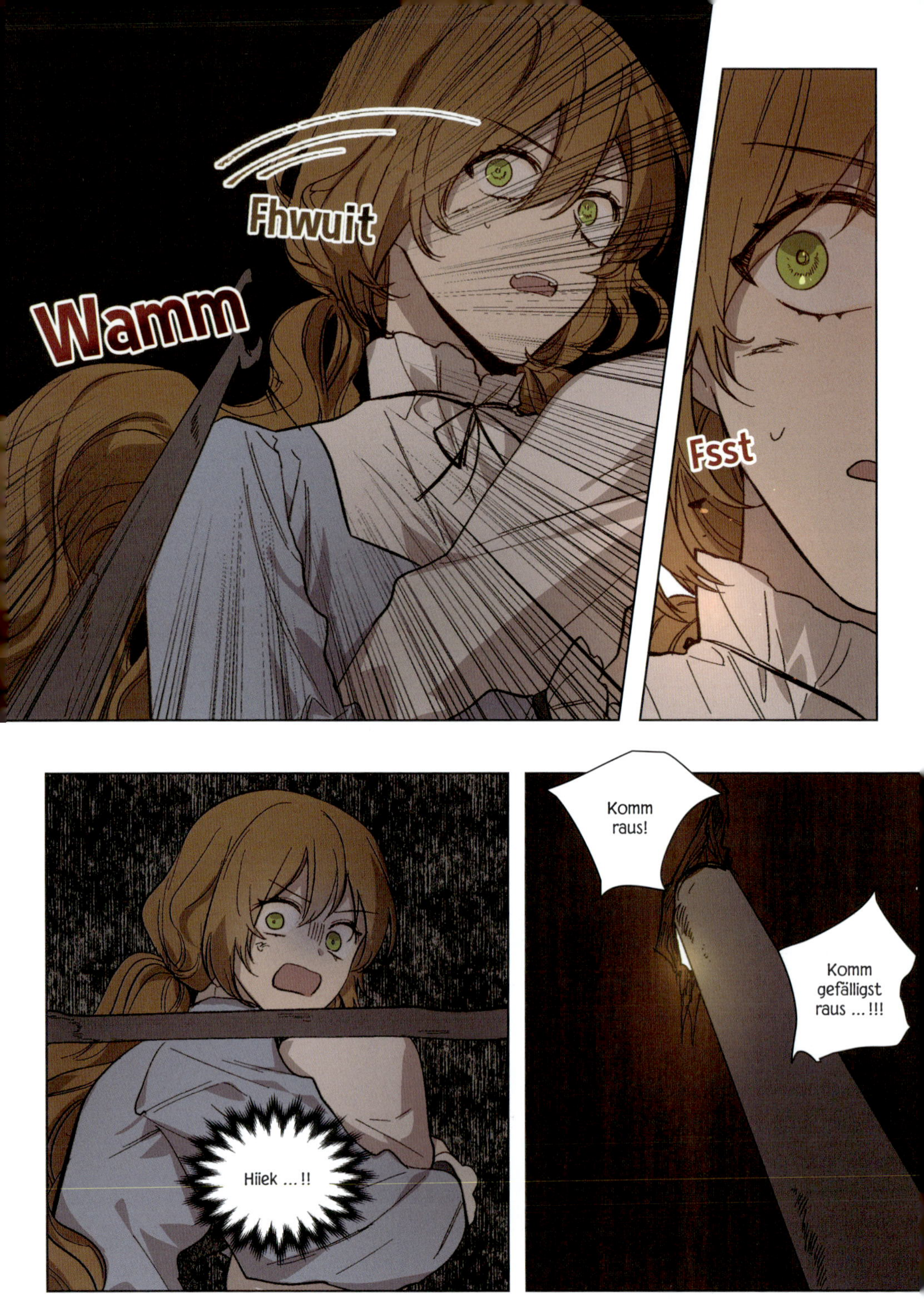
Fhwuit
Wamm
Fsst
Hiiek ... !!
Komm raus!
Komm gefälligst raus ... !!!

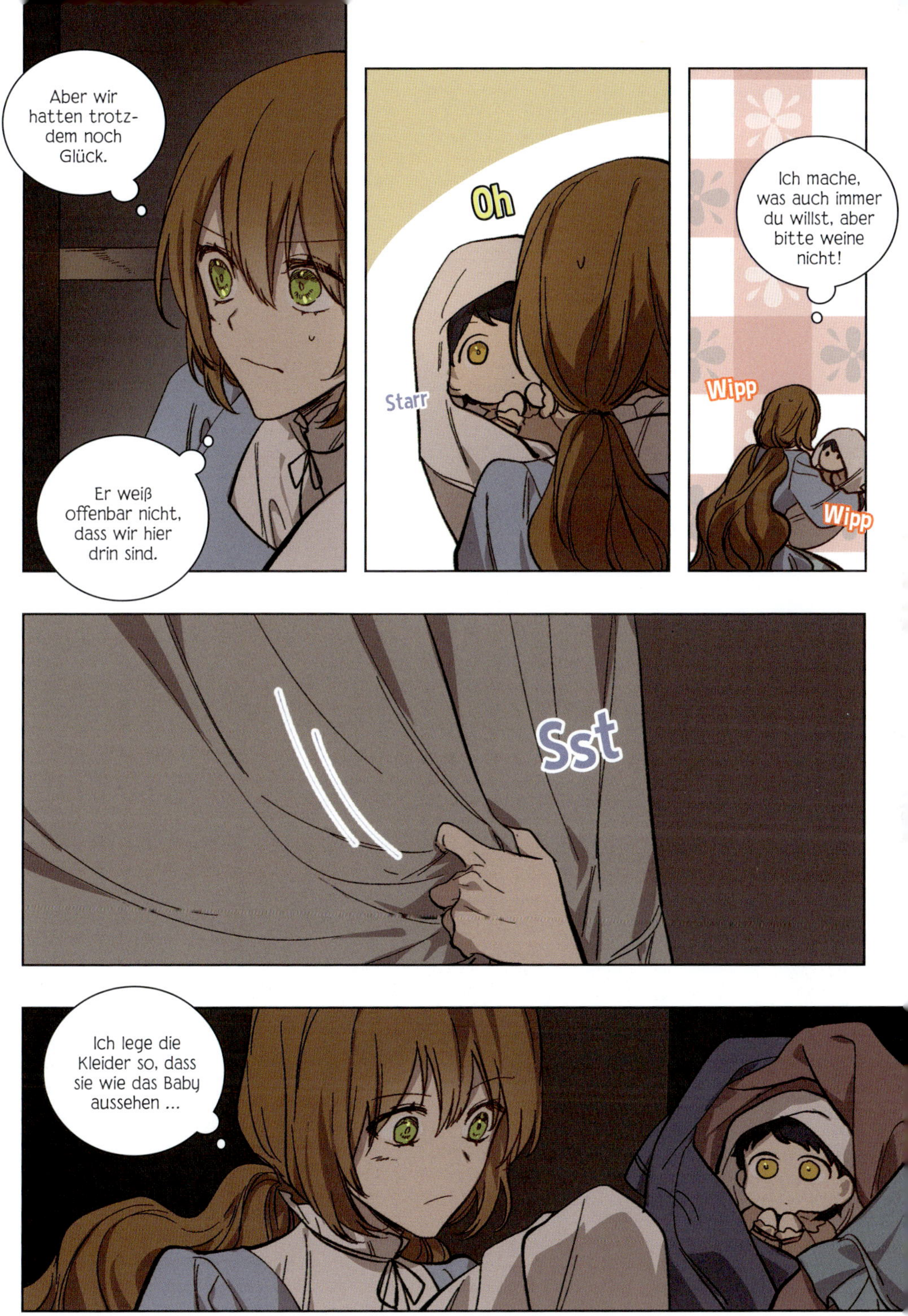
Aber wir hatten trotz-dem noch Glück.
Er weiß offenbar nicht, dass wir hier drin sind.
Oh
Starr
Ich mache, was auch immer du willst, aber bitte weine nicht!
Wipp
Wipp
Sst
Ich lege die Kleider so, dass sie wie das Baby aussehen ...

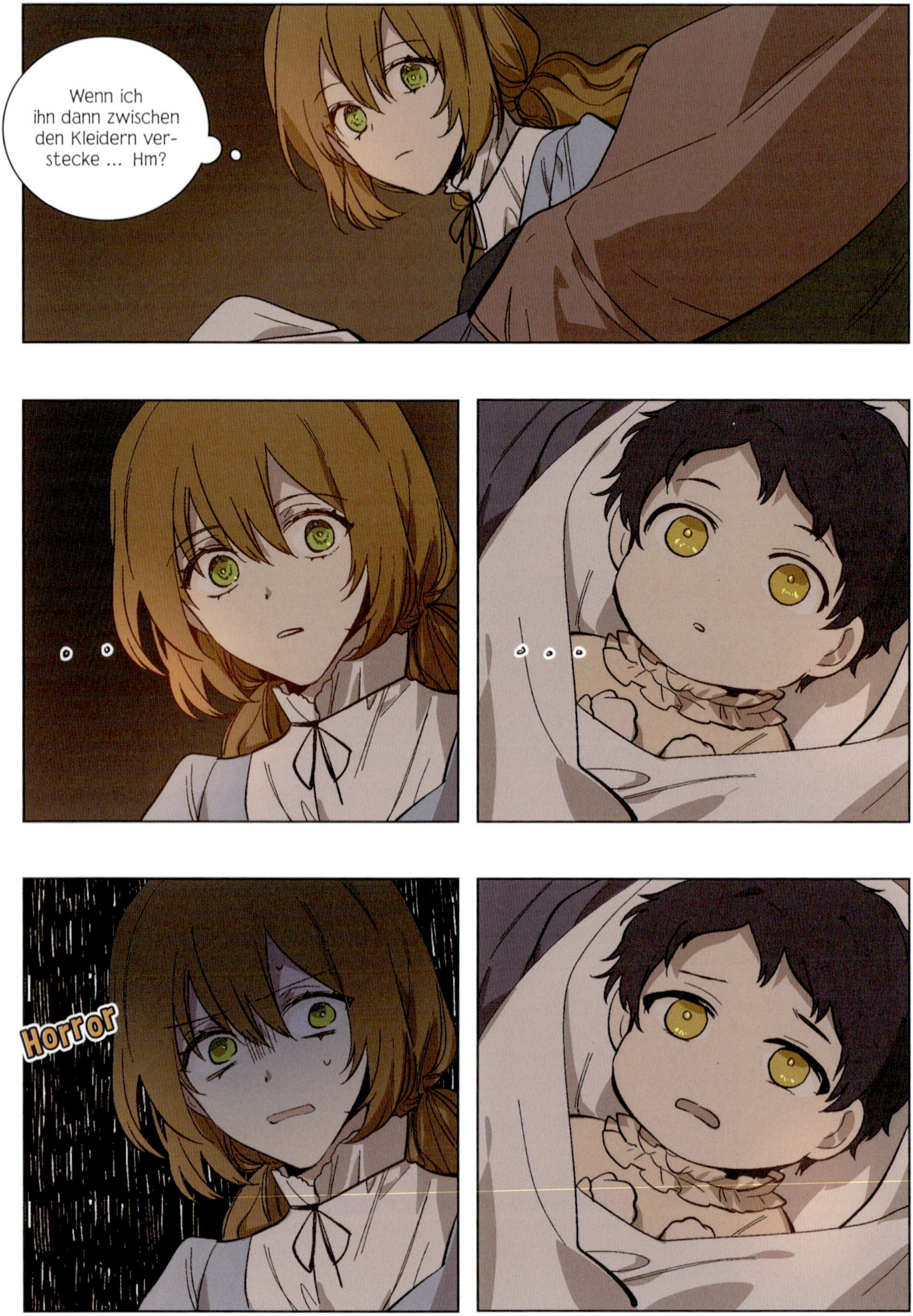
Wenn ich ihn dann zwischen den Kleidern ver-stecke ... Hm?
Horror

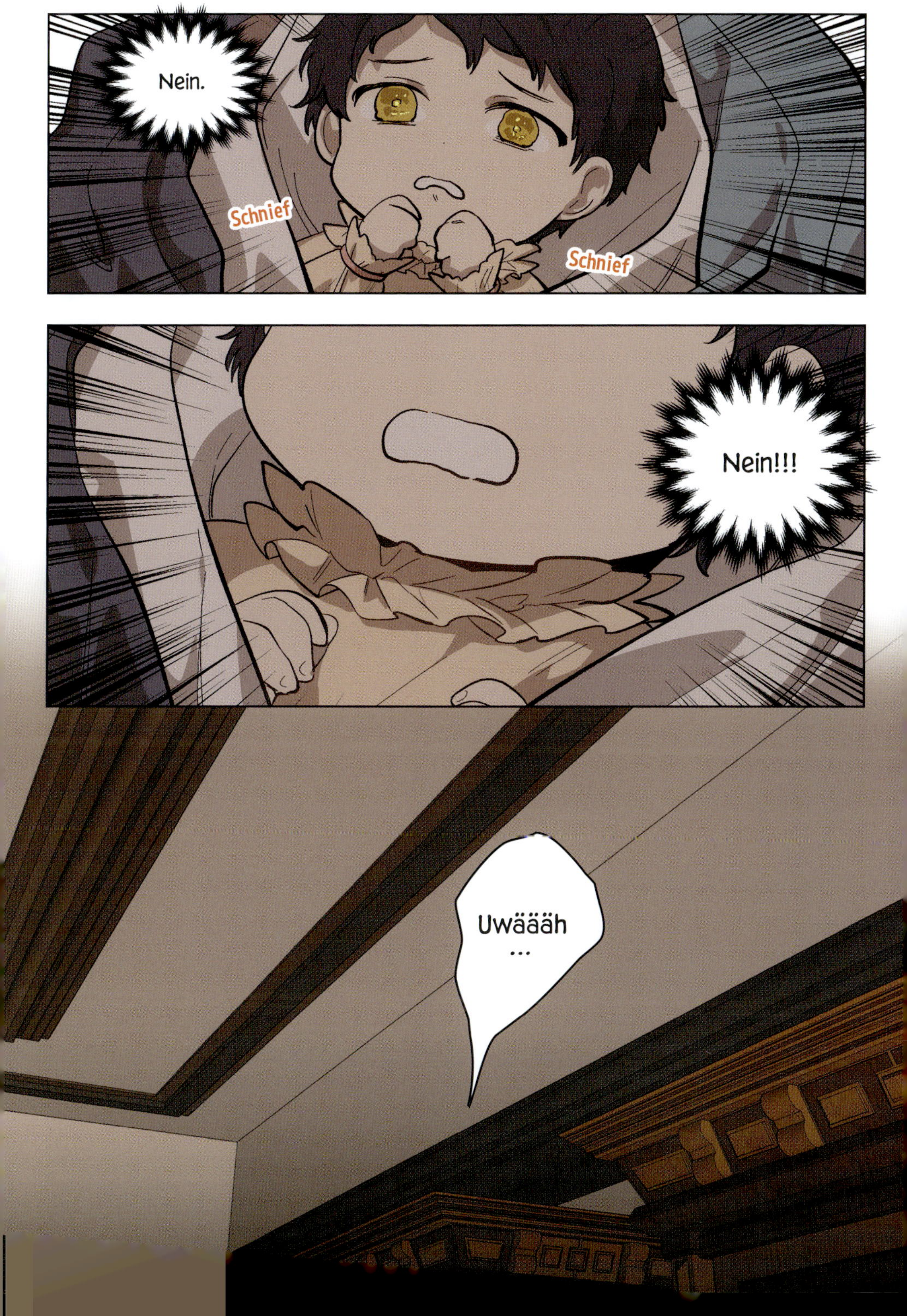
Nein.
Schnief
Schnief
Nein!!!
Uwäääh
...

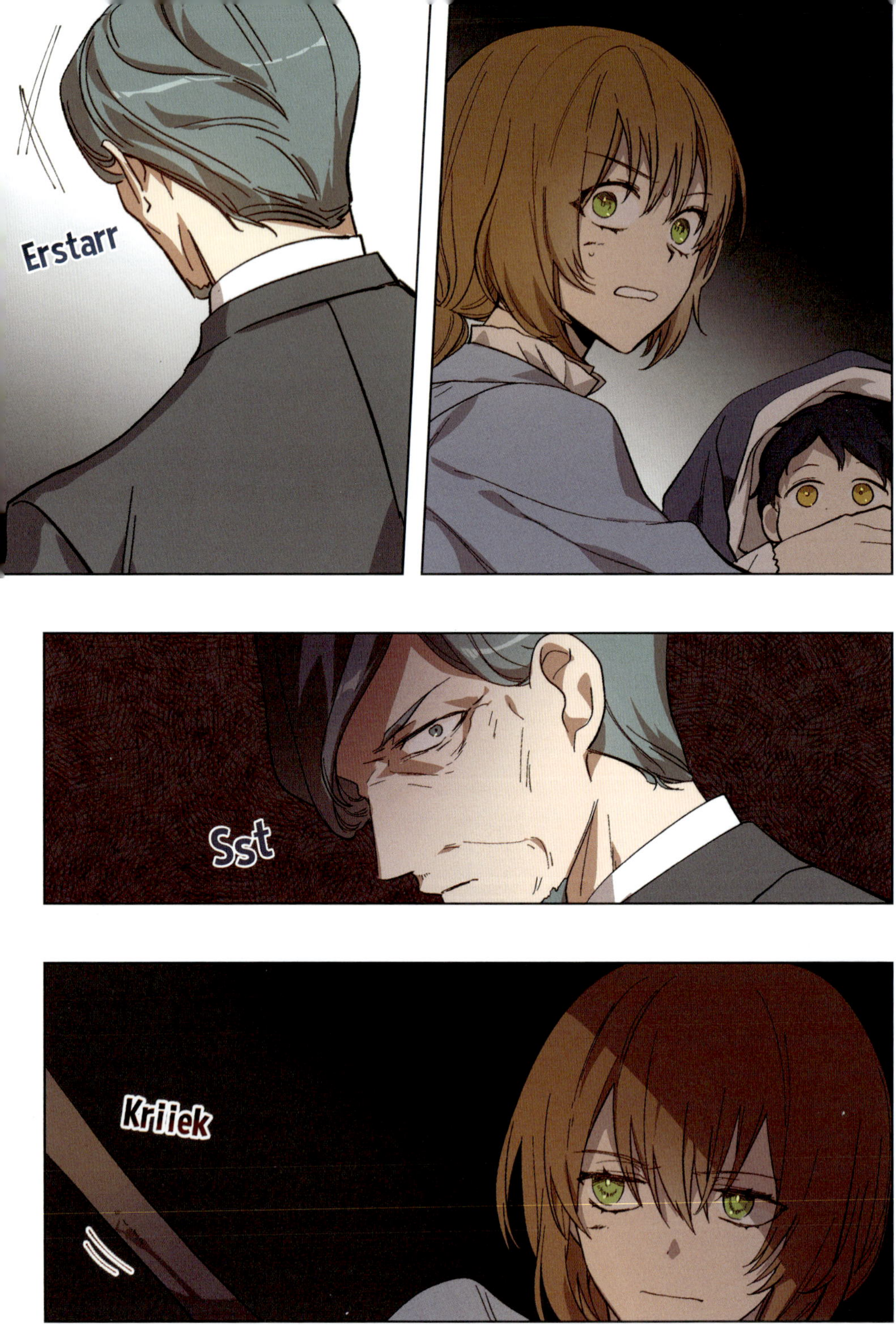
Erstarr
Sst
Kriiek

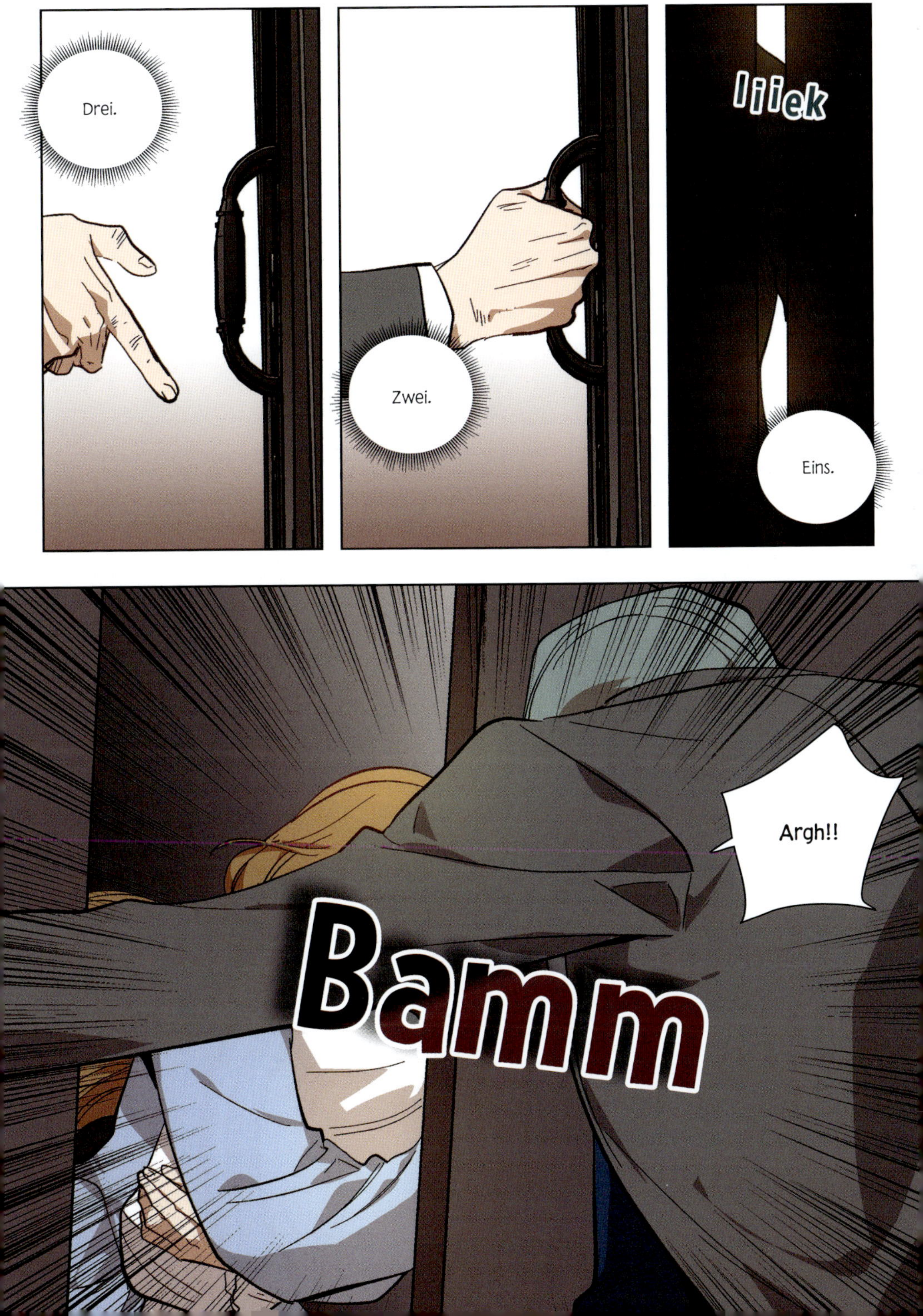
Drei.
Zwei.
Iiiek
Eins.
Bamm
Argh!!

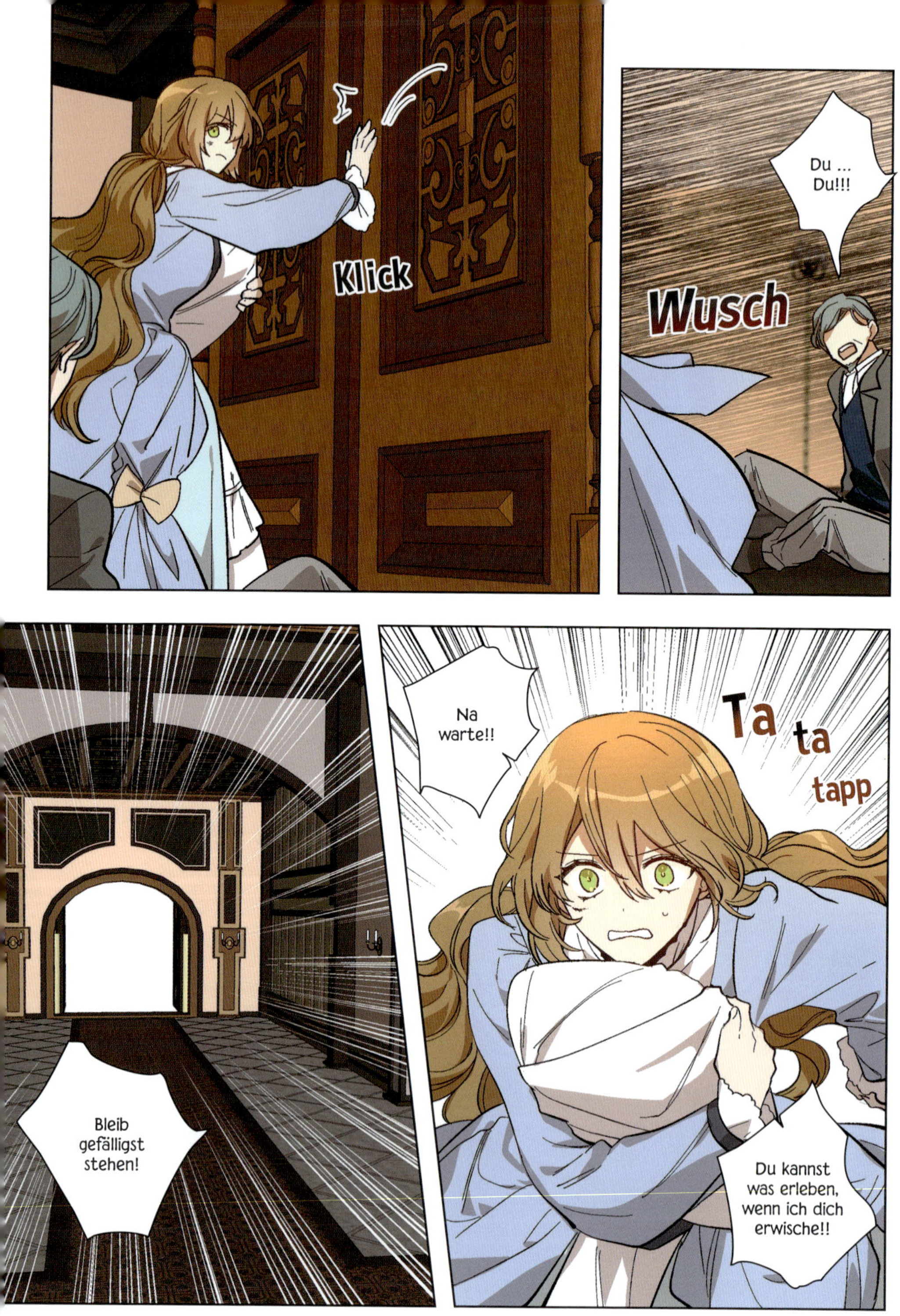
Klick
Du ... Du!!!
Wusch
Na warte!!
Ta ta tapp
Bleib gefälligst stehen!
Du kannst was erleben, wenn ich dich erwische!!

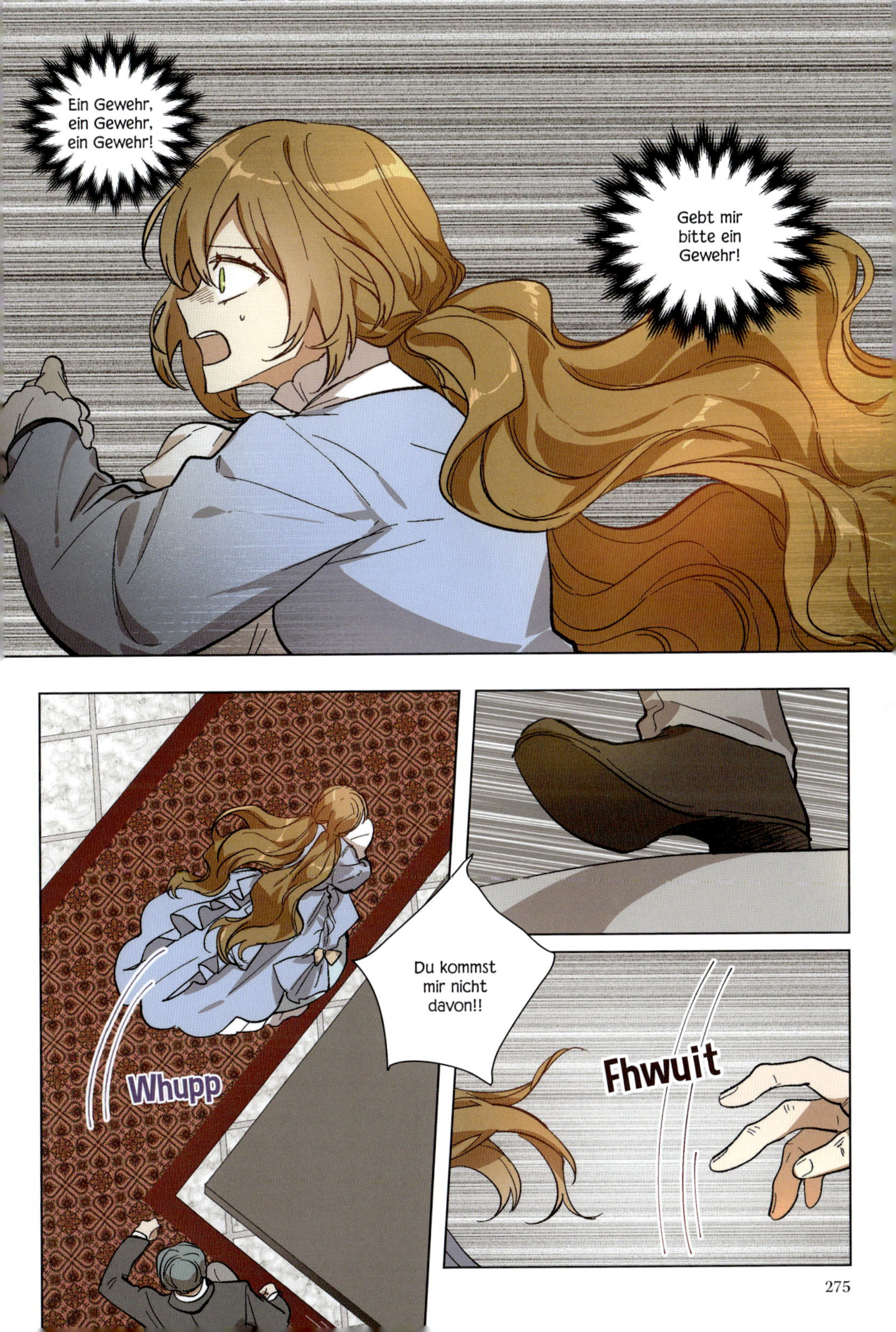
Ein Gewehr,
ein Gewehr,
ein Gewehr!
Gebt mir
bitte ein
Gewehr!
Whupp
Du kommst
mir nicht
davon!!
Fhwuit

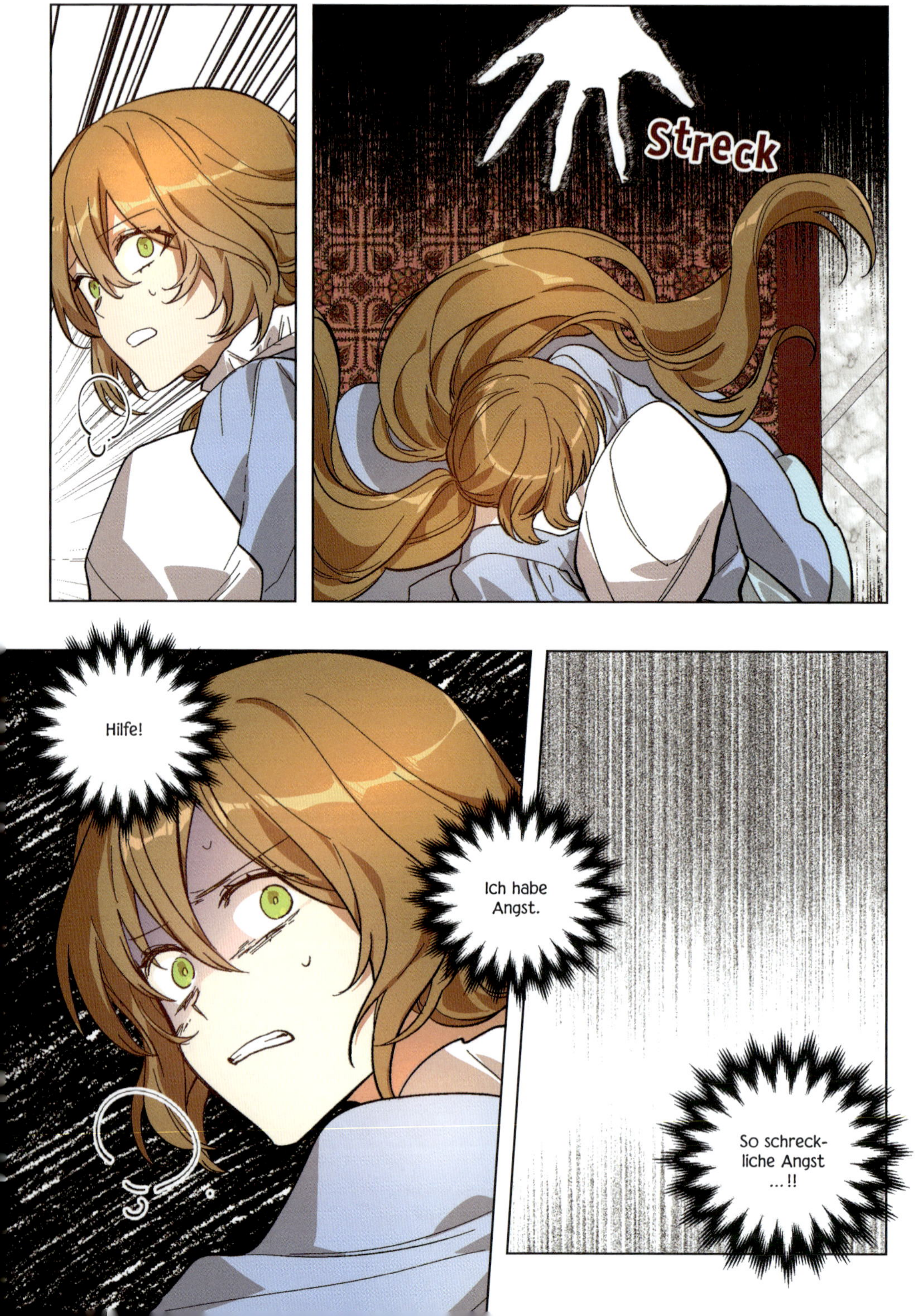
Streck
Hilfe!
Ich habe Angst.
So schreck-liche Angst ...!!

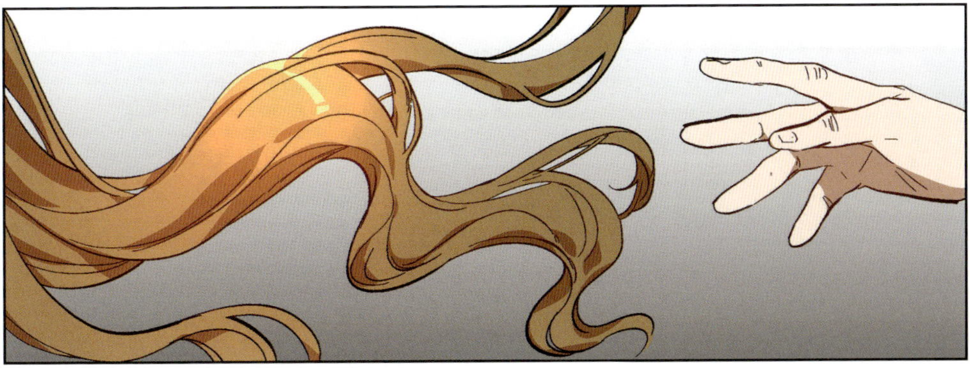

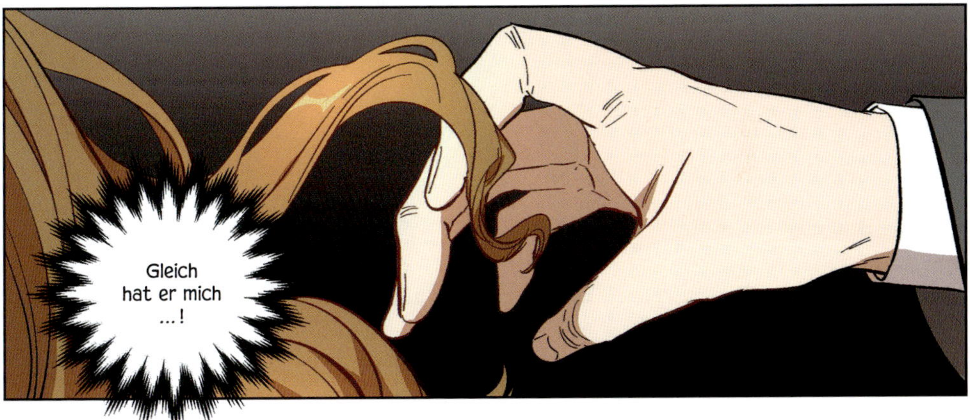
Gleich
hat er mich
...!

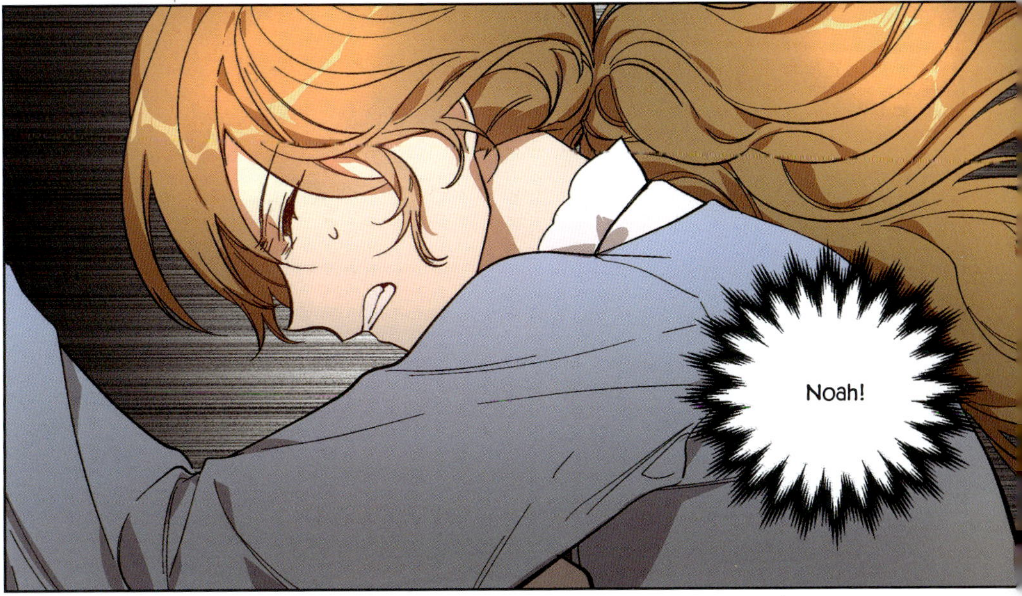
Noah!

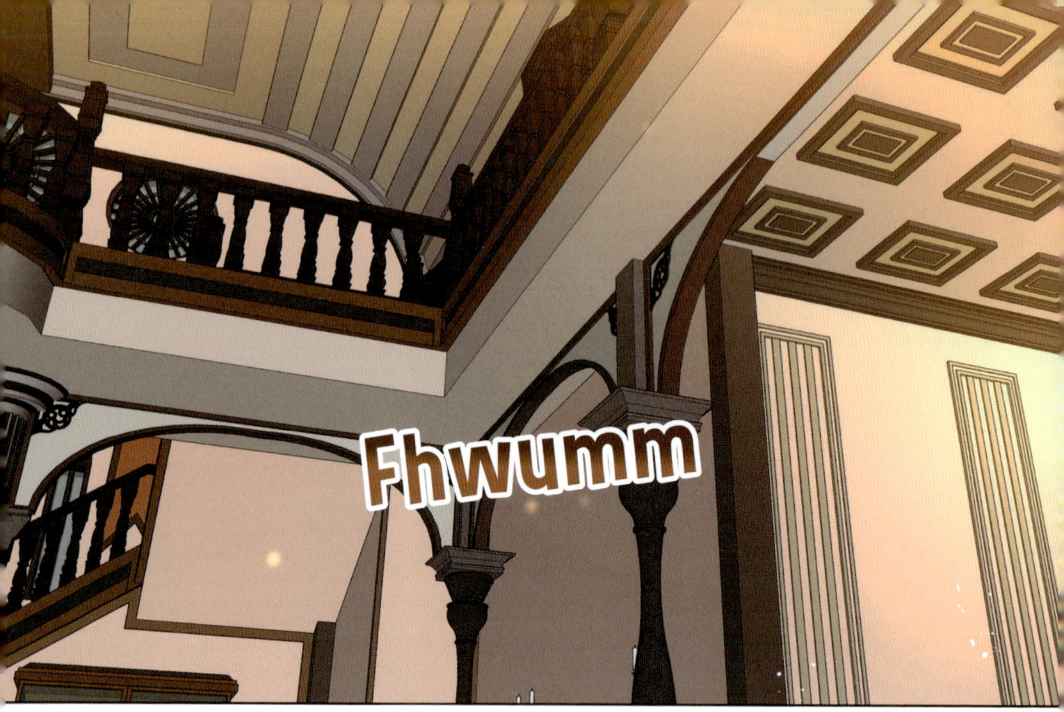
Fhwumm

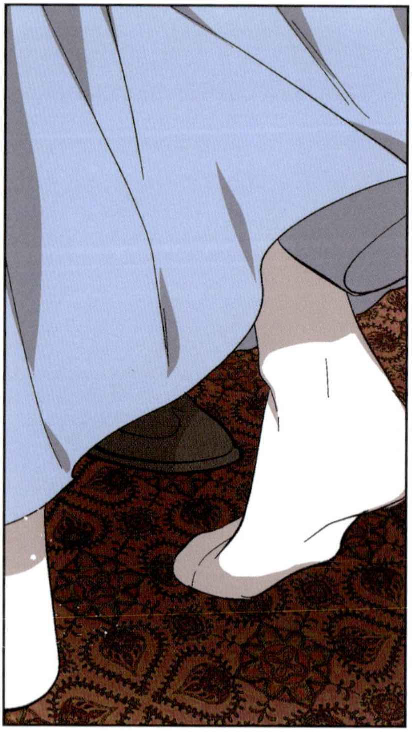

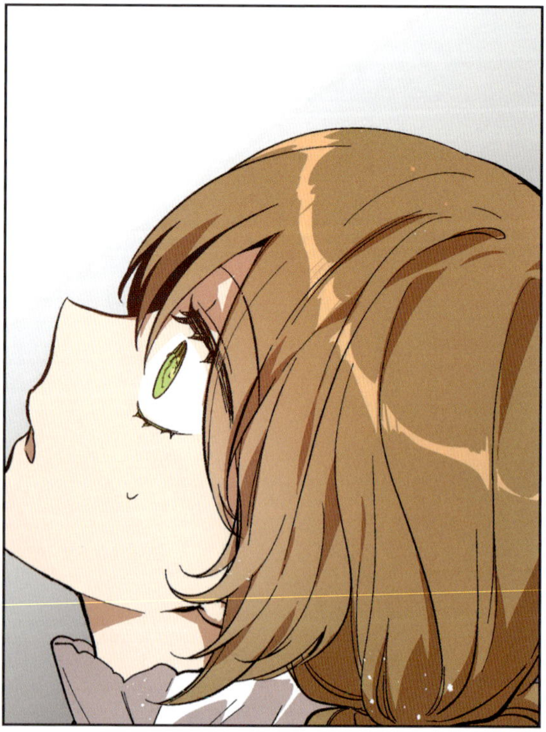

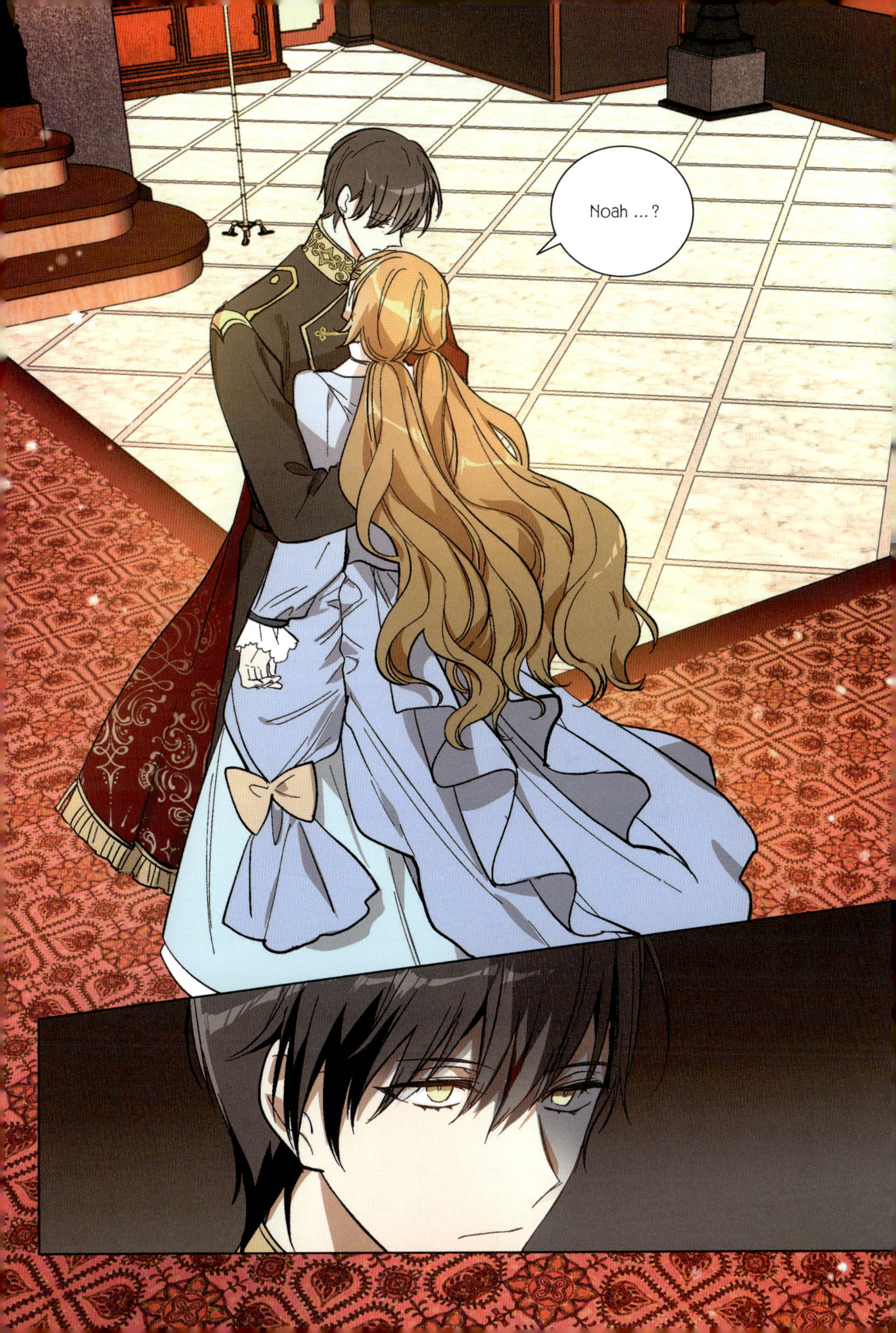
Noah ... ?

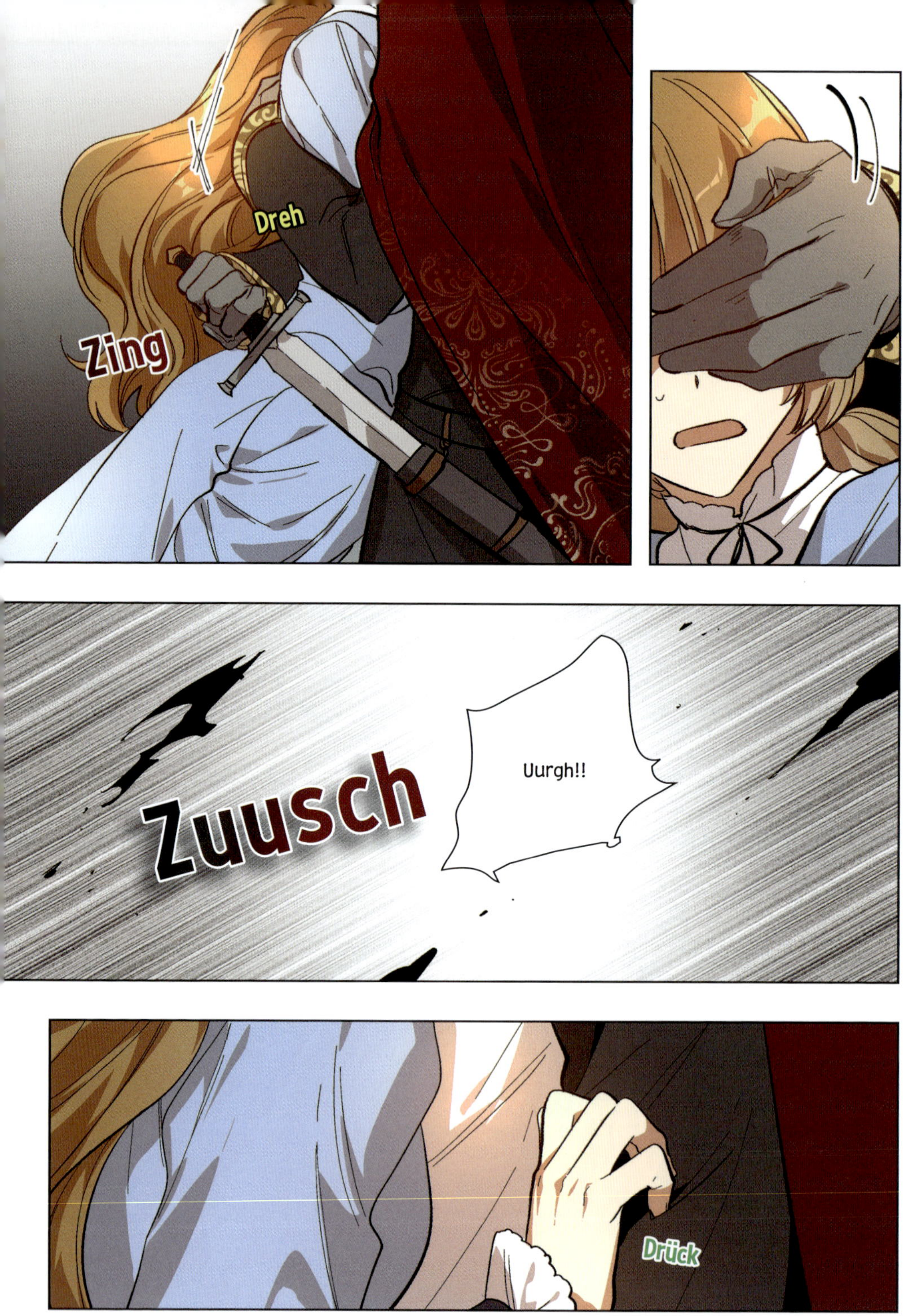
Dreh
Zing
Zuusch
Uurgh!!
Drück

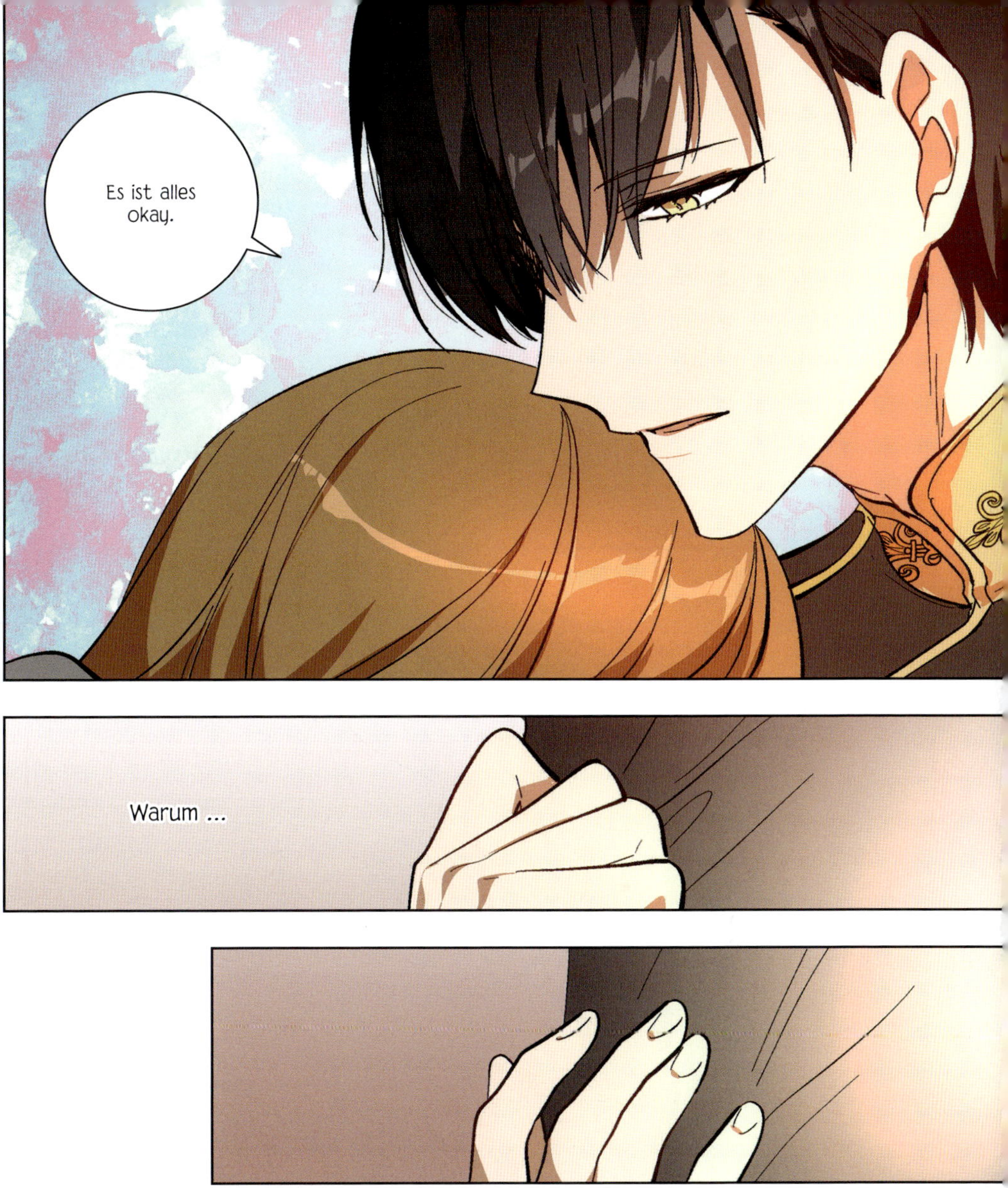

... bin ich jetzt so erleichtert?

Fortsetzung folgt in Band 6

Vorschau Band 6

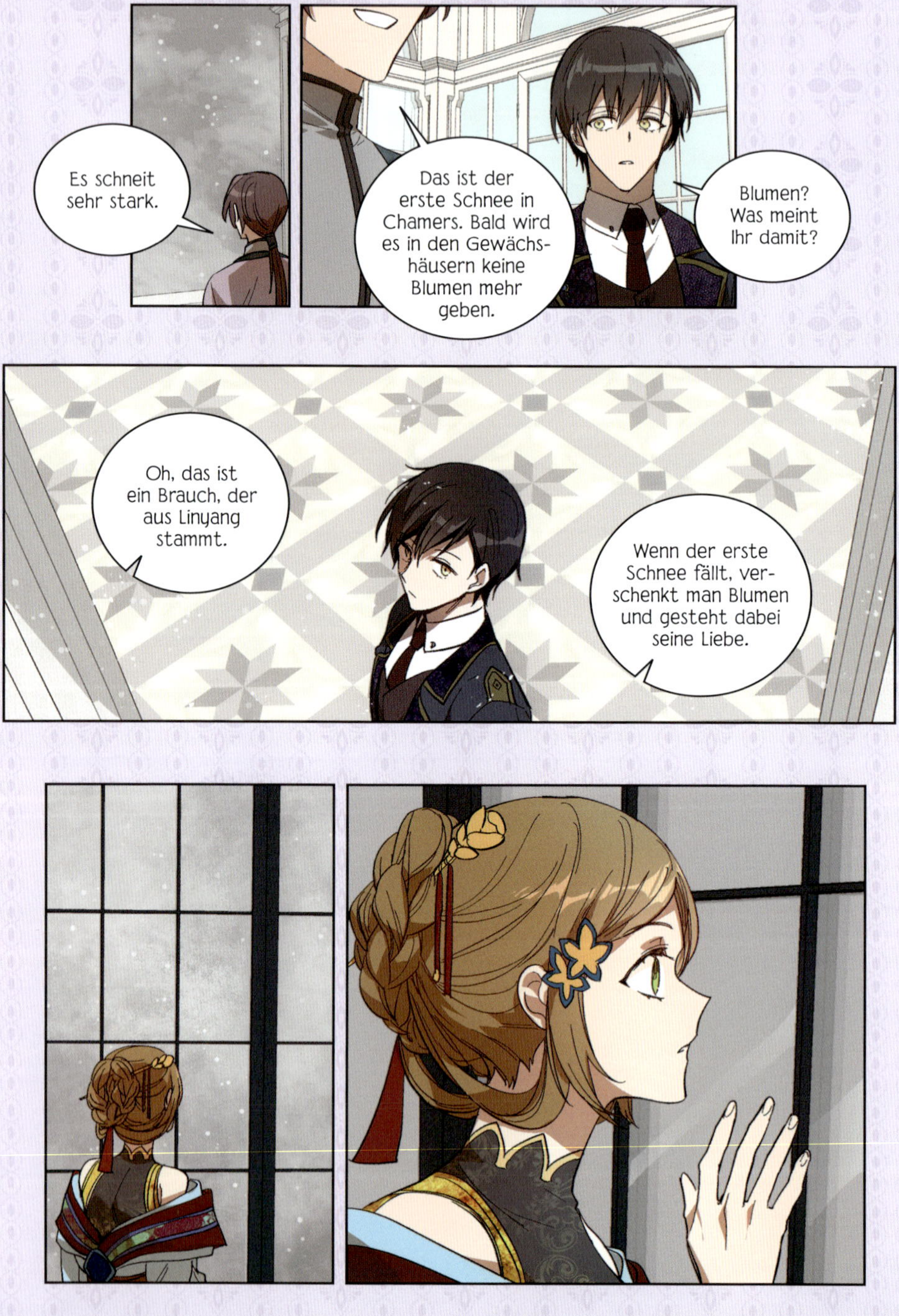

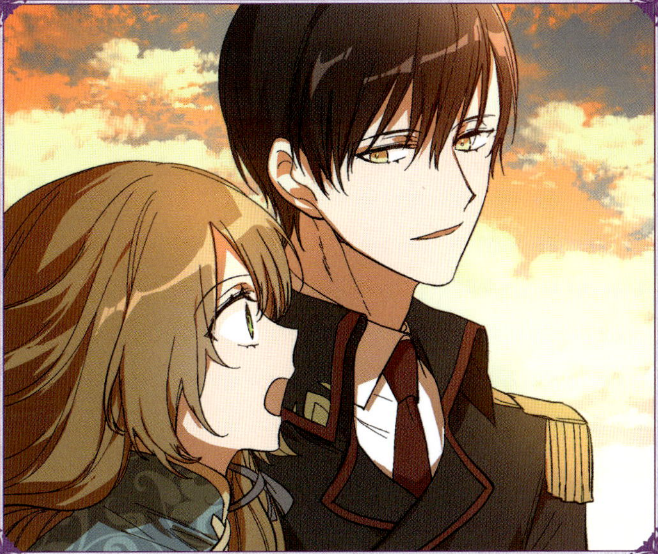

Eine Gesandtschaft aus dem Reich Linyang besucht Chamers zur Feier der Reichsgründung.

Während alle zusammen das abendliche Bankett vorbereiten, fällt genau in diesem Moment draußen der erste verlockende Schnee.

Raeliana und Noah hören eine romantische Legende über den Schnee, die aus Linyang stammt, und ihnen fällt dabei jeweils der Name einer bestimmten Person ein …

»Es heißt, dass diejenigen, die zusammenfinden, während der Schnee fällt, für immer glücklich sein werden.«

Seid auf Band 6 gespannt!

RAELIANA

Warum sie die Verlobte des Dukes wurde

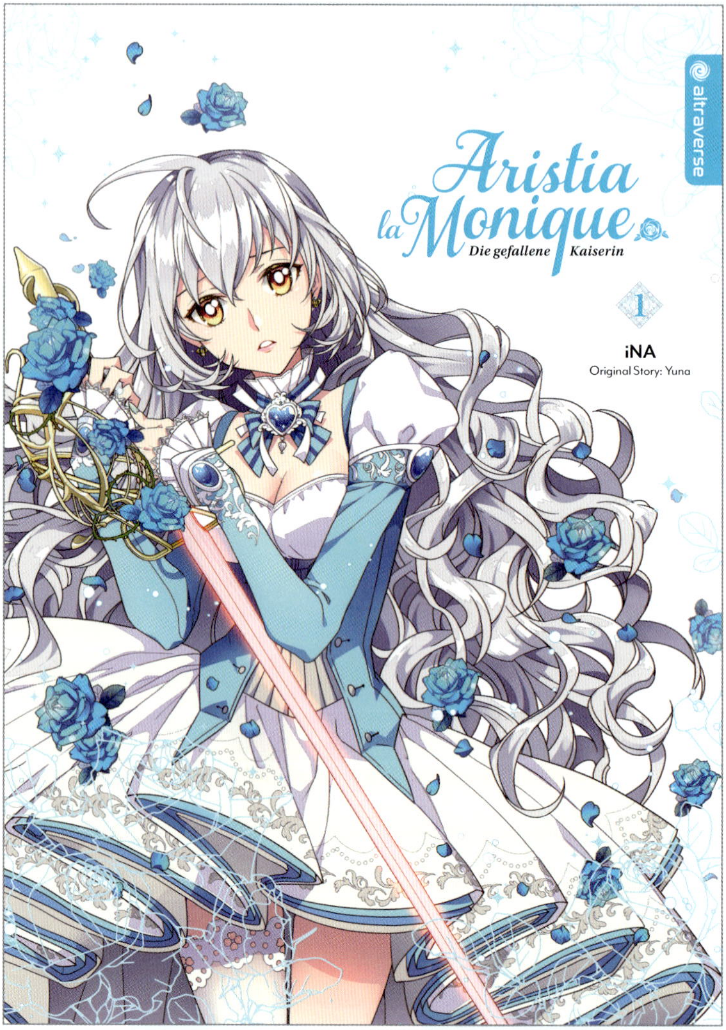

Romance 13+

Aristia la Monique – Die gefallene Kaiserin

iNA | Yuna

Seit ihrer Geburt wurde Aristia in dem Glauben erzogen, dass sie eines Tages Kaiserin sein würde. Als wie aus dem Nichts eine geheimnisvolle Frau auftaucht und den Platz an der Seite des Kaisers einnimmt, bricht ihre Welt zusammen. Unfähig, sich in dieses neue Leben zu fügen, erleidet Aristia einen tragischen Tod. Doch sie verschwindet nicht – sondern erwacht sieben Jahre zuvor! Gelingt es ihr dieses Mal, dem Schicksal eine glückliche Wendung zu geben?